W0335961

De la démocratie
en France

Dominique Schnapper

De la démocratie en France

République, nation, laïcité

Textes réunis et présentés par
Perrine Simon-Nahum

Odile Jacob

15, rue Soufflot, 75005 Paris

www.odilejacob.fr

ISBN : 978-2-7381-3524-7

À la mémoire de celui sans qui rien…

Présentation

Nous pensons trop souvent vivre des situations rares. Le moment présent ne fait pas exception, qui voit se diffuser les effets du terrorisme et des fondamentalismes religieux, la montée des populismes, les doutes peser sur la possibilité pour les nations de l'Union européenne de connaître un avenir commun, les murs et les frontières se reconstituer après ce que l'on pensait être une marche triomphale vers l'unité d'un seul monde. Et, si les premières décennies du XXe siècle figurent encore aux yeux des derniers témoins comme une mise en garde possible, nombreux sont ceux que la crise actuelle de nos sociétés laisse démunis. En ces temps d'incertitude et de désarroi, il est bon pourtant de se remémorer les leçons de l'histoire. Il importe de prendre le recul nécessaire pour mieux saisir la diversité des situations et élaborer les réponses nécessaires. Ainsi s'explique la place qu'occupent dans le débat actuel les travaux de Dominique Schnapper.

Aux côtés d'autres penseurs du politique comme le philosophe Marcel Gauchet ou l'historien Pierre Rosanvallon, Dominique Schnapper revendique une spécificité : celle de partir de la connaissance sociologique. Le déplacement pourrait paraître infime ; il est en réalité capital. Car la démarche de la sociologue ne se contente pas, on le verra, d'affirmer la nécessité de juger des principes démocratiques à l'aune de leur histoire et de leurs réalisations, elle ne se limite pas à reprendre à son compte les déterminations conceptuelles que la sociologie a en partage avec les autres sciences sociales. Son exigence méthodologique et le parcours qu'elle accomplit inlassablement entre la théorie et l'observation empirique, dans la modestie qui la caractérise, font son originalité. Ainsi a-t-elle consacré ses premiers travaux dès le début des années 1970 au malaise des populations immigrées, aux chômeurs ou aux violences intercommunautaires. Ses premiers articles scientifiques publiés portaient sur la question des immigrés italiens aux États-Unis[1] *ou la condition des juifs en France*[2]*. Ce travail sur les interstices, les accommodations, les reformulations individuelles ou communautaires mettait en lumière la manière dont les traditions, le souvenir du pays (pour les Italiens) ou la permanence du groupe se maintenaient à travers la vie quotidienne, donnant lieu à un récit collectif, mais débouchant également sur des transactions conscientes ou inconscientes avec la société environnante ou les instances représentatives de l'État. À une époque où la société française, juste issue de Mai 68, se pensait en termes idéologiques tandis que la sociologie universitaire s'apprêtait à traduire le lexique marxiste de domination de classe en termes organisationnels, mettant au premier plan, à côté du monde du travail et de la production, les mécanismes de reproduction sociale et incriminant les formes de transmission du savoir, c'est avec les notions d'identité, d'acculturation, incluant l'ensemble des nuances que celles-ci véhiculent dans la conduite et la représentation des populations auxquelles elles s'appliquent, que travaillait Dominique Schnapper. La lecture de ses articles qui ne figurent pas parmi les textes rassemblés ici nous renseigne sur l'origine de sa démarche et la précocité de sa sensibilité à des thèmes qui ont, depuis, envahi les débats sous la pression des théoriciens du multiculturalisme. La spécificité des cultures, qu'il s'agisse de celles des sociétés de départ ou d'accueil, la manière dont les traditions transigent avec la modernité, qu'elles n'adoptent jamais sans la réinterpréter, la thèse selon laquelle les origines sociales ne sont pas les seules déterminations à prendre en compte mais qu'il faut y ajouter la mémoire du groupe et celle de la famille, la nécessité de toujours considérer le jeu qu'introduit un individu avec les normes permettent à Dominique Schnapper d'introduire, dès 1974, l'idée que les groupes d'immigrés présentent chacun leur spécificité en fonction des caractéristiques des sociétés de départ, mais également de l'identité politique de la société dont ils aspirent à devenir partie prenante. Ainsi prend-elle également ses distances par rapport aux théories de l'époque, qui se contentent d'analyser les phénomènes d'immigration en termes d'assimilation des nouvelles populations, sans voir les effets en retour que provoque leur départ chez ceux qui sont restés au pays, comme les conséquences de leur installation parmi les populations au sein desquelles ils s'installent. De la même façon, soucieuse de ne pas rabattre les influences historiques sur un déterminisme biologique, Dominique Schnapper met déjà en question la notion de « groupe ethnique », alors au centre de la sociologie* américaine, qui attribue à l'appartenance à une ethnie les caractéristiques propres à un groupe social, par exemple celui des Noirs américains ou des Italo-Américains. Se voyant reconnaître une légitimité propre, l'immigré est ainsi pris en compte à travers les interactions qu'induit sa volonté comme celle des groupes nationaux ou communautaires avec lesquels il entre en interaction.

L'attention portée aux représentations individuelles ou collectives – entre l'ici et l'ailleurs en ce qui concerne les immigrés, entre la condition antérieure et l'avenir que l'on anticipe, entre tradition et modernité pour les juifs et les immigrés – dessine ainsi dès le début une sociologie attentive aux individus sans pour autant négliger les conditions économiques et sociales dans lesquelles ils agissent. À une époque où le marxisme régnait dans l'université française, l'intention n'était pas d'enfermer l'analyse dans un cadre idéologique mais de faire toute leur place aux conditions objectives dans lesquelles opèrent et pensent les acteurs sociaux. Cet intérêt se déploie quelques années plus tard dans un article séminal, absent de ce recueil en raison de la masse de chiffres qu'il mobilise[3]. Il s'agit du rapport à l'emploi dont Dominique Schnapper perçoit très tôt les répercussions sur la représentation que les individus se font de leur place dans la société[4]. C'est ce que traduit, au-delà de la condition de salarié ou de chômeur, la notion de « statut ». Elle est l'une des premières à s'interroger sur les ravages produits par la perte d'un emploi chez les chômeurs et leur entourage en raison du rôle central que les sociétés capitalistes-libérales accordent au travail. *L'Épreuve du chômage*, parue en 1981, analyse la manière dont, à travers le travail, se construit l'identité sociale et s'acquiert la reconnaissance de soi-même et des autres. Thème que développent aujourd'hui à l'envi les spécialistes des politiques publiques, les sociologues ou les journalistes. Elle met en lumière non seulement la façon dont nous nous identifions au regard de nos proches comme de la société par la place que nous occupons dans le processus de production, mais également par la manière dont nous sommes en retour définis par la qualité que nous assigne le système de protection sociale. Le statut social se définit par le rapport à l'emploi ainsi que par la protection de l'État providentiel[5]. À une époque où la diffusion des thèses énoncées par John Rawls dans sa *Théorie de la justice* met au centre du débat politique et scientifique en France comme dans les pays anglo-saxons les principes d'une « justice comme équité » et donne la priorité à l'égalité des chances, et même si elle partage l'horizon kantien du philosophe de Harvard, Dominique Schnapper ne craint pas de *souligner, au-delà du choix des individus, l'emprise des situations concrètes et la hiérarchisation arbitraire de la société sur laquelle débouchent les politiques publiques. Ainsi, la manière dont les acteurs envisagent à la fois leur place dans la société et leur rapport aux autres s'avère dépendante des droits qu'ils s'arrogent sur l'État providence dont ils estiment qu'il a pour mission de les préserver des risques sociaux et de compenser d'éventuelles injustices. Aussi le rapport à l'emploi n'a-t-il qu'une lointaine ressemblance avec le rapport au travail, tout comme le lien entre activité et rémunération. Dans les années 1990, lorsque le compromis avec les sociétés extérieures dans le cas des immigrés, la représentation de soi et le rôle que jouent les valeurs sociales dans le cas des chômeurs s'imposeront comme leitmotiv, passage obligé de la critique de nos démocraties par la sociologie, Dominique Schnapper aura déjà poussé plus avant l'exploration de ces thèmes, interrogeant la démocratie providentielle au regard de l'engagement citoyen des individus qui la composent.*

La critique de l'État providence et des catégories qu'il établit dans la société est en effet un élément central pour comprendre comment la sociologie en est venue depuis trente ans à mettre en cause la démocratie sur le thème des droits-créances détenus à son égard par l'individu. L'analyse proposée par Dominique Schnapper se distingue sur ce plan par son refus d'essentialiser les politiques publiques. Celles-ci ne sont pas seules responsables de la condition faite aux individus, et il est de leur essence comme de celle de toute action d'échouer à atteindre pleinement les objectifs fixés ou, lorsque tel est malheureusement le cas, de produire parfois des effets pervers. Cette mise à distance des outils statistiques de la sociologie ne revient pas seulement à relativiser les classifications en termes de CSP ou en termes d'indicateurs telles qu'on les affectionnait au début des années 1980. Elle affirme sa méfiance à l'égard de la traduction en jugements performatifs en autant d'éléments de distinction sociale venant baliser, à la suite des analyses de Pierre Bourdieu, les stratégies élaborées par les individus cherchant à correspondre au profil de la classe sociale à laquelle ils prétendent appartenir. Enfin, le « Rapport à l'emploi » annonce la fécondité des analyses développées par Dominique Schnapper depuis le milieu des années 1990, qui replacent l'État au centre du jeu social, un jeu qui ne se trouve pas réduit aux seules données économiques mais se présente avant tout comme politique, et réaffirme, envers et contre (presque) tous, le lien qui l'unit à la société. Autre manière d'établir une distinction nette entre la politique qui tient dans la mise en œuvre de mesures destinées à répondre à des situations particulières des citoyens et le politique qui fait signe vers le contrat social.

Les lignes de force établies dès 1989 dans cette analyse du « Rapport à l'emploi » témoignent de la manière dont la sociologue considère en permanence la réalité comme le résultat d'une construction politique et sociale vers laquelle convergent les différents intervenants et non comme une donnée naturelle, qui s'imposerait à eux. Ainsi s'expliquent les deux grands thèmes sur lesquels s'est développée par la suite sa réflexion : la liberté qui est la nôtre de nous adapter, mais également d'agir sur notre environnement en fonction des valeurs que nous choisissons de défendre, l'idée que la société est le produit de l'intervention des acteurs qu'elle réunit et non le résultat de causalités déterministes extérieures à elle. Sur la base du refus du dogmatisme scientifique, la sociologie critique de Dominique Schnapper se comprend non comme la condamnation unilatérale et définitive des conditions faites à une humanité nouvelle depuis une position de surplomb à laquelle nous ont habitués depuis trente ans les philosophies radicales, mais comme l'effort pour soumettre les hypothèses à l'épreuve des faits et déduire de cette épreuve de vérité les axes possibles d'amélioration, les lignes par lesquelles les politiques tendent à la réalisation des idées régulatrices qui les animent.

L'interrogation en termes d'identité, tout comme le jeu de miroir qui s'instaure dans sa pratique entre les données quantitatives et l'approche qualitative, va ainsi donner naissance à une sociologie dont la spécificité ira croissant. En effet si elle se pense comme critique dans l'usage qu'elle fait de l'outil méthodologique et de la réflexivité qu'elle instaure à son propre égard, elle porte un regard nuancé sur les sociétés qu'elle analyse. Dès lors que les faits sont exposés avec justesse, il ne revient pas au chercheur de porter un jugement, encore moins de condamner. Contrairement à de nombreux sociologues et penseurs politiques devenus depuis les années 1990 des critiques radicaux des sociétés démocratiques, la conception qu'elle se fait de la politique la conduit à considérer celle-ci comme un outil et non un ensemble de principes envers lesquels toute dérogation justifierait une condamnation sans appel. Nul étonnement donc face aux failles que les évolutions de nos économies et de l'environnement international depuis la crise de 1973 font surgir au cœur de nos démocraties. Nulle indignation, mais la volonté de fournir un ensemble d'explications possibles au corps social lui permettant de faire face.

Il n'est donc pas étonnant qu'au moment où l'« identité » prenait dans le grand public un sens à la fois politique et polémique la notion ait fait place chez Dominique Schnapper à une réflexion sur la manière dont les sociétés organisent la relation à l'autre et une pensée de la citoyenneté qui occupent depuis le milieu des années 1990 le cœur de son travail et se trouvent au centre de l'ambition définie ici. La publication et le succès rencontré par La Relation à l'autre *mettent en lumière à travers son élaboration théorique à partir des sociologies – américaine et française – la résonance politique dont le propos est investi. Il s'agit en effet de refuser d'essentialiser l'individu, de ne pas l'enfermer dans une condition autre qu'existentielle en montrant que, même dans les sociétés les plus normatives, il demeure toujours une place pour la liberté. C'est également une manière d'affirmer la nature proprement politique du projet sociologique dans la mesure où, une fois encore, il fait toute sa place à la liberté des individus. Ce qu'il s'agit ici de critiquer, c'est le relativisme absolu, devenu désormais la bannière des sociologues et passé dans les mœurs politiques à tel point que plus aucun de nos dirigeants n'oserait, à moins d'afficher son radicalisme, désormais prétendre qu'il existe des valeurs ou des cultures supérieures à d'autres. Ce que Dominique Schnapper dénonce est la manière dont la science vient ici au secours des constructions idéologiques pour leur fournir les instruments nécessaires au décryptage d'un réel préalablement défini, là où elle devrait, au contraire, s'astreindre à rester au plus près des faits.*

Face à cette « religion de l'autre », les études sociologiques devraient nous convaincre de l'importance qu'il y a pour un projet politique à maintenir un horizon universel. Il ne s'agit pas seulement de démontrer par l'absurde l'impossibilité d'un relativisme absolu, mais de chercher à refonder ce qui fait le projet social lui-même : la capacité du collectif. Les questions abordées à partir de la relation de la nation à l'étranger, des formes que prennent depuis quelques années les résurgences de l'ethnico-religieux, de l'exclusion, montrent combien il est nécessaire, pour produire une analyse juste, de distinguer les différents plans sur lesquels se déploient ces notions. Car ce qui réapparaît sous les formes de l'« ethnico-religieux » n'est en réalité que la manifestation émotionnelle du manque de reconnaissance que subissent les individus, compte tenu de ce qu'ils pensent être en droit d'exiger de leurs semblables. Celle-ci est aujourd'hui prise au sein de mouvements contraires. L'affirmation des droits économiques et sociaux tend à affaiblir les droits politiques, tandis que les débats autour du droit de la nationalité et des libertés publiques leur donnent au contraire une actualité plus forte, parfois même exagérée. Le rappel des exigences fait tout au plus illusion. Il ne débouche jamais sur une véritable intégration.

La confusion des genres est aussi celle des époques. Ce que nous rappelle Dominique Schnapper, c'est que la nation démocratique a une histoire ; c'est elle qui porte la dynamique de la citoyenneté. À travers le rappel de l'extension des droits et des conditions qui les ont vus s'affirmer, elle nous rappelle combien ces combats n'ont eu de sens que s'ils sont replacés dans l'horizon d'un universel partagé. Les frontières ne sont pas seulement liberticides. Elles permettent de s'entendre sur un territoire et pour un temps donné sur un projet commun qui, s'il ne vise pas la totalité de l'humanité et les siècles à venir, n'en est pas moins respectable. C'est ce projet qui trouve son accomplissement dans la construction d'institutions qui en assurent à la fois la légitimité et la mise en œuvre. C'est à travers ce rôle aux institutions que la sociologie de Dominique Schnapper trouve toute son acuité. C'est ce qui lui donne aujourd'hui son actualité face à la crise politique et sociale que traversent nos sociétés.

Le sentiment démocratique et le rapport aux institutions

La place reconnue aux institutions constitue à la fois ce qui situe l'œuvre de Dominique Schnapper dans la ligne de celle des grands penseurs de la démocratie, Montesquieu, Tocqueville, Raymond Aron, avec lesquels elle n'a de cesse de dialoguer, et lui confère dans le paysage intellectuel actuel sa marque propre. Il n'est pas sans importance de noter que l'ensemble des penseurs dont elle se réclame firent tous, à un moment ou à un autre de leur vie, l'expérience personnelle des institutions. Montesquieu fut magistrat, Tocqueville député de la Manche de 1839 à 1852 et chargé d'un rapport sur les prisons qui l'amena à visiter l'Amérique. Quant à Raymond Aron, s'il dirigea un bref temps le cabinet d'André Malraux, ministre de l'Information du général de Gaulle, il fut toujours partie prenante des affaires publiques. Le rapport personnel qu'entretint Dominique Schnapper avec les institutions, notamment comme membre en 1987 de la Commission Marceau Long sur la nationalité puis comme membre du Conseil constitutionnel de

2001 à 2010, jette un éclairage singulier sur le rôle que jouent celles-ci dans sa construction théorique de la citoyenneté. Les institutions sont en effet, selon elle, le lieu où se joue l'avenir de nos démocraties, les seules capables d'opposer des garde-fous aux dérives actuelles qui menacent de transformer nos sociétés en démocraties « extrêmes ».

On retrouve dans ce sens des institutions la méfiance initiale exprimée à l'égard des idéologies pensées comme des pures abstractions, notamment à travers l'idée que dans l'attachement du citoyen pour la nation dont il est membre et le régime politique qui la détermine entre une part d'ingrédients concrets dont les institutions sont l'une des incarnations les plus nobles. D'où ses réticences devant les théories du « contrat de citoyenneté » formulées par la juriste Jacqueline Costa-Lascoux et plus encore face au « patriotisme constitutionnel » défini par le philosophe allemand Jürgen Habermas qui prétend dissocier la nation comme lieu de l'affectif et l'entente sur les principes d'un ordre juridique auquel les citoyens adhéreraient pour des raisons purement rationnelles. De ses premières études sur les immigrés et les juifs, Dominique Schnapper a retenu une leçon : celle de la complexité des motifs qui poussent les hommes à adhérer aux idées. « L'engagement », note publiée en 2011 à la demande d'une fondation privée, fait à la fois le point de ces expériences et en tire les leçons, citoyennes et personnelles. Elle prend la suite du constat dressé dans le journal qu'elle tint tout au long de son magistère au Conseil constitutionnel : l'appartenance des politiques et des chercheurs à des sphères séparées et le peu d'intérêt réciproque manifesté par les uns et les autres et plus encore la distance qui les sépare dans la recherche d'un principe dont ils partagent pourtant le sentiment de nécessité : celui qui fonde la transcendance démocratique. Dominique Schnapper n'a en effet pas attendu ce qu'on a appelé le « retour du religieux » pour souligner la nécessité pour nos régimes politiques de reposer sur un principe qui les dépasse, assez puissant pour mobiliser les ambitions des citoyens. Ce constat s'impose, on l'a vu, dès les premières études sur l'immigration et les aspirations ou les accommodements que suppose la réalisation d'un projet collectif et personnel au sein des sociétés d'accueil. La crise que traversent aujourd'hui nos sociétés tient à la fois à leur incapacité à réaffirmer face au multiculturalisme la force de ce projet et à l'impuissance où sont nos hommes politiques de l'incarner. C'est ici que les institutions s'imposent comme des médiations incontournables. Elles seules ont la vertu nécessaire pour dépasser les intérêts particuliers ; elles seules, surtout, ont la capacité de proposer un projet qui les transcende à la force des enracinements concrets et donne sens à l'expérience des individus. La singularité du Conseil constitutionnel, institution mal aimée et mal connue du grand public, avant de devenir garante des libertés à travers sa célèbre décision de 1971 jusqu'à la réforme récente de la question prioritaire de constitutionnalité, a permis à la conseillère-sociologue d'expérimenter de l'intérieur les tensions qui existent entre la fiction de la représentation et le principe de continuité du lien social qu'elle incarne entre les périodes d'élection ou aux époques où la participation électorale se fait paresseuse. La dimension comparatiste qui traverse les analyses de Dominique Schnapper et met en regard la construction de la nation à l'américaine et le modèle national français nous éclaire un peu plus sur la force de ces institutions. Elles dessinent la voie d'une démocratie à la française.

Si la sociologue prend soin de distinguer l'analyse des institutions et la critique de ceux qui les incarnent, la réflexion qu'elle consacre au musée permet de percevoir de façon plus aiguë le malaise qui naît de l'affaiblissement de l'esprit civique. Nulle part plus clairement que lorsqu'elle aborde le problème du Louvre à Abou Dhabi, Dominique Schnapper ne livre avec autant de force sa profession de foi dans la nécessaire qualité que les institutions requièrent de ceux qui les animent. Les œuvres d'art comme les groupes sociaux ont leurs caractéristiques dont la décision politique, si démocratique soit-elle, doit tenir compte. Au-delà même du comportement citoyen, on comprend que les institutions sont aux yeux de Dominique Schnapper, plus encore que les garantes d'un régime politique, l'expression de la culture humaniste qui les inspire. Cette confiance dans les institutions dont il importe qu'elles ne soient pas bradées pour des raisons purement économiques se nourrit non seulement au cœur des expériences personnelles qu'elle a pu y faire, mais également de la forme de continuité historique qu'elle leur attribue. On perçoit ainsi au fur et à mesure de la construction de son œuvre un glissement du point de vue, de la société vers les institutions, de Tocqueville vers Montesquieu. Car les institutions sont, selon Dominique Schnapper, en même temps que le symptôme de la crise que traversent nos régimes, le lieu d'où peuvent partir les réponses à celle-ci, à condition qu'on en fasse les vecteurs de ce qu'on pourrait appeler le sentiment démocratique.

On comprend ainsi la manière dont les questions du mariage pour tous, de l'homosexualité, de la burqa ou de la pratique de la mixité sociale abordées dans les pages qui suivent prennent naturellement place. Car les institutions dont il est question ne se résument pas au fonctionnement politique. Elles désignent tout ce qui véhicule la culture d'un pays, les points de friction par lesquels celle-ci entre en contact avec des représentations du monde extérieur, les ouvertures qu'elle consent ou les refus qu'elle oppose dans la manière dont elle se représente la continuité historique du groupe qu'elle incarne. Le rapport aux institutions, on l'a dit, ne saurait être autre que critique. Il doit en même temps prendre en considération les normes dont elles sont porteuses dans leur dimension anthropologique et historique. Les institutions ne jouent pas seulement le rôle de rempart contre la tentation de ruptures radicales. Elles figurent le temps et l'espace. Leur épaisseur historique et parfois sociologique nous rappelle que les choses n'ont pas toujours été comme nous les connaissons, mais que leur état actuel n'est pas le fruit du hasard. Elles reconstituent pour nous le millefeuille du temps de l'histoire dans l'oubli duquel se nourrit la crise de la démocratie.

Revenons à « L'engagement », texte qui examine dans toute sa profondeur anthropologique la manière dont les institutions politiques, mais aussi sociales, révèlent les individus à eux-mêmes et les aident à devenir meilleurs. Le mot est, on le sait, fortement connoté en France depuis l'affaire Dreyfus, mais également depuis que Sartre et les compagnons de route du Parti communiste ont prétendu lui donner ses lettres de noblesse dans les années 1950. Il est ici consciemment retenu pour désigner la position opposée. D'où le jeu sur la multivocité : s'engager, ce serait aussi bien se donner implicitement une obligation morale que s'unir maritalement à quelqu'un ou se lancer dans une entreprise militaire. Dominique Schnapper ne recule pas devant ces archaïsmes pour nous rendre sensible le glissement de sens qui témoigne de l'affaiblissement de la promesse démocratique. L'absence d'engagement, voilà le coin par lequel nos démocraties se corrompent, renonçant à toute forme de transcendance politique après avoir, dans un premier temps, écarté le religieux. À travers une étude anthropologique de la promesse, elle nous fait parcourir la distance qui sépare aujourd'hui le mariage du PACS, la « naturalité » de la famille de son aspect recomposé, symbole de la suprématie accordée à l'épanouissement de l'individu et consécration d'une nouvelle conception de l'engagement, purement individuelle, celle-là. Ce qui se joue est philosophiquement signifiant : l'individu responsable et autonome des Lumières kantiennes se voit substituer l'individu indépendant dont la poursuite de l'intérêt constitue le seul motif d'association. Outre les dangers de la démocratie « extrême », quelle place resterait-il aux sciences politiques et sociales dans un paysage où régnerait l'anomie ? L'engagement envers les autres n'est pas différent de celui qui nous lie à nous-même et à l'idée que nous nous faisons de notre vie. Il doit faire le deuil de la toute-puissance, de l'ouverture de tous les possibles. Tout comme le passage à l'âge adulte, si problématique aujourd'hui pour la plupart d'entre nous, nous renvoie, avant même l'idée de responsabilité, au fait que certaines choses ne pourront avoir lieu et que le temps s'écoule, l'engagement nous conduit à prendre conscience des normes qui bornent notre liberté et à les accepter pour – parfois – mieux les dépasser. Souvent suivi de la paternité lorsqu'il s'agit du mariage, il nous ouvre sur une dimension d'avenir, contenue dans une transmission, que les critiques radicaux de la démocratie condamnent par avance, tout comme ils critiquent le passé, dans la mesure où le plein épanouissement de soi ne peut jamais se produire que dans un présent à jamais intemporel. Voilà pourquoi les institutions sont aujourd'hui tant décriées. Voilà pourquoi elles paraissent, au contraire, si précieuses aux yeux de Dominique Schnapper. Elles sont le lieu par excellence de l'engagement, celui où le présent reprend consistance, héritier de l'épaisseur d'une tradition parfois malmenée, mais qui demeure comme la trace de nos erreurs et de nos conquêtes, garantes de la possibilité d'un futur que n'obérera pas la folie d'un ou de plusieurs.

Ainsi le plaidoyer pour l'engagement qu'on trouve au cœur des pages qui suivent constitue-t-il l'une des plus fortes réponses apportées à la crise de nos démocraties. La vie publique ne déroge pas aux principes qui régissent la sphère privée. Que l'on aspire à supprimer les frontières ou à les rétablir, que l'on cherche dans une voie peut-être plus féconde ces zones intermédiaires qui superposent et rendent de ce fait plus labiles les comportements qui caractérisent les unes et les autres, ce qu'affirme Dominique Schnapper, c'est qu'il n'y a pas d'alternative possible. Les institutions sont sans doute imparfaites, mais elles sont le reflet exact de la conduite des citoyens et du respect qu'ils manifestent à l'égard des principes qui les régissent. Elles seules évitent à l'homme de se voir réduit à son destin social.

La sociologie, nouveau récit du politique

Nos sociétés sont aujourd'hui menacées. Périront-elles ? N'est pas Cassandre qui veut. Les vertus civiques que Dominique Schnapper cherche à réveiller chez nos contemporains, en écho à Montesquieu, affirment le lien entre savoir et démocratie. Des épreuves de l'histoire, elle a retenu que les démocraties sont fragiles et que rien ne nous assure qu'en fin de compte la raison sorte victorieuse du combat engagé contre les forces d'oppression. Si le totalitarisme sous la forme qu'il prit dans les années 1930 est aujourd'hui rangé au magasin des curiosités passées, les menaces que l'on trouvera énumérées dans ces pages, depuis la puissance de dissolution exercée par les partisans d'un multiculturalisme absolu jusqu'au refus de l'échange, pourtant base de la relation citoyenne, qui caractérise les fondamentalismes de tout genre, doivent nous tenir en éveil. Le politique, s'il n'a pas disparu, réapparaît trop souvent sous le visage dévoyé des passions radicales, dont Pierre Hassner signale, de son côté, le retour sur l'ordre international, mis au service de causes exclusives. Au-delà des institutions qui nous offrent un guide, colonne vertébrale de nos démocraties, et continuent d'incarner envers et contre tout, et leur impuissance en premier lieu – on pense ici à l'Europe –, le visage d'une raison commune, c'est dans la sociologie comme savoir du politique que Dominique Schnapper place ses espoirs.

La Relation à l'autre *annonçait en 1998 une nouvelle étape dans l'histoire de la discipline. On la trouvera illustrée ici. Sous certains aspects on verra qu'elle n'est pas tout à fait étrangère à celle à laquelle se référait la jeune sociologue, embrassant la carrière de chercheur au début des années 1970. Néanmoins, ce qui frappe est la force d'intervention et l'auditoire dont elle bénéficie désormais. C'est sans doute ce qui rend exemplaire l'œuvre de Dominique Schnapper. La sociologie nous apprend en effet que le monde social se donne à lui-même sous une forme par essence politique, dès lors que, par politique, on entend la relation à l'autre sous la forme d'un contrat social. Elle a donc pour vocation de remettre le politique au centre de la connaissance.*

Mais, plus encore que son objet, c'est la méthode à laquelle elle fait appel qui fait de la sociologie, en ces temps troublés, une discipline exemplaire. Les efforts qu'elle fournit pour évaluer l'écart naturel entre le monde des représentations et la réalité constituent en effet l'une des meilleures réponses aux critiques dont la démocratie est l'objet. Dans sa façon de traiter du général et du particulier et de leurs rapports, la méthode sociologique désarme les plus virulentes critiques. La démarche idéal-typique, que Dominique Schnapper affectionne et qu'elle emprunte à Max Weber, semble de ce point de vue particulièrement pertinente. Le fondateur de la sociologie allemande voyait dans les idéaux-types, présentation stylisée d'une réalité observée, l'instrument par excellence de l'explication sociologique. Comment comprendre son apport à la lumière des problèmes qui sont aujourd'hui les nôtres ? En mettant en regard la représentation scientifique et le réel, elle relativise l'écart entre les faits et les idéaux que les critiques de la démocratie se plaisent au contraire à radicaliser. Ce faisant, elle permet aussi d'en chercher l'explication dans le fonctionnement de chaque société, discréditant par là même les théories du complot. Elle règle ainsi le problème de la relation entre le fait et la valeur.

Mais c'est sans doute de Montesquieu que Dominique Schnapper tire le souffle qui traverse son œuvre et la mise au service de la sociologie comme savoir démocratique par excellence. L'auteur de De l'esprit des lois *est en effet le premier à considérer qu'ordonner l'ordre politique, le rendre intelligible à travers des catégories scientifiques, permet à la fois de mieux le comprendre et d'y intervenir plus efficacement. Il ne s'agit plus aujourd'hui de s'interroger sur la relation de causalité existant entre les différentes formes de régimes et les causes naturelles et sociales qui les amènent au pouvoir, mais de revivifier à travers la sociologie le sentiment démocratique. C'est cette analogie entre la sociologie qu'elle développe et les problèmes auxquels elle cherche à répondre qui explique la place que les travaux de Dominique Schnapper tiennent aujourd'hui dans notre réflexion politique.*

Il faut sans doute repartir en conclusion de ce par quoi nous avions commencé, des premiers travaux de la sociologue consacrés à la notion d'identité. Non pas pour montrer que la boucle est bouclée, mais pour constater qu'au contraire la dialectique qui s'instaure entre l'individu et le groupe auquel il appartient est d'autant plus positive qu'elle lui permet de se trouver en dehors de lui-même, de reconnaître une partie de ce qu'il est et à quoi il s'identifie dans des comportements ou des institutions qui lui sont extérieurs. Ce passage d'une identité individuelle à une identité collective ne doit pas s'interpréter comme une forme d'emprise, mais au contraire comme le signe d'une reconnaissance : celle de la capacité des hommes à se rassembler autour d'idéaux dont ils n'attendent pas la réalisation immédiate, mais dont ils ont conscience qu'ils font la vertu de leur histoire.

On ne lira pas ici un exercice de style, mais une leçon indispensable à l'avenir de nos démocraties. Le sociologue n'est plus cet observateur extérieur qui recherchait la plus grande neutralité ; il a cessé d'être cet intellectuel engagé pour combattre la misère du monde. Son combat est plus essentiel encore : faire de la sociologie, à la manière dont la conçoit et l'écrit Dominique Schnapper, c'est aujourd'hui s'engager aux côtés de la démocratie, c'est se compter parmi les hérauts d'un nouvel humanisme.

Perrine SIMON-NAHUM

PREMIÈRE PARTIE

Le lien démocratique

Écrits pour répondre à diverses sollicitations, les textes ici rassemblés ont eu pour objet d'illustrer, de compléter ou de préciser les thèmes des ouvrages plus théoriques publiés au cours du dernier quart de siècle[1]. Ils ont été gardés sous leur forme originelle, même quand je les ai corrigés sur certains points dans la suite de mes travaux : ils portent témoignage de décennies de recherches et de réflexion. Leur mise à jour en fonction des connaissances plus récentes aurait été contraire à l'intention de ce livre qui tend à montrer en acte le travail du sociologue ainsi que la transformation de la société elle-même. On s'est contenté de supprimer des répétitions et lourdeurs académiques qui auraient rendu la lecture insupportable, d'apporter de menues corrections de forme et de revoir les titres et les sous-titres afin d'harmoniser la présentation.

Fondés sur la connaissance sociologique, les articles ont été regroupés dans cette première partie selon une logique essentiellement thématique. Chaque nation démocratique est singulière par son histoire et son projet, mais elle s'inscrit dans un horizon d'universalité puisqu'elle est potentiellement ouverte à tous ceux qui sont susceptibles de participer à la communauté des citoyens et qu'elle accorde des droits aux non-nationaux. En termes plus philosophiques, elle repose sur l'idée de l'égale dignité de tous les êtres humains. La relativité des cultures et des nations prend sens à l'intérieur de l'humanité de tous les êtres humains (« La nation et l'universel », 1997). C'est ce qui explique la relation de la nation avec l'étranger et les droits qui lui sont accordés en tant qu'étranger et l'ouverture potentielle de la communauté des citoyens grâce à laquelle un étranger peut devenir un national (« La nation et l'étranger », 1993). La démocratie moderne se fonde sur un principe de séparation du politique et du religieux, sur la transcendance des fidélités ethniques et religieuses par l'espace public, commun à tous, de la citoyenneté. Mais transcendance ne signifie pas négation – ce qui ne serait ni possible ni souhaitable. L'évolution actuelle montre le retour des passions tout à la fois religieuses et ethniques, nourries par les limites et le vide de l'ordre démocratique (« Le sens de l'ethnico-religieux », 1993). Toute nation se définissant par des processus d'intégration et d'exclusion – la fois à l'intérieur et vis-à-vis de l'extérieur –, ce processus général prend des formes spécifiques dans la démocratie fondée sur un principe d'inclusion par la citoyenneté, ouverte dans son principe aux étrangers, et se donnant pour objet premier d'assurer la sécurité et le bien-être de ses membres. Dans les démocraties providentielles l'intégration politique, peut-elle se maintenir sous sa forme actuelle, sociale-démocrate, que menace la situation de l'économie mondiale (« Intégration et exclusion », 1996) ? Rien n'illustre mieux les limites de fait du projet démocratique que le maintien d'un racisme contraire à toutes les valeurs auxquelles se réfèrent les démocrates (« Démocratie et racisme », 1996). Encore faut-il lutter contre ses manifestations en connaissance de cause et comprendre, sur ce sujet, la relation entre sociologues et biologistes, entre connaissance sociologique et science biologique, au lieu de refuser tout dialogue au nom d'un antiracisme mal compris (« L'originalité du projet sociologique. À propos du racisme », 2003). Autre risque du dévoiement de la démocratie, des formes d'indistinction ou d'indifférenciation dont on peut se demander si le mariage des homosexuels n'est pas un exemple significatif (« L'irrésistible mariage homosexuel ? », 2004). L'évolution récente du musée, de son côté, illustre le risque d'une marchandisation généralisée qui ferait perdre le sens des valeurs essentielles et, en particulier, celui d'un patrimoine qui serait réduit à sa valeur marchande (« Le musée républicain », 2007). Dans ce cas, la confiance qui permet de faire vivre ensemble les citoyens, si divers et si inégaux soient-ils, pourrait s'affaiblir et, avec elle, l'attente réciproque entre les membres de la société et entre les citoyens et les institutions qui définissent les nombreux « liens invisibles » par lesquels nous formons une société démocratique (« En qui peut-on avoir confiance ? », 2010). On peut d'autant plus s'interroger à ce sujet que l'engagement envers autrui qui est au fondement de la réciprocité et du lien social est ébranlé (« L'engagement », 2011). C'est sans doute pourquoi les démocrates s'interrogent sur leur propre légitimité et ont nourri, au cours des années 1990, un grand débat sur la citoyenneté et, à travers ce débat, sur leur conception même de leur histoire et du politique (« Le débat européen sur la citoyenneté », 1997). Enfin, les démocraties ne sont pas seules au monde, et l'on peut se demander jusqu'à quel point elles gardent et garderont la volonté politique d'exister et de se défendre dans un système géopolitique mondialisé et violent (« La guerre et la "démocratie providentielle" », 2003).

1
La nation et l'universel

Toute nation historique est spécifique par sa langue, sauf exceptions mineures, par sa culture, par une histoire singulière, indissolublement vraie et inventée, en tout cas élaborée par les historiens, et, plus que tout, par son projet et par ses institutions politiques. Alors comment penser l'universel ?

Le paradoxe n'existe que si l'on suppose qu'il existe une opposition entre le particulier et l'universel. Or le problème ne se pose pas en ces termes, le particulier s'oppose au général et non à l'universel. Il importe de ne pas confondre le global, le mondial ou le général avec l'universel.

Par-delà la constatation des différences et des pluralismes de fait, le principe universaliste affirme l'unité du genre humain. Il pose que tous les êtres humains, en tant qu'êtres humains, ont la même capacité ou la même potentialité intellectuelle et morale, même si l'on ne peut que constater les différences de leurs réalisations ; qu'ils partagent la même raison et la même vocation à la liberté. En d'autres termes, il pose que l'autre est un autre soi-même, qu'il doit être reconnu pour ce qu'il est. Il n'existe donc pas en principe de limite aux droits de l'homme en tant qu'homme, à la dignité de l'autre et au respect qu'on doit manifester à chacun d'entre eux. On doit reconnaître sa pleine humanité. Dans la vie sociale, le principe se heurte à la réalité des différences entre les sociétés et les hommes, à la réalité des inégalités de pouvoir et de capacités effectives des différents groupes à l'intérieur d'une même société et entre les diverses sociétés. Le principe d'universalité n'est pas destiné à être réalisé concrètement, il ne peut pas l'être, mais il constitue l'horizon des relations concrètes entre les individus et les collectivités historiques singulières. Il ne se confond avec aucune réalité historique concrète, c'est une Idée régulatrice. En ce sens il ne s'oppose pas au particulier, il est l'horizon des relations entre les particularismes, la condition de possibilité de leurs échanges.

En quel sens la nation démocratique, organisation politique particulière, liée à un moment donné de l'histoire, si particulière qu'aucune d'entre elles n'est identique à une autre et que l'identité nationale continue à être une dimension de l'identité de tout individu, comporte-t-elle une référence à l'universel ?

Il existe deux dimensions ou deux horizons d'universalité : d'une part, la citoyenneté est ouverte, dans son principe, à tous, par-delà les différences ethniques, sociales ou biologiques ; c'est une organisation politique fondée sur un principe d'inclusion au nom de valeurs universelles et non particulières. D'autre part, elle reconnaît des droits civils, économiques et sociaux aux non-citoyens régulièrement installés sur le territoire national au nom d'une conception universelle des droits de l'homme qui ne se confondent pas avec les droits du citoyen.

Potentiellement ouverte aux non-citoyens

La citoyenneté n'est pas un principe donné une fois pour toutes, ce serait succomber à la pensée essentialiste que de le percevoir ainsi, c'est une histoire. Les définitions qui furent données du citoyen et de la citoyenneté ne se recouvrent pas, elles sont d'ailleurs le produit de conflits et de compromis entre des conceptions diverses et ont évolué au cours du temps. Les mêmes principes proclamés ont été appliqués de manière différente selon les traditions historiques de chaque pays et, dans un même pays, selon l'évolution des mouvements sociaux et les rapports de force qui s'établissaient entre eux. Le « citoyen » de la révolution de 1789 en France – homme et propriétaire – n'est pas celui des révolutions de 1848, qui accordait la citoyenneté aux paysans et aux ouvriers. Dans l'un et l'autre cas, l'exclusion des femmes allait de soi. Dans chaque démocratie libérale, aujourd'hui, l'application du principe de citoyenneté prend des formes concrètes singulières : les institutions politiques sont chaque fois différentes. Mais par-delà ces différences de fait, on peut penser ce qui est commun à toutes les nations démocratiques dans la mesure même où elles se réfèrent à un principe universel.

L'histoire du suffrage universel révèle la vocation potentiellement universelle de la citoyenneté[1]. Lorsque San Martín proclama l'indépendance du Pérou en 1821, il décréta qu'on « ne donnera plus le nom d'Indiens ou d'indigènes aux aborigènes ; ce sont des enfants et des citoyens du Pérou qu'on appellera des Péruviens »[2]. Il ne s'agit pas de juger ce qu'il en advint dans la suite de l'histoire, mais de montrer qu'on ne pouvait proclamer la nouvelle indépendance fondée sur la volonté du peuple sans, en même temps, reconnaître que la citoyenneté concernait l'ensemble de la population. La citoyenneté est travaillée par cette tendance à l'universalisation qui, par définition, ne sera jamais complètement réalisée. Le droit de suffrage n'est pas donné à tous, mais son principe révèle l'aspiration vers l'universel. Historiquement, c'est bien au nom de la référence à l'universel que les ouvriers et les paysans en 1848, les femmes en 1945, les jeunes et les nouveaux naturalisés en 1974 ont obtenu le droit de vote en France. C'est au nom de ces principes que les colonisés ont justement revendiqué les droits de la citoyenneté que proclamaient les colonisateurs, mais qu'ils se réservaient à eux-mêmes.

Le droit de suffrage ne fait que traduire l'idée même de communauté de citoyens qui fonde la légitimité de l'ordre politique et la source du lien social dans les sociétés modernes. Aujourd'hui, on pense d'abord la citoyenneté comme un principe d'exclusion des non-citoyens au lieu de penser la dialectique de l'exclusion/inclusion. Comme toute organisation et comme toute organisation politique, qui par définition inclut les uns et exclut les autres, l'État-nation démocratique est fondé sur un principe d'inclusion des citoyens et d'exclusion des non-citoyens. Le fait que la plupart des analystes la définissent désormais uniquement comme processus d'exclusion est d'ailleurs un symptôme de la crise que traverse l'idée de citoyenneté. Il inclut les premiers en assurant leur égale participation à la vie politique, il exclut les seconds des pratiques directement liées à la citoyenneté. Mais ce qui caractérise la citoyenneté moderne, par rapport à d'autres formes politiques fondées sur des principes religieux, dynastiques ou ethniques, c'est son ouverture potentielle.

Dans son principe, la nation est ouverte à tous ceux qui sont susceptibles de participer à la vie politique. Si l'on définit comme « ethnique » l'appartenance à une communauté historique, qui a conscience d'elle-même, mais qui n'est pas reconnue comme entité politique souveraine dans l'ordre international, la nation est, par définition, plus ouverte aux étrangers que les ethnies, qu'elles soient définies en termes religieux, culturels ou historiques. Toute organisation nationale prévoit que l'étranger puisse se voir reconnaître le droit d'entrer dans la communauté politique, moyennant le respect d'un certain nombre de conditions que fixe l'État. On peut acquérir la nationalité française, suisse ou allemande par naturalisation, même si les exigences imposées au candidat sont, dans chaque cas, différentes. Tandis que les rabbins rendent difficile l'entrée dans le peuple juif tel que le définit la tradition religieuse, l'État d'Israël a admis comme citoyens israéliens un grand nombre d'individus qui ne seraient pas reconnus juifs par les tribunaux rabbiniques. L'inclusion nationale, parce qu'elle est de nature politique, est potentiellement ouverte. Définie en termes juridiques et politiques, elle a pour vocation de s'ouvrir à tous les étrangers susceptibles de participer à la communauté des citoyens.

C'est ce que traduisent les droits de la nationalité. Tout État national démocratique prévoit que l'étranger puisse se voir reconnaître le droit d'entrer dans la communauté politique, moyennant le respect d'un certain nombre de conditions fixées par le droit ; le droit comporte une vocation d'universalité. Ces conditions varient d'un pays à l'autre : le droit de la nationalité américain admet le droit du sol simple, le droit français applique un droit du sol sous conditions, même s'il continue à être l'un des plus ouverts des droits européens, alors que l'Allemagne ou la Suisse, par exemple, limitent l'effet du droit du sol dans l'acquisition de la nationalité. Concrètement, des droits sont accordés aux étrangers qui ont été scolarisés, c'est-à-dire socialisés dans le pays, et à ceux qui ont épousé un(e) national(e) ; la possibilité de la naturalisation est donnée à ceux qui ont été présents un certain temps sur le sol national et qui maîtrisent l'essentiel de la culture commune. La traduction juridique de ces exigences varie mais, dans tous les cas, elles manifestent que la communauté politique est potentiellement ouverte à tous ceux qui peuvent et veulent y participer.

Il ne s'agit pas pour autant de voir dans la nation concrète un pur projet civique organisé sur l'abstraction de la citoyenneté, donc universel. L'idée de la citoyenneté est certes fondée sur « le principe de l'égalité des êtres raisonnables et libres » selon la formule du philosophe Éric Weil à propos du droit naturel, mais il est clair qu'elle n'est jamais réalisée en tant que telle. Ce serait encore une fois confondre le principe universel avec la réalité historique. La nation concrète est un particularisme. La participation à une société nationale est dans les faits fondée sur toutes sortes d'éléments particuliers et particularisants, qu'on peut qualifier d'ethniques : la pratique d'une même langue (sauf cas exceptionnels), le partage par les nationaux d'une même culture et d'une mémoire historique singulière, la participation aux mêmes institutions, qu'il s'agisse de l'école et de l'entreprise en passant par l'ensemble des pratiques strictement politiques. La familiarité immédiate qui s'établit entre eux, quelles que soient par ailleurs les différences qui les séparent, est le produit de cette socialisation spécifique et de la vie commune à l'intérieur d'une société nationale concrète. Chaque individu est normalement attaché à ce qui constitue son univers familier à l'intérieur duquel il a élaboré son identité individuelle, liée à une identité collective. Chacun trouve sa nation à l'intérieur de soi, comme l'une des dimensions de son identité. La nation en Europe est indissociablement communauté de culture, lieu de mémoire collective et d'identité historique, mais on ne saurait la réduire à ses dimensions ethniques et particulières. Elle est, en même temps, projet civique, donc à vocation universelle. La singularité de la nation démocratique par rapport aux autres modes d'organisation politique tient à ce que l'idée civique et le principe de la citoyenneté – ouvert dans son principe – doivent en dernière analyse primer les particularismes ethniques ou religieux, les solidarités domestiques ou claniques.

Cela n'implique pas que la nationalité puisse être accordée sans conditions à tous les individus, ce serait encore une fois confondre le général et l'universel et nier la distinction entre les nationaux et les étrangers, entre la société politique et la société civile concrète, remettre en question l'idée même de communauté des citoyens qui fonde la légitimité politique. Cela n'empêche pas que soient organisés des moyens de consulter les étrangers sur la politique municipale et sur toutes les dispositions locales ou nationales qui peuvent plus particulièrement les concerner. C'est ce qui se fait dans la plupart des pays européens. Certains pays (Irlande, Pays-Bas, Norvège, Suède, Finlande) leur ont accordé le droit de voter dans les élections locales. Mais aucun, jusqu'à présent, n'a donné le droit de vote pour les élections nationales.

Droits des non-citoyens

Si seuls les citoyens d'une nation démocratique se voient reconnaître la plénitude des droits politiques, tous les étrangers en situation régulière, non-citoyens, disposent des mêmes droits civils, économiques et sociaux que les nationaux. C'est la seconde dimension universelle de la citoyenneté moderne.

Les étrangers jouissent de toutes les libertés individuelles, comme celle d'aller et venir, de se marier, d'être présumés innocents s'ils sont arrêtés par la police et présentés à la justice, d'avoir un avocat pour les défendre, etc. Aux droits civils s'ajoutent les droits économiques et sociaux. Les grandes lois sociales de la IIIe République – sur les accidents du travail (1898), pour les vieillards et les indigents (1905) – étaient destinées aux seuls nationaux. La loi sur les syndicats de 1884 excluait les étrangers des instances dirigeantes et la loi sur les prud'hommes leur interdisait de participer aux élections des délégués ouvriers. C'est progressivement, depuis la fin de la Seconde Guerre mondiale, que le statut des étrangers en Europe est désormais fondé sur le principe de leur assimilation juridique avec les nationaux en matière de salaires, de droit du travail et de protection sociale. L'étranger en situation régulière dispose de l'ensemble des droits directement ou indirectement liés à l'emploi. Il doit respecter la législation du travail, payer les cotisations sociales et les impôts. Il bénéficie en contrepartie d'une législation qui le protège contre les accidents du travail, fixe la durée et les conditions d'exercice de ce travail. Elle lui assure, au même titre qu'aux nationaux, congés payés, compensation financière en cas de maladie, de chômage ou de grossesse et retraite. Les étrangers participent ainsi dans toute l'Europe à ce qu'on a appelé la démocratie de l'entreprise. Leurs droits ont été progressivement élargis, ils peuvent accéder aux instances dirigeantes des associations et en créer. L'ensemble de la législation sur les droits sociaux des étrangers a été consacré par la législation européenne au cours des années 1960. La Cour européenne de justice condamnerait, au nom de la Convention européenne des droits de l'homme, tout État dont les pratiques ne se conformeraient pas au principe de l'égalité des droits civils, économiques et sociaux de tous, nationaux et étrangers en situation régulière.

Cette législation repose en effet sur l'idée fondamentale et universelle que, en deçà ou par-delà les droits du citoyen nés de sa participation à une organisation politique particulière, il existe des droits de l'homme en tant qu'homme. L'étranger ne saurait en être privé puisque, cela va de soi, il n'est pas moins un homme que le national. Respecter les droits de l'étranger en tant qu'homme est d'une certaine façon réaffirmer les valeurs autour desquelles se sont construites les démocraties modernes, même si elles risquent toujours de les trahir et si elles le font souvent. Les droits du citoyen ne se confondent pas avec les droits de l'homme, mais sans droits de l'homme, il ne saurait y avoir véritablement de droits du citoyen. Il faut ajouter que sans droits du citoyen les droits de l'homme n'ont guère de sens concret, comme l'a tragiquement démontré l'expérience des juifs pendant la Seconde Guerre mondiale.

La définition classique de la citoyenneté de l'État-nation est désormais corrigée et complétée par la conception des droits économiques et sociaux issus de la Convention universelle des droits de l'homme de 1948. Mais elle doit continuer à se fonder sur la distinction entre le citoyen et l'individu concret. Elle s'inscrit dans le prolongement de la distinction hégélienne, reprise par Marx dans *La Question juive*, entre le membre de la société civile (*Bürgerliche Gesellschaft*) ou l'acteur économique et le citoyen, qui participe à l'universalité étatique par l'intermédiaire des élections. La participation à une collectivité politique est par nature différente de l'appartenance à la société concrète. Le droit de la nationalité est ouvert à tous les individus susceptibles de participer à la communauté des citoyens par-delà les différences d'ethnies, de religions ou de cultures, mais il doit être contrôlé par des exigences d'ordre non pas ethnique, social ou religieux, mais civique.

Les droits économiques et sociaux ne sont pas de même nature que les droits politiques. La protection sociale, au sens large du terme, est une conséquence, décalée dans le temps, du principe même de la citoyenneté politique : fondée sur l'idée de l'égale dignité de tous les citoyens, la société doit assurer à chacun de ses membres la dignité de ses conditions concrètes d'existence, pour qu'il puisse exercer réellement ses droits de citoyen, pour que la citoyenneté ne soit pas formelle. Les droits-créances sont d'abord les conditions d'exercice des droits-libertés ou droits politiques.

On connaît la critique des penseurs marxistes et, plus généralement, des spécialistes des sciences humaines qui, à partir de leurs enquêtes, ne peuvent pas ne pas constater les écarts entre les normes proclamées et les réalités sociales. Il est bon, intellectuellement et éthiquement, de dénoncer ainsi, pour pouvoir l'amender, la réalité au nom même des valeurs universelles dont les démocraties se réclament. Mais il ne faut pas interrompre là la démarche et refuser de voir les effets bien réels de la proclamation des valeurs universelles. Comme l'a écrit Pierre Bourdieu à propos de l'administration : « La vision sociologique ne peut pas ignorer l'écart entre la norme officielle telle qu'elle s'énonce dans le droit administratif et la réalité de la pratique administrative – personnellement, je dirais même que sa fonction est précisément de révéler cet écart – avec tous les manquements à l'obligation de désintéressement, tous les cas d'utilisation privative du service public. Mais elle ne peut pas rester aveugle pour autant aux effets de cette norme qui demande aux agents de sacrifier leurs intérêts privés aux obligations inscrites dans leur fonction ou, de manière plus réaliste, aux effets de l'intérêt au désintéressement et de toutes les formes de "pieuse hypocrisie" que la logique paradoxale du champ bureaucratique peut favoriser. »[3] Il faut étendre cette réflexion à la société des citoyens dans son ensemble. Les enquêtes sociologiques et même la simple observation révèlent, à coup sûr, les manquements, les limites, voire les trahisons au principe de la citoyenneté et à sa dimension universelle. Mais on ne saurait *rester aveugle pour autant* au fait que la référence à des valeurs universelles, symbolisée par l'Idée républicaine, a aussi des *effets* bien réels et que c'est en invoquant ces valeurs que les individus peuvent lutter pour que le monde social soit moins inégal et moins injuste.

Vrai et faux universalisme

L'erreur du faux universalisme du XIXe siècle fut de confondre l'universel avec une réalité historique particulière, la société occidentale. Aucune société concrète n'incarne l'universel. Ce n'est pas un contenu, c'est une référence et une aspiration, l'horizon naturel de la raison, le principe régulateur qui préside à la comparaison des cultures et aux relations interculturelles. L'homme se caractérise par la tension entre sa définition d'individu historique, conditionné par son appartenance à une société particulière, et sa définition de sujet transcendantal. Reconnaître des valeurs universelles, c'est se référer nécessairement à une subjectivité transcendantale. Ce qui définit l'homme en effet, c'est sa capacité, à travers son inscription dans une société particulière, de s'arracher aux déterminations liées à son existence historique ; pour reprendre les termes de Rousseau, c'est la possibilité d'être homme en même temps que citoyen, de concilier l'esprit national avec l'idéal de l'universalité, d'être citoyen critique. Il ne se confond pas avec son destin social particulier, mais par sa capacité de ne pas être le simple produit de ces déterminations historiques, par sa faculté d'autonomie au moins relative par rapport à la nature et à la société, en termes philosophiques, par sa liberté. L'universalité de l'homme, de tout homme, c'est sa capacité de rompre avec le donné, de prendre sa distance avec son destin historique, non de le nier.

Le véritable universalisme se définit par l'idée que le moi d'autrui est doté d'une réalité égale à la mienne. Mais c'est par leur appartenance à une communauté particulière que les hommes participent à une forme d'humanité universelle. La relativité des cultures et des appartenances particulières prend son sens à l'intérieur de l'humanité de tous les hommes[4].

La société des citoyens, qui se fonde sur la légitimité de la citoyenneté, c'est-à-dire sur des valeurs à vocation universelle, doit être vécue comme la condition des échanges entre les individus. Le Français critique de sa propre appartenance nationale n'a pas de peine à dialoguer, à partir de sa propre nationalité, avec l'Anglais, l'Allemand ou le Sénégalais critique de sa propre appartenance nationale. L'autre cesse d'être un étranger dès lors que ce qu'on partage avec lui, c'est la commune possibilité de relativiser son appartenance à une collectivité historique particulière. Le soi-disant citoyen du monde n'aurait rien à dire à un autre citoyen du monde parce qu'il aurait perdu toute caractéristique. L'universalité de tous les hommes, c'est leur capacité de rupture ou de distance d'avec le donné immédiat, leur capacité de critique à l'égard de leur société. C'est dans la conscience de leur limite et de leur finitude que s'enracine la liberté et non dans l'utopie d'une humanité abstraite ou cosmopolite.

La question n'est pas : « Sommes-nous condamnés à devoir choisir entre l'universel et la pluralité ? », mais : « Sommes-nous condamnés à choisir entre le général ou l'unique ou le mondial, d'un côté, et la pluralité ? » La réponse serait : il faut refuser le général, l'unique ou le mondial, il faut choisir le particulier, donc la pluralité, mais en l'inscrivant dans une référence à l'universel qui est la condition même de son existence et de la possibilité de dialogue avec les autres, de la reconnaissance fondamentale que leur dignité est égale à la mienne.

1997

2

La nation et l'étranger

Tout système d'organisation politique inclut les uns et exclut les autres. Un groupe constitué définit ce que les psychosociologues appellent l'*ingroup* et l'*outgroup*. L'organisation de l'ordre politique mondial en nations reconnues comme acteurs historiques a abouti à une définition spécifique de l'*ingroup* et de l'*outgroup*, du national et de l'étranger. Il faut partir de cette donnée de fait et s'interroger sur la *spécificité* de l'inclusion/exclusion des individus dans le monde des nations.

Les auteurs contemporains qui critiquent le national en tant que tel, en dénonçant sa tyrannie[1], indépendamment du régime politique, évoquent sur le mode de la nostalgie la fluidité des frontières avant la consolidation des nations (1850-1919), lorsque les individus passaient facilement d'un royaume à l'autre. C'est oublier, d'une part, que les frontières internes compensaient l'absence de frontières externes et, d'autre part, qu'il s'agissait soit de populations pauvres, déracinées, à la recherche de moyens de survie, soit d'aristocrates ou d'intellectuels liés aux grands de ce monde. Necker, le ministre suisse de Louis XVI, Voltaire, conseiller du prince dans le royaume de Prusse, symbolisaient un cosmopolitisme qui ne touchait qu'une étroite aristocratie. La notion d'étranger est relative non seulement à une époque mais au principe de la légitimité politique. Lorsque le principe religieux et dynastique dominait, on parlait d'infidèle à une religion ou à une dynastie. Au nom des princes, le Grand Condé pouvait combattre l'armée du roi de France en étant moins accusé d'être traître à la France qu'infidèle au roi. Depuis la Révolution française, c'est en fonction du principe national et de la souveraineté du peuple réuni en nation qu'est défini l'étranger. On a d'ailleurs pu voir s'opposer l'ancien et le nouveau mode de légitimité politique lorsque les émigrés de Coblence, en poursuivant leur combat en faveur de la monarchie de droit divin, se virent désormais accusés, au nom de la nation française, de former le parti de l'étranger et de trahir leur patrie.

Le national et l'étranger

La Déclaration universelle des droits de l'homme de 1948 affirme, dans son article 15, que « tout individu a droit à une nationalité » et que « nul ne peut être arbitrairement privé de sa nationalité ni du droit de changer de nationalité ». La définition moderne du national et de l'étranger, produit inévitable de l'ordre mondial organisé en nations souveraines, conduit à définir l'un et l'autre en termes juridiques, à leur accorder des droits et des devoirs différents, à fixer les règles selon lesquelles l'étranger peut devenir le national.

La nation moderne se définit en effet comme une forme politique qui transcende par un projet politique commun des populations différentes par leur origine biologique (au moins subjective), régionale, ethnique, religieuse, sociale ou nationale. Elle crée un domaine politique commun à tous ceux qu'elle inclut, donc un espace juridique et administratif : le national et l'étranger disposent d'un statut juridique différent. Mais la nation ne se définit pas seulement comme un système d'intégration interne. C'est aussi un acteur de l'ordre international. L'étranger appartient, par définition, à une autre nation, il est donc toujours susceptible de devenir l'ennemi, contre lequel on peut être conduit à combattre jusqu'à la mort. Les candidats à la naturalisation issus de pays traditionnellement « ennemis » ont toujours eu plus de peine à obtenir le droit d'entrer dans la communauté nationale. Le processus d'intégration interne ne peut pas ne pas tenir compte des intérêts nationaux, des relations entre les nations.

Dans son principe, la nation est ouverte à tous ceux qui sont susceptibles de participer à la vie politique. Si l'on définit comme « ethnique » l'appartenance à une communauté historique, qui a conscience d'elle-même, mais qui n'est pas reconnue comme entité politique souveraine dans l'ordre international, la nation est, par définition, plus ouverte aux étrangers que les ethnies, qu'elles soient définies en termes religieux, culturels ou historiques. Si la Corse était constituée en nation souveraine, elle ne pourrait pas ne pas prévoir les modalités, juridiques et administratives, selon lesquelles certains individus pourraient acquérir la nationalité. L'inclusion nationale est, par essence, ouverte, ce qui n'exclut pas, bien évidemment, qu'elle le soit selon des modalités variables selon les lieux, les temps et l'intérêt de chaque nation, tels que les perçoivent les dirigeants et les opinions publiques.

Cette variation peut être illustrée par l'évolution que connaissent les formes concrètes du national. La différence juridique entre le national et l'étranger a été d'autant plus fortement marquée que les nations étaient elles-mêmes plus fortes. Lors de la consolidation des nations, à la fin du XIXe siècle, non seulement les droits strictement politiques n'étaient accordés qu'aux citoyens, mais les premières mesures sociales leur furent aussi réservées. C'est après la fin de la Seconde Guerre mondiale que la puissance publique, dans les démocraties occidentales, est intervenue de manière croissante et massive dans l'ordre économique et social et qu'elle a progressivement accordé aux étrangers l'égalité des droits économiques et sociaux. L'étranger participe comme les autres à ce qu'on a appelé « la démocratie de l'entreprise ». Il peut aussi bénéficier des politiques compensatoires destinées à certaines populations défavorisées (RMI, par exemple) et fondées sur le principe de la solidarité nationale, à l'exception, en France, de certaines allocations dites « non contributives ». Il est en revanche privé des obligations et des droits politiques au sens étroit du terme : service militaire, droit de vote, mandats électoraux, accès à certaines fonctions publiques liées à l'autorité de l'État.

Dans les démocraties modernes, la différence entre le citoyen et l'étranger en situation régulière ne cesse de s'amoindrir, en même temps que s'affaiblit la dimension proprement politique de la nation. Le développement économique et la protection sociale constituent un succès indéniable des démocraties modernes. Mais ils comportent des effets pervers pour la nation elle-même. La distinction entre droits politiques et droits sociaux s'affaiblit. La protection sociale, dont les exigences sont par nature indéfinies, absorbe de plus en plus de ressources et d'énergie aux dépens de la volonté politique. Le caractère dominant de l'activité économique risque de conduire au développement sans limites de la sphère marchande, à la diffusion du modèle utilitariste et instrumental des relations sociales, qui dissout les véritables communautés, rend indistinctes les institutions collectives et fait s'évanouir le sens de la politique. Le producteur et l'« ayant droit » pourraient remplacer le citoyen. Dans la réalité sociale, la distinction significative devient moins celle qui sépare le national de l'étranger que l'étranger en situation régulière de celui qui n'a pas obtenu le droit au séjour et au travail. La nationalité importe, mais plus encore le droit de résider et d'obtenir un emploi. Des juristes parlent ainsi de l'usure ou de la dévaluation de la nationalité, qui apparaît comme de plus en plus instrumentale : elle reconnaît le fait de l'installation, elle donne le moyen de vivre avec plus de sécurité et de droit. La décision proposée par le traité de Maastricht d'accorder le droit de vote local aux résidents des pays communautaires pourrait d'ailleurs avoir pour effet pervers de contribuer à affaiblir le sens et la valeur de la citoyenneté en réduisant le sens du politique à la gestion locale et quotidienne.

La rivalité entre les groupes est plus forte quand la définition de la nation est moins liée à un projet commun qu'à l'activité économique et à la protection sociale : les biens matériels sont finis, ce qui est donné aux uns est enlevé aux autres. La xénophobie des années 1930 en France prenait déjà sa source dans les angoisses liées à la crise économique. L'hostilité aux étrangers risque toujours d'être d'autant plus forte qu'il s'agit moins de participer au domaine politique commun que de partager des emplois, des revenus ou des avantages matériels. La concurrence économique nourrit les conflits entre les groupes qu'un projet politique fort tendait à unir.

Marges et frontières

Tout système d'inclusion/exclusion soulève le problème des populations marginales : celles qui ne sont plus liées à aucune organisation nationale, comme les réfugiés, les exilés ou les expulsés ; celles qui peuvent être liées à deux ou plusieurs nations, parce que leur lieu de naissance et leur origine familiale ne coïncident pas. La colonisation a constitué un cas particulier de ces appartenances marginales : le colonisé, lié à deux « nations », gardait-il la nationalité « indigène », était-il un national et, dans cette circonstance, un sujet ou un citoyen ?

La législation du droit d'asile s'efforce de résoudre le problème de ceux qui n'ont plus d'attaches nationales et ne jouissent pas ou plus de la protection d'un État. L'histoire des juifs dans les années 1930 a démontré combien les démocraties occidentales, par manque de lucidité et de courage, par crainte des réactions xénophobes de leur population, pouvaient trahir les principes auxquels elles se réfèrent. Il serait facile de trouver des exemples plus récents de cette attitude. Il est justifié de dénoncer ces manquements, mais il importe aussi de les comprendre.

Le droit d'asile s'efforce de résoudre au cas par cas les contradictions entre les principes universels, selon lesquels tous ceux qui sont persécutés pour leurs convictions religieuses ou politiques, pour leur appartenance à un groupe particulier, doivent être acceptés sur le territoire national, et les intérêts, par définition égoïstes, de la nation, c'est-à-dire des nationaux. Or plus l'admission sur le territoire national ouvre non seulement des droits politiques, mais, comme c'est le cas aujourd'hui, des bénéfices économiques et sociaux immédiats, c'est-à-dire une part de la redistribution nationale, plus l'accueil des persécutés au nom du droit d'asile risque de soulever l'opposition des nationaux. L'opinion publique ne saurait être négligée dans une démocratie, pour des raisons de principe et de politique. La définition généreuse du droit d'asile adoptée par l'Allemagne à la fin de la Seconde Guerre mondiale est en train de susciter des réactions xénophobes violentes de la part des nationaux. À l'Ouest, on a le sentiment – objectivement fondé – qu'on mérite le haut niveau de vie et la générosité de la protection sociale, dus au travail collectif entrepris avec courage à la fin des années 1940, et on se sent peu disposé à en partager les fruits avec les nouveaux venus. Dans les États de l'ancienne RDA, on prétend avoir droit à la solidarité allemande avant les autres pays de l'Europe qui furent communistes. L'État providence dramatise les oppositions des nationaux à l'inclusion des étrangers. Ces derniers ne sont plus seulement susceptibles de participer un jour (eux ou leurs enfants) à la vie politique. Ils participent immédiatement aux bienfaits de l'État providence avant même d'avoir contribué à l'accumulation des richesses.

Le droit de la nationalité règle les problèmes que soulèvent les populations marginales en distinguant juridiquement le national de l'étranger et en précisant les conditions selon lesquelles on passe d'un statut à l'autre. Dans tous les cas, la coïncidence du lieu de naissance et de la nationalité des parents confère la nationalité. Ce qui différencie les législations, ce sont les dispositions concernant deux catégories d'individus : ceux qui sont nés dans le pays de parents étrangers, ceux qui sont nés en dehors du pays de parents nationaux[2]. La plupart des États accordent automatiquement la nationalité dans le second cas. Dans le premier, les dispositions varient fortement d'un pays à l'autre.

Les pays d'immigration font une large part au droit du sol. Le Canada et les États-Unis, pays d'immigration par leur origine historique et leur mythologie nationale, appliquent le droit du sol simple : tous les individus nés dans le pays ont, dès leur naissance, la nationalité américaine ou canadienne. En France, en vertu de l'article 44 du Code de la nationalité française, les enfants nés en France de parents étrangers et y ayant résidé pendant les cinq ans précédant leur majorité ont automatiquement la nationalité française, s'ils n'y ont pas formellement renoncé dans l'année précédente : c'est un droit du sol aménagé qui aboutit à accorder à l'immense majorité des enfants étrangers nés en France la nationalité à leur majorité. La Grande-Bretagne, la Suède, les Pays-Bas et la Belgique ont adopté des dispositions comparables au cours des années 1980. Plus les pays européens se reconnaissent comme des pays d'immigration, plus ils prennent des dispositions qui favorisent la transformation des enfants d'immigrés en nationaux, donc en citoyens.

Il reste encore des différences notables dues à la conception que se fait chaque unité politique de son histoire et de sa singularité. Plus la nation se réfère à une conception ethnique, plus l'entrée dans la communauté sera difficile. On entre avec peine dans un groupe fondé, réellement ou symboliquement, sur des liens conçus comme « naturels ». De fait, on ne devient allemand ou suisse que par la naturalisation, on y ignore les mécanismes automatiques ou quasi automatiques d'acquisition de la nationalité. La naturalisation elle-même est le résultat de démarches longues et compliquées. Les autorités administratives, au niveau de la commune, du canton ou de l'État, vérifient avec un soin extrême que les candidats à la naturalisation ont les capacités et les caractéristiques nécessaires pour devenir pleinement suisses ou allemands : il est difficile et coûteux d'être naturalisé. En revanche, plus la nation fait appel à une définition et à des valeurs d'ordre politique, plus le droit de la nationalité est ouvert et contribue à consacrer ou à accélérer la transformation rapide des immigrés en citoyens. Mais, aujourd'hui, même l'Allemagne et la

Suisse accordent, depuis 1990, une naturalisation facilitée aux jeunes étrangers qui ont été scolarisés dans le pays. Elles ont cessé d'exiger que les nouveaux nationaux abandonnent leur nationalité d'origine. Si les démocraties résolvent de manière différente le problème que posent l'appartenance nationale des populations marginales et l'entrée des étrangers dans la communauté nationale, il est toujours possible d'entrer dans une nation démocratique ; l'étranger en situation régulière y a des droits civils et sociaux ; il peut devenir un national. La démocratie libérale est fondée sur l'universalité de la citoyenneté et l'idée que la citoyenneté peut être partagée par tous.

L'exemple de la colonisation illustre ce propos. Le projet colonial était contradictoire avec les valeurs essentielles de la nation démocratique moderne : égalité de tous les citoyens, respect de la liberté des peuples à disposer d'eux-mêmes. La société coloniale était fondée sur l'inégalité de statut juridique, politique et social des membres qui la composaient. Comme la situation coloniale rendait la politique d'assimilation impossible – l'opposition passionnée et efficace des colons rencontrant la réticence des colonisés à perdre leur identité et leur dignité –, on a vu naître en Algérie cette monstruosité juridique par rapport aux principes de la démocratie moderne : la nationalité sans la citoyenneté. En 1862, la cour d'Alger affirma que « tout en n'étant pas citoyen, l'indigène est français ». Les juristes tiraient argument du maintien du droit civil musulman pour que les droits publics ne soient pas accordés aux « indigènes ». La pleine citoyenneté avec sa conséquence logique, le collège électoral unique, ne leur fut accordée qu'en 1958.

Le « national » peut être démocratique ou totalitaire. Il n'est pas en tant que tel tyrannique. Le contrôle social et politique qui s'exerce sur les individus dans les démocraties n'a pas le même sens que le contrôle policier des États autoritaires ou totalitaires. La centralisation et l'organisation politiques imposent aux nations que soit faite une répartition collective des droits et des charges, qui exige de contrôler la présence des étrangers, en tenant compte à la fois des principes des droits de l'homme et des intérêts nationaux. Il est facile de dénoncer l'hypocrisie de la référence aux principes universels, quand chaque pays, dans ses relations avec l'étranger, recherche d'abord son intérêt. Toutes les sociétés violent les valeurs et les principes dont elles se réclament. Mais il n'en reste pas moins que la nation moderne, par définition, prévoit toujours les moyens d'inclure progressivement les étrangers et de les transformer en citoyens, même si c'est selon des rythmes et des modalités dont l'histoire nationale permet de rendre compte. Les formes de xénophobie, que l'on a toujours observées dans les démocraties, comme partout et en tout temps, ne doivent pas masquer le fait que la nation démocratique reste, dans son principe sinon dans ses formes historiques concrètes, la forme politique la plus favorable à l'inclusion des *outgroups*.

1993

3

Le sens de l'ethnico-religieux

Les sociologues continuent à penser les sociétés modernes à l'intérieur de l'opposition binaire, qu'on peut grossièrement résumer par le célèbre couple *Gemeinschaft* vs *Gesellschaft*[1]. C'est ainsi que les sociologues des religions ont posé le problème de la sécularisation – caractéristique de la *Gesellschaft* – et des Nouveaux Mouvements religieux (NMR), en quoi on a vu une remontée imprévue de la *Gemeinschaft*. Les sociologues de l'ethnicité, eux, ont parlé de résurgence ethnique *(ethnic revival)* – de l'ordre de la *Gemeinschaft* – contre la nation moderne – forme politique de la *Gesellschaft*. Aux États-Unis, depuis la publication du livre de Nathan Glazer et Daniel Moynihan en 1963[2], l'*ethnicity* est devenue le paradigme dominant de la réflexion sur les « relations interethniques ». En Europe occidentale, les mouvements de revendications infranationaux se sont développés dans les années 1970 et ont été opposés avec sympathie par des sociologues, souvent eux-mêmes militants, à la rationalité et à l'abstraction de l'État-nation.

Il est vrai que, « qu'on le veuille ou non, les deux révolutions, dans tous les sens concrets que peuvent avoir ces termes, sont maintenant achevées. Notre civilisation est urbaine, démocratique, industrielle, bureaucratique, rationalisée : c'est une civilisation à grande échelle qui est formelle, laïque et technologique »[3]. Mais, même dans les sociétés démocratico-libérales, il s'agit d'un concept limite ou d'un principe général qui ne s'applique pas à toutes les dimensions de la vie sociale. La rationalisation ou le « désenchantement » du monde, pour reprendre la célèbre expression weberienne, n'est pas un processus rectiligne ou univoque. Ce n'est pas un état, mais une dialectique toujours inachevée entre un principe de rationalité et les formes concrètes que prennent les relations personnelles et politiques, inévitablement marquées par l'affectivité et les passions. L'idée de rationalisation du monde doit être entendue comme un type-idéal ou un principe dominant, non comme une description de la réalité sociale.

On proposera quelques pistes de réflexion pour l'analyse comparée de la dialectique entre la « rationalisation » et ce qu'on peut appeler, après Max Weber, l'« émotionnalité » des expressions et des revendications dans l'ordre du religieux et dans l'ordre de l'ethnique qu'on observe dans les sociétés modernes[4].

Survivances

Conformément à une conception linéaire de l'évolution sociale, qui a dominé jusque dans les années 1960, les sociologues ont proposé l'analyse conjointe de la rationalisation progressive de la vie sociale et du rétrécissement de la vie religieuse. Dans les pays européens, on constatait la baisse des pratiques, tout particulièrement dans les villes et parmi la classe ouvrière. Aux États-Unis, il apparaissait que le maintien des pratiques n'empêchait pas l'affaiblissement des croyances. Le concept de sécularisation permettait de rendre compte de la réduction du domaine du religieux dans la vie sociale, de la crise des vocations et de l'effondrement de certaines pratiques. Les sociologues américains s'interrogeaient sur « l'avenir de la religion et la mutation d'une société devant fonctionner désormais sans légitimation religieuse »[5]. Plus ou moins influencés par le marxisme, les sociologues de cette époque analysaient l'incompatibilité entre la religion et la société moderne.

Les spécialistes de l'ethnicité avançaient le même type d'analyses. Malgré les efforts d'Otto Bauer et des austro-marxistes avant la Première Guerre mondiale pour penser, à partir de la monarchie austro-hongroise, le problème des nationalités, tous ceux qui s'inscrivaient dans la tradition marxiste prévoyaient l'épuisement progressif des appartenances ethniques. « Comme d'autres historicistes, en croyant à un progrès unique et universel de l'histoire, Marx considérait que les loyalismes nationaux et régionaux exprimaient la résistance irrationnelle de formes peu développées que l'histoire rendait obsolètes. »[6]

La tradition marxiste convergeait d'ailleurs avec d'autres courants de la pensée sociologique. La perspective des sociologues de l'École de Chicago était assimilationniste, pour utiliser leur vocabulaire. Robert Park pensait que les conflits entre les groupes seraient progressivement résolus selon des normes partagées par tous. Leurs relations suivraient les étapes du *race relations cycle* : contact, compétition, conflit, accommodation, assimilation. À l'issue du cycle, les divers groupes seraient « assimilés », c'est-à-dire qu'ils régleraient désormais leurs conflits à l'intérieur du même système de normes et de valeurs. « L'assimilation est un processus d'interpénétration et de fusion, dans lequel les personnes et les groupes acquièrent la mémoire, les sentiments et les attitudes d'autres personnes ou d'autres groupes et, en partageant leur expérience et leur histoire, sont incorporés avec eux dans une vie culturelle commune. Dans la mesure où l'assimilation traduit ce partage d'une tradition, cette participation intime dans des expériences communes, l'assimilation est centrale dans les processus historiques et culturels [...] l'unité ainsi réalisée n'est pas nécessairement, ni même habituellement à sens unique ; c'est plutôt une unité d'expérience et d'orientation, à partir de laquelle peut se réaliser une communauté de projet et d'action. »[7] Contrairement à ce qu'on a pu écrire au cours de la phase militante des années 1970, il ne s'agissait pas d'obtenir de l'individu la « suppression de ses vieux souvenirs, mais leur incorporation dans sa nouvelle vie »[8]. Mais il est vrai que, pour Park, à la fin du cycle, la dimension proprement « ethnique » disparaîtrait ou deviendrait, en tout cas, secondaire.

La littérature sur le développement, après la Seconde Guerre mondiale, s'inscrivait aussi dans une perspective évolutionniste, dans la mesure où elle admettait, de manière implicite ou explicite, qu'aux phases de la croissance économique correspondrait la diffusion progressive de la nation et de la démocratie libérale comme forme dominante de l'organisation politique. C'est le paradigme à l'origine de la littérature des années 1950-1960 consacrée au développement économique des pays du tiers-monde dont Whitman Rostow a donné la forme la plus célèbre et la plus simple[9]. Du point de vue économique, les sociétés peuvent être classées en cinq catégories ou cinq étapes : les sociétés traditionnelles, les sociétés qui connaissent les « préconditions du décollage » (*the preconditions for take-off*), celles qui en sont au décollage (*the take-off*), les sociétés en voie de maturité (*the drive to maturity*), les sociétés de consommation de masse (*the age of high mass-consumption*). Les sociétés apportent des réponses politiques différentes aux problèmes éternels de la vie collective selon l'étape du développement économique où elles se trouvent[10].

Les anthropologues et sociologues qui, au cours des mêmes années, se sont consacrés aux nouvelles nations et à la construction des nations (*nation-building*) dans les pays constitués à la suite de la décolonisation analysaient en même temps le développement économique et la constitution d'un domaine politique transcendant les particularismes et, en particulier, les ethnies préexistantes. Comme l'a écrit Clifford Geertz dans la préface du plus remarquable de ses ouvrages : « Les nouvelles nations sont engagées dans une forme de changement social qui font de la construction des nations et du développement matériel des problèmes politiques simultanés. »[11]

C'est la même perspective évolutionniste que défendait Karl Deutsch, lorsqu'il faisait de la construction des nations le résultat de la mobilisation sociale induite par les réseaux de communication de masse. La constitution des nations était pour lui liée à l'insertion croissante des individus dans des réseaux de communication : « Un facteur décisif dans l'assimilation ou la différenciation nationale se trouve dans le processus fondamental de la mobilisation sociale qui accompagne le développement des marchés, des industries et des villes et même de l'alphabétisation et des moyens de communication de masse. »[12] Dans cette perspective, le sentiment national devient l'effet du développement des moyens de communication, qui efface progressivement les particularismes ethniques et conduit à l'assimilation des groupes périphériques par le groupe dominant. Deutsch en vint à définir les étapes de ce processus : « Résistance ouverte ou latente à la politique d'intégration (*amalgamation*) par un État national commun ; intégration minimale jusqu'à la résistance passive à l'égard des ordres de cet État ; intégration politique plus profonde jusqu'au soutien actif au gouvernement, mais avec le maintien d'une cohésion et d'une diversité avec un groupe ethnique ou culturel ; et, finalement, coïncidence entre l'intégration politique et l'assimilation de tous les groupes à une langue et une culture communes – voici ce que pourraient être les étapes principales sur la voie des tribus vers la nation. »[13]

En termes plus théoriques, Talcott Parsons définit les « communautés sociétales ou nations » (*societal communities or nations*) par quatre caractéristiques : « La communauté sociétale implique une population relativement définie, que nous appelons citoyens dans la société moderne, elle implique aussi que l'organisation collective de référence soit organisée politiquement sur une base territoriale, c'est-à-dire qu'elle maintienne un ordre normatif et des processus de décisions concernant les événements qui adviennent à l'intérieur de ce territoire. Finalement, troisième critère, elle doit être caractérisée par une tradition culturelle commune. »[14] Cette « tradition culturelle commune » est composée, de manière chaque fois spécifique, d'éléments liés au « sang » et d'autres, issus du « contrat ». Elle entraîne une « solidarité commune durable »[15], qui se transmet de génération en génération par une langue commune, la transmission d'une histoire et un projet d'avenir communs. Selon Talcott Parsons, dans la société moderne, c'est-à-dire dans la nation démocratique, l'affirmation ethnique constitue une survivance, contraire à l'esprit des sociétés complexes, universalistes, où les rôles sont de moins en moins prescrits et de plus en plus acquis.

Les auteurs libéraux rejoignaient ainsi les marxistes pour analyser et prévoir l'épuisement progressif des formes ethniques. Selon ces interprétations, qu'on peut grossièrement rassembler sous le terme de théories de la survivance, les formes sociales qui relèvent de la logique de la *Gemeinschaft* sont vouées à la disparition ou en tout cas à l'affaiblissement, au fur et à mesure que se développe et s'impose la logique propre à la modernité. C'était d'ailleurs bien l'idée de certains sociologues américains de l'*ethnicity*, redécouverte à la suite du livre de Glazer-Moynihan : « L'ethnicité est une des formes de la *Gemeinschaft* qui a *survécu* dans une société rationalisée et bureaucratisée. »[16]

C'est à partir de la fin des années 1960 que le paradigme de la « fin du religieux » et de l'effacement progressif de l'ethnicité ont été, l'un et l'autre, radicalement remis en question. On a observé en effet de nombreux exemples de résurgence ethnique malgré la diffusion mondiale du modèle de la nation comme sujet historique consacré par l'ordre politique et juridique international. Il existe sur cet *ethnic revival* une abondante littérature, aussi bien scientifique que militante – ce qui, en soi, est significatif de l'importance du phénomène, au moins pour les classes cultivées. De même, on a remis en cause le paradigme de la fin du religieux. On a constaté que la religion populaire s'était maintenue et que des formes religieuses non institutionnelles restaient vivaces[17]. Sans doute, le système intégré de croyances et de pratiques sanctionnées par les Églises éclatait, mais on constatait en même temps que ni les sentiments ni les manifestations religieuses n'avaient disparu. L'éclosion des « communautés émotionnelles » ou Nouveaux Mouvements religieux (NMR) au cours des années 1970 suscitait le prolongement de ces analyses. À un paradigme dominant de la fin du religieux s'est substitué celui d'une interrogation sur les formes renouvelées du phénomène religieux dans la société démocratique moderne.

La variété des formes qu'adoptaient les expressions et les revendications religieuses et ethniques a conduit à remettre en cause ou, en tout cas, à compléter les théories de la survivance pour rendre compte de la persistance et même du renouvellement des identités et des mouvements sociaux liés à la religion et à l'« ethnicité ».

Contradictions et compensation

Les sociologues de l'ethnicité, comme ceux de la religion, ont constaté que le renouveau religieux et le renouveau ethnique n'étaient pas seulement des mouvements issus des classes sociales modestes ou de populations marginales vouées à la disparition sociale ; ils étaient également portés par des populations de classes moyennes, participant activement à la vie collective. Cette simple observation les a conduits à s'interroger sur le lien entre la modernité et les nouvelles formes religieuses et ethniques. Non seulement les nouvelles formes de la vie religieuse ne sont pas incompatibles avec la modernité, mais ne pourrait-on faire l'hypothèse qu'elles en sont le produit ? C'est dans cette perspective que je voudrais proposer quelques réflexions parallèles sur ces mouvements anti« rationnels », celui de l'ethnique *vs* la nation d'un côté, celui de l'émotionnel *vs* l'institutionnel de l'autre.

Pour analyser les formes de ce « nouveau christianisme », Danièle Hervieu-Léger a prolongé la perspective inspirée par Max Weber, qui montrait l'irrationalité structurelle du monde rationnellement désenchanté. Elle s'efforce de montrer que le retour du religieux n'est pas seulement le produit de survivances prémodernes, mais qu'il prend aussi sa source dans les contradictions inhérentes au processus spécifique de la modernité. Le développement des Nouveaux Mouvements religieux, à la fois contestateurs et innovateurs, est rendu possible par le desserrement de la logique rationalisatrice dominante. Ils traduisent ce qu'on a pu appeler le « retour du refoulé »[18].

Cette analyse peut être rapprochée de celles d'Anthony Smith sur le renouveau ethnique. Pour lui, l'ethnicité est première, chronologiquement et logiquement : les nations se sont construites en réinterprétant et en réorganisant les éléments des ethnies préexistant à la construction nationale. Il interprète la résurgence ethnique comme une compensation à l'abstraction de l'État moderne, qu'il qualifie d'« État scientifique ». C'est ce besoin d'« humanité », auquel l'« État scientifique » ne peut répondre, qui expliquerait, par exemple, les mouvements de revendications infranationales des vieilles nations occidentales[19]. L'État national est, pour lui, à la fois brutal et inefficace. Il tend à nier les appartenances ethniques et il ne peut y parvenir, dans la mesure où le nœud symbolique caractéristique de l'ethnie résiste à cette entreprise de nivellement. La vitalité des ethnies prémodernes – seule véritable réalité sociale – explique leur résurgence. Étant donné la dialectique entre les exigences de la centralisation politique rationnelle et la puissance des sentiments ethniques qui préexistaient à la construction nationale, les ethnies sont toujours susceptibles de s'exprimer à nouveau aux dépens de la nation.

L'interprétation d'Elie Kedourie est de la même inspiration, quand il analyse la destruction des structures préexistant à la nation moderne comme engendrant « une société atomisée qui recherche dans le nationalisme un substitut à l'ordre ancien irrévocablement perdu »[20], d'autant que, comme Anthony D. Smith, il souligne que « les méthodes de l'administration européenne centralisée, impersonnelle, uniforme et ne reconnaissant pas les diversités ont pour effet de niveler et de dissoudre les hiérarchies et les loyautés traditionnelles, les liens de dépendance traditionnels qui, malgré les effets imprévus et oppressifs, n'en avaient pas moins une qualité de chaleur humaine qui rendait le pouvoir proche et compréhensible par l'individu le plus humble et le plus insignifiant »[21].

La théorie de Daniel Bell s'inscrit dans ce courant de réflexion. Il propose une interprétation du renouveau ethnique en tant que fondement de l'action politique. La construction d'identités inclusives larges appelle en compensation le besoin d'ancrage dans un groupe « primordial » (*primordial anchorage*), l'affaiblissement de la nation et des solidarités de classe laisse plus visible (*salient*) l'appartenance ethnique.

Le développement de l'État providence, suscitant espoirs, donc déceptions, impose l'organisation en groupes. Seule l'ethnicité (*ethnicity*) permet alors de « conjuguer l'intérêt avec un lien affectif »[22]. « *Ce qui advient alors, c'est l'alliance d'une recherche de statut avec des demandes politiques par l'intermédiaire d'un groupe ethnique* […]. Dans la situation historique récente, les groupes ethniques, avec leur dimension à la fois instrumentale et expressive, sont devenus des sources de force politique. »[23] Pour Bell, l'ethnicité est analysée en termes à la fois de compensation à certaines des caractéristiques de la modernité (abstraction, revendications des droits sociaux) et de stratégies politiques. Mais il faut noter que cette analyse, bien qu'elle prétende à l'universalité, s'applique plus particulièrement aux États-Unis, puisque l'idée centrale de la conjugaison du sentiment et de l'intérêt dans la revendication ethnique n'a de sens que dans la mesure où le groupe ethnique se voit reconnaître des droits, où il devient source d'intérêts. C'est le cas aux États-Unis, où l'on a élaboré au cours des années des programmes en faveur des groupes dits minoritaires. Dans les pays européens, qui, dans leur majorité, ne sont pas dans ce cas, la théorie de Daniel Bell revient à une forme élaborée de théorie de la compensation.

Europe de l'Ouest et Europe de l'Est

Que les deux types de théories puissent concurremment rendre compte des réalités historiques peut être illustré par l'évolution comparée de l'ouest et de l'est de l'Europe – pour ne pas parler du reste du monde.

Deux histoires et deux idées de la nation se sont toujours opposées. Dans des langages différents, les penseurs et les idéologues de la nation ont opposé la nation civique, volontaire, contractuelle ou élective de l'Europe de l'Ouest à la nation populiste, organique, naturaliste ou ethnique de l'Europe orientale. Au peuple des citoyens à l'Ouest s'opposerait le peuple des ancêtres à l'Est. Il s'agit, bien entendu, d'idées, au double sens d'idéologies sociales et de conceptions issues de l'expérience historique. Mais l'examen des droits de la nationalité français et allemand montre que ces idées n'ont pas perdu de leur force, même dans les démocraties de l'Europe occidentale. De plus, la séparation au cours du dernier demi-siècle de l'Europe libérale et de l'Europe communiste a accentué et dramatisé cette opposition historique.

C'est à l'Ouest qu'a été élaborée l'idée de nation civique, fondée sur le principe de l'idée de l'égalité d'êtres humains libres et rationnels, pour reprendre la formule kantienne. Il est vrai que, dans ses formes concrètes, elle n'a jamais été purement « rationnelle ». Au temps des nationalismes triomphants, les religions ont été mobilisées au service de la nation et le sacré, partiellement transféré sur celle-ci, comme l'illustre la formule de *La Marseillaise* : « Amour sacré de la patrie ». Mais, depuis la fin de la Seconde Guerre mondiale, l'individualisme né de l'enrichissement et de la protection de l'État providence a eu pour effet de désinstitutionnaliser la vie religieuse et de diffuser des formes de pratiques proches du religieux dans d'autres secteurs de la vie sociale. Compensant cette évolution générale, on assiste à des tentations de retour « fondamentaliste » de la part des Églises et au développement des Nouveaux Mouvements religieux.

La nation politique, caractéristique de l'Europe de l'Ouest, ouverte dans son principe à tous ceux qui participent à la vie politique commune, reste toutefois la forme de l'organisation politique, le lieu de la continuité historique et l'expression identitaire collective la plus conforme aux valeurs de la modernité – même si elle doit composer avec la transnationalité de l'organisation et des échanges économiques et la forme inédite de coopération juridique, économique et politique que construit la Communauté économique européenne.

L'expérience historique de l'est de l'Europe s'oppose de ce point de vue à celle de l'Ouest. Au temps des nationalismes triomphants, la nation « ethnique » a moins transféré le sacré sur la nation, organisation politique fondée sur l'État de droit, que sur l'ethnie, le *Urvolk*, communauté historico-biologique préexistant à l'organisation politique. Ce transfert s'accompagnait éventuellement de références religieuses, mais il était de nature essentiellement païenne : on invoquait volontiers une nature sacralisée. L'expérience de religion séculière qu'était l'ordre politique communiste a contribué à une sécularisation forcée – même si, dans certains cas, elle a involontairement abouti à maintenir les institutions ecclésiastiques persécutées par le pouvoir, qui offraient le lieu de la liberté (cas exemplaire de l'Église polonaise). Mais dans la collaboration qu'elles n'ont pas pu ne pas instaurer avec le pouvoir politique, elles se sont également compromises. L'écroulement du communisme a eu pour effet une désinstitutionnalisation brutale : la pratique religieuse s'est immédiatement affaiblie en Pologne. De nouveau, le sacré a été transféré sur l'ethnie et non sur la nation, récente, sans tradition démocratique, désormais associée au pouvoir communiste. Or la nation de l'Europe de l'Est, plus ethnique que politique, qui, par définition, tend à être fermée, est sans doute contradictoire avec les exigences des sociétés modernes fondées sur la multiplication des échanges de toutes natures et sur l'idée et les pratiques démocratiques.

L'intégration des nations de l'Ouest est remise en cause par la dépolitisation, c'est-à-dire par l'épuisement de la volonté politique dont témoigne l'effritement des institutions nationales, qu'elles soient politiques ou ecclésiales. Elle est menacée par la diffusion du modèle utilitariste des relations sociales, que compensent des tentations de fondamentalisme et le développement des communautés émotionnelles ou des revendications politiques infranationales.

L'intégration des nations de l'Est est, elle, menacée par l'impossibilité de connaître rapidement une participation active des individus à la vie économique, probablement la condition de l'intégration des sociétés démocratiques modernes. Les Églises ne jouent plus de rôle intégrateur. Seule demeure la référence à une nation ethnique, sans traditions politiques et civiques, peu compatible avec les exigences de la modernité, dans la mesure où elle se fonde sur l'idée d'une « appartenance » exclusive à un collectif et d'homogénéité culturelle, insuffisante pour créer et entretenir le lien social et fonder un ordre politique. Même si dans l'ex-Yougoslavie les appartenances ethniques ont été manipulées par Tito, puis par les communistes de Serbie pour établir leur pouvoir, on a vu que les passions qu'elles suscitaient étaient plus fortes qu'une quelconque forme de nation yougoslave au sens de la nation civique occidentale.

Pour les nations de l'Europe de l'Ouest, les théories de la compensation, qu'elles portent sur les résurgences ethniques ou religieuses, permettent de mieux rendre compte des réalités historiques. Pour les nations de l'Est, il faut faire leur place en même temps aux théories de la survivance *et* à celles de la compensation.

Les propositions qui suivent portent sur les nations de l'Ouest, en tant que sociétés modernes, avec leur double dimension de production économique/transferts sociaux et de pratiques démocratiques. Aucune réflexion sur ces sujets ne peut négliger l'histoire des sociétés concrètes.

Contradictions et insatisfactions

On peut prolonger l'analyse, dans l'esprit des théories de la compensation, en interprétant le renouveau religieux et le renouveau ethnique à partir des contradictions nourries par la rationalité, l'abstraction et l'idéal même de la modernité. La société moderne suscite les insatisfactions et les sentiments d'échec par les contradictions entre les idéaux dont elle se réclame et les réalités concrètes de la vie sociale. Elle proclame la valeur de l'égalité mais ne peut éviter les inégalités de fait. « Les sociétés modernes ou industrielles sont à la fois égalitaires en leurs aspirations et hiérarchiques en leur organisation. »[24] Elle accorde une valeur absolue à l'individu en tant que tel et tend à le réduire à son rôle dans les organisations technobureaucratiques. « De même que l'individu aspire à l'égalité, il aspire à la personnalité. Il veut être lui-même et non un être anonyme et interchangeable. Or, la même abondance qui promet à chacun l'accession à la personnalité semble avoir pour condition et pour conséquence la soumission de tous au mécanisme impitoyable de la production et de la croissance économique. »[25] Elle a pour vocation un universel abstrait, alors que se maintient la réalité concrète des enracinements particuliers, nationaux, historiques ou religieux. « La tendance de la société industrielle à s'étendre à l'humanité entière a pour origine la raison, la science et la technique. La science, de type expérimental, passe aujourd'hui pour l'expression de la pensée rationnelle et pour la condition de la technique efficace [...]. L'humanité restera divisée par la pluralité des volontés d'indépendance étatique, par les inégalités de développement, par les nationalismes d'essence particulariste et par les idéologies à prétention universaliste [...] l'industrialisation n'effacera pas la diversité des systèmes de normes et de valeurs. »[26]

Plus généralement encore, la société moderne ne donne pas un sens ultime à l'existence ou, pour reprendre une expression weberienne, elle ne répond pas au besoin des hommes de disposer d'un système d'explication qui puisse justifier les imperfections du monde et leur malheur individuel et collectif. Fondée sur l'innovation technique et intellectuelle, sur l'invention de nouvelles formes sociales, tendue vers l'avenir, elle comporte une dimension utopique intrinsèque. Mais, à la différence des utopies religieuses[27], il s'agit d'une utopie rationnelle, qui ne repose ni sur le récit d'un Âge d'or passé, ni sur la perspective d'un avenir radicalement différent. Elle dévalorise le passé et n'annonce que le développement et le perfectionnement de la rationalité du présent. Elle ne peut agir comme le faisaient les rêves de rupture complète et explicite, enracinés dans une mythologie du passé. Elle ne donne pas de sens à l'expérience collective de l'humanité ni au destin individuel de l'homme. Le « vide » des sociétés modernes laisse à l'individu la possibilité, la charge, le privilège et l'angoisse de choisir le sens qu'il veut donner à son existence.

Dans la vie collective des Nouveaux Mouvements religieux ou des cercles fondamentalistes qui s'inscrivent dans les Églises constituées, dans la vie des militants à l'intérieur des mouvements de revendication ethnique, les individus voient légitimées leurs appartenances particulières. Les différences sociales tendent à s'effacer, tous peuvent retrouver la dimension affective des relations interpersonnelles. Qu'elles soient définies en termes ethniques ou religieux, les « communautés émotionnelles » ou « fraternités électives » répondent au besoin fondamental et éternel de l'homme d'être reconnu comme une personne. Elles permettent aux individus de trouver une compensation à la rationalisation du monde de la production, à l'abstraction de la société politique et de la citoyenneté.

C'est d'autant plus nécessaire qu'ouvrant formellement à tous toutes les possibilités les sociétés modernes conduisent inévitablement non seulement une grande partie de la population à vivre des échecs objectifs, mais tous leurs membres à faire l'expérience de nombreux échecs subjectifs (qu'on peut définir comme le rapport entre les aspirations et les réalisations). Fondées sur le principe de la compétence et du mérite, tels que les mesurent les examens et la réussite sociale, elles imposent à chacun d'être seul responsable de ses échecs et de ses insuffisances. Les engagements émotionnels permettent à l'individu de compenser les échecs qu'il ne peut pas ne pas connaître dans la vie sociale.

Le besoin fondamental de l'individu d'être reconnu comme une personne – ce qui implique l'instauration de relations directes – peut s'exprimer également dans le renouveau religieux et dans les revendications ethniques. Ce n'est pas un hasard si toutes les enquêtes sur les exclus montrent que ces derniers revendiquent d'abord la dignité, c'est-à-dire la reconnaissance – qui peut également se traduire par un retour à des formes fondamentalistes de religion ou par des affirmations d'appartenance ethnique communautaire.

On peut analyser dans les mêmes termes les fonctions sociales du renouveau ethnique et du renouveau religieux. L'un et l'autre ont pour effet, dans une société dominée par un principe général de rationalisation et de sécularisation, de donner un sens à la souffrance humaine et de permettre à l'individu d'établir des relations directes et affectives avec les autres. La demande de sens et le besoin de reconnaissance par l'autre peuvent être satisfaits par l'émotionnalité, également présente dans la revendication religieuse et ethnique. Les théories de *compensation à l'abstraction et à la méritocratie de la société moderne* expliqueraient ainsi le renouveau non du « religieux » ou de l'« ethnique », mais des formes « émotionnelles » de la religion et des formes « émotionnelles » de l'ethnicité, nourries par la modernité elle-même.

Convergence : un « champ » ethnico-religieux

Que le renouveau ethnique et le renouveau religieux aient les mêmes fonctions de compensation aux exigences de la société démocratique n'implique pas que les deux domaines ne gardent pas leur spécificité.

S'il n'est pas question de revenir à une définition substantialiste du religieux ou de l'ethnique, il faut prendre en compte l'expérience vécue par les individus. La référence au transcendantal n'a pas le même sens que l'inscription dans une communauté historique ou dans un projet politique. Le sens vécu de la religion n'est pas celui de la « religion séculière ». Il est trop simple de décrire le nationalisme comme « un substitut ou un supplément à la religion supranaturelle historique » ou d'affirmer que « le nationalisme est devenu un ersatz de religion. La nation, telle que la comprend le nationaliste, est un substitut de Dieu »[28]. La relation au transcendantal constitue une expérience autre que le projet politique, même lorsque ce dernier prend une forme émotionnelle : le sociologue doit prendre en cause cette spécificité.

Or c'est précisément cette spécificité qui est remise en cause, dans la mesure où la conception ou le domaine même du religieux ne sont plus définis selon la tradition telle que la formule Durkheim. L'expérience spécifiquement religieuse est limitée à des individus ou à de petits groupes. Pour la masse de la population, les sociologues des religions constatent une évolution parallèle dans les croyances et les pratiques, quelle que soit la référence à une religion constituée : la fin de l'institution ecclésiale, l'évolution vers l'éthique.

Comme les autres institutions de la vie sociale, l'institution ecclésiale est réduite à la portion congrue. La baisse des pratiques imposées par l'Église, l'affaiblissement du clergé, moins nombreux et moins présent dans la vie sociale, la symbolisation des contenus et des objets de la croyance, le refus absolu de certaines conduites (la confession, par exemple) : ces faits bien connus montrent que les individus recomposent à leur guise des formes de croyances et de pratiques, revendiquées comme personnelles et subjectives, en conformité avec les valeurs de la modernité.

La notion de Dieu personnel et la référence transcendantale, la relation entre l'homme et Dieu s'affaiblissent au profit d'une conception d'abord morale et humanitaire. Le Dieu personnel, créateur du Ciel et de la Terre, laisse la place à l'homme exemplaire – en témoigne, entre autres, le consensus en France autour de la personne de l'Abbé Pierre. Le Christ devient un « idéal moral », commun aux fidèles de toutes les religions. La dimension dite « verticale », c'est-à-dire transcendante, se réduit au profit de la morale « horizontale », idéal de fraternité entre les hommes. Le « religieux », devenu morale, se diffuse dans les instances non spécifiques de la vie sociale. Les objets de la croyance prennent un sens de plus en plus symbolique. Cette évolution générale vers l'éthique se révèle la forme privilégiée de la « modernisation de la religion ». L'activité des religieux se rapproche du travail social ; bien des hommes d'Église la quittent pour devenir des travailleurs sociaux.

Tendant vers l'éthique, les Églises et les mouvements religieux se trouvent en concurrence avec d'autres instances, qui nourrissent la même ambition (par exemple, les comités de Sages) – ce qui affaiblit leur spécificité. La religion risque de se dissoudre jusqu'à se transformer en une sorte d'humanitarisme, comme dans le cas de la « religion des droits de l'homme ». En même temps, on observe que la diffusion des pratiques perçues comme religieuses (rituels, adorations, processions, passions d'identification) se retrouvent dans d'autres domaines : n'est-ce pas désormais aux spectacles sportifs, aux jeux, à l'ethnique, à la politique ou aux vedettes couronnées par les médias que sont adressés la demande de sens et le besoin de reconnaissance, qui trouvaient traditionnellement leur réponse dans les religions organisées ?

Le moralisme

L'évolution de toutes les religions vers un moralisme monothéiste gomme progressivement, pour la majorité de la population, la différence entre les manifestations et les expériences vécues d'ordre religieux et d'ordre ethnique. L'appartenance à une communauté historique – sorte de transcendantal historique, dont l'idée du « peuple juif » donne l'exemple privilégié – permet à l'homme de s'inscrire dans une histoire qui le dépasse et de donner un sens à son existence autant que la référence au transcendantal. Comme l'ethnique, au même titre que le religieux, est fondé sur un complexe de symboles et de valeurs, on peut se demander si *les deux expériences ne sont pas de plus en plus proches.*

L'exemple des pays nordiques apparaît comme une pointe extrême de cette convergence[29]. Non seulement l'appartenance déclarée à une religion ne s'accompagne pas des pratiques que l'Église impose : on observe 3 % seulement de pratiquants. Mais la conception même du monde s'éloigne de l'inspiration fondamentale de la tradition juive et chrétienne et de son humanisme, entendu comme la rupture essentielle entre l'homme, créé à l'image de Dieu, et la nature animale et végétale. Comme dans la pensée de l'écologie profonde, il y a solution de continuité entre l'homme et les animaux. La santé est la première « valeur » citée par 45 % de la population. Pourtant 90 % des Suédois continuent à appartenir à une Église ; il s'agit pour eux de manifester leur appartenance à la collectivité et à l'État providence – on appartient à l'Église comme au syndicat –, et de se référer à un moralisme, en partie d'origine chrétienne. Constatant la même évolution en Grande-Bretagne, Grace Davie évoque l'appartenance sans croyance (*Belonging without believing*), qui a désormais succédé à la phase de la croyance sans appartenance

(*Believing without belonging*). L'islam ou le judaïsme, où se mêlent et se renforcent les valeurs indissolublement historiques et religieuses, pourraient paradoxalement devenir des modèles, qui permettraient de parler également de retour « ethnico-religieux » ou « politico-moral ».

Selon la tradition nationale, c'est plutôt sous forme religieuse (par exemple, aux États-Unis marqués par une religiosité traditionnelle) ou ethnique (dans les pays où s'affirme plus fortement la dimension laïque) que s'expriment les mêmes aspirations. Il ne s'agit pas pour autant de réduire l'ensemble de ces mouvements à une forme unique, mais de montrer une *tendance à la convergence* et d'analyser à nouveau, sous un autre point de vue, les limites de la sécularisation et la rationalisation. Les passions et les émotions – issues de la logique de la *Gemeinschaft* – restent partie intégrante des sociétés les plus modernes. La nation moderne risque toujours de ne plus transcender les appartenances ethniques et l'Église catholique universelle de ne plus contrôler sectes et mouvements charismatiques.

Il ne s'agit pas – ou pas seulement – de rappeler encore une fois les liens historiques, spécifiques dans chaque unité politique, entre les identités religieuses et nationales, l'instrumentalisation des unes par les autres. Les autorités communistes ont manipulé les identités nationales de l'Union soviétique pour imposer leur loi. La religion est une des caractéristiques objectives qui justifient les revendications ethniques et qui assurent l'intégration des nations constituées. Il est clair que les deux dimensions sont souvent inséparables dans l'affirmation identitaire et politique du groupe, comme le montrent, par exemple, les cas des juifs, des Irlandais ou des Arméniens.

Il ne s'agit même plus de la religion séculière que constituait le communisme, qui, en proposant une interprétation globale du monde et un projet de transformation radicale, entretenait chez ses fidèles le rêve d'une réconciliation universelle analogue à celui qu'entretient la croyance religieuse – même s'il le situait ici-bas et non dans l'autre monde. Il s'agit, au-delà de l'analogie des deux domaines et de leurs liens objectifs, d'autre chose : de la redéfinition même des domaines du religieux et de l'ethnique. À partir du moment où les expériences vécues ne permettent guère de distinguer entre la vie religieuse et l'adhésion ethnique ou nationale, où chacun recompose à sa guise ses formes d'adhésion à partir d'une mémoire indifféremment religieuse, ethnique ou nationale, ces revendications et ces identifications s'inscrivent dans un domaine « ethnico-religieux ».

Cette élaboration fait partie, plus largement, du processus de remise en cause des institutions, des valeurs et des traditions, de l'historisation et la relativisation de tous les concepts que suscite la modernité. Elle constitue aussi un point d'aboutissement provisoire de la sécularisation, définie comme « la constitution de secteurs de l'activité humaine échappant aux instances religieuses, c'est-à-dire soit aux religions constituées, soit aux formes religieuses de la pensée »[30]. L'une des expressions de la rationalisation de la société moderne a consisté à autonomiser les divers domaines de la vie sociale. Au moment où le concept de « champ » domine une partie de la sociologie, n'est-ce pas à l'affaiblissement de la diversité et de l'autonomie des divers champs qu'on assiste ? C'est en tout cas ce que suggère l'analyse des nouvelles formes d'expression religieuse et ethnique.

Les religions, en tant qu'ensemble de croyances et de pratiques organisées par une Église, affaiblies au même titre que les autres institutions nationales, ne jouent plus guère de rôles pour assurer le lien social. Le renouveau émotionnel ethnico-religieux traduit et renforce l'instabilité essentielle de la démocratie moderne, qui invente de nouveaux modèles de comportements à partir des valeurs spécifiques de la modernité : individualisme, recherche d'identité et d'authenticité. Mais les manifestations de l'« ethnico-religieux » – éventuellement susceptibles d'être jugées à l'aune de la réalité, ce à quoi échappe la référence transcendantale – risquent de ne pas être aussi efficaces pour assurer l'intégration sociale que l'étaient les formes de la vie religieuse. Même en s'en tenant à une perspective strictement fonctionnaliste, les projets politiques sont susceptibles d'être remis en cause par l'expérience de la réalité sociale, alors que l'interprétation transcendantale du monde court moins le danger d'être démentie par les événements.

Répondant à des besoins d'identification à un collectif et de reconnaissance, auxquels la société moderne, en tant que telle, ne répond ni ne prétend répondre, les sentiments, les passions et les revendications ethnico-religieux ont un bel avenir devant eux, même dans les sociétés démocratiques de l'Ouest, sans parler des sociétés bouleversées de l'Europe de l'Est. Individualisme, refus des institutions, dimension éthique : les renouveaux « émotionnels » sont en harmonie avec certaines des valeurs fondamentales de la modernité. Loin d'être voués à la disparition par la diffusion de la modernité, ils sont destinés à se renouveler. Par-delà cette analyse en termes de compensation, c'est la définition même du religieux et de l'ethnique qui est en question. Les individus bricolent et recomposent des éléments issus, les uns des mémoires des grandes religions, les autres de la mémoire ethnique ou nationale pour constituer une morale d'origine indissolublement religieuse et historique, qui fonde leur participation à des communautés affectives ou à des fraternités électives. Dans tous les cas, l'émotion et le sentiment communautaire – rapprochant ainsi le sens vécu de l'expérience religieuse et de la revendication ethnique – l'emportent désormais sur la référence à un Dieu personnel et à l'appartenance à une Église constituée et sur l'adhésion aux valeurs civiques.

1993

4

Intégration et exclusion

Alors que le paradigme de la lutte des classes et des inégalités avait dominé les débats politiques et la réflexion sociologique depuis la fin de la Seconde Guerre mondiale, celui de l'exclusion s'est diffusé depuis quelques années. La faveur même dont il jouit impose de le soumettre à la réflexion critique avant de l'utiliser dans un projet de connaissance rationnelle.

Il n'existe pas d'exclusion dans l'absolu – exclusion de quoi ? –, mais des dialectiques de l'inclusion/exclusion. Toute organisation sociale, quel que soit son niveau – de la famille à l'entreprise ou à la nation – implique par définition l'inclusion des uns et l'exclusion des autres. Ce qu'il importe d'étudier, ce n'est pas l'exclusion en tant que telle, ce sont les formes spécifiques qu'ont prises aujourd'hui les processus d'exclusion/inclusion.

L'interrogation sociologique

Le paradigme de l'exclusion retrouve – avec un mot nouveau – une interrogation qui n'a cessé d'obséder philosophes et sociologues depuis l'émergence de la société moderne et qui, d'une certaine façon, est à l'origine même du projet sociologique. Comment entretenir ou restaurer les liens sociaux dans des sociétés fondées sur la souveraineté de l'individu ? Comment entretenir ou restaurer les liens sociaux quand la religion et les pratiques religieuses ne relient plus les hommes, quand la citoyenneté abstraite constitue le principe de la légitimité politique en même temps que la source du lien social au sens abstrait du mot ? Dans des termes différents, c'est le problème que se sont posé les fondateurs de la pensée sociologique. Ainsi, pour Auguste Comte, l'accord des esprits était nécessaire : il ne pouvait y avoir de société que dans la mesure où ses membres partageaient les mêmes croyances. Il importait donc de recréer le consensus qui ne pouvait plus être assuré par la religion commune. C'est à la science qu'Auguste Comte attribuait cette mission. Elle devait rétablir l'homogénéité des convictions et des conduites et présider à l'ordre social comme les idées religieuses avaient présidé à l'ordre social du passé. Max Weber, de son côté, observant que les intérêts unissent moins les hommes que les passions communes, se demandait comment maintenir la foi et la liberté de l'homme qui, seules, autorisaient les véritables échanges, dans la société moderne désenchantée et dominée par la rationalité bureaucratique. Quant à Durkheim, il constatait que la cohérence de la société n'était plus assurée par la similitude des hommes – solidarité qu'il qualifiait de mécanique. Il importait de retrouver la cohésion sociale par leur complémentarité – solidarité qu'il appelait organique. Il recherchait donc les moyens de fonder la solidarité organique dès lors que la division du travail interdisait la solidarité mécanique : comment conserver la cohésion intellectuelle et morale qu'assurait la religion lorsque l'organisation sociale se caractérise par la différenciation extrême des fonctions et des métiers ? Comment rétablir les liens d'interdépendance dans les sociétés modernes menacées par l'anomie ?

Pendant la période qu'on peut juger rétrospectivement miraculeuse des Trente Glorieuses, l'intégration sociale a été assurée par le développement économique, l'activité professionnelle généralisée avec la diffusion du salariat, l'enrichissement collectif et l'embourgeoisement, au moins relatif, de la classe ouvrière[1]. Chaque année, chacun augmentait son bien-être matériel, persuadé que ses enfants se feraient une place confortable dans la société, meilleure que la sienne. Les immigrés partageaient cette conviction qui leur faisait accepter les conditions de travail et de vie les plus difficiles. Grâce aux transferts sociaux assurés par la politique de l'État providence, ceux qui, provisoirement ou définitivement, n'avaient pas ou plus de place sur le marché de l'emploi se voyaient assurer des ressources. Les mécanismes de redistribution constituaient ainsi un instrument d'intégration et de lutte contre les processus d'exclusion. Les inégalités dans la répartition des richesses occupaient les esprits. Pendant plus de trente ans, l'interrogation sur la cohésion sociale, pourtant constitutive à la fois de la société moderne et de la sociologie, a été comme mise entre parenthèses.

Plusieurs facteurs lui ont récemment rendu son actualité. Dans toute l'Europe occidentale, l'installation définitive de populations nombreuses d'origine étrangère et de culture musulmane a entraîné des interrogations sur ce nouveau multiculturalisme qui constituerait un défi à l'État-nation traditionnel et risquerait de remettre en cause l'intégration sociale. Parmi les sociologues de l'immigration, les uns redoutent la dissolution de la nation traditionnelle, d'autant que cette dernière est menacée par la construction européenne et le réveil des patriotismes locaux et régionaux. Les autres, au contraire, plus nombreux, appellent de leurs vœux l'élaboration d'une « nouvelle citoyenneté ». Ils font ainsi écho à la réflexion menée par les penseurs dits communautariens aux États-Unis (Michael Sandel, Alasdair MacIntyre, Michael Walzer, Charles Taylor), prônant une nouvelle organisation sociale qui ferait leur place à des communautés particulières pour retisser les liens sociaux. D'autre part, la crise économique et ses effets sociaux, la conviction désormais établie que le chômage ne disparaîtra pas avec la reprise prévue de l'économie, conduisent à s'interroger sur les formes que peut prendre l'intégration sociale dans des sociétés organisées autour de la production et des valeurs de l'efficacité. Le fondement même de l'État providence, enfin, est critiqué : on l'accuse de n'assurer la redistribution des richesses qu'à l'intérieur des classes moyennes et d'être devenu une machine à exclure les autres. Le pacte social des années prospères – fondé sur l'enrichissement général, le plein-emploi et les compensations données à ceux qui ne pouvaient participer à la production – semble remis en question. On s'interroge à nouveau sur la capacité des sociétés productivistes et individualistes à assurer le lien social. L'interrogation sur l'intégration est posée à la fois par les sociologues de l'immigration et par ceux de la pauvreté.

Comment analyser non pas l'exclusion, mais les formes et le sens qu'ont récemment pris les dialectiques de l'inclusion/exclusion ? Il faut partir des caractéristiques fondamentales des sociétés modernes – à la fois démocratiques et productivistes. Organisées autour de la légitimité démocratique et de la primauté donnée à la production des richesses, elles reposent sur le principe de l'égalité formelle de tous les citoyens et sur la participation directe ou indirecte de leurs membres à l'activité de production.

L'intégration/exclusion politique

La modernité politique est fondée sur un principe d'inclusion des membres de la communauté politique par la citoyenneté et d'exclusion des non-citoyens de cette communauté. La nation démocratique inclut tous les citoyens en assurant leur égale participation à la vie politique, elle exclut les autres des pratiques directement liées à la citoyenneté : droit de voter, d'être élu, d'occuper des fonctions administratives ou professionnelles liées à la puissance publique. Elle les exclut de la communauté des citoyens.

En ce sens, elle n'est pas différente des autres organisations politiques. Ce en quoi elle est spécifique, c'est son ouverture potentielle, ce sont les droits qu'elle reconnaît aux non-citoyens. Elle est dans son principe ouverte à tous ceux qui sont susceptibles de participer à la vie politique et veulent devenir citoyens. Définie en termes juridiques et politiques, elle peut s'ouvrir aux étrangers susceptibles de participer à la communauté des citoyens. Elle reconnaît, d'autre part, aux étrangers en situation régulière – qualifiés d'immigrés quand ils viennent de pays pauvres et appartiennent à des groupes sociaux modestes – l'égalité des droits civils, économiques et sociaux : seule leur est inaccessible la participation directe à la communauté politique. Il n'existe plus d'exclus par le statut juridique, comme pouvaient l'être les juifs avant la Révolution française ou les indigènes dans les sociétés coloniales. Le projet démocratique moderne interdit les exclusions juridiques internes. Les sociétés plurales, selon le terme des anthropologues, dans lesquelles la population, à la suite de la colonisation, est divisée en catégories juridiques différentes, soumises à une législation différente, constituant des groupes sociaux séparés les uns des autres, sont contraires à la vocation universelle de la citoyenneté moderne.

Ce refus des distinctions juridiques, en d'autres termes, l'égalité politique de tous les citoyens et l'égalité civile de tous les membres de la société, étrangers ou nationaux, expliquent aussi que l'exclusion ne désigne pas un état ou une catégorie de personnes, mais des processus. Il existe de nombreuses manières d'être « inclus » ou « exclu ». La société moderne se caractérise par la multiplicité et la fluidité des rôles et des participations. On n'« appartient » pas à des groupes, qui ne peuvent être que des catégories d'analyse. La société n'est pas formée de groupes concrets, juxtaposés, auxquels « appartiendraient » les individus, mais de populations qui, selon les situations sociales et leur histoire individuelle, choisissent ou se voient imposer des formes, toujours provisoires, de participations et d'identités. Les individus ne sont pas, une fois pour toutes, « exclus » et, moins encore, « des exclus ». Mais il existe des populations en état de fragilité ou de précarité qui ont une forte probabilité de connaître, ou qui connaissent effectivement, un processus susceptible de les exclure de la vie collective, professionnelle et relationnelle, ou – pour reprendre un autre concept traditionnel de la sociologie provisoirement passé de mode – de les marginaliser. Le cumul des handicaps sociaux – familles modestes et désunies, échec scolaire, absence de formation, chômage – risque toujours de déclencher ce processus, mais cela ne signifie pas que tout individu qui perd son emploi soit nécessairement conduit jusqu'au terme d'une trajectoire qui le mènerait inexorablement jusqu'à la rupture de tous les liens sociaux.

Les enquêtes sociologiques consacrées aux populations en détresse, qui, par construction, sont arrivées au terme de la trajectoire de l'exclusion, risquent de fausser la perception des réalités sociales. Il ne faut pas oublier que beaucoup de ceux qui connaissent des épreuves sociales restent susceptibles de sortir de l'engrenage. La majorité de ceux qui ont fait l'expérience de la drogue ne finissent pas victimes d'overdose.

Dans la mesure même où le principe qui fonde la légitimité politique et le lien social – le refus de toute exclusion juridique et la participation égale de tous les citoyens à la vie collective – est intériorisé, les processus d'exclusion de fait – liés aux conditions concrètes de la vie commune et en particulier à l'organisation de la production – constituent pour les sociétés démocratiques riches un scandale. Ils remettent en cause les valeurs mêmes qui sont au fondement de l'ordre social et de l'idée de justice qui préside à son organisation.

L'intégration/exclusion économique et sociale

Dans des sociétés qui donnent la primauté à la production, la réalité sociale est concrètement tissée par les échanges liés à la vie économique et à la redistribution des richesses entre les diverses catégories. La société devient essentiellement communauté de culture et de mémoire collective, lieu de collaboration économique et instance de redistribution des ressources. Ce qui entretient concrètement les liens entre les hommes, ce sont les échanges qui naissent de la collaboration dans le travail en commun, ceux qui s'établissent à l'intérieur de la famille et à l'occasion des relations sociales plus larges.

La participation concrète des individus à la vie collective peut être analysée selon deux axes principaux : celui qui définit leur rapport à l'emploi et à la protection sociale ; celui qui traduit l'ensemble de leurs échanges et de leurs relations sociales dans la famille et les diverses instances de la société civile ou politique. Or on a assisté, au cours des deux dernières décennies, d'une part, à la fin d'une organisation économique qui garantit le plein-emploi et, d'autre part, à la désinstitutionnalisation des relations familiales et, en conséquence, à l'affaiblissement des solidarités entre les membres de la famille. Sans doute l'appui familial permet-il souvent aux individus de traverser une période difficile : les parents continuent à loger leurs enfants adultes qui ne trouvent pas d'emploi, des membres de leur famille aident parfois financièrement le chômeur, le soutiennent par des prestations en nature ou mobilisent leurs relations pour lui retrouver un emploi. Mais il s'agit toujours de décisions personnelles dont beaucoup ne bénéficient pas. Ces évolutions de la structure sociale se traduisent, au niveau des individus, par le risque accru de voir naître des processus d'exclusion ou, pour reprendre le terme de Robert Castel, de désafiliation ou de déliaison. Les enquêtes sur les individus privés d'emploi, chômeurs, retraités, assistés à titres divers, démontrent que, de fait, le travail est resté, en tout cas jusqu'aujourd'hui, le fondement de la dignité des hommes[2].

Ces deux dimensions de la participation sociale ne sont pas indépendantes. Les individus les mieux intégrés ont le plus de chance d'être en même temps titulaires d'un statut élevé né d'un emploi permanent à durée indéterminée et membres d'un groupe familial inséré dans un milieu social où se multiplient les échanges matériels et symboliques. En revanche, ceux qui n'ont ni emploi ni statut né de la protection sociale ont aussi une grande chance d'être des isolés. La prépondérance de la production a pour effet que les liens familiaux et sociaux sont étroitement liés à la position de l'individu par rapport au marché du travail et au système de protection sociale. Les individus isolés sont plus susceptibles de ne pas obtenir un emploi ou de ne pas en retrouver un s'ils ont été licenciés. Réciproquement, le chômage remet en question le statut de l'individu dans la société, mais aussi à l'intérieur du groupe familial. Il risque de provoquer l'affaiblissement et même parfois la rupture des liens conjugaux et familiaux. Les chômeurs, qui ont le sentiment d'être atteints dans ce qui constitue leur dignité personnelle, restreignent d'eux-mêmes leurs échanges amicaux. Le risque de connaître le processus d'exclusion est étroitement lié à la solitude.

Si les deux axes de l'intégration sociale sont liés, c'est que le rapport à l'emploi reste prépondérant pour définir le statut social de l'individu. Les enquêtes montrent que les statuts sociaux sont étroitement liés à la place de l'individu dans le système de production et à son rapport à la protection sociale au sens général du terme. Il ne s'agit pas de sous-estimer l'importance des catégories sociales et des différences de ressources matérielles et culturelles entre les individus, mais de souligner l'importance croissante que joue l'État providence pour définir les statuts sociaux[3]. Or on assiste à la multiplication des catégories administratives intermédiaires entre l'emploi permanent à durée indéterminée qui constituait la norme des Trente Glorieuses et le non-emploi : emplois à durée déterminée, stagiaires, vacataires, titulaires d'un emploi particulier. Le nombre de ces formes particulières d'emploi, toutes caractérisées par la précarité, ne cesse d'augmenter. Les situations floues entre études, emploi, chômage, retraite et assistance se multiplient. Cette floraison de statuts incertains et provisoires à laquelle on assiste depuis une vingtaine d'années indique que se diffusent les risques de précarisation et que le nombre de ceux qui sont en situation ambiguë ne cesse d'augmenter.

Les apories de la politique sociale

Ce n'est pas dire pour autant que la politique de l'État providence ait perdu son sens. Même si elle est essentiellement compensatoire, elle continue à être un facteur d'intégration. Elle est débordée par l'ampleur des problèmes à résoudre et la crise financière, mais elle n'est pas devenue seulement une machine à exclure. La comparaison avec les États-Unis est de ce point de vue éclairante. Le rôle intégrateur de la politique sociale est évident en ce qui concerne les assistés installés depuis des années dans cette condition. Il apparaît également pour ceux pour lesquels le processus d'exclusion ou de marginalisation est le plus avancé. Pour eux, obtenir le RMI, c'est disposer de quelques ressources, même si elles sont très modestes, c'est aussi, pour une personne qui s'est retrouvée privée de tout échange social, établir quelques liens avec les travailleurs sociaux, c'est aussi obtenir, même s'il est également très modeste, une forme de statut social[4].

En même temps, et de manière inévitable, la politique sociale dévalorise et disqualifie ceux auxquels on apporte des secours. Bien qu'ils se fondent non sur l'idée de la charité, mais sur le droit de tout citoyen à bénéficier de conditions de vie décentes, les transferts sociaux ont pour effets pervers de donner à leurs bénéficiaires un statut d'assistés et de consacrer leur échec. On ne saurait assimiler purement et simplement la politique sociale à un contrôle social qui s'apparenterait au contrôle, au sens policier du terme. Il est irréaliste d'évoquer la possibilité de revenir à la charité privée qui, dans son principe même, remet en question la dignité de ceux qui reçoivent des secours. Il serait pourtant également utopique de ne pas prendre conscience des limites inhérentes à toute politique sociale qui agit sur les effets de la crise économique. Dans une société riche, fondée sur la valeur de l'égalité de tous les hommes, la politique sociale est aussi souhaitable qu'inévitable. On ne saurait surestimer l'importance des transferts financiers pour assurer la survie des plus démunis. Même si elle permet d'établir quelques liens avec les bénéficiaires, il est pourtant également vrai qu'elle apporte, par elle-même, une compensation essentiellement matérielle à une situation qui touche aussi à la dignité des individus.

Bien entendu, il faudrait agir non pas seulement sur les effets, mais aussi sur les causes de ces situations, comme on le prône volontiers aujourd'hui. Peut-on avancer cette affirmation sans préciser comment faire ? Comment sortir du dilemme qu'ont connu toutes les politiques de lutte contre la pauvreté dans toutes les sociétés historiques connues : soulager le pauvre – ou l'exclu – sans le consacrer comme pauvre – ou exclu – et, du coup, lui rendre difficile d'échapper à sa condition ?

Dans des sociétés globalement riches, qui assurent la survie matérielle des plus humbles, la condition objective des pauvres – c'est-à-dire de ceux qui risquent d'être ou qui sont déjà entraînés sur la trajectoire susceptible de mener à une exclusion croissante – est sans doute plus favorable que dans toute autre société historique connue. On ne meurt plus de faim. Ce qu'on pourrait appeler les miettes du festin des démocraties occidentales permettent aux plus marginaux de subsister. Mais le progrès objectif n'épuise pas le sens des expériences vécues. Il n'empêche pas d'éprouver, il peut même susciter un sentiment de privation relative. L'expérience de la stigmatisation reste probablement aujourd'hui aussi forte – peut-être même plus forte qu'autrefois, bien qu'il soit impossible, bien entendu, de mesurer les souffrances des êtres humains. Être pauvre dans nos sociétés, c'est se retrouver marginalisé et de plus en plus exclu de la vie collective, c'est avoir perdu par étapes successives les occasions d'échanges avec les autres. Être pauvre, c'est avoir échoué, puisque la société, organisée autour de la production et de la gestion des richesses, se donne pour objectif collectif d'assurer le bien-être matériel de tous. Dans des sociétés fondées sur l'égalité des conditions, pour reprendre l'expression célèbre de Tocqueville, qui ouvrent à tous toutes les possibilités et à toutes les ambitions – mieux, qui font un devoir à chacun d'améliorer son sort matériel –, la pauvreté ne peut plus être vécue comme une situation imposée par le destin et partagée par beaucoup d'autres, comme elle le fut pendant des siècles ; elle révèle et consacre l'incapacité et l'échec personnels du pauvre.

Pourquoi pose-t-on désormais le problème qui a inspiré la réflexion sociologique dans les termes de l'exclusion ? On peut constater combien la réflexion sociologique est étroitement dépendante des problèmes politiques et sociaux. On s'interrogeait sur la répartition des richesses pendant les Trente Glorieuses et sur les inégalités. Aujourd'hui, les sociologues s'inquiètent de la perpétuation du lien social, que menacent l'affaiblissement des liens civiques et l'augmentation du nombre des individus en situation précaire. Alors que beaucoup de sociologues de l'immigration critiquent volontiers la politique d'intégration des populations immigrées ou issues de l'immigration au nom du respect des identités particulières, les sociologues du « social », eux, s'interrogent sur l'intégration, la cohésion sociale ou les formes de participation à la vie collective. Dans les deux cas, les chercheurs retrouvent l'interrogation originelle du projet sociologique.

1996

5

Démocratie et racisme

Le fait qu'on ait dans le même temps formulé les principes de la démocratie et de la citoyenneté et, par ailleurs, connu les horreurs du XIXe siècle et plus encore du XXe, dont certaines ont été perpétrées au nom d'une théorie raciste, a conduit à s'interroger sur le lien entre la légitimité politique moderne et le racisme. L'égalité formelle des citoyens n'a-t-elle pas pour effet pervers de provoquer le racisme ?

De l'égalité formelle au racisme ?

C'est la thèse, implicite chez la plupart des anthropologues, que Louis Dumont a brillamment développée[1]. La société moderne se veut « rationnelle », en ce qu'elle s'efforce d'instaurer un ordre humain autonome, fondé sur l'individu, contre les aspirations naturelles de l'homme. En particulier, elle refoule le sentiment de la hiérarchie, qui reste l'« impensé » de notre conception de l'ordre social. La démocratie moderne, en proclamant l'égalité formelle des individus, conduit à nier « les exigences plus ou moins nécessaires de la vie sociale », elle « s'oppose aux tendances générales des sociétés » et aboutit à refouler les sentiments normaux de la hiérarchie des « idées, des choses et des gens qui est indispensable à la vie sociale ». En effet, adopter une valeur, c'est hiérarchiser, et un minimum d'accord sur les valeurs est indispensable à la vie sociale. Impensé de notre société, la hiérarchie est rendue non consciente, refoulée. Mais, comme il s'agit d'une « nécessité universelle », elle réapparaît, comme tout refoulé, sous une forme pathologique ou monstrueuse. En niant la réalité des différences de statut social, on retrouve une discrimination « à prétexte somatique ». Lorsque les hommes sont conçus comme égaux et, en conséquence, comme identiques – il est en effet difficile de penser la notion d'égalité sans glisser à celle d'identité –, les différences sont réaffirmées à partir des caractères somatiques, donc à travers le racisme. La proclamation de l'égalité formelle engendre, sous forme pathologique par rapport aux valeurs proclamées, des actes racistes contre certaines populations.

Selon Louis Dumont, la démocratie ne pourrait pas ne pas trahir les principes qu'elle proclame : par son caractère volontariste, elle ne prend pas en compte les véritables exigences du fonctionnement social. Cet argument avait déjà été présenté par les penseurs sionistes, convaincus que les nations occidentales seraient incapables dans les faits de respecter les valeurs civiques universelles dont elles se réclamaient et d'interdire un antisémitisme inscrit depuis des siècles dans les représentations et les pratiques des peuples de l'Europe. On ne pourrait dès lors que choisir entre deux formes d'organisation sociale : celle qui est fondée sur la hiérarchie inscrite dans les conceptions et les institutions sociales et reconnue en tant que telle, comme c'est le cas dans la civilisation indienne ; celle des sociétés occidentales modernes, où l'on assisterait aux effets pervers du refoulement de la hiérarchie – qui n'en subsiste pas moins et revient sous la forme pathologique de tout retour du refoulé.

Ces analyses rejoignent d'une certaine façon, au moins en ce qui concerne leurs conclusions pratiques, l'interprétation des chercheurs marxistes, selon laquelle le racisme moderne s'inscrit dans les rapports sociaux eux-mêmes, indissociables des structures du monde capitaliste. Le politique ne disposant pas d'autonomie par rapport aux réalités de l'organisation économique et de la lutte des classes, la proclamation de l'égalité juridique et l'invocation des principes universalistes, qui excluent le racisme, ont pour effet et pour fonction de masquer les véritables réalités que sont la division ethnique et sexiste du travail, l'exploitation des États situés à la périphérie par les États du centre dans l'économie-monde capitaliste et les contradictions inhérentes à l'État-nation bourgeois. Le racisme se perpétue malgré le discours humaniste dans la mesure où sa véritable fonction est de consacrer les hiérarchies impliquées dans la division mondiale du travail, de renforcer en les légitimant les structures d'oppression et d'exploitation. Il est pratiquement lié à chacun des moments de l'histoire du nationalisme, en sorte que, selon la formule d'Étienne Balibar, « le racisme sort constamment du nationalisme et, de son côté, le nationalisme sort constamment du racisme »[2].

De l'esclavage à la ségrégation

Les analyses de Louis Dumont sont confortées par les recherches empiriques réalisées sur les relations entre Blancs et Noirs aux États-Unis[3]. À la suite de la guerre de Sécession, on a pu assister – sorte d'expérience de laboratoire – au passage d'une société de type traditionnel établie sur l'esclavage, soit sur l'inégalité affirmée du statut social des individus en fonction de leur race, à la société moderne fondée sur l'égalité proclamée du statut juridique et politique de tous ses membres. Or à la distinction entre le maître blanc et l'esclave noir a succédé la ségrégation entre Noirs et Blancs.

Dans les États esclavagistes, le système d'autorité et de hiérarchie, par lequel s'affirmait la domination des Blancs, s'imposait grâce aux règles strictes de l'étiquette. Noirs et Blancs pouvaient vivre ensemble dans la mesure où les règles de l'étiquette rappelaient constamment l'inégalité du statut des uns et des autres. Les « esclaves de maison » partageaient l'intimité de leurs maîtres, en qualité de domestiques, de nourrices, de servantes ou de concubines. Ils fréquentaient la même église. Les plus jeunes jouaient avec les enfants de leurs maîtres. « Au Sud, où l'esclavage existe encore, on tient moins soigneusement les Nègres à l'écart ; ils partagent quelquefois les travaux des Blancs et leurs plaisirs ; on consent jusqu'à un certain point à se mêler avec eux. »[4] Si Noirs et Blancs pouvaient vivre dans le même espace social et entretenir des relations sexuelles, bien que le mariage entre Blancs et Noirs fût exclu, c'est que la différence de statut était suffisamment claire pour que cette familiarité ne remît pas en question la supériorité des premiers. Les rôles étaient dépourvus de toute ambiguïté. Le Noir connaissait « sa place » et avait intériorisé son statut inférieur. Les règles de l'étiquette le lui rappelaient à tout moment. « Au Sud, le maître ne craint pas d'élever jusqu'à lui son esclave, parce qu'il sait qu'il pourra toujours, s'il le veut, le rejeter dans la poussière. »[5]

La victoire des armées nordistes supprima l'esclavage et l'on affirma l'égalité du statut juridique et politique qui interdit cette symbiose inégalitaire. La nouvelle mobilité des Noirs, leur migration vers les villes industrielles du Nord où ils entraient en concurrence directe avec la classe ouvrière blanche, sembla remettre en question la domination des Blancs. On vit se développer les lynchages raciaux dans le Sud, destinés à rappeler aux Noirs quelle était leur « véritable place » ; on assista à la ségrégation spatiale dans le Nord. Tocqueville avait déjà noté l'évolution du Nord : « J'aperçois l'esclavage qui recule ; le préjugé qu'il a fait naître est immobile [...]. Le préjugé de race me paraît plus fort dans les États qui ont aboli l'esclavage que dans ceux où l'esclavage existe encore, et nulle part il ne se montre aussi intolérant que dans les États où la servitude a toujours été inconnue. »[6] « Au Nord, le Blanc n'aperçoit plus distinctement la barrière qui doit le séparer d'une race avilie et il s'éloigne du Nègre avec d'autant plus de soin qu'il craint d'arriver un jour à se confondre avec lui. »[7] Les Noirs furent relégués dans des quartiers pauvres, exclusivement peuplés de Noirs, fréquentèrent des écoles et des églises exclusivement noires. Le métissage diminua. Les Blancs découvrirent que les Noirs étaient sales et lascifs, qu'ils sentaient mauvais, ils refusèrent tout contact physique avec eux. La ségrégation spatiale remplaça l'étiquette. On a d'ailleurs observé le même phénomène en Afrique du Sud, lorsque l'esclavage fut aboli en 1834 et que se développa l'industrialisation à la fin du siècle. On a assisté à la ségrégation progressive des différentes races, consacrée par la législation de l'apartheid à partir de 1948.

Tout se passe comme si la proclamation de l'égalité de statut transformait les mécanismes par lesquels se renforcent les formes de la domination. Dès lors qu'elle apparut menacée par le nouvel ordre politique, la ségrégation spatiale et sociale se substitua aux lois de l'étiquette par lesquelles s'affirmait la hiérarchie entre Blancs et Noirs. Les sentiments et les conduites racistes ou racisantes ne sont jamais indépendants des relations de pouvoir.

On a pu avancer qu'il existe deux logiques intellectuelles du racisme, différentialiste et universaliste[8]. La première est fondée sur les valeurs de la tradition et des liens dits communautaires ; elle insiste sur le droit à la différence, revendique que soient préservées les identités du groupe contre un faux universalisme qui serait « ethnocidaire », puisqu'il aboutit à nier les différences réelles qui existent entre les hommes et les cultures. La seconde invoque au contraire les valeurs individualistes et les droits de l'homme, dénonce les valeurs propres aux sociétés closes, souhaite la fin des particularismes et préconise les mélanges par-delà les frontières nationales et ethniques. La première logique conduit sous sa forme extrême à la purification, à l'épuration et éventuellement à l'extermination ; la seconde, à l'inégalité, à l'exploitation et à la domination. La première exclut certains groupes au nom des particularismes, la seconde, au nom de l'universel. Si l'on adopte cette distinction, on admettra que le racisme différentialiste est prépondérant dans la société de l'esclavage : le statut de l'esclave est justifié par le fait qu'il est essentiellement différent de son maître. En revanche, le racisme qui se réfère à l'universalisme risque toujours de dominer dans la société de l'égalité des statuts : on déclare que la ségrégation n'est que le produit de l'inégalité, objectivement constatée, des capacités et des réalisations des individus, mesurée à l'aune des normes « universelles », c'est-à-dire de la société nationale.

Racisme inévitable ?

Ces analyses sont dans un sens indépassables. Elles mettent justement l'accent sur un *risque* constant de la nation démocratique caractérisée par la tension entre le fait des diversités et des inégalités de la société concrète et l'idéal proclamé de l'égalité dans la sphère publique. Doit-on pour autant conclure qu'elle aboutit nécessairement au racisme et que les principes d'égalité formelle sont inévitablement trahis ? Contraires à la nature profonde des sociétés humaines, ceux-ci sont-ils en tant que tels inapplicables et les sociétés démocratiques, vouées à développer le racisme, en tant que compensation, éventuellement monstrueuse à la proclamation de l'égalité de statut ? Ou bien peut-on penser – et espérer – que, les pratiques racistes n'existant que dans la mesure où les hommes sont infidèles aux valeurs dont ils se réclament, le racisme ne serait pas le produit inévitable de la citoyenneté ? La conséquence politique serait non pas le pessimisme radical, mais la volonté de lutter pour que ces principes, qui risquent toujours d'être bafoués mais ne sont pas intrinsèquement inapplicables, soient effectivement appliqués.

Deux arguments historiques peuvent être invoqués en faveur de cette seconde interprétation. Si proclamer l'égalité juridique et politique est de toute évidence insuffisant pour éliminer le mode de pensée et les pratiques racistes, il n'en reste pas moins que l'affirmation de la citoyenneté n'est pas totalement sans effets dans une démocratie. Quel qu'ait été le dramatique passé des relations entre Blancs et Noirs aux États-Unis, quel que soit le poids du souvenir de l'esclavage sur ces relations, c'est au nom des valeurs de l'égalité des citoyens que les Noirs ont pu progressivement organiser les mouvements de revendication politique, combattre le système des discriminations dont ils étaient les victimes et, finalement, au moins pour une part, participer à la vie politique. C'est en invoquant les droits du citoyen qu'ils ont obtenu – après des décennies de luttes sans succès – qu'une nouvelle politique nationale s'efforce, à partir des années 1960, de compenser le sort qui avait été le leur, en sorte qu'une partie d'entre eux s'intègrent dans la classe moyenne. Dans les ghettos des grandes villes des États-Unis aujourd'hui, les facteurs sociaux deviennent primordiaux et l'effet propre de la race, qui est loin de disparaître, tend, malgré tout, à diminuer[9].

Il ne s'agit pas de nier combien fut tragique le destin des Noirs aux États-Unis, combien leur intégration dans la vie collective reste aujourd'hui encore – pour combien de temps ? – précaire. Les sociétés restent marquées par leur projet politique d'origine : celui des États-Unis, fondé sur le mythe de l'immigration des populations européennes avides de participer à une société libre, en excluait les Noirs et les Indiens. Aujourd'hui encore, les Afro-Américains descendants des esclaves ne connaissent pas le même destin social que ceux dont les ancêtres étaient des petits propriétaires libres, ni celui des Noirs arrivés librement au siècle suivant dans le pays comme migrants. Dans les sociétés démocratiques, on a souvent exclu des droits et des devoirs de la citoyenneté ceux qu'on désignait comme des sous-hommes. Malgré tout, quel que soit le passé, il est difficile pendant des générations de trahir, au moins en ce qui concerne les conduites, les valeurs communes sur lesquelles se fonde la légitimité politique. C'est aussi au nom des principes de la démocratie que Nelson Mandela a obtenu, à la surprise générale, le démantèlement juridique de l'apartheid et l'avènement d'un pouvoir majoritairement noir. En revanche, dans la société de castes, l'ordre de la hiérarchie institutionnalisée par l'ensemble du système social interdit toute évolution.

Il faut justement analyser et dénoncer les manquements aux principes démocratiques et ne pas avoir la naïveté de penser qu'il suffit d'invoquer la rationalité de la citoyenneté pour que les hommes adoptent les comportements raisonnables qu'elle implique et soient libérés des passions ethniques et racistes. Mais on ne doit pas non plus juger comme totalement sans effet l'affirmation des valeurs collectives qui fondent la légitimité de l'ordre politique ni les rejeter sous l'argument – vrai – qu'elles ont été et restent souvent mal appliquées ou même trahies.

La ségrégation fondée sur la race est, d'autre part, dysfonctionnelle dans l'ordre économique. En comparant les États du Sud et du Nord des États-Unis, Tocqueville avait souligné l'inefficacité d'une économie fondée sur le travail servile[10]. L'économie moderne implique la mobilité de la force de travail, la rationalité des critères de recrutement fondés sur la compétence et l'universalisme. La ségrégation conduit à dupliquer les divers secteurs de la vie économique plutôt qu'à les rendre complémentaires, ce qui est coûteux. Les sociétés modernes ouvertes sont des lieux d'échanges économiques et marchands, de concurrence : la ségrégation est contraire à l'efficacité. Si la vie économique concrète était parfaitement conforme à la rationalité du marché, elle tendrait à l'éliminer, mais on sait que ce n'est pas le cas. Malgré tout, il n'est peut-être pas exagérément optimiste de penser que, contradictoire avec l'essence de sociétés productivistes, « la ségrégation sociale, au moins dans la société industrielle occidentale, contient le germe de sa propre destruction ».

C'est au nom d'une théorie raciste que fut mené le projet des nazis d'appliquer, méthodiquement et bureaucratiquement, la raison de l'homme pour réaliser l'ambition, organisée par un État, d'éliminer physiquement des peuples dans leur totalité. La théorie était aussi monstrueuse que la politique. L'une et l'autre constituent une dimension profonde et, d'une certaine façon, définitive de notre conscience historique. Il faut pourtant rappeler qu'il n'est pas nécessaire que les hommes invoquent des arguments racistes pour qu'ils mènent des actions destinées à supprimer des peuples. Les passions religieuses dans les siècles passés et la volonté d'établir le communisme – dont l'ambition initiale reposait sur une idée généreuse et conforme à l'idéal d'égalité des sociétés modernes – dans le nôtre ont également abouti, sous des formes éventuellement moins bureaucratiques, aux humiliations, aux pratiques de déshumanisation et aux massacres des plus faibles.

La perpétuation du racisme et des phénomènes de racisation malgré l'affirmation de la citoyenneté ne fait qu'illustrer, une fois encore, la fragilité essentielle de la démocratie moderne. Antinaturelle, elle s'établit contre les réalités ethniques et économiques pour créer cette utopie, la communauté politique des égaux. Si les nations démocratiques ont souvent trahi leurs propres principes, ces derniers n'en restent pas moins les seuls remparts possibles contre les passions des hommes, dont le racisme est un exemple privilégié. Mais il est clair que la société politique ne saurait par elle-même transcender les préjugés, les fantasmes et les haines irraisonnées de la vie collective. L'État, même s'il se conduisait conformément à son ambition proclamée de rationalité, ne peut s'établir contre les caractéristiques de la société civile. Il n'est donc jamais acquis que les démocraties soient effectivement en mesure de contrôler par la référence aux principes de la citoyenneté les comportements inspirés par les sentiments d'appartenance ou d'identification exclusives à des communautés ethnico-religieuses particulières : ces sentiments permettent de satisfaire en même temps les besoins affectifs des hommes et leurs intérêts matériels et politiques. Dans la tension entre le fait inévitable des différenciations et des inégalités et l'idéal d'égalité, dans la tension entre l'attachement légitime à des identités particulières, qui risque toujours de dériver vers la volonté d'exclure les autres, et l'ambition de l'universalité abstraite du politique, qui éliminerait le racisme, la voie est toujours étroite.

1996

6

L'originalité du projet sociologique. À propos du racisme

Les sociologues ont défini leur projet scientifique contre l'interprétation des conduites humaines par les races, donc contre la biologie. C'est sans doute pourquoi les relations entre biologistes et sociologues ont toujours été difficiles et passionnées. Mais, aujourd'hui, il importe d'autant plus de les penser à nouveaux frais que les sciences ne sont pas définies une fois pour toutes et que leur développement les oriente de manière parfois imprévue dans des directions nouvelles.

L'opposition

L'institutionnalisation de la sociologie comme discipline scientifique inscrite dans les institutions académiques est concomitante de l'époque où dominait la pensée raciste, et, bien que certains des premiers sociologues américains aient justifié l'inégalité des races et l'esclavage[1], les fondateurs de la pensée sociologique ont élaboré l'originalité de leur projet contre les explications des phénomènes historiques dans les termes, alors dominants, de la pensée raciale, sinon raciste. De Tocqueville à Durkheim et Weber, ils ont radicalement critiqué l'approche en termes de races, même s'ils ne refusaient pas l'idée des biologistes, alors unanimement acceptée, qu'il existe différentes races humaines. Leur point de vue scientifique consistait à affirmer le caractère historique ou social et non pas naturel, biologique ou psychologique, des faits de la société.

Évoquons en quelques mots Weber et Durkheim de ce point de vue. Max Weber acceptait l'idée de race. Mais il fonda le point de vue sociologique en affirmant : « Deux choses seraient nécessaires, avant que les théories raciales puissent mériter seulement une discussion : la constatation de différences irrécusables, toujours présentes, définissables psychophysiologiquement, mesurables avec précision et se laissant prouver comme héréditaires : des différences du genre d'une “réaction” à des “excitations” (pour l'exprimer techniquement), car ce ne sont pas les contenus culturels de notre conscience mais l'appareil psychophysique qui est l'objet de l'hérédité. Et puis le deuxième point : la preuve incontestable que ces différences ont une signification causale pour les particularités spécifiques et différentes du développement culturel. À ce jour nous ne disposons pas d'un seul fait de ce genre[2]. [...] Qu'il existe de nos jours un seul fait pertinent pour la sociologie, un seul fait précis et concret qui puisse réduire une catégorie quelconque de faits sociologiques, d'une façon claire et définitive, à des qualités innées ou héréditaires qu'une race donnée possède, tandis qu'une autre ne les possède définitivement pas – je dis bien définitivement – cela, je le nie de la manière la plus formelle, et je continuerai à le nier jusqu'à ce qu'on me mette un tel fait sous les yeux. »[3]

Max Weber n'excluait pas pour autant qu'il existât une dimension biologique aux phénomènes sociaux ni que des caractéristiques raciales pussent jouer un rôle dans les relations entre Blancs et Noirs aux États-Unis. Il a même écrit qu'il était « personnellement et subjectivement tenté d'attribuer une grande importance à l'hérédité biologique »[4]. Mais il affirmait que, jusqu'à présent en tout cas, « on ignore dans quelle mesure et surtout dans quel sens ». En effet, « avec les théories raciales, il est possible de prouver ou de réfuter tout ce que vous voulez »[5]. Il démontrait ainsi la nécessité de distinguer analytiquement la théorie raciste, au sens étroit du terme, des comportements sociaux et politiques fondés sur ou justifiés par des arguments relatifs à la race. Il posait l'indépendance entre les résultats des recherches biologiques sur les races et l'analyse sociologique. « Il n'existe aucune preuve de ce que les relations raciales américaines reposent sur des instincts innés et héréditaires, même si je suis prêt à convenir qu'on produira peut-être un jour une telle preuve. Mais ce qui saute aux yeux, c'est que les “instincts” des diverses races fonctionnent d'une manière on ne peut plus diversifiée les unes par rapport aux autres, pour des raisons qui n'ont absolument rien à voir avec les exigences de la conservation de la race. »[6] Il est inutile, par exemple, de faire intervenir un facteur « raciobiologique » pour expliquer la chute de l'Empire romain. Il suffit d'invoquer les facteurs historiques et culturels : « La disparition des vieilles mœurs, de la vieille culture et des vieilles traditions militaires romaines s'explique si clairement par l'abandon des anciens principes administratifs et ses séquelles économiques qu'aucune théorie raciale n'est nécessaire à titre d'explication complémentaire. [...] Lorsqu'on dispose de causes connues et suffisantes, il est antiscientifique de les écarter en faveur d'une hypothèse qui restera toujours incontrôlable. »[7] « Ce devra être justement l'une des tâches prioritaires du travail sociologique et historique que de mettre en évidence toutes les influences et tous les enchaînements de causes qui peuvent être expliqués de façon satisfaisante par des réactions aux destinées et à l'environnement. »[8]

La position de Durkheim est aujourd'hui jugée plus ambiguë. S'il refusait l'idée de l'inégalité entre les races biologiques, il jugeait également qu'il existe une inégalité de civilisation ou de culture – phénomène social et non biologique – entre les peuples qui les rend inégalement inaptes à un moment donné à connaître la « civilisation ». Selon lui, il n'est pas démontré que toutes les races ou tous les peuples (l'équivalence qu'il fait entre les deux termes est significative) sont également doués pour adopter toutes les formes de civilisation. « Tous les mécanismes essentiels du jugement et du raisonnement sont immanents à la civilisation, même la plus rudimentaire ; mais ils n'y sont qu'en germe. C'est la culture qui les a actualisés [...]. Est-ce à dire qu'il y ait des races prédestinées à ne pas dépasser un certain niveau intellectuel ? Rien ne paraît moins établi ; nous pensons, au contraire, que les causes extérieures, physiques ou sociales, ont été la source principale de différenciation entre les peuples. Mais il n'en faut pas conclure qu'aujourd'hui tous les hommes, quelle que soit leur origine, sont également aptes à la civilisation. Des siècles de culture ont pu créer des dispositions qui n'existaient pas en principe. Sans doute, il est très possible que telle race, en particulier, soit injustement méprisée : c'est très vraisemblablement le cas des Noirs d'Amérique. Mais ce n'est pas une raison pour déclarer que toutes les races, tous les peuples ont une égale aptitude native à toutes les formes possibles de la mentalité. »[9] Cette conception de la race fut souvent reprochée à Durkheim : la majorité des chercheurs a adopté la position du pur

« environnementalisme » depuis les années 1930. Mais ce qui me paraît significatif, c'est que Durkheim, tout en pensant à l'intérieur de l'idée de race, a refusé ce qui fait le cœur de la pensée raciste, l'explication des phénomènes sociaux par la race, parce que ce refus conditionnait son ambition de fonder la sociologie.

Sa critique est double : d'une part, la race est un concept imprécis à cause des « croisements » entre populations ; d'autre part – et c'est l'essentiel –, sa valeur explicative doit être rejetée dans la mesure où il faut affirmer l'« indépendance des faits sociaux par rapport au facteur ethnique, lequel est d'ordre organico-psychique », et exclure toute explication des faits sociaux par des variables non sociales : « Nous avons fait voir qu'un fait social ne peut être expliqué que par un autre fait social. »[10] Cette position est désormais adoptée par la majorité des sociologues, ce qui les met en conflit direct avec les biologistes.

En refusant les explications biologiques, les sociologues engagent, plus encore que leurs intérêts, le sens de leur identité professionnelle. Bien entendu, les biologistes, de leur côté, adoptent la même attitude. Biologistes et sociologues ont également tendance à confondre leur point de vue scientifique avec le tout de la vérité. Parce que les sociologues étudient les comportements humains en révélant ce qui tient aux conditions sociales ou historiques dans lesquelles ils prennent sens, ils ont tendance à considérer que ces comportements sont totalement compréhensibles par les conditions sociales et historiques de leur apparition. Ils soulignent l'importance de l'acquis. De leur côté, les biologistes font spontanément, pour les raisons inverses, l'hypothèse de l'inné et du déterminisme biologique.

La relation entre les disciplines est inégale. La sociologie a toujours été et elle reste une science socialement faible. Elle est récente et faiblement institutionnalisée. Son projet oscille entre l'apparente scientificité de la mesure mathématique sur le modèle des sciences dites « dures » et l'essayisme de la réflexion des sociétés démocratiques sur elles-mêmes. Cette oscillation est inhérente à un projet d'intelligibilité singulier, qui conjugue un pôle expérimental et un pôle historique[11]. De plus, elle est particulièrement faible depuis deux ou trois décennies où l'on parle volontiers – avec quelque justification – de la crise des sciences humaines. En revanche, la biologie est une science socialement forte. Elle a connu depuis quarante ans des succès spectaculaires, elle a révélé de grandes capacités de performances techniques, elle débouche sur les applications de la médecine. Or la santé est une valeur centrale des sociétés démocratiques. Les progrès considérables réalisés au cours des dernières décennies ont eu pour effet d'expliquer beaucoup de maladies par la génétique plutôt que par les conditions psychologiques ou sociologiques de la vie des individus. Psychologues et sociologues sont radicalement remis en cause. Les progrès remarquables de leur discipline ne favorisent pas la modestie de certains biologistes. Ils ont tendance à faire de leur connaissance le tout de la vérité, rendant encore plus difficile le dialogue entre les sciences. Les sociologues, eux, répondent à cette inégalité de position sociale en se réfugiant dans l'abstention et la condamnation morale, rendant tabou tout dialogue avec les biologistes.

Enfin, il apparaît que l'utilisation du savoir biologique, au cours des deux derniers siècles, a été plus directement politique et plus dramatique dans ses conséquences que celle d'autres sciences (même si la physique, de son côté, a abouti à la bombe atomique). La production même du savoir biologique a toujours eu un horizon immédiatement politique. L'intelligibilité des comportements humains en termes de races depuis la fin du XVIIIe siècle ou, depuis une date récente, en termes génétiques ou bien, au contraire, par le milieu n'a jamais été proposée sans que les conséquences politiques, au sens large du terme, soient implicitement ou explicitement présentes à la conscience des chercheurs et des lecteurs. Le grand débat de l'inné et de l'acquis aux États-Unis n'a jamais été indépendant de l'interrogation sur la condition sociale imposée aux Noirs. Les recherches sur les capacités comparées des Noirs et des Blancs avaient un écho politique direct : les résultats étaient immédiatement utilisés comme des arguments dans les discussions sur l'esclavage, ensuite dans les débats sur les politiques publiques, en particulier les politiques scolaires. C'est en se fondant sur l'inégalité des dons de la race blanche et de la race noire qu'on orientait les enfants noirs vers l'enseignement court et pratique. Lorsque la thèse de l'influence du milieu est devenue dominante, on a adopté de nouvelles politiques publiques.

C'est pourquoi les débats entre biologistes et sociologues n'ont pas été les mêmes dans les différents pays. En France, la sociologie était pensée par Durkheim comme un élément du projet républicain inscrit dans le conflit séculaire entre les Républicains et les tenants de la France de l'Ancien Régime. En insistant sur le rôle du milieu social, elle contribuait à fonder l'idée et l'idéal républicains, à savoir que tout individu, à condition qu'il soit bien éduqué – d'où la mythologie de l'école républicaine –, était susceptible de devenir un citoyen. Durkheim était réticent à l'idée qu'il puisse exister des familles maniaco-dépressives ou schizophrènes. Dans le grand débat politique et idéologique du XIXe siècle, l'explication des comportements humains en termes biologiques remettait en cause l'idéologie méritocratique fondatrice de l'ordre républicain. L'innéisme était lié à l'extrême droite, aux tenants du « sang bleu » et aux nostalgiques de l'Ancien Régime. Il va de soi que les événements de la Seconde Guerre mondiale, l'eugénisme fasciste et l'utilisation de l'idée de race par l'hitlérisme, ont contribué à rendre taboue chez les sociologues toute interrogation sur les relations entre l'explication biologique et la compréhension historico-sociologique.

Dès lors, il est plus difficile encore que dans d'autres domaines de faire le départ entre le savoir constitué par la biologie et l'utilisation politique de ce savoir. La distinction est toujours difficile à maintenir, mais c'est particulièrement vrai dans ce cas.

Identité et égalité

Par-delà ces éléments de sociologie de la production et de l'utilisation politique du savoir biologique, la difficulté du dialogue entre biologie et sciences sociales s'inscrit au cœur de l'une des apories fondamentales des sociétés démocratiques modernes. À la suite de Louis Dumont, je voudrais souligner la difficulté qu'on peut appeler anthropologique de nos sociétés à penser en même temps la différence et l'égalité, la tendance lourde à confondre identité et égalité[12]. Dans les sociétés démocratiques, habitées de la passion égalitaire, la différence est spontanément retraduite en inégalité.

C'est cette difficulté qui explique que les différences entre les hommes ont, dans l'histoire, effectivement servi d'argument pour justifier des processus d'exclusion. La pensée raciste se fondait sur la constatation des différences entre les prétendues races, dont elle tirait l'idée des inégalités entre les groupes humains repérés par la pigmentation de leur peau. Dans leur volonté de répondre aux racistes, les biologistes antiracistes, eux, ont souligné l'unité essentielle de l'humanité par-delà ses diversités apparentes. Wiktor Stoczkowski a clairement montré que les biologistes, soucieux de condamner l'idée de race et le déterminisme raciste à la suite de la Seconde Guerre mondiale, ont cherché à démontrer l'identité ou, en tout cas, l'essentielle ressemblance de tous les hommes. Ils se sont attachés à affirmer l'unité fondamentale de l'espèce humaine et à marginaliser les différences entre les hommes et les groupes[13]. C'est d'ailleurs au nom de leur ressemblance avec les humains – 98,5 % du patrimoine génétique commun – que certains militent dans le mouvement du Great Ape Project pour que soient reconnus les droits politiques des grands singes. Les biologistes menant le combat antiraciste invoquent la ressemblance fondamentale des êtres humains, les différences qui les distinguent n'étant que légères et superficielles.

On peut critiquer cette position selon deux points de vue. D'une part, en ce qui concerne la connaissance, c'est confondre le fait et la norme, c'est se placer à l'intérieur même du mode de pensée que l'on dénonce, puisque c'est accepter le lien entre identité et égalité. Les biologistes modernes antiracistes, en soulignant les ressemblances pour justifier un combat moral et politique, adoptent le mode de pensée des racistes qui justifiaient les exclusions sociales par les différences. Ils s'inscrivent à l'intérieur du même mode de pensée, même s'ils renversent le sens de la relation. D'autre part, politiquement, cela risque d'être contre-productif. Les biologistes du XIXe siècle avaient démontré l'existence des races, certains d'ailleurs continuent à le faire. Aujourd'hui, toutefois, la majorité d'entre eux dénoncent cette idée. Mais il n'est pas impossible qu'ils trouvent dans l'avenir des distinctions génétiques entre les groupes humains : les résultats de la recherche ne sont pas connus d'avance. Les découvertes récentes des biologistes conduisent en ce moment à renforcer la part du déterminisme. Les hommes se ressemblent tous d'un certain point de vue, mais ils sont aussi tous différents les uns des autres. Que se passera-t-il si les biologistes démontrent la force et la permanence des différences non seulement entre les individus, mais entre les diverses collectivités historiques ? Rien ne permet d'exclure cette éventualité.

Il faut donc repenser le dialogue entre les biologistes et les spécialistes de sciences humaines à la lumière de ces analyses, en tirant toutes les conséquences intellectuelles et politiques du fait que l'égalité n'est pas l'identité.

Le fait et la valeur

Les différences, en effet, sont de l'ordre du fait, alors que l'égalité est une idée, une valeur et une norme. Elle ne se déduit pas du fait. Je m'inscris dans le courant de pensée qui voit la morale comme s'opposant à la nature, contre l'éthique naturaliste ou le darwinisme social qui tire du fait du conflit des espèces la valeur de ce conflit. Ce n'est pas la nature qui fournit un code moral ou social. Ce n'est pas la ressemblance entre les hommes qui engendre l'idée et l'idéal de leur égalité. Ce n'est pas parce qu'ils sont identiques ou qu'ils se ressemblent fondamentalement qu'ils ont des droits égaux. Les hommes sont divers et inégaux. Ils participent ou se réfèrent à des collectivités historiques diverses, ils connaissent des conditions sociales différentes, donc, dans nos sociétés dominées par la valeur et la passion de l'égalité, inégales. La constatation des différences entre les individus et les collectivités historiques, conforme à l'expérience sociale la plus courante et la plus immédiate, ne remet pas pour autant en cause la valeur de l'égalité en tant qu'idée, en tant que valeur et en tant que norme sociale organisant la vie collective.

En fonction des principes dont se réclament les sociétés démocratiques modernes, les individus disposent de droits égaux, quelles que soient, par ailleurs, les différences et les inégalités qui les séparent. La valeur qui légitime les institutions des sociétés démocratiques est l'égale dignité de tous ces individus différents et inégaux.

C'est parce que cette distinction n'est pas systématiquement faite que les résultats de la biologie apparaissent dangereux pour l'ordre social. La singularité absolue de l'ADN de chaque individu, par exemple, est apparue comme une menace pour l'égalité des hommes. Mais la valeur de l'égalité n'est pas liée à la dimension biologique de la condition humaine ni à la ressemblance essentielle de tous les hommes.

Une relation critique

Si l'on pouvait maintenir clairement la distinction entre différence et égalité, on pourrait reconsidérer les relations entre la connaissance que les biologistes ont acquise et la réflexion des sociologues : il ne saurait y avoir de sujet tabou dans la recherche. Ce n'est pas parce que la pensée raciste a utilisé des arguments puisés dans les résultats de la recherche biologique d'un moment pour justifier ce qui est injustifiable – dénier la qualité d'homme à d'autres hommes – qu'on doit tenir pour négligeables les progrès de la connaissance biologique.

Il faut garder la distinction analytique entre savoir et utilisation politique du savoir, même s'ils entretiennent toujours des relations complexes. Il ne faut pas rêver d'une « science pure », mais il ne faut pas non plus exclure le critère de vérité dans le développement de la science et la réduire à sa seule dimension sociale. Ce n'est pas le savoir biologique qui a engendré la pensée et les pratiques d'exclusion. Les processus d'exclusion et d'humiliation de certaines populations ont, de loin, précédé la naissance de la biologie et se sont développés indépendamment d'elle. Il suffit d'invoquer les cagots ou les lépreux au Moyen Âge dans l'Occident ou les Burakumin au Japon, discriminés depuis des siècles sans qu'ils puissent être distingués du reste de la population par leur phénotype. La biologie a été invoquée et utilisée pour justifier des pratiques plus anciennes et beaucoup plus généralisées. L'antijudaïsme chrétien a précédé de loin l'antisémitisme racial. Il a été recyclé au temps du scientisme et de la pensée raciste en antisémitisme, justifié par des arguments empruntés à la science du moment dans les termes de l'époque. Mais c'est l'Inquisition qui avait inventé les « statuts de pureté du sang », distingué les « vieux chrétiens », seuls véritables enfants de Dieu, des « nouveaux chrétiens », juifs et musulmans convertis. Dans l'Occident chrétien, on avait pris des mesures d'humiliation et d'exclusion des juifs longtemps avant le développement de la pensée raciste.

Les spécialistes de sciences humaines ne devraient donc pas refuser le dialogue avec les biologistes et ignorer leur savoir, à condition de se rappeler qu'il s'agit toujours de résultats provisoires, état de la recherche à un moment donné, qui est lié de manière complexe à la société dans laquelle la science est produite. Étant donné leur ambition de connaissance rationnelle, ils ne devraient pas négliger le savoir biologique : comment pourrait-on nier qu'il existe une dimension proprement biologique de la condition humaine ? Comment peut-on réfléchir sur les sociétés contemporaines en ignorant volontairement, par exemple, que certains résultats de la génétique pourraient remettre en question tout le système de l'assurance dans des sociétés qui sont, selon l'expression de François Ewald, des « sociétés assurantielles » ?

Ce qu'ils doivent refuser, en revanche, c'est l'ambition métaphysique de certains biologistes qui définissent l'homme de manière exclusivement biologique et expliquent ses conduites par la seule biologie. Ce faisant, ils sombrent alors dans ce qu'on pourrait appeler le « biologisme » : ils remettent en cause l'interprétation des comportements humains comme spécifiquement « humains », c'est-à-dire comportant aussi une dimension de liberté à l'intérieur même du déterminisme que la science met en évidence[14]. La majorité des biologistes ne parlent plus en termes de races, mais l'argument génétique garde, chez certains d'entre eux, le même déterminisme que celui qui animait la pensée raciste. C'est d'ailleurs également dans la mesure où la sociologie se définirait en termes métaphysiques et sombrerait elle-même dans le « sociologisme », en concevant, contre les biologistes, l'être humain exclusivement par l'acquis et la situation sociale, que les résultats des sciences biologiques pourraient la remettre en question. Ce n'est pas le cas si elle se définit par son véritable projet, celui de comprendre les formes de l'interaction sociale.

Les sociologues doivent prendre en compte le fait des différences biologiques, mais refuser les conséquences d'un déterminisme biologique qui serait contraire à la liberté de l'homme. Que l'inégalité de certains groupes soit due plus à leur héritage génétique ou aux conditions dans lesquelles ils ont vécu – étant donné l'étroite imbrication de l'hérédité et du milieu physique et social – est un problème de connaissance passionnant. Mais les résultats, toujours provisoires, des recherches ne changent pas le problème à la fois cognitif et politique que soulève l'interprétation des comportements humains proposée par certains biologistes simplement déterministes. Quand bien même on démontrerait à l'avenir l'existence de groupes humains différents et inégaux, cela n'invaliderait pas le refus du déterminisme, c'est-à-dire l'idée que les phénomènes sociaux sont déterminés par le biologique. Si le cœur de la pensée raciste est constitué par l'essentialisme ou le déterminisme biologique, le cœur de la pensée sociologique – qui ne se confond pas nécessairement avec toutes les pratiques des sociologues – est, lui, constitué par l'antiracisme, au sens à la fois courant et savant qui peut être donné à ce terme, c'est-à-dire par un mode de pensée historique et relativiste. Les sociologues devraient critiquer le retour de la pensée déterministe de certains biologistes qui ne se présente plus aujourd'hui au nom des races mais de la génétique, tout en gardant l'idée de déterminisme biologique, comme ils doivent critiquer toute forme de déterminisme, y compris sociologique. Comme le dit Henri Atlan, même si nous admettons le déterminisme, cela n'évacue pas l'ordre éthique – j'ajouterai : ni les problèmes politiques et intellectuels.

Quels que soient les résultats et les progrès de la biologie ou de la sociobiologie dans le présent et dans l'avenir – et l'on ne saurait oublier que les biologistes au XIXe siècle avaient, au nom de la science, démontré l'existence des races, comment exclure qu'ils le démontrent à nouveau ? –, le problème politique et moral reste le même : comment faire vivre ensemble des individus divers et inégaux dans des sociétés qui se donnent l'égalité comme valeur commune et principe de légitimité ? Même si l'on démontrait, dans l'avenir, que les hommes et les groupes sont génétiquement inégaux, le problème politique de savoir comment ils peuvent vivre ensemble en respectant la dignité de chacun d'entre eux – ce qui est au fondement du principe de légitimité sur lequel vivent les sociétés démocratiques – continuerait à se poser.

C'est aussi le sens de la connaissance sociologique. L'objet propre de la sociologie est en effet de s'interroger sur les manières dont les hommes vivent et peuvent vivre ensemble. Les sociologues prennent acte de l'analyse que font la majorité des biologistes contemporains du caractère non scientifique des races et, plus généralement, de l'impossibilité d'établir un lien nécessaire entre données raciales et comportements humains. Mais la réflexion sociologique sur les relations entre les hommes et entre les groupes dans des sociétés fondées sur la valeur de l'égalité ne serait pas fondamentalement modifiée si les résultats des recherches biologiques arrivaient à la conclusion inverse. « Les diverses disciplines manquent leur but en ne fournissant pas ce que chacune d'elles, et seulement elle, peut nous donner. »[15] Cette indépendance intellectuelle de la sociologie ne devrait pas entraîner pour autant l'ignorance des recherches en biologie ou le refus de les prendre en compte dans la réflexion sur les relations entre les êtres humains.

2003

7

L'irrésistible mariage homosexuel ?

La revendication du mariage homosexuel, qui entraîne nécessairement, même si on l'occulte dans les débats publics, le droit du couple homosexuel à adopter un enfant, est justifiée par l'aspiration à l'égalité. Au nom de quoi certains, à cause de leur inclination sexuelle, ne disposeraient-ils pas des mêmes droits que les autres : voir leur amour reconnu par la société et leurs intérêts matériels communs protégés par la loi ? Pourquoi seraient-ils réduits à ce que leurs relations amoureuses soient confinées au domaine privé sans bénéficier de la consécration institutionnelle et symbolique accordée par le mariage, s'ils le souhaitent, aux couples hétérosexuels ? « Si le mariage est un contrat entre deux personnes désirant vivre ensemble par consentement mutuel, pourquoi resterait-il interdit à des contractant(e)s de même sexe ? » ; « Les droits des homosexuels doivent être les mêmes que ceux des hétérosexuels », lit-on dans la presse, libres de se marier ou non, de se « pacser » ou non. Mais l'égalité de tous devant le mariage et l'adoption est-elle seulement une égalité parmi d'autres, un nouvel exemple de l'aspiration générale de l'homme démocratique aux « droits à » (droits aux loisirs, au logement, au travail, etc.) proclamés dans le préambule de la Constitution de 1946 ?

L'aspiration à l'égalité

L'égalité, on le sait, est la passion des sociétés démocratiques. Elle est consacrée par les textes les plus solennels, depuis l'article Premier de la Déclaration des droits de l'homme de 1789, repris par le texte de la

Déclaration universelle de 1948 : « Chacun peut se prévaloir de tous les droits et de toutes les libertés proclamées dans la présente Déclaration, sans distinction aucune, notamment de race, de couleur, de sexe, de langue, de religion. » Comment, dès lors, limiter le droit au mariage au nom du sexe des contractants ? Certains opposants rappellent que les rédacteurs des diverses Déclarations n'envisageaient pas l'application de ce principe au mariage, dont on n'imaginait pas alors qu'il pût ne pas concerner un homme et une femme. Les rédacteurs du Code civil ne pensaient pas non plus à préciser que le mariage unissait un homme et une femme parce que cela allait de soi. Mais on a toujours tiré des conséquences nouvelles de textes anciens. Ce n'est pas un argument contre le mariage homosexuel que de rappeler qu'il ne fut envisagé ni par les rédacteurs du Code civil ni par les législateurs de la famille des années 1970.

« Il est donc naturel que l'amour de l'égalité croisse sans cesse avec l'égalité elle-même : en le satisfaisant on le développe. »[1] La force de la dynamique démocratique vers plus d'égalité paraît effectivement irrésistible. L'expérience du Pacte civil de solidarité (PACS) est à cet égard significative. Introduit en 1999, il s'efforçait d'assurer l'égalité des droits matériels aux contractants, tout en marquant les différences entre ce qui devait rester un contrat et le mariage dans sa pleine dimension sociale et symbolique. Pour éviter de stigmatiser les homosexuels, le PACS pouvait également être signé par des couples hétérosexuels, mais il avait été conçu pour répondre aux revendications des homosexuels. Les responsables politiques insistaient néanmoins sur le fait qu'il ne constituait pas une étape sur la voie du mariage des homosexuels ou de leur droit à adopter un enfant. Nombre de dispositions accordaient aux contractants des droits matériels sur le modèle des couples mariés : déclaration d'impôts commune pour l'impôt sur le revenu ou l'impôt de solidarité sur la fortune, droits de mutation spécifiques, droit des fonctionnaires au rapprochement géographique des conjoints. Toutefois, la déclaration d'impôts commune ne pouvait être faite que trois ans après la signature du PACS, alors qu'elle est immédiate dans le cas du mariage, les droits de mutation disposaient d'un régime moins favorable que ceux des couples mariés. Outre le régime fiscal, des distinctions subsistaient pour la pension de réversion et dans le droit des successions. Surtout, le législateur s'était efforcé de souligner, de manière symbolique, la différence entre le PACS et le mariage. Les personnes qui concluaient un PACS en faisaient la déclaration conjointe au tribunal d'instance, non à la mairie, la maison commune de la République. Il ne donnait lieu à l'établissement d'aucun acte d'état civil, l'état civil des personnes qui le concluaient ne subissait aucune modification. Les dispositions législatives relatives à l'assistance médicale à la procréation continuaient à s'appliquer seulement aux couples formés d'un homme et d'une femme. La loi consacrait ainsi des distinctions entre le mariage nécessairement conclu entre un homme et une femme et le contrat conclu entre deux personnes indépendamment de leur sexe.

La puissance de la dynamique démocratique a rapidement rendu cette distinction intenable, elle est désormais perçue comme discriminatoire. Le PACS apparaît comme une « une catégorie juridique de second ordre »[2]. Le gouvernement a mis sur pied un groupe de travail destiné à l'améliorer, c'est-à-dire à le rapprocher du mariage s'agissant de l'égalité fiscale, du titre de séjour dans le cas des couples binationaux, de la signature en mairie et de l'inscription à l'état civil. De son côté, le président de l'Assemblé nationale a créé une mission d'information parlementaire. L'exigence d'égalité se renouvelle au fur et à mesure qu'elle est satisfaite.

La mobilisation de l'anthropologie et de la sociologie

Les partisans du mariage homosexuel ne se limitent pas à invoquer l'égalité des droits. Ils élaborent des argumentaires plus raffinés, plus ou moins directement inspirés de la critique anthropologique et sociologique, qu'on peut regrouper en deux thèmes essentiels, d'ailleurs liés l'un à l'autre. Le premier : on assiste aujourd'hui à une dissociation toujours accrue entre la sexualité, la procréation et le mariage, en sorte que le mariage homosexuel s'inscrit naturellement dans cette évolution. Le second : le mariage homosexuel consacre la légitimité de la « culture » – les liens créés par la volonté et les sentiments des êtres humains – aux dépens de la seule « nature » – le mariage ayant pour vocation de créer une famille par l'union biologique d'un homme et d'une femme.

La *dissociation* entre la sexualité, la procréation et le mariage dans les couples formés d'un homme et d'une femme est aujourd'hui reconnue et légitimée socialement et même juridiquement, chacun peut l'observer et les sociologues le théorisent. « Le découplage de la fonction parentale et de la biologie imprègne notre modernité. »[3] La vie sexuelle est devenue, sauf pour quelques pratiquants religieux, indépendante du mariage. Ce dernier solennise une relation amoureuse déjà établie et connue de tous. Alors qu'il n'est imposé par aucune contrainte juridique ou sociale, il porte témoignage d'un engagement personnel affectif entre deux personnes, grâce à une fête organisée avec les amis et, secondairement, les parents. Ce n'est plus une institution destinée à assurer la transmission du nom, du patrimoine et de la culture familiale. Les transformations du droit de la famille intervenues au cours des années 1970 ont consacré cette évolution. Les enfants nés hors mariage, qui étaient dits naturels jusqu'en 1975, disposent des mêmes droits que les enfants nés d'un couple marié qu'on ne songe plus à qualifier de légitimes, puisque le mariage n'est pas plus légitime que l'union stable. D'ailleurs, argumente-t-on, beaucoup de couples hétérosexuels, même mariés, n'ont pas de projet de procréation. N'accepte-t-on pas que des personnes âgées s'unissent par le mariage alors qu'elles ne sont plus en âge de procréer ? Le couple homosexuel n'est qu'un autre exemple de cette dissociation.

À travers ces arguments pointent la critique de toutes les institutions et l'idée de la relativité des cultures désormais intériorisées par les individus démocratiques, qui systématisent et simplifient les conclusions des anthropologues. La critique anthropologique rappelle en effet que la biologie n'est pas le seul fondement de la famille, que « tout système de parenté est une manipulation symbolique du réel, une logique du social » et que « la filiation (sociale) n'est jamais réductible au biologique pur »[4]. « Pensés par l'homme, le genre, le sexe, sa détermination, l'adaptation de l'individu ne sont pas des faits relevant simplement de l'ordre naturel. Constructibles et recréés, ils relèvent de l'ordre symbolique, de l'idéologie, alors même que l'énoncé de cet ordre symbolique vise à les établir ensuite comme des faits de nature pour tous les membres de la société. »[5] Pourquoi s'opposer au couple homosexuel au motif que la conception d'un enfant est impossible, si les liens sociaux sont primordiaux et si le mariage est essentiellement un fait social, une manipulation symbolique du réel ?

Les partisans du mariage homosexuel avancent également la valeur de l'ordre de la *culture* (l'amour) contre celui de la *nature* (la différence des sexes). C'est un argument ancien : selon Winckelmann, « l'hétérosexualité serait du côté de la nature et l'homosexualité du côté de la culture »[6]. Instaurer le mariage homosexuel, ce serait consacrer la liberté des êtres humains, affirmer que l'engagement du mariage n'est fondé que sur le consentement mutuel de deux volontés pures, indépendamment de toute fonction sociale (reproduire la société) ou de toute aspiration dite naturelle (donner la vie). C'est là repousser les limites de la nature qui imposent la collaboration d'un homme et d'une femme pour faire un enfant. Cette limite « naturelle » elle-même est d'ailleurs déjà « tournée » grâce aux réussites de la procréation assistée. Ce qui était à l'origine un moyen d'offrir à des couples stériles la possibilité de donner naissance à des enfants permet aussi de dépasser les frontières de la nature, du sexe ou de l'âge. On se souvient du médecin italien dont les traitements hormonaux ont permis à des femmes de soixante ans d'être mères à un âge où la nature les réduirait à être grand-mères. Au nom de quoi le désir d'enfant devrait-il être limité à l'âge biologique de procréation ?

La forme spécifiquement française de cet argumentaire est avancée par ceux qui voient dans le mariage homosexuel le couronnement de l'universalisme républicain. Sociologues et politiques se font écho sur ce thème. Il s'agit « de défendre une certaine conception de l'État de droit dont l'égalité est un principe fondateur ; d'affirmer que l'orientation sexuelle, au même titre que la race, la religion, les opinions politiques, ou le handicap, ne doit plus constituer une barrière à l'accès aux droits et à la jouissance des libertés »[7]. Célébrer le premier mariage homosexuel, c'est manifester la volonté de « rester conforme à des engagements de longue date sur le terrain des libertés et de l'égalité des droits »[8]. « Mamère et moi partageons le même objectif : l'égalité de tous les citoyens de la République. »[9] De même qu'on est également citoyen, quelles que soient les formes de sa vie privée, le mariage « républicain » devrait ignorer les formes de la vie privée des conjoints : « Ne pas considérer l'orientation sexuelle des individus qui veulent se marier constitue la mise en œuvre de l'universalisme. Ce dernier ignore les dimensions privées de l'identité des individus. »[10] La parfaite liberté – choisir son conjoint quel que soit son sexe – et la parfaite égalité – entre les hétérosexuels et les homosexuels –, les deux valeurs fondatrices de la République, seront ainsi enfin effectives : « Pourquoi certains seraient contraints de vivre à l'ombre et d'autres au soleil ? Le mariage libre sera une traduction de l'union de la liberté (inscrite dans l'ouverture) et de l'égalité des (orientations sexuelles). La République ne peut que s'en réjouir. »[11] Qu'on s'en réjouisse : la reconnaissance du mariage des homosexuels est une forme accomplie de la liberté proclamée par la République.

Ces arguments, inspirés par les analyses des anthropologues dévoilant le caractère social de la forme des unions stables, et par celles des sociologues décrivant les transformations récentes de la famille, sont de plus en plus largement acceptés. D'ailleurs le consensus en faveur du mariage serait déjà établi parmi les chercheurs, qui ne débattent plus que de l'effet de l'homoparentalité sur les enfants. Selon eux, si cet effet est éventuellement perturbant, on peut l'attribuer non à la « forme du modèle familial », mais aux « réactions de la société », car « il n'existe aucun argument scientifique sérieux contre l'homoparentalité »[12]. D'ailleurs, selon une psychanalyste, « on peut s'écarter du modèle du père et de la mère sans porter atteinte à notre système symbolique et à ce qui est fondamental du point de vue anthropologique dans toutes les sociétés, la prohibition de l'inceste »[13].

S'ils paraissent aussi universellement convaincants, c'est que ces arguments et les sentiments qu'ils traduisent font directement écho aux aspirations de l'*Homo democraticus*, la revendication d'égalité et l'ambition prométhéenne de se rendre maître de la nature. La reconnaissance du mariage homosexuel semble effectivement irrésistible, inscrite dans la logique de la dynamique démocratique.

Une égalité parmi d'autres ?

Elle n'en ébranle pas moins des conceptions profondes de l'ordre social. Claude Lévi-Strauss qualifiait avec hauteur de « truisme » l'affirmation de Malinowski : « Pour que la famille se maintienne, et même pour qu'elle existe, la femme et l'homme sont également indispensables. »[14] C'est pourtant ce *truisme* que les hommes démocratiques remettent en question par la revendication du mariage homosexuel.

Comme l'ont répété les partisans de la parité en politique, la distinction des sexes n'est pas une distinction parmi d'autres. C'est pourquoi, selon eux, la parité ne remet pas en cause les principes de la transcendance républicaine. C'est au nom de la division essentielle de l'humanité en deux sexes que la différence sexuelle a été inscrite dans les institutions politiques. « La féminité n'est pas – pas plus que la virilité – le différentiel de l'humanité mais le premier attribut de la *nature* humaine inscrit comme tel d'emblée à l'état civil dès qu'un humain est *né* [...]. L'humanité est homme et femme, [...] la femme ne pourrait être considérée comme une particularité singulière de l'humanité, alors qu'elle est l'un de ces deux modes finis, l'un des deux ensembles de tous les ensembles. »[15] Les partisans de la parité devraient donc s'opposer à l'instauration du mariage des homosexuels. C'est d'ailleurs le cas de Lionel Jospin, inspiré par les travaux de Sylviane Agacinski[16].

Les anthropologues soulignent pourtant l'irréductibilité de la différence des sexes dans l'organisation et la représentation du monde. « Il m'apparait que c'est l'observation de la différence des sexes qui est au fondement de toute pensée aussi bien traditionnelle que scientifique, [...] il s'agit là du butoir ultime de la pensée, sur lequel est fondée une opposition conceptuelle essentielle : celle qui oppose l'identique au différent, un de ces *themata* archaïques que l'on retrouve dans toute pensée scientifique, ancienne comme moderne, et dans tous les systèmes de représentation, [...] support majeur des systèmes idéologiques, le rapport identique/différent est à la base des systèmes qui opposent deux à deux des valeurs abstraites ou concrètes (chaud/froid, sec/humide, haut/bas, inférieur/supérieur, clair/sombre, etc.). »[17] Selon Claude Lévi-Strauss, les trois piliers de la famille et de la société sont la répartition sexuelle des tâches, la prohibition de l'inceste liée à l'obligation exogamique et l'instauration d'une forme reconnue d'union, auxquels Françoise Héritier ajoute un quatrième pilier, « la valence différentielle des sexes ». Toutes les sociétés humaines ont été organisées à partir de cette différence fondamentale.

Dans un texte célèbre de Pierre Bourdieu sur la maison kabyle, l'auteur montre que l'opposition entre le principe masculin et le principe féminin donne sens à la répartition des tâches, à l'organisation de l'espace privé et public et à la régulation des comportements. La maison kabyle est un « microcosme organisé selon les mêmes oppositions qui ordonnent l'univers » et elle « entretient une relation d'homologie avec le reste de l'univers ». Elle organise en effet un univers divisé selon un

« système d'oppositions parallèles qui ne doivent jamais toute leur nécessité aux impératifs techniques »[18]. La partie basse, obscure et nocturne, liée au principe féminin, est réservée aux objets humides, aux animaux et au déroulement des activités naturelles, sommeil, acte sexuel, accouchement et mort ; la partie haute, lumineuse et noble, liée au principe masculin, est le lieu de la culture, de l'activité, du fusil par lequel s'affirme l'honneur viril, et du métier à tisser ou de la cuisine. Cette opposition à l'intérieur de la maison est homologue à celle qui s'établit entre le dedans et le dehors, entre l'espace féminin, la maison et son jardin, et l'espace masculin, l'espace public ; entre les tâches des femmes et celles des hommes ; entre les normes différentes qui s'imposent aux comportements des uns et des autres.

Nous qui sommes les héritiers d'un système d'oppositions symboliques qui n'est pas étranger à celui qui se traduit dans l'organisation de la maison kabyle, pouvons-nous faire abstraction de toute distinction entre les hommes et les femmes en dehors de la sphère politique et professionnelle ? Le déploiement de la logique démocratique rend les hommes et les femmes de plus en plus égaux – sans que l'égalité soit atteinte – dans l'ordre de la citoyenneté et dans la vie professionnelle où les postes de travail font de moins en moins appel à la force physique, lieux où la différence des sexes peut être neutralisée. Les relations familiales, elles, sont fondées sur les différences des sexes et des générations. L'ordre culturel qu'elles organisent est-il totalement souple ? L'aspiration au mariage homosexuel soulève le problème des institutions de la société démocratique ; elle conduit à se demander jusqu'à quel point on peut « faire société » sans partager une même conception du monde.

Les institutions dans la société démocratique

Les anthropologues insistent sur le fait que la dimension biologique ne définit pas par elle-même le mariage, mais ils n'en concluent pas que le mariage n'a pas de dimension biologique. Ils ne nient pas la dimension biologique de l'union stable, ils s'opposent à la conception qui ferait de la biologie le *seul* fondement de cette union. Ils montrent que les diverses formes d'union, dont le mariage, tiennent de la logique autant sociale que biologique, plus exactement, que toutes les sociétés ont inventé des institutions particulières pour élever les enfants et assurer leur reproduction – et c'est bien là l'essentiel.

Qu'en est-il de l'invocation de l'universel républicain pour légitimer un mariage indépendamment du sexe des mariés ? Le mariage est-il de même nature que la citoyenneté ? Si la citoyenneté est par définition a-naturelle, en ce qu'elle affirme l'égalité des droits civiques de tous les individus par-delà leurs particularismes, y compris sexuels, le mariage, lui, peut-il ne plus faire référence à l'union d'un homme et d'une femme, susceptibles de donner la vie et d'éduquer les petits d'hommes à la vie sociale ? Le fait que nombre de mariages, pour des raisons variées, ne débouchent pas sur l'enfantement n'enlève rien à cette vocation. Toute société comporte des règles qui organisent des unions stables. Les normes ne se déduisent pas des faits. Que les mariages soient, dans les faits, de moins en moins stables, que des familles « recomposées » soient de plus en plus nombreuses n'empêchent pas que le mariage fait référence à une norme commune, la stabilité de l'union d'un homme et d'une femme. Il ne remet pas en question l'institution du mariage en tant que telle – au sens sociologique de l'« institution » –, même si les formes du mariage ont été « assouplies », sinon transformées, par les dispositions des années 1970, même si le mariage lui-même se rapproche de plus en plus du contrat.

Il est vrai que les divisions symboliques du monde prennent des formes différentes selon les cultures – c'est le sens même du savoir anthropologique –, mais on ne connaît pas de société qui ne soit organisée par un ordre symbolique qui distingue le « pur » de l'« impur ». Mary Douglas, dans un texte devenu classique, rappelle que les « abominations » dénoncées dans le Lévitique, notamment à propos des prescriptions alimentaires, consistent à mêler les ordres, car « Être saint, c'est distinguer soigneusement les différentes catégories de la création, c'est élaborer des définitions justes, c'est être capable de discrimination et d'ordre [...] la sainteté, c'est l'ordre et non la confusion »[19]. La racine du mot « sainteté » signifie d'ailleurs « état de séparation »[20]. Toute société humaine se définit par une perception organisée du monde, partagée par tous, qui harmonise et hiérarchise les grandes données de l'expérience humaine, la naissance, l'union stable, la mort. Il faut un minimum de participation à un ordonnancement commun pour « faire société ». Le mariage homosexuel remet en question l'opposition entre les hommes et les femmes, ceux que l'on peut épouser et ceux que l'on ne peut épouser, les enfants et les parents, en d'autres termes, les lois de l'interdiction de l'inceste, la distinction des sexes et le sens des générations, soit « l'ensemble de manières de penser, d'agir et de sentir d'une communauté dans son triple rapport à la nature, à l'homme, à l'absolu »[21], par quoi se définit une culture commune.

Dans les sociétés individualistes, animées par la passion de l'égalité, les revendications de reconnaissance identitaire risquent d'évacuer le souci de transmettre les institutions qui constituent l'ordre social. L'aspiration à l'égalité peut conduire à la revendication de l'identité ou du semblable. L'esprit des hommes démocratiques, qui soumettent toute institution à la critique sociologique ou anthropologique, pourrait aboutir non à l'égalité, mais à l'indistinction des individus démocratiques. Les Suédois envisageraient de créer « le mariage sexuellement neutre »[22]. À travers le mariage homosexuel, on voit s'exprimer cette revendication d'égalité à partir de laquelle toute distinction, même fondée, est perçue comme discriminatoire. En février 2004, la Cour suprême du Massachusetts, après examen d'un projet de loi sur les unions civiles, a déclaré que le refus d'étendre le mariage aux couples homosexuels était par essence discriminatoire.

Les persécutions dont les homosexuels ont douloureusement été victimes dans le passé – et continuent de l'être – rendent les revendications d'un petit nombre d'entre eux particulièrement vigoureuses. L'effet des persécutions sur l'expérience vécue des homosexuels est comparable à celui de l'antisémitisme sur la condition juive. Il n'est pas douteux que la tolérance et même la reconnaissance croissante dont ils sont aujourd'hui l'objet dans nos sociétés constituent un signe de civilisation. C'est un progrès indéniable de la démocratie que de respecter la vie privée et de limiter les jugements collectifs aux seuls comportements sexuels qui remettent en question l'égalité et l'intégrité des personnes, tels la pédophilie ou le proxénétisme. Il est hautement significatif que les régimes totalitaires ont persécuté les homosexuels et que les fondamentalistes de toutes eaux ont toujours participé avec passion à leur condamnation morale et à leur persécution physique. Les nazis ont imposé l'étoile rose en même temps que l'étoile jaune, ils ont déporté les uns et les autres, même si l'extermination systématique fut réservée aux porteurs de l'étoile jaune. La lutte contre toutes les formes d'homophobie fait partie intégrante de la lutte contre toutes les formes de discriminations comme du projet démocratique.

Si la reconnaissance et même la célébration des différences est une valeur morale, nourrie par les valeurs démocratiques et partagée de plus en plus largement, le problème que soulève l'instauration du mariage homosexuel reste celui des *institutions* qui entérinent cette reconnaissance. « J'ai peu entendu parler d'institutions. Or, c'est l'essentiel... Je ne crois pas qu'il soit pertinent d'en dénier le sens. »[23] Jusqu'à quel point, en effet, la société démocratique peut-elle accepter la transformation d'une institution aussi fondamentale que la famille ? Remettre en question des conceptions anthropologiques profondément inscrites dans la conception que les individus se font de la condition humaine : la distinction des sexes et des générations ? Voir ébranlée l'organisation symbolique du monde perçue à travers cette différence essentielle ? Toutes les sociétés partagent un ordre symbolique commun. Que serait la société démocratique si « rien ne semble plus défendu, ni permis, ni honnête, ni honteux, ni vrai, ni faux »[24], si « tout semble douteux et incertain dans le monde moral ; les rois et les peuples y marchent au hasard... »[25] ?

2004

8

Le musée démocratique

À la suite d'une tribune publiée dans *Le Monde* du 13 décembre 2006 et signée par Françoise Cachin, Jean Clair et Roland Recht, la décision du gouvernement de M. de Villepin d'installer une antenne du Louvre à Abou Dhabi a soulevé une tempête dans le monde de l'histoire de l'art et de la conservation des musées. Plus de cinq mille six cents personnes ont signé une pétition de *La Tribune de l'art* « contre l'utilisation commerciale et médiatique des chefs-d'œuvre du patrimoine national », tandis que d'autres pétitions, sous forme de lettres au ministre de la Culture, en particulier de l'Association des professeurs d'histoire de l'art et d'archéologie des universités, ont exprimé l'émotion du milieu. On peut d'autant plus admirer le nombre de ceux qui ont manifesté publiquement leur indignation que de nombreux conservateurs de musée, dont la carrière dépend directement du pouvoir politique, ont, après quelques hésitations, soutenu le projet gouvernemental, et que d'autres qui avaient manifesté leur opposition au projet se sont vus « punis » avec une élégance que l'on peut admirer ; la République ne devrait pas être ingrate envers les meilleurs de ses serviteurs[1]. Par-delà le trouble et le désarroi d'un milieu professionnel attaché à sa vocation, il n'est peut-être pas inutile de poser à la lumière de cet épisode quelques-uns des problèmes que soulève l'une de ces exceptions françaises dont on ne saurait être fier, une politique culturelle voulue par l'État et instrument de sa politique intérieure et étrangère.

La tradition

Neil MacGregor, directeur du British Museum, rappelle à juste titre que les responsables des musées français ont toujours été des fonctionnaires, soumis à la hiérarchie, dépendants des pouvoirs publics. Situation impensable au Royaume-Uni où les *trustees* disposent, pour gérer les musées, d'un pouvoir indépendant du Premier ministre, même si les ressources financières viennent du budget national[2]. Sans doute. On peut regretter cette tradition – nous la regrettons – mais nous ne pouvons que l'assumer. Ce que notre ami, le conservateur de l'autre côté de la Manche, perçoit mal, c'est combien, par-delà le régime juridique et politique, les pratiques gouvernementales ont récemment évolué.

Jusqu'à il y a quelques années, le gouvernement reconnaissait la compétence des conservateurs et discutait avec eux des grandes décisions concernant les musées. Les exemples ne manquent pas où les « scientifiques » ont fait entendre au pouvoir politique des considérations dictées par le souci de la conservation des œuvres et la logique des choix muséographiques – en particulier quand il s'agissait de la circulation des œuvres.

Les responsables des musées français ont, comme les autres, toujours prêté et emprunté des œuvres aux autres musées. Faute de quoi aucune exposition n'aurait pu avoir lieu, et le moins qu'on puisse dire est que le nombre des expositions a été fort élevé depuis trente ans. Par définition, ces expositions impliquaient d'innombrables échanges ; environ mille cinq cents œuvres du Louvre étaient prêtées chaque année en France et à l'étranger, de l'ordre d'un millier par le musée d'Orsay. Simplement, certaines conditions étaient explicitement ou implicitement posées. Avant d'autoriser un prêt, les conservateurs tenaient compte de l'état de conservation des œuvres. Certaines sont fort fragiles et, quelles que soient les précautions, tout déplacement comporte un risque : décrochage, transport et changements climatiques peuvent mettre l'œuvre en danger. C'est pourquoi la comparaison des prêts d'un musée de peinture (le Louvre, même s'il comprend aussi d'autres départements) et d'un musée archéologique (le British Museum) est dépourvue de sens. C'est avec la National Gallery ou les Pinacothèques de Berlin et de Munich qu'il faudrait procéder à la comparaison, et la politique des prêts de ces institutions est, à juste titre, fort restrictive. Certains tableaux, étant donné leur état, ne devraient jamais quitter les cimaises du musée, alors que beaucoup de pièces archéologiques, en marbre par exemple, peuvent parcourir le monde sans dommages si elles sont surveillées avec vigilance.

Un « code de conduite » existait depuis longtemps. Un comité des prêts et dépôts constitué de conservateurs des grands musées nationaux de disciplines diverses se réunissait chaque mois pour examiner en détail les demandes de prêts. Il s'agissait de vérifier la sécurité offerte par les lieux d'accueil, les valeurs d'assurance, la fiabilité des entreprises d'emballage et de transport. La règle était que les prêts ne devaient pas excéder une longueur de trois mois sur un maximum de trois sites. Il ne s'agissait pas de refuser ou de limiter par principe les prêts, mais de donner un avis technique, fondé sur la compétence et l'expérience, qui permettait aux conservateurs de s'opposer, si cela était nécessaire, aux pressions de politiques locaux ou nationaux. Ce comité a été dissous par la réforme du ministre Jean-Jacques Aillagon en 2003, en même temps que le Comité national des conservateurs chargé des acquisitions.

Outre les conditions matérielles des prêts, les responsables des musées avaient le souci de limiter le nombre des œuvres prêtées, les visiteurs, éventuellement venus de fort loin, ne devaient pas trouver les salles vidées de la majorité des œuvres qui font le sens et la gloire d'un musée. On ne devait pas démanteler les collections. Le musée est un tout, conçu comme une totalité dotée de sens ; privé d'une partie de ses œuvres, reste-t-il lui-même ?

Enfin, et surtout, les prêts devaient être justifiés par l'intérêt scientifique ou éducatif de l'exposition. Même les grandes expositions de prestige suscitées par le gouvernement, qui eurent lieu aux États-Unis (*De David à Delacroix* en 1974-1975), au Japon (*Exposition d'art français 1840-1940* en 1960-1961 ou *Bonnard* en 1968), en Australie (*The Revolutionary Decades 1760-1830* à Sidney et Melbourne en 1980-1981) ou en Russie (*Le Romantisme* à Moscou et Léningrad en 1985), n'étaient pas dépourvues d'ambition scientifique ou, en tout cas, de sens éducatif ; elles favorisaient le développement de la connaissance. C'était aussi le cas des grandes expositions organisées par le Conseil de l'Europe.

Dans certains cas, les conservateurs pouvaient s'opposer à certains déplacements d'œuvres. Leurs efforts n'étaient pas toujours couronnés de succès, comme en témoignent le prêt de la *Mona Lisa,* exposée à

Washington par décision d'André Malraux, puis à Tokyo par la décision du gouvernement Pompidou, ou celui de *La Liberté guidant le peuple* (Delacroix) envoyée à Tokyo sur l'ordre du président Chirac, alors qu'il s'agissait de deux œuvres très fragiles ; ou encore le don des manuscrits de la BNF rendus au gouvernement sud-coréen par le président Mitterrand, en violation de l'inaliénabilité du patrimoine national. Mais, le plus souvent, les conservateurs réussissaient à convaincre les autorités politiques que les œuvres ne devaient pas être prêtées selon la seule logique du prestige ou de la politique nationale. Les gouvernements, implicitement, reconnaissaient leur compétence et la légitimité de leur point de vue.

Par ailleurs, la restriction éventuelle du prêt des œuvres n'empêchait pas la circulation des compétences. Les musées ont toujours accueilli les savants des autres pays, chercheurs jeunes ou confirmés, conservateurs de musée ou universitaires. La circulation savante et éducative, celle des connaissances et des personnes, n'a pas attendu l'année de grâce 2006.

Différence de degré et différence de nature

Les pratiques ont changé au cours des dernières années en même temps que s'affaiblissait l'esprit civique. La compétence des conservateurs a perdu de sa légitimité. L'antenne des arts premiers fut installée au Louvre sans l'agrément du président-directeur général de l'époque et conservée après l'ouverture du musée du quai Branly, alors qu'elle remet en question la logique de la répartition des œuvres entre les différents musées de la capitale. Politique africaine de la France et goût personnel du président de la République obligent. C'est selon la même logique, pour prendre un exemple universitaire, qu'un directeur de l'ENS fut nommé sans que le milieu scientifique fût consulté – avec les réactions que l'on connaît –, comme si la nomination dans des postes de haute compétence intellectuelle pouvait être le fait de la seule décision du prince au même titre que n'importe quelle nomination de fonctionnaire. L'idée de communauté scientifique ou de communauté intellectuelle est devenue étrangère au monde des hommes politiques ; on l'avait déjà observé quand M. Chevènement, en 1981, réforma la composition des commissions du comité national du CNRS comme on change les responsables des entreprises nationalisées. La formation par l'ENA a eu pour effet pervers de donner aux hauts fonctionnaires et aux hommes politiques qui en sont issus l'idée qu'ils sont compétents pour traiter de tout ce qui est de la responsabilité de l'État. Ils se jugent aptes à gouverner la culture intellectuelle ou artistique comme n'importe quel département administratif. Le clientélisme accentué de ces dernières années a rendu cette tradition encore plus critiquable – et condamnable : dans ce secteur comme dans les autres, le président de la République en fin de règne a nommé ses amis aux postes clés, des décisions essentielles ont été prises sans consultations des « scientifiques » par les autorités pour des raisons exclusivement politiques. La différence de degré est devenue une différence de nature.

C'est aujourd'hui une vérité d'évidence, répétée par tous, les œuvres d'art doivent circuler et ceux qui mettent quelques conditions à cette circulation généralisée ne seraient que des attardés, attachés de surcroît à la domination de l'Occident où se concentrent les grands musées encyclopédiques, Londres, Paris, Berlin, New York ou Saint-Pétersbourg, derniers signes d'un impérialisme condamnable et d'ailleurs condamné par le sens de l'histoire. L'idéologie du « bougisme », pour reprendre l'expression de Pierre-André Taguieff, n'est plus discutable, elle doit concerner les œuvres au même titre que les hommes. C'est devenu l'idéologie de tout le monde qui vit de l'État providence culturel. Il va trouver dans les nouveaux projets internationaux un domaine d'intervention encore élargi. Le ministère de la Culture pourra recruter de nouveaux agents et quelques fonctionnaires supplémentaires.

Les œuvres d'art n'ont jamais échappé à la logique économique ni à celle de la vie sociale. Les musées sont des institutions publiques, et il est de la responsabilité des politiques de procéder aux choix entre les différentes dépenses collectives, de trancher entre les besoins des armées, de la santé, des routes et de la culture. Il va de soi que les conservateurs, au nom de leur compétence, n'ont pas vocation à imposer leur point de vue. Il est normal que la politique de prêts et d'exposition soit démocratiquement discutée. Mais ce qui est inquiétant dans le développement actuel de notre République, ce n'est pas que la politique des musées, comme toute politique, soit soumise au débat public, c'est que les hommes politiques refusent de considérer, sur ces sujets, la qualité spécifique des œuvres d'art, les problèmes particuliers que posent leur conservation et leur connaissance, qu'ils refusent de comprendre le sens du musée qui les conserve, les expose aux yeux de tous et les transmet aux générations suivantes. Les œuvres de culture ne sont pas seulement des marchandises. Sans doute sont-elles *aussi* des marchandises ou des biens économiques : d'un côté, elles ont un prix, l'entretien des musées est à la charge du contribuable, d'un autre côté, les entrées au Louvre font partie de tous les programmes touristiques, le Louvre ou Versailles sont, par l'intermédiaire du tourisme, l'un des instruments de l'équilibre de la balance des paiements. On peut confier aux économistes le soin de calculer le coût et le rendement des musées – il n'est pas exclu que, dans le cas français, ils rapportent plus qu'ils ne coûtent –, mais ce n'est pas le cœur du problème. S'il est justifié de penser les œuvres de la culture en termes économiques comme toutes les productions humaines, c'est à condition de ne pas les *réduire* à ces seuls termes. L'existence du grand Louvre favorise la venue des touristes, mais ce n'est pas le seul sens de sa vocation. Une œuvre d'art est unique et irremplaçable, ce n'est pas seulement une marchandise qu'on peut échanger et remplacer. La culture touche aussi au sens que les hommes donnent à leur existence. Les sociétés humaines ne peuvent pas vivre sans entretenir un certain nombre de valeurs communes.

Le rapport de Jean-Pierre Jouyet et Maurice Lévy est une illustration de cette réduction des œuvres de culture à l'économique, du refus de prendre en compte la dimension patrimoniale et scientifique du musée, le sens spécifique du musée et de l'œuvre d'art[3]. Comme le dit justement Krzysztof Pomian, cette conception signifie la fin de l'idée même du musée[4]. Le musée n'est pas une addition de collections particulières, constituées par des conservateurs successifs. C'est une institution qui a pour objet de préserver un patrimoine hérité pour le transmettre aux générations suivantes. Comme l'État, elle a l'éternité pour horizon. Elle ne dépend ni de la mode ni des qualités de tel ou tel de ses responsables. L'idée de patrimoine transcende les modes et les personnes, elle incarne la permanence d'un bien qui appartient à tous de génération en génération, par-delà le renouvellement des générations.

On comprend alors qu'on puisse être choqué que « Le Louvre » puisse être vendu comme un logo, s'agissant d'un lieu de la conservation du patrimoine et de la mémoire nationale. « Le Louvre » n'est pas l'équivalent de « Publicis » ou d'« Ikea », entreprises remarquables, certes, mais qui peuvent être remplacées dans leur activité par d'autres – et le seront sans doute un jour. « Le Louvre » ne devrait pas être un « logo ». Il semble que, dans un conseil lié aux musées, ce soit un banquier qui ait, seul, manifesté sa réprobation en invoquant l'histoire nationale et des valeurs collectives. « Le Louvre » devenu « logo », c'est une étape de la désacralisation démocratique. La démocratie tend à évacuer toute transcendance, qu'elle soit liée à la religion, à la politique ou à la culture ; c'est un régime qui privilégie le réel, l'immédiat, les échanges concrets entre individus concrets, la dimension économique de la vie des hommes, c'est le régime du *hic et nunc*.

Abou Dhabi

Les musées prêtent depuis longtemps des œuvres de grand prestige en échange de compensations financières dans les conditions mentionnées ci-dessus (trois mois et trois lieux d'exposition après l'avis du Comité national des prêts). Ce qui est nouveau, dans le cas d'Atlanta, c'est qu'il s'agit de prêts de moyenne durée, pour deux ou trois ans, renouvelables selon la décision du seul directeur du Louvre. L'évolution est nette, défendable en elle-même, elle a ouvert la porte à l'étape suivante.

Nous connaissons mal les clauses du contrat qui a été signé par le gouvernement français à Abou Dhabi et sur lesquelles le nouveau gouvernement ne reviendra pas. Cette opacité est en elle-même significative. Si les clauses étaient telles qu'elles aient toute chance de calmer les inquiétudes de ceux qui sont attachés au rôle des musées, pourquoi ne pas les publier ? Il est légitime de demander aux conservateurs de musée de soumettre leur point de vue à la discussion publique, mais au nom de quoi le gouvernement ne le fait-il pas ? Si la critique démocratique peut légitimement s'exercer sur les conservateurs, elle devrait aussi s'exercer sur les hommes politiques qui prennent des décisions lourdes dans un domaine qui ne leur est pas nécessairement familier.

Or les inquiétudes sont fondées. Ceux qui paient ont inévitablement des droits sur ceux qui sont payés. Les autorités d'Abou Dhabi imposeront-elles leur volonté aux autorités françaises ? Auront-elles le droit de choisir les œuvres qui leur conviennent pour le temps qui leur convient sans que les considérations légitimes traditionnelles – l'état de l'œuvre, les exigences de la conservation, le sens du musée comme entité – soient prises en compte ? Pour combien de temps les œuvres seront-elles exilées ? Que répondra-t-on à ceux qui seront venus à Paris pour voir telle ou telle œuvre et ne la trouveront pas, et cela pour un temps indéterminé ? Sommes-nous encore dans l'ordre de la connaissance et de la diffusion de la connaissance ou bien dans la seule logique du prestige, de la politique arabe du gouvernement, de la vente d'armes ? On peut douter de l'intention scientifique ou même éducative du projet si des œuvres sont choisies par des autorités politiques au bénéfice de riches Arabes, qui, par ailleurs, disposent des moyens de venir se cultiver à Paris.

Comment invoquer à ce propos une entreprise de « démocratisation culturelle » ? La construction du Louvre d'Abou Dhabi prend place dans une entreprise qui n'est guère culturelle ni démocratique. Les différents pays du Golfe, et, dans une moindre mesure, l'Arabie Saoudite, se livrent à une surenchère de constructions prestigieuses, centres financiers bâtis dans une forêt de tours signées par les plus grands architectes internationaux, aéroports avec leurs *Duty free* (la publicité pour celui de Dubaï tapisse les murs des aéroports du monde entier), gigantesques *shoppings malls* qui s'élèvent dans tous les nouveaux quartiers des capitales. Ces derniers sont ouverts en permanence et rencontrent la faveur du public local et international. En revanche, les fondations culturelles et religieuses érigées en mémoire des souverains défunts, nombreuses, car les membres des familles royales rivalisent pour affirmer la gloire de leur lignée, ne sont guère ouvertes au public. C'est l'acte de fondation et les cérémonies inaugurales qui sont essentiels. Le superbe musée de Riyad construit en l'honneur du roi Abdul Aziz (Ibn Seoud) n'est ouvert au public que fort parcimonieusement. La visibilité et la fréquentation du « Louvre Abou Dhabi » risquent d'être également faibles.

Que peut-on espérer pour limiter les dégâts d'une décision sans doute irrévocable ? Souhaitons que le nouveau ministre, chargé des négociations avec les autorités d'Abou Dhabi, garde quelque dignité et contrôle la liberté des responsables politiques ; souhaitons qu'il réussisse à faire prévaloir les considérations de prudence traditionnelle qui ont longtemps marqué la politique des musées.

Terminons sur un vœu. On nous a bercés de l'importance des sommes qui seront versées aux musées français et leur permettront de mener une politique de rénovation et d'acquisition. Espérons que la politique arabe menée à Abou Dhabi ne coûtera pas aussi cher au contribuable français que l'Institut du monde arabe, pour l'entretien duquel une partie des gouvernements des pays arabes n'a pas respecté ses engagements.

2007

9

En qui peut-on avoir confiance ?

En 1934, Marcel Mauss avançait au cours d'un débat organisé autour du livre de François Simiand sur *La Monnaie, réalité sociale* : « Ce à quoi nous arrivons, vous et moi, c'est à l'importance de la notion d'attente, d'escompte de l'avenir, qui est précisément l'une des formes de la pensée collective. Nous sommes entre nous, en société, pour nous attendre entre nous à tel et tel résultat ; c'est cela la forme essentielle de la communauté. Les expressions : contrainte, force, autorité, nous avons pu les utiliser autrefois, et elles ont leur valeur, mais cette notion de l'attente collective est à mon avis l'une des notions fondamentales sur lesquelles nous devons travailler. Je ne connais pas d'autre notion génératrice de droit et d'économie : "Je m'attends", c'est la définition même de tout acte de nature collective. […] Les infractions à ces attentes collectives, cela se mesure, par exemple les krachs en matière économique, les paniques, les sursauts sociaux, ainsi de suite. »[1]

Difficile de dire mieux que, dans toute société, le fondement des échanges sociaux repose sur la confiance que les êtres humains s'accordent les uns aux autres, sur la confiance qu'ils manifestent à l'égard de leurs institutions, sur celle qu'ils ont ensemble dans l'avenir. Les enquêtes d'opinion montrent régulièrement que la confiance entre les membres d'une société varie dans le même sens que leur confiance dans les institutions. Dans sa critique du bolchevisme publiée en 1923, Marcel Mauss dénonçait le fait que ce nouveau régime aboutît à dissoudre ces « nombreux liens invisibles » par lesquels se maintient ce minimum de confiance nécessaire pour établir les contrats et les crédits, pour que se poursuivent les échanges entre égaux dont la possibilité est l'une des dimensions de l'utopie créatrice portée par la société démocratique. Cette dernière se donne pour vocation d'être un lieu de commerce généralisé entre tous ses membres, commerce des biens et des services par l'intermédiaire de la monnaie, mais aussi commerce au sens ancien, entre les hommes et même, peut-être plus profondément, entre les hommes et les femmes.

La confiance objective

La confiance objective constitue une donnée élémentaire de toute vie en société. Si l'homme ne « faisait pas confiance de manière courante, il n'arriverait même pas à quitter son lit le matin »[2]. Mais, dans nos sociétés, l'ordre social repose d'abord sur des règles de droit, abstraites par nature, et des institutions ; les qualités personnelles des individus entrent de moins en moins en ligne de compte. La sécurité juridique, grâce à laquelle les individus peuvent « s'attendre » à ce que leurs comportements soient appréciés et éventuellement sanctionnés, est le grand principe qui permet de stabiliser les comportements des hommes et de les rendre prévisibles, de réduire ainsi la complexité de la vie sociale. C'est bien cette « attente » ou cette confiance qui est la « définition même de tout acte de nature collective ». Quant à nos institutions politiques, elles sont par nature abstraites et désincarnées. Le pouvoir démocratique est vide, pour citer l'expression que Claude Lefort a rendue célèbre, il n'est pas lié à une personne. Il ne repose pas sur la qualité des personnes, mais sur la légitimité que les individus-citoyens reconnaissent aux normes juridiques et aux institutions. Plus les règles de l'État de droit s'affirment aux dépens des coutumes et des traditions, plus la légitimité des institutions repose sur la confiance que les individus leur portent. Elle doit les conduire à les respecter en tant que telles, quelles que soient les faiblesses et les insuffisances des hommes qui les incarnent provisoirement. Le maire appartenant à un parti d'opposition accueille au nom de la République le représentant de l'État légitimement élu. Socrate respectait la loi même s'il pouvait la trouver injuste. Le droit à l'insurrection n'est pas un droit de l'homme dans les régimes démocratiques, mais dans les régimes tyranniques. La personnalisation excessive du pouvoir à laquelle nous assistons depuis quelques années dans notre monarchie élective, ce qu'on appelle la « peoplelisation », est un signe de régression. Dans la démocratie, les citoyens devraient avoir confiance d'abord dans des institutions avant d'avoir confiance et, éventuellement, sans avoir confiance dans ceux qui les incarnent pour un moment.

Ce n'est pas un hasard si c'est à propos de la monnaie que Mauss a été amené à théoriser le rôle de la confiance dans la cohésion sociale. La monnaie est un moyen de redistribuer les richesses, de libérer des dettes, de financer les travaux publics et d'assister les malheureux ; mais surtout et plus généralement d'assurer les échanges entre les personnes, de « maintenir la réciprocité des rapports sociaux sur le plan de la justice » (Aristote). À propos du miracle hollandais du XXe siècle, sir William Temple avait déjà fait écho à cette réflexion : « Comme il est impossible que le commerce puisse subsister sans la confiance entre les particuliers, il est aussi impossible qu'il puisse fleurir et devenir considérable sans la confiance et la sûreté publiques et sans une confiance au gouvernement qui consiste dans l'opinion que l'on a de sa force, de sa sagesse et de sa justice. »[3] Nous sommes aujourd'hui sensibles à l'effet séparateur et aliénant de la circulation monétaire et nous risquons d'oublier que l'argent crée un lien extrêmement fort entre les membres d'une même sphère économique. L'existence de tout homme est aujourd'hui dépendante de « cent liaisons », comme le disait déjà Georg Simmel lors de la première mondialisation[4], tissant entre tous ces liens objectifs que suscite la division du travail. Plus qu'une institution invisible, selon la formule de Kenneth Arrow, elle est avant tout la condition de la reconnaissance des institutions, de la légitimité de toutes les institutions.

L'argent, abstrait et universel, permet de mesurer toute chose et tout échange selon une aune unique. Étant donné son abstraction, il repose sur l'acquiescement quotidien de tous ceux qui acceptent de fait, par leurs pratiques de chaque instant, d'évaluer tout bien et tout service selon ce seul étalon et d'en faire l'instrument de l'ensemble de leurs échanges. Le retour récent du troc dans nos sociétés – une leçon d'anglais contre une garde d'enfant – ou bien la montée récente de la valeur de l'or, objet concret, ne font que révéler l'existence d'une crise qui n'en finit pas. Ils montrent aussi que les sociétés ne sont jamais entièrement conformes aux principes qui les organisent.

Reste que plus l'économie devient immatérielle, moins elle consiste à produire et à échanger des biens matériels et des services concrets et immédiats, plus les échanges deviennent abstraits, plus ils reposent sur la confiance des acteurs sociaux dans le droit et les institutions. L'organisation économique suppose de moins en moins de stocks d'objets et de plus en plus de circuits et de calculs informatiques. On peut déplorer que ces échanges, par leur abstraction, limitent les relations entre les personnes, mais il n'en reste pas moins que la vie économique repose sur une forme de confiance implicite dans cet échangeur universel qu'est l'argent devenu de plus en plus fiduciaire, le terme est significatif. Dans le passé, le papier a remplacé les pièces de métal ; aujourd'hui l'informatique prend la place des billets de banque ou des chèques.

Il est vrai que l'économie financière est devenue d'une complexité que seuls les plus distingués des polytechniciens comprennent éventuellement ; elle risque, plus que l'économie du troc, d'être trahie. Des événements récents nous l'ont brutalement rappelé et la dénonciation des bulles spéculatives ne manque pas de bons arguments. Le retour au concret peut être douloureux, il l'a été. Les *infractions* possibles à la confiance réciproque qui permet de faire société pour adopter un vocabulaire plus moderne, Mauss le disait déjà, comprennent bien les *krachs en matière économique*.

Ni les pratiques de la vie économique ni la légitimité du politique, c'est-à-dire de l'ordre social, ne pourraient se maintenir s'il n'existait pas un minimum de confiance entre les êtres humains et si ceux-ci ne manifestaient pas un minimum de confiance objective dans les institutions. C'est sur l'établissement de la confiance, ou *trust,* entre le peuple et l'autorité politique que Locke faisait reposer le passage de l'état de nature à la société civile. Les rois, les ministres et les assemblées élues n'étaient, pour lui comme pour nous, que les dépositaires de la confiance provisoire que leur avait accordée le peuple. La démocratie, comme l'économie de marché, repose sur la confiance.

De la confiance objective au sentiment de confiance

Nous sommes là dans l'Idée abstraite de la société démocratique. Qu'en est-il aujourd'hui ? Nous serions à l'âge de la société de défiance généralisée ou, en tout cas, à « l'âge de la défiance »[5]. Et les indicateurs en ce sens ne manquent pas. Lors des soirées électorales, c'est devenu le leitmotiv, le niveau d'abstention a battu un nouveau record, les abstentionnistes sont le premier parti de France. À coup sûr, cela n'indique pas une grande confiance à l'égard des institutions représentatives, même si les résultats doivent être interprétés avec prudence. Les descendants d'immigrés, volontiers abstentionnistes, réclament le droit de vote pour leurs parents qui ont gardé leur nationalité étrangère ; ils y voient un signe de reconnaissance. Les spécialistes des comportements électoraux multiplient les études sur les formes de participation politique dites non conventionnelles, qui ont pour caractéristique de contourner les institutions qui organisent la représentation : manifestations, grèves, pétitions, actions civiques ou revendicatives des associations représenteraient une forme d'action politique étrangère au vote. Quels que soient leur efficacité réelle et le sens que les acteurs donnent à leurs actions, elles témoignent d'un affaiblissement de la confiance dans les institutions qui organisent la représentation. Lors de la crise du CPE, en 2006, personne n'a invoqué le fait que la loi avait été régulièrement adoptée par un gouvernement légitimement issu d'élections libres. De cet affaiblissement les enseignants font régulièrement l'expérience, ils ne disposent plus de la confiance des élèves ou de leurs parents du seul fait qu'ils appartiennent à l'institution scolaire ou académique, ils doivent la conquérir par leurs qualités personnelles. On peut aussi mentionner l'affaiblissement des pratiques organisées et contrôlées par l'Église catholique et l'explosion, souvent inventive, de formes individuelles et bricolées de religiosité, empruntées à des traditions diverses. Les sociologues des religions nous ont décrit ces manières différentes de croire et de manifester ses croyances de la part des individus qui ont cessé de faire confiance aux institutions ecclésiales. Les sondages indiquent régulièrement que les Français sont, plus que les autres Européens, inquiets devant l'avenir.

Curieusement, en même temps, les jeunes internautes confient sans réserve apparente les détails de leur vie intime à cette abstraction qu'est le Net et témoignent ainsi à des inconnus une confiance qu'ils refusent à leurs camarades et aux adultes avec lesquels ils sont en relations directes. Dans le processus d'abstraction des relations humaines, les confidences à la Toile et aux inconnus « rencontrés » – s'agit-il de « rencontres » ? – sur la Toile marquent une étape nouvelle. Pourquoi cette confiance dans l'inconnu plutôt que dans le connu ? Justement parce qu'il est inconnu en sorte qu'il s'agit d'une fausse confidence ? Ou bien est-ce la technique elle-même à laquelle ils font confiance ?

Si le sentiment de confiance – ou confiance subjective – semble souvent faire défaut aujourd'hui, son érosion est révélatrice de l'une des tensions majeures de l'ordre d'une démocratie, la nôtre, qui est devenue, selon le mot que j'emprunte à Montesquieu, « extrême ».

D'un côté, l'individu démocratique, source de la légitimité politique, accepte mal de respecter les institutions en tant que telles, il admet avec réticence qu'elles doivent être respectées parce qu'elles nous ont été transmises par les générations précédentes. Il reconnaît difficilement que le respect des procédures légales donne leur légitimité aux institutions et aux décisions politiques. L'*Homo democraticus* entend soumettre les unes et les autres à sa critique. Il se donne le droit de manifester son authenticité et sa personnalité irréductibles à toute autre, donc à tout juger par lui-même. L'argument de la tradition ou de la légalité n'est plus considéré comme légitime. Les sociologues observent le déclin de toute institution. Mais, en même temps – c'est la source de cette tension –, le progrès technoscientifique est si rapide et si brillant qu'il conduit même les savants les plus respectés à être de plus en plus spécialisés. En sorte que l'individu démocratique doit, plus que jamais, s'en remettre à la compétence des autres. Plus que jamais, alors que nous n'accordons pas spontanément d'autorité aux institutions, nous sommes obligés de croire ce que disent les autres, ceux qui savent ou sont censés savoir, et de faire confiance à leur compétence, baptisée dans un terme emprunté à l'anglais « expertise ». Déjà Tocqueville l'avait pressenti qui écrivait dans la seconde *Démocratie* : « Il n'y a pas de si grand philosophe qui ne croie un million de choses sur la foi d'autrui et qui ne suppose beaucoup plus de vérités qu'il n'en établit [...] il faut donc toujours, quoi qu'il arrive, que l'autorité se rencontre quelque part dans le monde intellectuel et moral. Sa place est variable mais elle a nécessairement sa place. »[6] Près de deux siècles après, cette analyse reste lumineuse. L'homme démocratique veut soumettre toute vérité et toute décision à sa critique, mais, en même temps, il est condamné à croire non plus *un* mais plusieurs *millions de choses sur la foi d'autrui*. Notre autonomie intellectuelle n'a jamais été aussi affirmée, mais, en même temps, nos jugements reposent de plus en plus sur la confiance que nous sommes contraints d'accorder à autrui.

Il ne s'agit pas seulement de la recherche scientifique et de sa spécialisation accrue. Les informations que transmettent les journalistes ne sont pas contrôlées par leur propre jugement et reposent sur la confiance qu'ils font à d'autres qui sont peut-être inégalement dignes de cette confiance. Le progrès scientifico-technique rend l'organisation de la vie quotidienne rapidement obsolète et dépasse les capacités de compréhension de la majorité d'entre nous. Le développement de la démocratie providentielle, d'autre part, est une autre source de complexité, elle multiplie les catégories et les dispositions législatives et administratives pour tenir compte des cas individuels et des circonstances particulières. En sorte que nous dépendons plus que jamais étroitement des autres – de ceux qui maîtrisent la technique de nos ordinateurs et de notre déclaration fiscale, de ceux qui peuvent préciser nos droits à obtenir des aides ou des subventions, de ceux qui ont un avis fondé sur l'évolution du climat et sur le destin de la planète ; alors que nous ne cessons d'affirmer notre irréductible individualité et notre droit absolu à l'autonomie intellectuelle. Contradiction à n'en pas douter ou dissonance cognitive, pour parler dans les termes des psychologues sociaux.

Pour la résoudre, il n'est pas de moyen simple. Les sociétés comme les individus doivent vivre avec les contradictions. Mais on comprend que, pris dans ces tensions, nous oscillions entre des positions extrêmes. Nous passons de la foi irraisonnée dans des soi-disant « experts », parfois autoproclamés, éventuellement consacrés par les examens que l'État providentiel multiplie, à une suspicion généralisée à l'égard des « savants », même s'ils sont reconnus par les institutions académiques, en invoquant les erreurs historiques des savants comme des académies. D'ailleurs, certains sociologues ne nous aident pas, qui refusent de prendre en compte l'idée même de vérité lorsqu'ils analysent les pratiques des laboratoires de recherche. Nous cédons volontiers aux sirènes du relativisme absolu, théorie selon laquelle tout se vaut, opinions, sentiments et produit de la science, et selon laquelle il n'existerait pas de vérité qui ne soit le produit des conditions sociales, mais nous refusons d'admettre les résultats des chercheurs qui savent reconnaître leurs erreurs et les limites de la connaissance sous le prétexte, souvent vrai, que certains d'entre eux ont fait des erreurs. Sur les grandes interrogations concernant l'avenir de la planète, les affirmations médiatiques portées par les vedettes du même nom ont plus d'écho que les résultats de la recherche modeste qui entraîne, par discussions et approximations successives, l'accord de la majorité des savants. Nous passons facilement du doute radical à l'adhésion sans réflexion. Nous adoptons éventuellement toutes les formes de dogmatisme religieux et politique, alors que nous soumettons à la critique étymologique ou sociologique la sagesse de la Tradition léguée par nos livres sacrés. Nous dénonçons les retards de l'Église catholique à s'adapter aux valeurs du temps présent, mais nous ne résistons pas toujours à nous livrer à des pratiques et à des croyances ésotériques. Paradoxalement, l'*Homo democraticus* fait coexister la critique radicale de toute institution et de toute connaissance avec des croyances et des opinions non contrôlées par la raison.

Cette tension de l'ordre démocratique permet aussi de comprendre pourquoi, s'agissant du politique, la position du citoyen respectueux des institutions démocratiques légitimes, mais critique – le citoyen est, par définition, critique – reste aussi difficile à maintenir. Nous risquons de céder au plaisir intellectuel de la dénonciation radicale, au nom de notre droit à juger absolument, facile à exercer dans les sociétés libres et souvent rentable dans le monde des intellectuels. La critique des institutions est inévitablement fondée, elles sont bien souvent indignes de leur mission. La critique raisonnée et raisonnable, qui implique nécessairement la critique de la critique, définit pourtant le citoyen qui soumet librement les décisions prises par son gouvernement à l'épreuve de la critique de la raison. Distincte de la critique radicale, elle implique de prendre en compte et de comparer le coût social et politique des différentes politiques possibles, de comprendre les intentions des acteurs avant de dénoncer leurs actions, de comparer la société actuelle à celles du passé et aux autres sociétés nationales, de ne pas se donner la facilité qui consiste à ne pas poser la question proprement politique : « Mais que peut-on faire ? » ou « Que faut-il faire ? ». L'expérience montre que ce n'est pas une position facile à tenir, elle n'enthousiasme ni les médias, ni les foules, ni les penseurs romantiques qui, les uns et les autres, aiment les propositions simples qui suscitent l'émotion, mais risquent toujours de devenir simplistes. C'est pourtant celle qui fonde l'ordre démocratique.

Cela est d'autant plus difficile que la transparence de la vie publique est une exigence démocratique, les gouvernants doivent rester sous le contrôle des citoyens. Or la transparence accrue de la vie politique a son effet pervers, elle affaiblit le caractère sacré du pouvoir qu'entretenait le secret qui entourait le monarque. Notre président de la République aujourd'hui a perdu de son mystère. Il n'a pas celui, parfois douteux, de François Mitterrand ; il a perdu l'aspiration au sacré du pouvoir incarné par le général de Gaulle. Ce n'est pas seulement dû à sa personnalité, mais aux exigences des temps. Même la reine d'Angleterre a des problèmes avec les mariages et les divorces de ses enfants, comme chacun d'entre nous. En sorte que la transparence, qu'il s'agisse des politiques, des entrepreneurs à succès ou des grands commis de l'État, nourrit plutôt la méfiance que la confiance. Tous les êtres humains sont faillibles. Il n'est pas sûr qu'en les connaissant mieux on leur fasse une plus grande confiance. On peut même se demander si ce n'est pas l'inverse. La méfiance est souvent fondée.

Raison critique et morale démocratique

Pourtant la seule voie qui soit conforme à la vocation de la connaissance scientifique et aux idéaux de la démocratie, la seule à laquelle nous puissions faire une confiance critique, c'est bien celle de la raison. Elle refuse le relativisme absolu et l'idée que tout se vaut. Elle affirme que la recherche modeste, fondée sur le travail et la réflexion, permet d'atteindre non pas une Vérité transcendantale que nos sociétés laissent à la liberté de chacun, mais des vérités scientifiques, c'est-à-dire partielles et provisoires, mais qui ont fondé le développement de la connaissance rationnelle. Il existe bien une forme de vérité, celle qui naît de la recherche lente, prudente et cumulative qui finit par entraîner, par corrections successives, l'accord de la majorité des savants. C'est la terre qui tourne autour du soleil et non l'inverse, les plus hostiles se sont ralliés, même si ce fut tardivement, à cette vérité. Il est vrai que les combats ne sont jamais définitivement gagnés et que le créationnisme est encore enseigné comme une option scientifique parmi d'autres, mais personne ne prétend plus que la terre soit plate et immobile. Plus modestement, les sociologues ont montré, par exemple, qu'il ne suffit pas de mettre en présence des populations différentes pour que les phénomènes d'exclusion et de stigmatisation de l'autre, justifiés par des arguments divers, raciaux, ethniques ou sociaux, s'évanouissent par miracle. Même les économistes volontiers critiqués ces derniers temps ont empêché, par leurs connaissances historiques, que certaines des erreurs commises par les gouvernants au cours de la crise de 1929 se répètent en 2008, en prônant le sauvetage des banques et le refus du protectionnisme. Les médecins ont éradiqué nombre de maladies qui ont décimé la population au cours des siècles passés. Dans tous les cas, la reconnaissance et l'explication de la source des erreurs commises devraient démontrer le sérieux de l'entreprise de connaissance. C'est bien parce que le Groupe d'experts intergouvernemental sur l'évolution du climat (GIEC) a reconnu avoir fait des erreurs dont il a expliqué l'origine qu'il devrait nous inspirer confiance. Les données scientifiques sont falsifiables ou ne sont pas scientifiques.

Ce sont là des vérités modestes ? Certes, et l'on ne saurait ni triompher ni souscrire à l'optimisme naïf du positivisme passé selon lequel le progrès de la connaissance et de la société s'imposait universellement de manière linéaire. Mais on peut aussi considérer qu'elles ne sont pas si modestes, puisque les acquis scientifiques ont finalement transformé nos modes de vie et accru notre compréhension du destin humain.

Il faut refuser le relativisme absolu qui aboutit à mettre sur le même plan les opinions ou les sentiments personnels et les résultats cumulatifs de la recherche et de la connaissance rationnelle. Il faut refuser l'adhésion sans critique et les passions non contrôlées. Mais comment faire ? L'homme ne vit pas que de raison et il n'est pas raisonnable, nous le savons depuis longtemps. La raison critique, on peut l'observer, ne répond qu'imparfaitement aux besoins des hommes qui s'interrogent sur leur destin personnel et collectif et qui ont besoin de trouver un sens au mal, au malheur et à la mort dont ils font inévitablement l'expérience. Quand aucun dieu ne vient dicter ce sens aux âmes malheureuses, on comprend qu'elles aient besoin de faire confiance non pas aux « pisse-froid » de la critique rationnelle, mais aux prophètes de toutes espèces qui suscitent cette confiance en leur promettant des lendemains qui chantent.

Qui peut encore dire ce qu'est la morale et à qui nous pouvons faire confiance pour nous guider dans les choix de notre existence ? Les Églises établies ne s'adressent plus qu'à leurs fidèles, et même les catholiques convaincus ne manquent pas de critiquer leur chef et d'interpréter ses ordres selon leur propre appréciation. Ceux qui étaient fascinés par la personnalité de Jean-Paul II n'obéissaient pas pour autant aux ordres du chef de l'Église. Longtemps les médecins admirés pour être ceux qui toujours soulagent et assistent et, parfois, guérissent leurs patients ont bénéficié de la confiance des malades, c'est-à-dire de nous tous. Leurs clients aujourd'hui contrôlent par l'intermédiaire d'Internet leurs diagnostics et leurs ordonnances et banalisent leur savoir et leur expérience. L'affaire du sang contaminé, qui a révélé que certains d'entre eux n'échappaient pas plus que les autres aux faiblesses des hommes, qu'ils étaient parfois plus menés par leurs intérêts financiers, personnels ou institutionnels que par leur générosité, a ruiné cette confiance, sans doute pour longtemps. Celles qu'on appelait, selon un terme devenu ironique et qui était pourtant très beau, les « bonnes sœurs » nous ont abandonnés dans les hôpitaux, elles sont remplacées par des agents de l'État providence, peut-être plus compétents, mais légitimement soucieux de leur vie personnelle. Quant aux travailleurs sociaux, ils sont souvent réduits aux rôles de fonctionnaires, appliquant les dispositions juridiques et administratives de l'État providence que les bénéficiaires ont tendance à juger tatillonnes. À qui pouvons-nous faire confiance si les politiques sont inférieurs à ce que nous attendons et si les hommes et les femmes qui avaient pour mission ou pour vocation de nous aider à vivre – les enseignants, les prêtres, les soignants, les travailleurs sociaux – sont devenus de simples agents de l'État providentiel ? Ni les religieux, ni les biologistes, ni les philosophes de talent réunis dans le Comité national d'éthique ne prétendent dicter leurs comportements aux autres ni dire le bien de manière absolue. De fait, la confiance que nous leur faisons est relative.

Dépendance objective et défiance

Dans la société démocratique, scientifique et technique, où la division du travail et la complexité de l'organisation sociale n'ont cessé de croître, chacun est plus que jamais objectivement tributaire de l'activité et des connaissances des autres. La dépendance qui nous unit aux plus proches comme aux plus lointains n'a cessé d'augmenter depuis que Simmel, il y a plus d'un siècle, observait que l'existence de l'homme moderne tenait à cent liaisons faute desquelles il ne pourrait pas plus continuer à exister que le « membre d'un corps organique qui serait isolé du circuit de la sève ». Jamais l'enchevêtrement des liens entre les individus créés par l'universalité des connaissances scientifiques et par l'argent, instrument des échanges économiques, n'a été aussi intense et n'a mis en relation autant de personnes par-delà toutes les frontières. Chacun est de fait condamné à faire confiance à la compétence des autres, des autres de plus en plus nombreux et de plus en plus lointains. Et l'on peut dire qu'en ce sens jamais la confiance objective n'a autant été au fondement de l'ordre social, national et international.

Mais la dépendance sans cesse accrue qui nous unit aux autres est objective et abstraite. La confiance subjective ne suit pas la confiance objective dans les instruments de la vie politique et économique. Les individus démocratiques qui entendent exercer leur pleine autonomie intellectuelle et juger de tout par eux-mêmes sont devenus essentiellement méfiants à l'égard des autres et des institutions. En qui, en quoi avoir confiance ? La confiance subjective ne se décrète pas.

Reste une interrogation plus générale. La société démocratique laisse à chacun le soin de donner un sens à son existence. Longtemps la transcendance politique – la République, la patrie, la France, le Parti, celui qui avait droit à une majuscule – a complété ou remplacé la transcendance religieuse pour construire un monde commun à tous les citoyens quelles que fussent leurs croyances et leurs origines ; elle donnait un principe de confiance aux relations les plus individuelles. En France, aujourd'hui, l'affaiblissement conjugué de l'Église et de la République, qui s'était construite à l'image de l'Église et contre elle, a affaibli le sens du collectif et l'acceptation de ses contraintes. Comment la société démocratique, qui se veut autoconstituée, qui n'admet pas de transcendance collective qui puisse donner un sens aux pratiques collectives, comment une société qui ne veut connaître que des phénomènes humains, simplement et exclusivement humains, peut-elle nourrir une morale collective ? Une société peut-elle exister si elle ne partage pas un certain nombre de valeurs communes qui donnent un sens aux échanges entre ses membres ?

Il faut s'interroger sans pour autant céder au pessimisme. Les démocraties doivent vivre, comme chacun de nous essaie de le faire, en gérant, comme nous le pouvons, nos tensions et nos contradictions. C'est la condition humaine. La vie sans tensions, c'est la mort.

Les phrases qui suivent n'appartiennent pas au discours sociologique, lequel est de l'ordre de la confidence. Les relations directes entre les personnes qui demeurent au cœur de la vie humaine dans des sociétés sans transcendance ne sauraient être oubliées. La confiance totale qui peut s'établir entre les amis et les amants est la seule relation qui donne du sens à notre existence. Seule la confiance totale et réciproque qui les unit permet de traverser les épreuves de la vie et l'usure du temps, même au-delà de l'absence et par-delà la mort. Prenons le risque que cette confiance soit éventuellement trahie, mais faisons totalement confiance à l'autre, celui qui est là, devant nous, irremplaçable. C'est la seule expérience qui mérite d'être vécue.

2010

10

L'engagement

Le terme « engagement » évoque, depuis la fin de la Seconde Guerre mondiale, l'engagement politique de l'intellectuel, celui du « spectateur engagé »[1] qui prend parti dans les débats de la Cité, avec les risques inhérents à cette participation : les combats politiques sont souvent douteux, s'engager en faveur d'un parti ou d'une cause, proposer la décision à prendre comporte inévitablement une part de subjectivité et le risque de faire des choix que l'avenir révélera malheureux.

L'engagement, jusqu'alors, avait un sens essentiellement moral. Les dictionnaires témoignent de cette évolution. Dans le *Petit Robert* (2002), on trouve à l'entrée « engagement » d'abord la définition juridique : « Action de mettre en gage » ; puis, deuxième sens, « Action de se lier par une promesse ou une convention », « plus précisément », « Promesse de fidélité en amour, liaison ou union qui en résulte ». Toutefois cette dernière définition est qualifiée de « spécialement vieux », ce qui signifie : « mot, sens ou emploi de l'ancienne langue, incompréhensible ou peu compréhensible de nos jours et jamais employé sauf par effet de style : archaïsme ». En d'autres termes, le sens de « promesse de fidélité en amour, liaison ou union qui en résulte » est devenu, selon le récent *Petit Robert,* « incompréhensible ou peu compréhensible de nos jours », c'est un « archaïsme ».

Ce glissement de sens est significatif d'une des dérives possibles de l'âge démocratique, caractérisé par l'affaiblissement de toute transcendance, qu'elle soit religieuse ou politique. La définition qu'on peut appeler morale ou spirituelle, l'engagement à l'égard de soi et à l'égard de l'autre, l'« action de se lier par une promesse ou une convention », la

« promesse de fidélité en amour, liaison ou union qui en résulte », pour reprendre la formule du *Petit Robert*, garde un horizon transcendantal. C'est un lointain écho de la Promesse chrétienne héritée de la Promesse qui lie Dieu au peuple Élu, que le mariage chrétien, puis civil, traduisait dans l'ordre humain et renouvelait en acte lors de chaque cérémonie de mariage. Elle s'affaiblit aujourd'hui.

La promesse

L'origine religieuse de la Promesse a inspiré le sens moral qu'elle a gardé dans la première étape de la modernité. On tend aujourd'hui à sous-estimer la source religieuse de nos institutions et de nos conceptions. Le mariage définissait la Promesse qui liait Dieu à son Peuple. Le peuple Élu, le Peuple fidèle était la « fiancée » ou l'« épouse » de Dieu. On sait que, dans la tradition juive, on a longtemps hésité avant d'inclure le texte apparemment profane du Cantique des cantiques dans le canon biblique[2]. S'il a été finalement intégré dans les Écritures, c'est qu'il a été lu comme un texte allégorique célébrant l'amour mystique entre Dieu et son peuple. Les chrétiens ont repris cette interprétation et avancé qu'il était légitime d'appliquer ces chants d'amour passionné soit aux relations du Christ avec son Église – comme Yahvé avec son peuple –, soit à l'union des âmes individuelles avec le Dieu d'amour[3]. C'est ce qu'a rappelé la voix autorisée du cardinal Lustiger : « Tout ce qui, dans la Loi, concerne le mariage est à entendre aussi – et peut-être d'abord – de l'union de Dieu et d'Israël. C'est ainsi que raisonne saint Paul : le mariage est éclairé comme sacrement de l'union de Dieu et de son peuple, et non pas l'inverse. En d'autres termes, ce n'est pas l'amour humain qui éclaire le mystère de Dieu, c'est le mystère de Dieu qui permet de comprendre quelque chose de l'amour humain et qui donne sa vraie vocation à Israël pour sa conduite humaine. La réponse de Jésus vise l'Alliance de Dieu et de son peuple : "Ce que Dieu a uni, que l'homme ne le sépare pas." Elle s'applique donc à Israël et à l'indissolubilité de la promesse. »[4] Le sacrement du mariage humain et son indissolubilité sont un écho de l'indissolubilité de la Promesse qui lie Dieu à Israël : « Le mariage est le signe et le sacrement de l'Alliance de Dieu avec son peuple. »[5]

L'idée moderne du mariage, même lorsque ce dernier fut laïcisé, s'inscrivait dans cette conception. Si les institutions ecclésiales, puis les dispositions du Code civil dans leur formulation de 1804, renforcées par la loi Bonald de 1916, ont instauré, puis maintenu, l'indissolubilité du mariage, c'est parce qu'elle était inspirée par l'idée de la promesse divine. La possibilité, fort limitée, du divorce, après avoir brièvement existé au cours de la période révolutionnaire, puis avoir été supprimée, ne sera finalement introduite en France que par la loi Naquet du 27 juillet 1884, avec force précaution, « pour faute ». Par-delà la contrainte juridique, le mariage restait marqué par l'inspiration religieuse. Même instauré par les seuls liens du mariage civil, l'engagement impliquait une forme de transcendance en refusant de soumettre ces liens aux aléas du temps à venir. Chacun des époux s'engageait soi-même en niant, par la promesse, la possibilité que le temps pourrait dénouer le lien que consacrait le sacrement religieux ou la cérémonie laïque directement empruntée à ce sacrement. Les époux refusaient à l'avance que le temps pût séparer dans le futur ceux qui venaient de s'unir. On prenait possession de l'avenir en s'imposant à soi-même l'obligation de défier les effets du temps dont on sait qu'il défait tout. Se lier soi-même par une promesse, c'était résister au temps qui risque de détruire les êtres et de dénaturer les sentiments. La contrainte qu'on se fixait était le signe de sa liberté.

L'individualisme

Comment faut-il interpréter l'évolution contemporaine et comprendre que la forme emblématique de l'union conjugale semble être devenue le PACS plutôt que le mariage ? Que révèle cette transformation sur nos valeurs et sur le sens de l'engagement ?

Le Code civil en 1804 avait organisé la famille comme une « société naturelle ». En consacrant la division entre le public et le privé, ses auteurs entendaient d'abord protéger la famille légitime. La femme mariée était irresponsable ; l'adultère était un délit ; l'enfant légitime, protégé. Le père ne pouvait reconnaître l'enfant adultérin, la femme célibataire séduite ne pouvait engager de procédure pour faire reconnaître son enfant. Cette législation condamnait l'enfant naturel au statut social de « bâtard ». Le nom et l'héritage ne sortaient pas de la famille légitime.

Les transformations apportées au droit de la famille depuis les années 1960 ont consisté à reconnaître les aspirations des individus aux dépens des intérêts de l'institution familiale telle que l'avait construite le Code civil. Les lois ont consacré et accéléré le changement des mœurs et des valeurs. On a rendu égaux les droits des conjoints, on a accordé le même statut à tous les enfants, qu'ils fussent nés dans une famille constituée par le mariage ou non. Désormais les droits de l'individu – celui de chaque époux, celui de chaque enfant – priment l'intérêt de l'institution familiale. À travers la nouvelle législation, c'est la conception même du mariage qui s'est transformée.

La prévalence de l'individu et de son épanouissement personnel explique la nouvelle instabilité des alliances. Dans la mesure où les conjoints privilégient la qualité des relations qu'ils entretiennent entre eux, ils ne peuvent plus admettre que se prolonge une vie commune qui ne serait pas fondée sur la profondeur et l'authenticité de leurs sentiments. La rupture officielle des unions conjugales ne fait que révéler la vérité de couples qui, dans le passé, seraient restés institutionnellement unis, mais sentimentalement séparés. Nous sommes entrés dans l'ère de l'authenticité des sentiments. L'augmentation du nombre de divorces est le signe de l'aspiration au bonheur : le droit au bonheur individuel s'affirme aux dépens des exigences de l'institution.

Le développement du concubinage confirme cette interprétation. Le concubinage est désormais reconnu comme une forme d'union donnant les mêmes droits aux enfants issus de cette union. Vivre en concubinage, c'est choisir une vie commune, éventuellement décider d'avoir ensemble des enfants (près de la moitié des naissances ont lieu en dehors d'un mariage légitime), tout en maintenant au sein du couple la perspective de ce qui fut appelé l'« union libre », c'est-à-dire l'affirmation d'un lien non statutaire, non institutionnel, laissé à la seule volonté et à la seule responsabilité des individus qui le construisent. Ce choix reflète la volonté de l'individu de refuser les institutions, de décider de sa vie et de ses obligations. La volonté de vivre et de vieillir ensemble doit reposer sur la certitude de l'amour et sur la seule morale que dictent les sentiments. Le sentiment amoureux est souverain. Les couples durent dans la mesure où chacun y trouve le moyen d'affirmer son authenticité et de développer la recherche et l'affirmation de soi.

L'instauration du Pacte civil de solidarité (PACS) en 1999 a marqué une nouvelle étape. L'explosion de leur nombre montre qu'ils sont devenus une forme normale d'union conjugale : 95 % d'entre eux lient un homme et une femme. Ce succès est révélateur : l'union reconnue par un PACS témoigne des sentiments du présent, il ne vise plus à contrôler l'avenir. Forme d'union conforme aux valeurs démocratiques, il est devenu le modèle des liens qui unissent deux personnes, de sexe différent ou de même sexe, en sorte que c'est le mariage qui, progressivement, lui emprunte désormais certains de ses traits essentiels[6]. Cette nouvelle forme d'alliance traduit et consacre la transformation du sens de l'engagement.

Le mariage républicain transposait dans l'ordre civil la tradition de l'Église catholique. C'était une institution créée par la libre volonté des époux qui devaient publiquement montrer qu'ils s'unissaient par leur volonté libre – on demande aux futurs époux de dire s'ils acceptent de se prendre pour époux –, mais leurs liens étaient aussi consacrés par l'ordre public. Le PACS, lui, est un contrat privé entre deux personnes. Il consiste en un contrat signé entre les partenaires sans autre exigence qu'un enregistrement auprès du greffier en chef du tribunal d'instance, qui peut être rompu à tout moment soit d'un commun accord, soit par la volonté de l'un des contractants, à la suite d'une simple lettre recommandée. Il organise ainsi le cadre juridique de la vie du couple, essentiellement pour ses aspects patrimoniaux, fiscaux et sociaux, mais sans effet de droit familial. Il institue un couple contractuel.

Ce nouvel « objet juridique » rompt avec la conception du Code civil, lequel, tout en laïcisant le mariage religieux, n'en avait pas moins conservé les attributs à la fois sacramentels et patriarcaux. La cérémonie du mariage doit être célébrée par un élu, « porteur d'une fraction de la légitimité populaire », « dans la maison commune avec recueil des consentements et lecture des articles du Code civil », il est public. Aujourd'hui encore, et malgré l'introduction du divorce et d'un divorce toujours plus simplifié, il implique la règle de la filiation, à savoir l'article 312 du Code civil « qui fait du mari le père de l'enfant dont l'épouse accouche », reliquat du patriarcat[7]. Ce n'est pas seulement un contrat qui requiert le consentement de chacun des époux, mais une institution qui n'appartient pas aux époux. C'est pourquoi seul un juge peut délier l'union que l'officier d'état civil a célébrée. Par le mariage en effet, « il se forme juridiquement une identité collective qui ne se réduit pas à la rencontre des volontés individuelles. Le mariage est un système de normes qui résistent à la libre individualité de l'homme moderne. [...] Le mariage consiste à entrer dans une institution qui échappe dès sa formation aux époux »[8]. En revanche, le PACS ne comporte aucun rituel : c'est un contrat signé en privé par les partenaires et soumis à une procédure d'enregistrement administratif au tribunal dans l'austère bureau d'un fonctionnaire des services judiciaires. Il ne crée un lien juridique qu'entre les deux partenaires, il n'a de conséquences ni sur les descendants ni sur les ascendants. Il est de nature essentiellement temporaire, il ne produit ses effets que pour autant qu'il n'est pas dissous par la volonté de l'un ou l'autre des contractants.

Or, aujourd'hui, comme le remarque justement Jean-François de Montgolfier, la simplification récente des modalités du divorce montre que « la transcendance du mariage ne fait plus sens, ni dans sa symbolique, ni dans sa logique d'équité et sa justice redistributive et protectrice du plus faible qui est inhérente au mariage, donc au divorce », en sorte que le PACS qui incarne les valeurs de liberté et d'égalité ainsi que la privatisation est en train de devenir un modèle pour le mariage.

Il est vrai que subsistent encore dans la législation du mariage des traces de la conception ancienne. Le droit successoral français continue à privilégier les droits des enfants – donc la transmission du bien de la famille – aux dépens des échanges entre conjoints. Il reste des entraves à la « liberté de tester », mais elles apparaissent de plus en plus décalées par rapport aux valeurs dominantes (elles n'existent d'ailleurs plus aux États-Unis). La déclaration conjointe de revenus dans un couple, combinée avec la progressivité de l'impôt direct, défavorise ceux qui exercent deux activités professionnelles et disposent de deux salaires. Que la femme mariée non active bénéficie, en tant qu'« ayant droit », d'une protection sociale égale à celle de la femme qui a une activité professionnelle apparaît de plus en plus exorbitant. Ces survivances d'une politique familiale destinée à favoriser la fécondité, liée à l'histoire démographique de la France au XIXe siècle et à la crainte de la dépopulation, sont sans doute destinées à disparaître progressivement, comme c'est le cas dans les social-démocraties des pays du nord de l'Europe.

Malgré ces traces de la conception ancienne, le mariage se rapproche toujours plus d'un contrat libre, égalitaire entre un homme et une femme, dissoluble de la commune volonté des parties. La possibilité de la rupture est inscrite dans la décision de former un couple. Par le PACS, de manière encore plus évidente que par le mariage, les partenaires reconnaissent et font reconnaître le lien du moment qui les unit, mais ne les engage que dans la mesure où chacun d'entre eux continue à vouloir maintenir ce lien. Le contrat qu'ils signent peut être à tout moment unilatéralement dénoncé sans laisser de traces juridiques ni d'obligations de l'un ou de l'autre. Il n'existe plus guère d'éléments du mariage qui se maintiendraient – ou, en tout cas, maintiendraient encore certaines de ses conséquences – par-delà la rupture, indépendamment de la volonté des signataires du contrat. Ce dernier est le produit de la libre volonté des contractants qui ne sont pas engagés au-delà de la vérité et de l'authenticité de leurs sentiments du moment. La prise de possession de l'avenir par l'engagement est évacuée.

De l'autonomie à l'indépendance ?

La transformation du sens du mariage et la diffusion du PACS sont une illustration de l'un des risques de dérive de la société démocratique, celui de passer de l'autonomie des individus-citoyens à l'indépendance des individus, oublieux de la dépendance qu'implique tout véritable échange avec l'autre, négligeant l'ensemble des contraintes de l'ordre collectif légitime qu'organise la démocratie « réglée »[9]. C'est une expression privilégiée du rapport au temps de l'individu démocratique, qui se pense et agit dans l'immédiat, qui tend à privilégier ses sentiments ou ses passions du moment sans les objectiver et les relativiser dans la durée.

Pour comprendre le risque que s'affaiblisse la valeur de l'engagement, il faut revenir au fondement même des valeurs démocratiques et au principe d'une société autonome, dont la légitimité ne repose plus sur une transcendance politique et religieuse, mais sur la volonté des citoyens constituant une communauté des citoyens. L'autorité n'est plus traditionnelle ou sacrée, elle est légale-rationnelle, pour reprendre les concepts de Max Weber, confiée aux hommes et à leur respect du droit et de la raison. C'est désormais le politique et non plus le religieux qui assure le lien social. Or une société humaine, exclusivement humaine, qui ne trouve sa légitimité qu'en elle-même, risque de voir le principe de l'autonomie se « corrompre », au sens de Montesquieu, dans l'aspiration à l'indépendance, c'est-à-dire à l'absence de toute dépendance à l'égard des autres et à l'égard d'institutions qui viendraient limiter la volonté immédiate de l'individu. On ne peut exclure que l'individu démocratique, soucieux de ne pas voir borner ses conduites, finisse paradoxalement par se conduire comme le « grand seigneur » dans les gouvernements « despotiques » qui, selon Montesquieu, « n'était point obligé de tenir sa parole ou son serment lorsqu'il bornait par là son autorité »[10].

Cette analyse s'inscrit directement dans la tradition de la pensée des Lumières selon laquelle la liberté, telle que la conçoivent Rousseau – qui s'inscrit clairement « contre la liberté sans règle » – et Kant, se développe à l'intérieur de règles librement adoptées et respectées. L'autonomie n'est pas la libération de toute entrave. Elle ne s'oppose pas à la dépendance mais à l'hétéronomie. Elle repose sur la distinction entre l'humanisme et l'individualisme. Elle fait aussi écho, plus fondamentalement, à l'opposition que fait Montesquieu entre le gouvernement monarchique « où un seul gouverne, mais par des lois fixes et établies » et le gouvernement despotique où « un seul, sans loi et sans règle, entraîne tout par sa volonté et par ses caprices »[11].

En poursuivant dans le vocabulaire de Montesquieu, le principe d'autonomie risque, dans la démocratie « extrême » de notre temps, de se « corrompre » en indépendance et l'humanisme, en individualisme. Si l'autonomie, en tant que liberté assumée dans la soumission à des règles librement élaborées et acceptées, se « corrompait » en indépendance, on assisterait à la dissolution des liens avec l'autre, à l'affaiblissement du respect de la loi et de la règle – cauchemar de l'anomie généralisée qui a hanté les premiers sociologues et que retrouvent ceux de la nouvelle génération qui s'interrogent sur le « lien social » et ses diverses dimensions concrètes[12]. L'individu démocratique risquerait alors de perdre tout sentiment d'obligation à l'égard des autres et de négliger radicalement le destin collectif. Libéré de toute entrave, il n'aurait plus comme souci que de valoriser son moi. Si l'*Homo democraticus* cédait à la tentation de l'indépendance, il considérerait que même le choix de soi à travers les liens avec l'autre, librement faits à un moment donné, fixe des limites illégitimes à ses conduites. L'engagement par la promesse indissolublement faite à soi et à l'autre lui apparaîtrait comme un obstacle à sa pleine liberté. Il refuserait alors de se fixer à lui-même des bornes, jusqu'à négliger les « engagements profonds pris avec lui-même », selon la belle formule de Victor Hugo.

S'engager soi-même par une promesse implique le rétrécissement des possibles dans l'avenir, c'est apparemment s'imposer une contrainte. Mais peut-on aimer sans être dépendant de l'être aimé, de ses sentiments et de son destin ? Est-ce la liberté, celle que formule un écrivain qui se définit comme une « femme libre » en célébrant l'absence de tout lien sentimental qui l'ait engagée définitivement à l'égard d'un autre : « Nous les femmes libres, c'est cela qui nous définit : nous n'avons jamais cherché à devenir des veuves. »[13] Dans le prolongement direct de la philosophie des Lumières, ne peut-on penser que, librement assumée tout au long de la vie, la dépendance que crée l'engagement libre – conjugal ou amical – définit la véritable liberté ? La fidélité des veuves ne signifie pas leur absence de liberté, elle rappelle qu'une promesse faite à un autre, librement choisi, a donné un sens à leur vie. L'engagement est une figure de l'identité et de la liberté humaines.

Le rapport au temps et la seule considération du plaisir et du sentiment du moment traduisent le risque contemporain de la dérive de l'autonomie en indépendance. Déjà on observe l'affaiblissement du respect des institutions en tant que telles et la contestation des contraintes imposées par les règles communes. Les arguments de la tradition et de la légalité ne sont plus considérés comme tout à fait légitimes. L'individu démocratique, citoyen critique, ne respecte les institutions qu'avec réticence. Il n'admet que difficilement qu'elles doivent être respectées parce qu'elles nous ont été transmises par les générations précédentes, la légitimité traditionnelle est affaiblie. Il n'admet que difficilement d'observer les procédures légales, complexes et lentes, qui donnent leur légitimité aux institutions et aux décisions de l'État de droit. Il entend soumettre les unes et les autres à sa critique. Il se donne le droit de manifester son authenticité et sa personnalité irréductibles à toute autre, donc à tout juger par lui-même. L'autorité doit être négociée. La critique de l'ordre politique s'étend à tous les domaines de la vie collective.

Individualisme et intégration sociale

On observe et l'on déplore la solitude dans nos sociétés. Il est vrai que la mobilité sociale et géographique, dont les conséquences sur le destin des familles et sur la solidarité familiale sont d'autant plus fortes que la fécondité moyenne est limitée, risque d'affaiblir les liens de voisinage ou les relations familiales et de laisser isolés les plus vulnérables. La majorité des allocataires du RMI sont dépourvus de liens familiaux ou amicaux. La canicule de 2003 a montré le nombre de personnes âgées vivant dans une solitude complète. Mais il ne s'agit pas seulement des relations objectives entre les individus dans une société mobile. Il existe un principe de fragilité dans une société où les liens sont fondés sur l'authenticité et la vérité des sentiments immédiats plutôt que sur le respect des institutions et des engagements. C'est parce que les relations légitimes sont maintenant celles qui sont choisies par les individus que tous ceux dont le destin social est vulnérable, étant donné leurs capacités ou leur âge, risquent de se retrouver seuls.

L'individu démocratique veut être son propre souverain. Il tend à refuser les contraintes héritées de la tradition. Il exige de garder sa liberté, en particulier dans les liens personnels. Il entend choisir ses amis et ses amours, l'amitié et l'amour doivent demeurer purement électifs. Il entend même désigner ses ancêtres : entretenir le souvenir des morts est devenu le fruit d'un choix personnel, on adopte ceux auxquels on entend rester fidèle. Ce n'est plus la lignée qu'on célèbre en acceptant tous ses ancêtres parce qu'ils sont les ancêtres, mais ceux dont on pense qu'on les aurait aimés ou admirés si on les avait connus[14]. L'individu démocratique tend à évacuer les contraintes que les institutions et les autres peuvent lui opposer dans le présent. Il répugne à s'engager pour l'avenir, même par sa propre volonté.

Pour lui, le présent ne devrait pas engager l'avenir. Le risque de dérive est là : que signifie désormais la promesse, celle qui se définit précisément par le fait qu'elle engage l'avenir de celui qui la fait ? La formule devenue célèbre selon laquelle les promesses faites au cours des campagnes électorales n'engagent que ceux qui les écoutent n'est-elle que l'expression – réaliste – du cynisme politique ou bien est-elle aussi, par-delà la logique électorale, révélatrice de ce que risquent de devenir les individus démocratiques, tentés de se conduire dans la pleine indépendance « sans loi et sans règle », comme disait Montesquieu, comme si, paradoxalement, ils faisaient partie non de la démocratie « extrême », mais d'un gouvernement « despotique » ?

L'individualisme n'est pas par lui-même contraire à l'intégration sociale, il entraîne d'autres types d'intégration. On peut suivre l'inspiration de Durkheim lorsqu'il analysait l'efficacité de l'intégration « organique », née des relations entre individus libres, différents, mais complémentaires. Certains avancent même que l'individualisme créerait une forme nouvelle de lien social qui, plus libre, mieux intériorisé, serait aussi plus profond et plus solide. Ainsi, l'Église a renoncé à imposer le dogme comme Vérité révélée ; l'enseignement religieux, plus tardif, s'efforce de répondre à une demande de foi personnelle plutôt que de transmettre de manière autoritaire des croyances et des rituels. Les petits groupes religieux émotionnels ou, selon le vocabulaire des sociologues des religions, les Nouveaux Mouvements religieux susciteraient des engagements plus profonds et des liens particulièrement chaleureux entre leurs membres, alors que le contrôle exercé par les Églises sur les pratiques des fidèles évacuerait l'authenticité de l'expérience et de la démarche religieuses. Les liens familiaux seraient aussi devenus plus intenses, la vie conjugale en s'individualisant deviendrait plus riche parce que plus libre[15].

Reste que cet individualisme heureux est inégalement réparti. Il existe effectivement un individualisme positif, celui des individus munis des ressources personnelles et sociales nécessaires pour choisir librement leurs normes de conduite et en inventer de nouvelles, à l'abri de la protection de l'État providence. Mais il existe aussi un individualisme négatif ou imposé, vécu comme une contrainte, que connaissent ceux qui ne disposent pas des mêmes moyens, ceux dont les ressources sont inexistantes ou, en tout cas, inadaptées aux exigences de la vie collective. Dans une société de compétition ouverte à tous, qui ouvre formellement à tous toutes les possibilités et toutes les positions sociales, les échecs ne peuvent plus être attribués au destin ou au seul complot des méchants ; ceux qui échouent ne doivent s'en prendre qu'à eux-mêmes, ils en sont personnellement responsables. Dans une société formellement ouverte à tous, tous les individus ont à faire face à des échecs et à les « gérer ».

Plus généralement, l'individualisme – tout à la fois irrésistible et souhaitable – a pour effet pervers de favoriser objectivement l'intégration normative de ceux qui ont hérité d'une socialisation familiale forte. Les institutions sociales puissantes et assurées d'elles-mêmes, de l'école à l'État, protègent les plus faibles. Les membres des catégories modestes expriment leur besoin d'institutions qui les assistent. Les institutions contestées laissent à la socialisation par la famille et à l'héritage familial, économique et culturel, un rôle primordial qui tend à accentuer les inégalités sociales liées au milieu de naissance. Le lien né de l'individualisme, paradoxal au premier abord, peut être efficace pour ceux qui ont bénéficié d'une socialisation énergique et conforme aux valeurs ambiantes, qui ont acquis l'assurance des mieux nés, des plus cultivés et des plus robustes. Le lien de type « individualiste » est positif pour ceux qui ont déjà intériorisé, par leur héritage social et leur éducation, les normes d'une société dont les contrôles extérieurs sont faibles. L'affaiblissement du règne de la loi favorise les plus puissants, les sociétés où le contrôle social est défaillant fragilisent les plus vulnérables.

D'ailleurs, même dans les cas les plus favorables, le lien choisi est, en tant que tel, fragile. Les liens qui se veulent purement électifs, sans autre raison d'être que l'épanouissement de soi, qu'ils soient religieux, amicaux ou amoureux, risquent toujours d'être éphémères. Ils reposent sur la seule volonté des personnes d'être fidèles à leurs propres engagements. Les mariages par lesquels les époux s'engageaient pour la vie et les pratiques régulières encadrées par l'Église organisaient la vie collective en maintenant la permanence de l'ordre familial et social, sinon le bonheur des individus. Les institutions ont précisément pour fonction d'assurer la stabilité de la société par-delà les intermittences du cœur et le remplacement biologique des générations. La légitimité de la critique radicale des institutions remet en cause cette continuité dans le temps des êtres collectifs qui faisait dire à Simmel que la société était immortelle. Jusqu'à quel point peut-on constituer une société sans respecter un minimum d'institutions communes, transmises de génération en génération ? Ne faut-il pas que tous s'accordent sur les grandes valeurs organisatrices de la vie sociale et sur une conception symbolique de l'ordre du monde, ne faut-il pas que tous partagent un même univers de sens, qui engage l'avenir, le leur et celui de la collectivité ?

Indépendance et interdépendance

La tentation de l'indépendance comporte d'autant plus de risques que l'interdépendance des hommes ne cesse de s'accroître avec la complexité accrue des sociétés modernes et les effets de la mondialisation d'une grande part de l'économie sur la vie sociale. Notre production et notre consommation de biens et de services dépendent de décideurs de plus en plus nombreux et de plus en plus lointains. Les mécanismes de redistribution des richesses organisés au niveau national par l'État providence et au niveau international par l'intermédiaire des institutions d'intervention mondiale (FMI, Banque mondiale) rendent la démocratie providentielle toujours plus complexe et plus opaque. L'interdépendance objective qui ne cesse de s'accroître varie en sens inverse de l'aspiration des individus démocratiques à l'indépendance. D'un côté, l'*Homo democraticus* accepte mal de respecter des engagements – fût-ce les siens – dont il a le sentiment qu'ils le contraignent. Il entend exprimer librement et pleinement sa sincérité et son authenticité du moment et ne pas s'engager pour l'avenir. Mais, en même temps, son destin objectif dépend plus que jamais des autres. Plus que jamais, nous sommes obligés de nous en remettre aux autres – et cette dépendance s'inscrit dans la durée.

Le respect des lois communes est nécessaire pour assurer la sécurité de tous. Les promesses qui, dans l'ordre privé, unissent les amis et les amants à travers le temps, l'engagement à respecter les valeurs communes et les règles de droit dans la vie publique sont particulièrement nécessaires dans une société démocratique tolérante, dont les membres se donnent le droit de remettre en cause toutes les règles extérieures. Lorsque les règles sont souples et que la société cultive la valeur de la tolérance, l'intériorisation des normes morales devient une exigence. Le respect de l'engagement librement pris et assumé s'impose pour entretenir la civilité dans les relations interpersonnelles et consacrer en actes la légitimité des lois à l'intérieur desquelles peut s'exprimer la liberté des hommes. C'est ce que Marcel Mauss avait analysé sous le terme d'« attente » : « La violation des lois, le crime n'est qu'une infraction à l'attente. [...] Toute une partie de l'art n'est qu'un système d'attentes. [...] Même les faits économiques sont par tout un côté des phénomènes d'attente. »[16] Le social se définit précisément par ces systèmes d'attentes réciproques par lesquelles les hommes forment une société. S'il n'y a pas de confiance réciproque, c'est le chaos. Les individus de la démocratie sont, plus que d'autres, dépendants de l'engagement, valeur centrale dans des sociétés fondées sur le principe et la valeur de l'autonomie des individus, sur le sens normatif de l'individualisation. Plus que d'autres, ils devraient être vertueux au sens de Montesquieu – pratiquer « l'amour des lois et de la patrie » – pour que ces sociétés s'inscrivent dans la durée et puissent répondre aux défis du temps.

Le pouvoir démocratique est fondé sur l'utopie d'une volonté collective d'hommes, purement et seulement humains, réunis par le débat rationnel pour régler les affaires de leur vie commune. La société démocratique se veut autonome, exclusivement humaine, elle n'accepte plus de principe de légitimité hétéronome, qu'il soit de l'ordre de la tradition ou du sacré. Or les hommes ne se comportent pas toujours de manière rationnelle et raisonnable. L'idée que, de leurs débats, peut naître nécessairement la Volonté générale, ou le Bien commun, n'est pas fondée sur l'observation directe de leurs comportements. Plus la société repose sur les seuls liens civiques, ceux qui sont entretenus, au nom de la citoyenneté, par les institutions juridiques et politiques, moins elle fait appel aux passions religieuses ou ethniques qui relient les hommes autour de pratiques et de rituels en entretenant la participation des individus au projet collectif, plus elles s'exposent à ne tisser entre les individus que des liens fragiles. Si la société démocratique devient « extrême », les individus risquent de céder au vertige de leur aspiration à l'indépendance en négligeant les contraintes de l'ordre social ainsi que les divers engagements, personnels et collectifs, qui assurent toutes les formes de « sûreté », pour reprendre le terme de l'article 2 de la Déclaration des droits de l'homme et du citoyen de 1789. L'individualisme et l'affaiblissement du sentiment du bien commun menacent des sociétés fondées sur la seule idée de l'autonomie des individus-citoyens et du projet de construire une société humaine ignorant toute légitimité hétéronome et repoussant toute forme de transcendance. La démocratie « extrême » est-elle bien armée pour faire face aux défis du temps et aux menaces extérieures ?

Seule pourtant la valeur accordée à l'engagement par lequel se transmettent les valeurs communes et qui garantit la sécurité permet de compenser les dérives qui peuvent naître de l'individualisme et de l'immédiateté de la démocratie « extrême ». Seule elle permet de donner un sens à l'avenir, donc au destin individuel et collectif.

2011

11

Le débat européen sur la citoyenneté

C'est l'Europe qui a inventé l'idée de citoyenneté, c'est en Europe qu'est né l'État-nation. Or, pour des raisons les unes communes à toutes les démocraties occidentales, les autres spécifiques à l'Europe, la citoyenneté politique nationale ou « classique » est aujourd'hui, selon la formule d'un auteur américain, dévaluée[1], ce qui suscite un débat tout à la fois politique et philosophique.

Les États-nations européens sont effectivement affaiblis, et par la construction de la Communauté européenne au niveau supranational, et par le renouveau d'identités infranationales renforcé, dans tous les pays européens, par des institutions régionales de plus en plus puissantes. L'Allemagne de 1949 a été organisée autour des *Länder* avec un pouvoir central faible. Même la nation dont la tradition politique est la plus centralisée, la France, a adopté en 1982 des mesures de décentralisation et accru le pouvoir des collectivités locales. Au Royaume-Uni, les identités écossaises ou galloises et les revendications d'autonomie, sinon d'indépendance, se manifestent avec une force nouvelle et se voient reconnaître des droits politiques. La France, toujours qualifiée de jacobine, connaît des mouvements de revendication régionale, pour ne pas parler de l'éclatement de fait de la Belgique, de la division de la Tchécoslovaquie en deux États souverains et des mouvements séparatistes du nord de l'Italie.

Outre ces raisons politiques, l'évolution interne des sociétés démocratiques modernes joue dans le même sens. La valeur croissante accordée à la dimension économique et sociale de la vie collective, la logique productiviste et hédoniste qui privilégie l'intérêt et le plaisir de l'individu tendent à affaiblir le sens des liens politiques et du civisme. La légitimité de l'État moderne semble plus liée à son efficacité pour assurer le bien-être des populations que pour garantir la liberté des citoyens et leur égale participation à la vie politique. La logique marchande tend à s'imposer aux dépens de la logique civique. Les individus donnent la prééminence aux bienfaits matériels de l'organisation sociale plutôt qu'à leurs droits et leurs devoirs de citoyens.

Cette évolution générale est renforcée par des facteurs spécifiques à l'Europe. D'une part, l'État providence y joue un rôle central. D'autre part, la chute du mur de Berlin qui avait été érigé au centre du continent européen a eu des conséquences plus directement ressenties sur la vie collective. Jusqu'en 1989, les Européens entretenaient un minimum de projet politique commun : ils avaient la volonté de ne pas connaître un régime communiste sous le contrôle de l'Armée soviétique présente à deux étapes du tour de France, pour reprendre la vieille expression du général de Gaulle. Depuis 1989, le sentiment qu'il existe une menace extérieure s'est évanoui. Or faire face à un danger commun a toujours été un puissant facteur d'intégration. Enfin, on ne saurait sous-estimer, dans des sociétés dépolitisées, les effets sociaux et politiques d'une crise – ou mutation – économique qui se prolonge depuis plus de vingt ans et atteint les pays européens plus que les autres pays industrialisés. Elle nourrit le chômage, exaspère les divisions et les rivalités entre les groupes sociaux ; elle conduit à l'exclusion de la vie collective d'une part croissante de la population, qui a le sentiment de ne plus avoir d'utilité sociale ; elle favorise le développement des partis politiques extrémistes ; elle contribue à affaiblir le lien social et politique[2].

Dernier facteur d'affaiblissement, l'homogénéité culturelle qui était tenue dans l'État-nation classique pour une condition de l'unité politique paraît à beaucoup compromise par l'installation permanente de populations étrangères ou d'origine étrangère qui apparaissent, à tort ou à raison, plus désireuses de conserver leurs spécificités que de s'intégrer à la vie nationale. Plus de vingt millions d'étrangers se sont installés en Europe au cours des années 1950-1970. C'est une expérience nouvelle pour les pays européens qui, à l'exception notable de la France, ont longtemps « exporté » – et non « importé » – des hommes dans le monde entier. En Europe, l'immigration n'appartient ni à la réalité ni à la mythologie nationales, comme c'est le cas aux États-Unis ou en Australie. Bien qu'en réalité des migrations de populations aient toujours eu lieu, l'immigration massive semble remettre en question une longue tradition d'enracinement et d'unité culturelle des populations[3]. La culture musulmane, en particulier, est souvent jugée incompatible avec les valeurs communes. Les sociétés modernes sont ouvertes, les étrangers non citoyens, culturellement lointains (ou perçus comme tels), deviennent inévitablement nombreux sur le territoire national : beaucoup se demandent si leur présence ne remet pas en cause la pratique de la démocratie dans l'État-nation européen, fondée sur la coïncidence proclamée et recherchée entre l'homogénéité culturelle des populations et l'universalité de la citoyenneté.

La citoyenneté politique nationale

Parce que le terme même de citoyen est aujourd'hui trop souvent utilisé à tout propos, jusqu'à être galvaudé, parce qu'il est différemment connoté dans les différentes traditions nationales, il n'est pas inutile de préciser ce que signifie la citoyenneté nationale, souvent qualifiée de classique, à laquelle on se réfère si fréquemment pour en affirmer la dévaluation. La citoyenneté n'est pas une essence, mais une construction historique.

L'État-nation démocratique classique, né en Angleterre et dont les principes ont été proclamés par les révolutions américaine et française, fonde sa légitimité sur l'idée du citoyen. Il est défini par un ensemble de droits et de devoirs garantis et sanctionnés par le droit. Tout citoyen dispose des mêmes droits, doit remplir les mêmes obligations et obéir aux mêmes lois, quels que soient sa race telle qu'elle est socialement perçue, son sexe, son appartenance à une collectivité historique particulière ou groupe ethnique, sa religion, ses caractéristiques économiques et sociales. Le projet démocratique est universel, non seulement en ce qu'il est destiné à tous ceux qui sont réunis dans la même nation – les sociétés que les anthropologues qualifient de « plurales » sont contraires à l'idée de la société démocratique moderne –, mais aussi parce que le dépassement des particularismes de toute nature par le politique – principe de la citoyenneté – est, théoriquement, susceptible d'être adopté dans toute société.

L'universalité est l'horizon de l'idéologie de la liberté et de l'égalité postulée des individus, valeurs qui sont fondatrices de l'idée démocratique moderne.

La dimension politique, on le voit, est primordiale : la citoyenneté définit un ensemble de droits et de devoirs réciproques à l'intérieur de la société étatique-nationale. « Le citoyen réclame légitimement de l'État le respect de ses droits parce que l'État réclame légitimement du citoyen l'accomplissement de certains devoirs. »[4] Dans la mesure où la citoyenneté se définit en termes politiques, elle ne peut être qu'unique : la loyauté ne saurait se partager. Les obligations à l'égard de la patrie doivent primer les sympathies, les références ou les affinités que les citoyens entretiennent inévitablement avec d'autres nations ou d'autres collectivités historiques. Les exemples de double nationalité, inévitables dans les faits, ne peuvent constituer que des cas marginaux.

La citoyenneté est étroitement liée aux droits de l'homme. Or l'idée même de droits de l'homme charrie deux éléments fondamentalement différents. Les premiers, ou droits-libertés, garantissent les droits des citoyens contre le pouvoir de l'État en leur assurant la liberté de pensée, d'expression, de culte, de réunion, de travail ou de commerce : droits que résume l'article 9 de la Constitution française de 1791 : « La loi doit protéger la liberté publique et individuelle contre l'oppression de ceux qui gouvernent. » Les seconds, ou droits-créances, définissent les droits que détiennent les individus sur l'État, en vertu desquels ils peuvent l'obliger à lui rendre des services : droit au travail, à la sécurité matérielle, à l'instruction, au repos, etc. Ils supposent, contrairement aux premiers, l'intervention de l'État en faveur des individus.

Dans la conception dite classique, les droits-créances dont on ne nie ni le sens ni la valeur sont des conditions de l'exercice des droits-libertés ou de la citoyenneté qui restent primordiaux. Il est clair que l'évolution même de la citoyenneté, depuis deux siècles, a consisté à accorder une importance accrue aux droits-créances qui ont été consacrés, par étapes successives, par des dispositions prises à la suite des révolutions de 1848, par les lois de protection du travail au début du XXe siècle, par la construction de l'État providence à la suite de la Seconde Guerre mondiale et, enfin, par la législation de la Communauté européenne. Mais, dans la conception classique, les droits politiques et sociaux ne sont pas du même ordre que les droits politiques qui définissent le cœur de l'idée de la citoyenneté

Le débat

Si cette citoyenneté classique est effectivement dévaluée, que doit être la citoyenneté d'aujourd'hui ? Cette interrogation n'est pas seulement théorique. Elle débouche sur deux problèmes politiques concrets qui ont fait l'objet de discussions passionnées, aussi bien au niveau national qu'à celui des institutions européennes. Comment faire évoluer le droit de la nationalité, quelle politique adopter à l'égard des non-citoyens nombreux et installés de manière permanente ? Doit-on modifier le droit de la nationalité, l'ouvrir plus largement aux résidents étrangers régulièrement installés ou bien, sans leur donner la nationalité, doit-on leur accorder des droits politiques particuliers, au niveau local ou au niveau national ? À travers les débats sur le droit de la nationalité, qui fut effectivement modifié au cours de la dernière décennie dans la plupart des pays européens (Grande-Bretagne, Suède, Belgique, Pays-Bas, France, par exemple), et sur les droits politiques des étrangers, on s'interroge aussi, implicitement ou explicitement, sur le sens de la citoyenneté et de la nation, sur leur évolution et sur la philosophie sociale qui fonde cette évolution.

Le débat s'organise autour de trois réponses à ces interrogations. La première : il faut consacrer le dépérissement de la citoyenneté politique et la remplacer par la « nouvelle citoyenneté », de nature essentiellement économique et sociale. La deuxième : il faut élaborer une citoyenneté politique postnationale, donc européenne, fondée sur les principes des droits de l'homme. La troisième : il faut repenser la citoyenneté politique nationale, qui constitue un principe indépassable de l'organisation et de la légitimité de l'ordre politique démocratique, à la lumière des évolutions modernes. Comme c'est souvent le cas dans les sciences sociales, les tenants de ces trois positions mêlent l'analyse des faits et la justification ou le militantisme. Le débat est tout à la fois scientifique et politique.

La « nouvelle citoyenneté »

Les théoriciens de la « nouvelle citoyenneté » critiquent radicalement la notion de citoyenneté classique, sur le plan à la fois des faits et des valeurs. Ils constatent qu'elle est dévaluée. En même temps ils jugent cette évolution positive. Ils souhaitent qu'elle soit remplacée par une conception nouvelle de la citoyenneté, de nature économique et sociale, qui fonde une nouvelle pratique démocratique, qualifiée de participative. Ils passent de la constatation à la norme.

Ces analyses sont menées à partir de deux points de vue différents, mais qui aboutissent également à reformuler la notion de citoyenneté. Les uns partent d'une réflexion sur l'élaboration d'un droit nouveau par les institutions de la Communauté européenne[5]. Les autres s'interrogent plutôt sur la nouvelle donne que constitue la présence définitive de populations d'origine étrangère qui souhaiteraient être « citoyens autrement ». Les uns et les autres se rejoignent pour proposer une nouvelle conception de la citoyenneté qui serait en train de se construire au niveau européen. Pour eux, la citoyenneté ne se définit plus seulement par un ensemble de droits-libertés – définition politique –, mais par les droits-créances ou, plus exactement, ce sont les droits économiques et sociaux ou droits-créances qui deviennent les véritables droits politiques.

La multiplicité des citoyennetés du citoyen européen

C'est à Elizabeth Meehan que j'emprunterai les arguments qui fondent cette position. Selon elle, la distinction entre citoyens et non-citoyens est désormais socialement moins significative et moins conséquente pour le sort des individus que celle qui sépare, d'un côté, les citoyens et les étrangers en situation régulière disposant du droit au séjour et au travail et bénéficiant de la protection sociale – ceux que Tomas Hammar a qualifiés de *denizens*[6] –, et, d'un autre côté, les étrangers en situation précaire ou illégale.

Dans la vie collective, c'est désormais la participation économique et sociale qui est devenue prépondérante. La véritable appartenance à la collectivité ne se définit plus par la participation politique, mais par l'activité économique. La nature purement politique de la citoyenneté était liée à l'âge des nationalismes et de la constitution des États-nations. Mais, de même qu'on a libéré au XXe siècle les citoyens des États nationaux des entraves héritées de la société féodale, devenue obsolète, la construction de l'Europe est en train de libérer les acteurs économiques des restrictions imposées par les frontières et les législations héritées de l'âge des nations et des nationalismes[7]. La citoyenneté nationale n'est plus seule à conférer un statut légal et des droits, les institutions européennes sont en train de construire une nouvelle citoyenneté. Le lien entre État-nation et citoyenneté, qui est historique, n'est pas pour autant nécessaire, et la citoyenneté peut s'exercer à un autre niveau.

Penser que les droits économiques et sociaux sont simplement la condition d'exercice de la citoyenneté politique, c'est continuer à penser dans les termes de la citoyenneté classique. En réalité, ces droits sont au fondement de la « nouvelle citoyenneté » dans la mesure où ils ont aussi des conséquences sur le statut politique des individus. Les institutions européennes développent essentiellement le droit social : elles définissent la qualité de salarié et les droits qui lui sont attachés, elles garantissent la liberté du travail, les droits sociaux des immigrés, l'égalité entre les sexes. Elles confèrent ainsi aux citoyens européens et aux étrangers légalement présents dans l'espace européen un statut proprement politique : des droits, des pratiques et des loyautés s'expriment désormais au niveau de l'Europe politique. Le droit communautaire européen est en train de faire naître une citoyenneté spécifique fondée sur une conception commune à tous les Européens de solidarité et de justice sociale. Sans doute l'État national reste-t-il la seule instance qui donne, par l'intermédiaire du droit de la nationalité, la qualité de citoyen européen, mais ce dernier peut plaider devant la Cour de justice européenne, éventuellement contre son propre État national – qui a parfois été effectivement condamné par la Cour. Il existe désormais une citoyenneté à la fois nationale et européenne.

Cette dernière est, selon Meehan, le produit de l'histoire même de la Communauté européenne. La constitution d'une unité économique a entraîné, par sa logique propre, l'unité politique : de la baisse des tarifs douaniers on est passé nécessairement au marché commun, on va passer à la monnaie unique, à la politique économique commune, donc au pouvoir politique commun, etc. Des groupes d'intérêts économiques transnationaux se forment qui agissent dans la même direction. Le traité de Maastricht en constitue une nouvelle étape dans la mesure où il confère des droits politiques locaux à tous les Européens, établit le principe d'un mode de scrutin uniforme, donne le droit de pétition. L'Europe et les régions – et non plus l'État national – traitent désormais des problèmes de la pauvreté, de l'emploi, de l'éducation, de la rénovation urbaine et rurale, de l'égalité des sexes. Un Comité des régions auprès du Parlement européen va pouvoir accorder aux régions « un droit légitime à l'autodétermination ». Des identités multiples se construisent, ainsi que des droits et des devoirs divers qui s'expriment à travers des institutions de plus en plus nombreuses : une configuration nouvelle s'élabore dans laquelle les instances politiques nationales, régionales et européennes, les groupes d'intérêts transnationaux se combinent de manière complexe. La nouvelle citoyenneté qui émerge à travers ces dispositions, ces institutions et ces actions n'est plus nationale ni cosmopolite mais multiple.

La citoyenneté-résidence

Les critiques que formulent à l'égard de la citoyenneté classique les spécialistes des populations d'origine étrangère sont plus radicales. Le cœur de leur argumentation est que la citoyenneté classique constitue un principe d'exclusion des non-citoyens et d'inégalité entre citoyens et non-citoyens qui est devenu insupportable, étant donné les valeurs des démocraties modernes. C'est d'ailleurs ce que montre, selon eux, le fait que les autorités allemandes n'ont pas osé renvoyer les *Gastarbeiter*, malgré les termes de leur contrat qui permettaient de le faire : on avait effectivement le sentiment que, désormais, ils faisaient partie de la société où ils étaient installés[8]. Il faut tirer toutes les conséquences de cette évolution. Donner le droit au séjour, garantir l'exercice des droits civils, économiques et sociaux sans accorder le droit de voter et de participer à la vie politique au sens étroit du terme, c'est faire naître des citoyens de seconde zone qui ne peuvent, comme les autres, défendre leurs droits et leurs intérêts par l'action politique. Les principes de l'égalité et de la liberté doivent s'appliquer à tous, étrangers compris : au nom de quoi justifier leur exclusion de la pleine citoyenneté et la discrimination dont ils sont ainsi les victimes ?

Étendre la citoyenneté – donc le droit de vote – aux étrangers consisterait simplement à prolonger l'histoire du droit de suffrage. Après avoir adopté à la fin du XVIIIe siècle une définition restreinte du citoyen – les hommes, propriétaires, chefs de famille –, la citoyenneté a été accordée au fil du temps aux non-propriétaires, aux domestiques, aux vagabonds, d'abord exclus comme non autonomes et non responsables, puis aux femmes, aux jeunes et, même, selon Bryan S. Turner, à la nature et à l'environnement[9]. La donner aux étrangers, c'est accomplir la dernière étape de la vocation potentiellement universelle de la citoyenneté moderne.

Il faut dissocier la nationalité de l'exercice de la citoyenneté : la confusion de l'une et de l'autre caractérisait l'âge des États-nations. La participation de fait à une société donne droit par elle-même à la citoyenneté. Du moment que les individus sont là, c'est qu'ils sont intégrés : au nom de quoi exiger d'eux plus que ce qui permet de vivre dans une société donnée ? Un individu né ou arrivé jeune dans une société doit avoir automatiquement droit à devenir citoyen, ainsi que tous ceux qui ont séjourné plus de cinq ans dans le pays, même illégalement : ils ont de fait participé à la société. Toute condition mise à l'acquisition de la nationalité, en particulier en ce qui concerne l'assimilation culturelle ou la volonté de participer à une collectivité historico-politique, est injustifiée. La seule résidence doit donner droit à la citoyenneté, à l'exclusion de toute autre exigence de conformité ou de volonté, « tous les individus ont un droit moral à être les citoyens de la société dont ils sont les membres »[10]. Le candidat à la naturalisation devrait avoir pour seule obligation de faire preuve de sa présence sur le sol national pendant cinq ans[11]. Toute interdiction de double ou de multiple nationalité devrait être supprimée. L'acquisition de la nationalité devrait être l'un des instruments de l'intégration, non sa consécration. « Les étrangers ont progressivement conquis, non sans peine, une égalité juridique presque entière dans le domaine civil et social. Du coup, les droits civiques sont apparus comme l'ultime discrimination séparant les Français des immigrés. Globalement égaux sur tous les autres points, ils demeurent inégaux sur un seul : la citoyenneté autour de laquelle la nationalité élève encore une barrière dont l'existence est devenue problématique par cela même qu'elle constitue un obstacle à l'égalité et à la liberté de ceux qui se trouvent sur le territoire. [...] C'est pourquoi, à la nationalité, il convient de substituer maintenant la résidence comme fondement de la citoyenneté. »[12]

La forme extrême de cette conception est formulée par ceux qui considèrent que le mot même de citoyen, avec sa connotation proprement politique, n'a plus de sens et que le véritable acteur social est le contribuable ou l'usager. Les étrangers ont le droit d'acquérir la nationalité puisqu'ils paient des impôts. « Ainsi pourraient voir le jour des propositions telles qu'un droit de résident fondé sur le fait de vivre en société et d'y travailler, venant se substituer progressivement à la notion de citoyenneté, en tant que corpus de droits et de devoirs attachés à un territoire et à un État [...]. La suggestion de définir "la nouvelle citoyenneté" comme le remplacement progressif du concept flou de citoyen par la notion plus précise de contribuable et, mieux encore, d'usager [...]. La présence d'une population importante d'immigrés et de jeunes issus de l'immigration n'entraîne-t-elle pas l'apparition d'une nouvelle conception de la citoyenneté, afférente à l'existence de communautés ethniques minoritaires installées dans une société pluraliste en train de se faire ? Une citoyenneté sans territoire, accordée aux résidents et non pas seulement aux nationaux ou fondée sur la notion de droits acquis. Un droit de résident se substituant à la conception vieillie de la citoyenneté et impliquant une désacralisation de la "nationalité". »[13] La loi viendrait ainsi consacrer le dépérissement de la citoyenneté politique.

Meehan montre qu'une nouvelle conception de la citoyenneté est en train de s'élaborer, fondée non plus sur le lien juridique et politique des individus à un État au sens traditionnel du terme, mais sur un ensemble de valeurs et de pratiques sociales élaborées et garanties par les institutions de la Communauté et en particulier par la jurisprudence de la Cour européenne de justice. Les théoriciens de la citoyenneté-résidence aboutissent, eux, à prôner plus nettement encore une conception fonctionnelle de la citoyenneté.

Malgré leurs différences, ces deux positions reposent sur une conception de la société qui tend à exclure l'idée de communauté historique et politique pour lui substituer celle d'une organisation de production et de redistribution des richesses au nom de valeurs communes. Les partenaires ne sont plus unis par un contrat de nature politique, mais par leur participation à la vie économique et sociale commune. L'État providence, dans cette perspective, se confond avec la société politique et se définit lui-même en dehors de toute dimension politique. La distinction, classique depuis l'Antiquité, entre l'*ethnos*, ou société concrète, et le *demos*, ou société politique consciente d'elle-même, tend à s'effacer.

La citoyenneté politique postnationale

Les théoriciens de la citoyenneté postnationale s'inscrivent au contraire à l'intérieur d'une conception politique : la citoyenneté doit garder tout son sens politique et traduire les valeurs communes aux démocraties européennes telles qu'elles s'expriment à travers l'adhésion aux droits de l'homme. Ils constatent toutefois que la souveraineté du droit national est battue en brèche non seulement par le développement du droit européen, mais aussi par la multiplicité des appartenances juridiques liées à la mobilité des populations. Ils prennent également en compte le fait que des populations d'origine étrangère souhaitent désormais être « citoyens autrement » – c'est-à-dire rester fidèles à une culture ou à une nationalité d'origine tout en participant à la société dans laquelle ils sont installés. La construction de l'Europe politique et la présence d'étrangers stabilisés et permanents imposent de dissocier le lien historique entre la nationalité – entendue comme communauté de culture héritée de l'âge des nations – et la citoyenneté – pratique exclusivement politique.

Soucieux que cette dissociation ne menace pas la cohésion sociale et les pratiques démocratiques et que l'intégration sociale ne devienne pas purement « fonctionnelle » (en cela, ils s'opposent aux théoriciens de la « nouvelle citoyenneté »), ils plaident pour qu'elle s'accompagne de ce que Jacqueline Costa-Lascoux appelle un véritable contrat de citoyenneté. Les droits de la citoyenneté seraient accordés à des nationaux étrangers à condition qu'ils prennent un engagement en « faveur de l'adhésion aux valeurs démocratiques » et qu'ils adhèrent aux législations nationales conformes aux droits de l'homme. Par ailleurs, ils seraient libres de rester attachés à une culture particulière – à condition que les pratiques sociales issues de cette culture ne soient pas incompatibles avec les principes supranationaux des droits de l'homme[14]. Plus précisément, ces pratiques devraient comprendre « le respect des droits fondamentaux de la personne (notamment la non-discrimination raciale, sexuelle ou religieuse, les droits de l'enfant...), une laïcité reformulée, la contribution généralisée à l'impôt et aux charges sociales »[15].

Les analyses de Jacqueline Costa-Lascoux convergent avec celles que mène, dans un ordre philosophique, Jürgen Habermas lorsqu'il élabore le concept de « patriotisme constitutionnel ». Il plaide, contre la « forme conventionnelle d'identité nationale » qui lie la nationalité et la citoyenneté – la citoyenneté « classique » –, pour que s'élabore le « patriotisme constitutionnel », qui ne se référerait « plus à la totalité concrète d'une nation, mais au contraire à des processus et des principes abstraits »[16]. Il faudrait, en conséquence, dissocier l'ordre du patriotisme de celui de la citoyenneté ; dissocier la nation, qui resterait le « lieu de l'affectivité », de l'État, qui deviendrait seulement le « lieu de la loi ». On pourrait ainsi séparer l'identité nationale, avec ce qu'elle comporte de dimensions ethnoculturelles, de la participation civique et politique, fondée sur la raison et les droits de l'homme. Ainsi conçu comme une pure pratique civique détachée de l'appartenance nationale, le patriotisme constitutionnel serait susceptible de refonder l'identité allemande sur un examen et une réappropriation essentiellement critiques de ce que fut le passé. Le sentiment patriotique ne serait plus lié à l'Allemagne en tant que nation culturelle et historique particulière, mais au principe même de l'État de droit.

Jean-Marc Ferry a prolongé cette inspiration et l'a universalisée en développant l'idée d'identité postnationale, qui, elle aussi, se référerait exclusivement aux « principes d'universalité, d'autonomie et de responsabilité qui sous-tendent les conceptions de la démocratie et de l'État de droit »[17]. La citoyenneté serait désormais fondée « sur une identité morale réflexive dont le principe est d'ailleurs inscrit dans la Déclaration française des droits de l'homme et du citoyen, avec le droit (pour l'homme) et le devoir (pour le citoyen) de s'insurger contre la tyrannie »[18]. Les individus adhéreraient aux principes de l'État de droit et à l'ordre républicain, à l'exclusion de toute référence à un territoire et à une communauté historique et culturelle concrète particulière. Tout État démocratique serait susceptible d'inspirer ce patriotisme. La construction de l'Europe pourrait ainsi devenir le lieu des pratiques politiques démocratiques, indépendamment des sentiments et des passions nationales.

La pensée de Jürgen Habermas est liée à sa volonté, contre le révisionnisme de certains historiens allemands, de fonder une conscience historique qui puisse intégrer les valeurs démocratiques dans la tradition nationale. Cet effort s'inscrit dans le grand débat des historiens allemands sur la spécificité de l'histoire allemande et la singularité de l'extermination des juifs par le régime nazi. Il veut penser une forme d'organisation politique démocratique qui soit protégée des passions nationales et nationalistes. Mais cette pensée prolonge aussi une réflexion plus ancienne née des formes abusives et inquiétantes qu'ont souvent prises les nationalismes dans l'histoire. Beaucoup d'auteurs ont essayé de concevoir un mode d'organisation politique qui permettrait de séparer les expressions nationalitaires et culturelles de l'organisation politique. L'exemple resté le plus célèbre est celui de l'austro-marxisme d'Otto Bauer. Juif appartenant à l'empire supranational austro-hongrois déchiré par ses nationalités, pour reprendre le terme de l'époque, il a rêvé d'une nouvelle forme d'organisation politique, dans laquelle coopéreraient des entités qui maintiendraient leur personnalité culturelle et leur droit à s'autoadministrer. Il a imaginé des États-Unis de la Grande Autriche, État confédéral « dans lequel chaque nation gérerait de manière indépendante ses affaires nationales, tandis qu'elles s'uniraient en un État unique pour la protection de leurs intérêts communs »[19]. Chaque individu, quel que soit le lieu de son installation, serait libre, par simple déclaration, de devenir membre d'une communauté de culture *(Kulturgemeinschaft)* ou nation. Les problèmes économiques et politiques communs seraient traités par un gouvernement supranational. La nationalité, choisie volontairement, serait ainsi indépendante d'un territoire particulier et d'un État.

On peut toutefois se demander s'il est possible de séparer l'appartenance nationale et l'allégeance purement politique. La société démocratique implique, pour reprendre les termes de Jürgen Habermas, qu'il existe un « espace communicationnel » et intersubjectif. Il faut qu'il existe des lieux, au sens à la fois abstrait et concret du terme, où citoyens, hommes politiques et experts puissent se parler, se comprendre et tenter de se convaincre sans utiliser la violence pour traiter des problèmes de la vie commune, arbitrer les conflits entre les individus et les groupes, passer des compromis. Cela suppose que tous les membres partagent sinon une langue, du moins un langage, une culture et des valeurs communes. Sinon, comment organiser ce lieu de dialogue et de négociations qui définit la pratique démocratique ?

Une société purement civique, fondée sur les principes abstraits, aurait-elle la force de contrôler les passions nées des appartenances ethnico-religieuses ? Jusqu'à quel point l'adhésion intellectuelle, évidemment aussi raisonnable que souhaitable, à des principes abstraits – respect des droits de l'homme et de l'État de droit, patriotisme constitutionnel – peut-elle remplacer, en tout cas dans l'avenir prévisible, la mobilisation politique et affective que suscite l'intériorisation de la tradition politique et culturelle nationale ? Les dirigeants des États communistes, tout en prétendant adhérer à une idéologie et à un projet politique universels, n'avaient pas manqué d'utiliser et même d'organiser à leur profit les rivalités et même les haines nationales et ethniques. L'abstrait/concret de la nation – sans parler du concret de l'appartenance ethnique – est plus mobilisateur que la pure abstraction que sont la conscience de classe, l'État de droit ou les droits de l'homme. Comme le dit avec humour Benedict Anderson : « Qui serait prêt à mourir pour le Comecon ou la Communauté économique européenne ? »

Repenser la citoyenneté politique

Les penseurs qu'on qualifie en France de républicains partent de l'idée que la citoyenneté est un principe indépassable de l'organisation politique démocratique et qu'il importe d'analyser son évolution et de le maintenir comme fondement de la légitimité politique. Si le sens de la citoyenneté et les formes politiques qui lui donnent corps sont différents dans les différents pays européens, il n'en reste pas moins que le dépassement de la citoyenneté nationale par la construction de l'Europe politique ou l'évolution des formes de la vie sociale ne devraient pas remettre en cause le fait fondamental que le principe de citoyenneté fonde une société politique qui ne se confond pas avec la société concrète, qu'il donne une expression politique au vouloir vivre ensemble.

Les définitions qui furent données du citoyen et de la citoyenneté ne se recouvrent pas, elles furent d'ailleurs souvent le produit de conflits et de compromis entre des conceptions diverses. La définition en a évolué au cours du temps. Les mêmes principes proclamés ont été appliqués de manière différente selon les traditions historiques de chaque pays et, dans un même pays, selon l'évolution des mouvements sociaux et les rapports de force qui s'établissaient entre eux. Dans chaque démocratie libérale, aujourd'hui, l'application du principe de citoyenneté prend des formes concrètes singulières : les institutions politiques sont chaque fois différentes. Les théoriciens de la citoyenneté nationale repensée s'efforcent de préciser ce qu'est et ce que peut être la citoyenneté des années 1990 commune à toutes les nations démocratiques.

Ils gardent l'idée fondamentale de la définition politique de la citoyenneté nationale. Mais ils l'explicitent ou la complètent, à la suite de l'expérience historique récente, sur deux points : la vocation universelle de la citoyenneté potentiellement ouverte aux non-citoyens, les droits civils, économiques et sociaux qu'elle reconnaît aux non-citoyens régulièrement installés.

À l'argument de la citoyenneté comme principe d'exclusion des non-citoyens qu'avancent les tenants de la nouvelle citoyenneté ils opposent l'idée de la dialectique de l'exclusion/inclusion. Comme toute organisation politique, qui par définition inclut les uns et exclut les autres, l'État-nation démocratique est fondé sur un principe d'inclusion des citoyens et d'exclusion des non-citoyens[20]. Ce qui caractérise la citoyenneté moderne, c'est son ouverture. L'inclusion nationale, parce qu'elle est de nature politique, est potentiellement ouverte. Définie en termes juridiques et politiques, elle a pour vocation de s'ouvrir à tous les étrangers susceptibles de participer à la communauté des citoyens – ce que traduisent les droits de la nationalité.

Il ne s'agit pas pour autant de voir dans la nation un pur projet civique organisé sur l'abstraction de la citoyenneté. La participation à une société nationale est concrètement fondée sur toutes sortes d'éléments qu'on peut qualifier d'ethniques : la pratique d'une même langue (sauf cas exceptionnels), le partage par tous les nationaux d'une même culture et d'une mémoire historique singulière, la participation aux mêmes institutions, qu'il s'agisse de l'école et de l'entreprise en passant par l'ensemble des pratiques strictement politiques. La familiarité immédiate qui s'établit entre les nationaux, quelles que soient par ailleurs les différences qui les séparent, est le produit de cette socialisation spécifique et de la vie partagée à l'intérieur d'une société nationale particulière. Chaque individu est normalement attaché à ce qui constitue son univers familier à l'intérieur duquel il a élaboré son identité individuelle, liée à une identité collective. Reste que la singularité de la nation démocratique par rapport aux autres modes d'organisation politique tient à ce que l'idée civique et le principe de la citoyenneté – ouvert dans son principe – doivent en dernière analyse primer les particularismes ethniques ou religieux sur les solidarités domestiques ou claniques.

Si le droit de la nationalité est ouvert, les théoriciens de la citoyenneté nationale repensée critiquent l'idée de donner le droit de vote aux étrangers : ce serait en effet nier la distinction entre les nationaux et les étrangers, entre la société politique et la société civile concrète, remettre en question l'idée de communauté des citoyens qui fonde la légitimité politique. Cela n'empêche pas que soient organisés des moyens de consulter les étrangers sur la politique municipale et sur toutes les dispositions locales ou nationales qui peuvent plus particulièrement les concerner. C'est ce qui se fait normalement dans la plupart des pays européens. Certains pays (Irlande, Pays-Bas, Norvège, Suède, Finlande, par exemple) leur ont accordé le droit de voter dans les élections locales. Mais aucun, jusqu'à présent, n'a donné le droit de vote pour les élections nationales.

La définition classique de la citoyenneté de l'État-nation est désormais corrigée et complétée par la conception des droits économiques et sociaux issus de la Convention universelle des droits de l'homme de 1948. Mais elle doit continuer à se fonder sur la distinction entre le citoyen et l'individu concret. L'appartenance à une collectivité politique doit rester par nature différente de la participation à la société concrète. Le droit de la nationalité doit être ouvert par-delà les différences d'ethnies, de religions ou de cultures, mais contrôlé par des exigences d'ordre civique. La citoyenneté multiple – conséquence inévitable de la souveraineté des États nationaux pour définir leur droit de la nationalité – ne devrait concerner que des populations marginales, dans la mesure où la loyauté liée à une organisation politique ne peut être partagée : une double ou triple appartenance risque toujours d'aboutir à un conflit de loyauté.

Pour ceux qui adhèrent à cette conception, les droits économiques et sociaux ne sont pas de même nature que les droits politiques. La protection sociale, au sens large du terme, est une conséquence, décalée dans le temps, du principe même de la citoyenneté politique : fondée sur l'idée de l'égale dignité de tous les citoyens, la société doit assurer à chacun de ses membres la dignité de ses conditions concrètes d'existence, pour qu'il puisse exercer réellement ses droits de citoyen. Les droits-créances sont d'abord les conditions d'exercice des droits-libertés ou droits politiques.

La citoyenneté doit rester aujourd'hui, dans cette conception, à la fois principe de légitimité et source du lien social parce qu'elle seule est conforme aux caractéristiques et aux exigences de la société démocratique moderne. Ce n'est pas seulement dans les pays d'immigration que la citoyenneté est devenue un « substitut idéologique aux solidarités communautaires anciennes »[21], qu'elle transcende les diversités et donne un terrain d'entente commun à tous. Toutes les sociétés démocratiques, même celles qui se pensent comme les plus enracinées, sont par définition multiculturelles. C'est la citoyenneté qui intègre les populations divisées par leurs origines ethniques, religieuses et culturelles. La présence de populations étrangères en Europe, malgré leur nombre, ne doit pas remettre en question ce principe de légitimité. La possibilité de la citoyenneté doit donc être ouverte aux nouveaux venus, mais ne doit pas l'être trop, faute de quoi elle cesserait de créer un lien concret entre les membres de la société. La citoyenneté politique doit rester au fondement du lien social, même lorsque des formes ethniques issues d'une longue histoire ou au contraire d'une installation récente continuent à exister. Dans la démocratie moderne, vivre ensemble, c'est être citoyen ensemble. Mais, en même temps, la nature juridique et abstraite de ce lien risque toujours d'être insuffisante pour unir les hommes. N'importe qui ne peut devenir citoyen sans condition d'un minimum d'adhésion aux valeurs et aux pratiques communes. La nation démocratique ne peut être purement civique.

Ces analyses ne débouchent pas nécessairement sur l'hostilité à la construction de l'Europe. Mais elles soulignent le risque que le principe civique s'y dissolve et que la dépolitisation qui s'ensuivrait affaiblisse la volonté politique des Européens. L'élaboration d'une véritable citoyenneté européenne impliquerait, selon eux, que soit d'abord établi un domaine public européen dans lequel les individus se reconnaîtraient comme pleinement citoyens. Il faudrait que les citoyens de l'Europe voient dans les élections de leurs gouvernants au niveau européen des gouvernants légitimes, dont ils acceptent les décisions. Il faudrait que des enjeux, des débats et des institutions organisent un domaine politique commun à tous les citoyens européens. Même ceux qui jugent cet objectif souhaitable constatent qu'il est loin d'être réalisé et s'interrogent sur la possibilité de le faire dans un avenir prévisible.

Cette position est critiquée sévèrement, en particulier dans les institutions européennes. Ses partisans sont accusés de ne pas tenir compte de l'évolution de fait des sociétés démocratiques et de justifier une utopie devenue inefficace et, par conséquent, dangereuse. En refusant de reconnaître par le droit l'évolution de fait de sociétés de plus en plus ouvertes, cette conception trop étroite et trop classique de la citoyenneté, d'ailleurs essentiellement liée à l'expérience française, ne serait plus efficace pour intégrer les populations d'origine étrangère. Ne faudrait-il pas mieux penser et, donc, contrôler les évolutions concrètes des sociétés et la construction de fait, qui est en cours, de l'entité européenne ? Comment la citoyenneté classique pourrait-elle avoir un effet concret si la notion même de citoyenneté n'a plus de sens pour les individus ? Insister sur les difficultés de la construction européenne, n'est-ce pas à la fois trahir la réalité des évolutions et les rendre encore plus difficiles ?

Il n'existe évidemment pas de conclusion à ce débat, la position personnelle de l'auteur de ces lignes est apparue clairement. Je voudrais toutefois rappeler deux points essentiels.

Le principe de la citoyenneté ne se traduit pas de manière nécessaire au niveau de l'État-nation. La confusion de la citoyenneté et de la nationalité – au double sens de communauté culturelle et de lien juridique – était liée à l'âge des nationalismes et à la philosophie sociale des États-nations qui l'accompagnait. Entre la nation et la citoyenneté, le lien n'est pas logique, mais historique. On ne saurait toutefois juger sans importance et sans signification le fait historique que les pratiques de la citoyenneté se sont, jusqu'à présent, toujours exercées au niveau national. Les sociétés humaines ne sont jamais des *tabulae rasae.* C'est pour élire des représentants nationaux que votent les citoyens des pays européens. L'ensemble des institutions politiques – modes de scrutin, organisation des partis politiques et des groupes de pression, pratiques parlementaires, formes de la participation politique et de l'exercice de la démocratie locale, bref, tout ce qui donne une réalité concrète au principe de citoyenneté – ont toujours été et restent, pour l'instant, nationales. C'est sur des enjeux politiques nationaux que se déroulent encore les élections, même celles qui sont organisées pour choisir les députés du Parlement européen. Ce sont les décisions et les contraintes qu'imposent les institutions nationales qui sont jugées légitimes par les citoyens européens (il n'est que de constater les réactions passionnées à l'égard de « Bruxelles »). On ne peut construire la citoyenneté européenne en niant le passé. Il est vrai que la citoyenneté peut s'exercer aussi bien au niveau de la Communauté européenne qu'à celui des États-nations ou des régions. La nation n'est pas plus naturelle ou artificielle que la région ou l'Europe : les unes et les autres sont des constructions historiques. Si l'on est favorable à ce que naisse une nouvelle entité politique au niveau de l'Europe, il faut la construire. Il importe toutefois de ne pas oublier que des décennies ou même des siècles ont été nécessaires pour bâtir l'espace public national légitime. On doit faire évoluer la tradition – par définition la tradition est réinterprétée par chaque génération –, il ne faut nier ni son existence ni son poids.

C'est, je le crains, le risque des propositions des tenants de la citoyenneté postnationale. Ces derniers – le plus souvent philosophes ou juristes – n'ont-ils pas tendance à sous-estimer non seulement les réalités de type ethnique de toute société concrète, mais surtout la nécessité d'intégrer ces réalités ethniques dans l'organisation politique concrète, même celle qui en appelle au principe de la citoyenneté ? Aucune société ne peut être purement civique. N'est-il pas quelque peu utopique de penser qu'il puisse exister dans un avenir proche une volonté politique dictée par les seules convictions fondées sur la raison, comme le proposent les théoriciens de la citoyenneté postnationale, quelque respectables et même souhaitables que soient leurs suggestions ? Peut-on concevoir dans un avenir proche une politique qui ne prenne pas sa source dans l'ensemble des valeurs, des traditions et des institutions spécifiques qui définissent une nation politique ? Toute société démocratique organisée comporte de manière indissoluble des éléments ethniques – culturels, historiques et nationalitaires – et un principe civique. L'organisation politique ne peut négliger de répondre à ce qu'Elias appelle « le désir affectif de la société humaine ». Or, comme il le remarque, « la tonalité émotionnelle de l'identité du nous s'affaiblit notablement dès lors qu'il est question de formes d'intégration postnationales »[22].

Mes critiques à l'égard des tenants de la « nouvelle citoyenneté » soulèvent d'autres interrogations. Les sociétés humaines, même démocratiques, même modernes ou postmodernes, ne sauraient évacuer la dimension proprement politique. Elles ne peuvent être réduites aux seuls intérêts matériels. Si elles le faisaient, il n'y aurait plus d'instance légitime pour contrôler les inévitables passions ethnico-raciales ou ethnico-religieuses des hommes, pour réaliser les arbitrages entre les intérêts des individus et des groupes qui sont par nature divergents ou opposés, pour mobiliser les énergies contre un péril extérieur. Quel que soit le niveau où il existe, il faut un lieu où se concrétise l'espace de la politique – l'espace des choix, des arbitrages, des contraintes et de la volonté d'exister –, où les institutions assurent l'exercice du principe de citoyenneté. Il faut un lieu où les individus jugent que les gouvernants qu'ils ont élus les représentent de manière qui leur paraît convenable. Il faut des instances dont les décisions – et les contraintes qui les accompagnent nécessairement – soient jugées légitimes donc acceptées par les citoyens.

La construction de l'Europe ne sera pas le simple produit de la collaboration économique et de l'extension de la protection sociale. La communauté historique et politique ne se déduit pas de la participation de fait à la société civile, comme l'ont bien vu les théoriciens de la citoyenneté postnationale. C'est garder du marxisme une idée bien grossière que de faire de la société politique le simple effet de l'économie. On ne déduit pas le droit du fait. Le politique ne se réduit pas à l'économique.

1997

12

La guerre et la « démocratie providentielle »

Les sociétés démocratiques sont spontanément pacifiques. Elles ne nourrissent pas de grands projets militaires, elles se consacrent de manière prééminente à la production de biens et de services et aux échanges commerciaux. Tocqueville nous l'avait annoncé : « Dans les siècles démocratiques, les hommes se dévouent rarement les uns pour les autres ; mais ils montrent une compassion générale pour tous les membres de l'espèce humaine [...], ils ne sont pas désintéressés mais ils sont doux. »[1] Tout au long du XXe siècle, les rivalités entre les démocraties se sont résolues sans guerres, les guerres ont opposé les régimes totalitaires aux démocraties, les peuples non démocratiques les uns aux autres, les peuples colonisés revendiquant leur indépendance aux puissances impériales. La concurrence économique entre la Grande-Bretagne et les États-Unis s'est déroulée à l'intérieur d'une collaboration politique étroite. Depuis 1949 et la construction progressive des institutions européennes, les rivalités entre les pays de l'Europe se règlent à l'intérieur d'un cadre politique commun.

Mais les sociétés démocratiques ne sont jamais pleinement fidèles aux valeurs dont elles se réclament. La démocratie n'est jamais totalement démocratique, c'est un projet toujours à reprendre et à recommencer, jamais achevé. Par définition, elle est toujours imparfaite. Les volontés de puissance et le besoin d'affirmer son prestige dans une explosion de nationalisme, qu'on peut aujourd'hui analyser comme prédémocratique, ont fait éclater la Première Guerre mondiale, qui peut apparaître comme la dernière guerre tribale à laquelle tous les pays de l'Europe ont pris part. La Seconde Guerre mondiale naquit de l'ébranlement du système européen né du Congrès de Vienne qui fut définitivement bouleversé par la guerre de 1914-1918, du fanatisme antidémocratique du nazisme et, plus lointainement, du conflit entre les deux totalitarismes nés en Europe, le nazisme et le communisme.

Les deux guerres mondiales illustrent bien les limites à la fois internes et externes de la vocation essentiellement pacifique de la démocratie. Les démocraties ont toujours été et restent encore, et sans doute pour longtemps, minoritaires, même si elles sont aujourd'hui les plus puissantes et disposent du privilège de n'avoir plus de concurrent idéologique légitime. Elles ont toujours été confrontées à leurs ennemis. Plus généralement, leur vocation pacifique s'affirme avec peine contre les passions tribales internes et externes – ethnico-religieuses – et contre les fanatismes des idéologues totalitaires qui prétendent imposer aux autres leur conception du bien, que ce bien s'exprime en termes religieux ou politiques. Elles restent tentées par la volonté de puissance, comme le montre la guerre menée par les États-Unis contre l'Irak. Affirmer la prépondérance du juste sur le bien, pour reprendre une formule inspirée de Kant, pour fonder la république ne peut être que le fruit de la volonté et de la raison, l'une et l'autre nées d'un long apprentissage en commun.

Les horreurs de la guerre

Le XXe siècle a-t-il connu plus d'horreurs que les siècles qui l'ont précédé ? N'est-il pas le siècle des massacres, des génocides et des personnes déplacées, soumises au malheur de ceux qui n'ont plus d'inscription dans l'espace politique et qui ne sont plus défendus par un État, comme l'avançait Hannah Arendt ? N'a-t-il pas été le siècle des passions idéologiques et des « religions séculières » au nom desquelles les hommes se sont entre-tués ?

Le siècle dernier n'a pas le monopole des horreurs de la guerre. Ni par le nombre ni par le pourcentage des morts selon la population, il n'est véritablement original. La guerre de Trente Ans du XVIIe siècle n'a pas coûté moins cher à l'Allemagne que la guerre de Trente Ans qui s'est déroulée entre 1914 et 1944. En leur temps, les guerres de religion aussi ont accumulé les horreurs, les deuils et les ruines. On s'exterminait au nom du vrai Dieu et d'une religion d'amour, au nom de ce que devait être le bien. Entre les catholiques et les protestants du XVIIe siècle, il s'agissait déjà de guerres idéologiques, dans lesquelles s'opposaient deux conceptions du bien, avec des résultats monstrueux. Les horreurs de la guerre évoquées par Goya nous peignent le malheur des peuples dans une Espagne envahie par les armées napoléoniennes, qui prétendaient aussi porter au peuple espagnol le bien de la Révolution française.

Ce qui est spécifique du XXe siècle, en revanche, c'est l'effet du progrès technique, dans sa double dimension de la production industrielle et de la qualité de l'organisation du travail. La technique est par elle-même neutre. Mais elle multiplie les possibilités d'agir. Le malheur des peuples est plus grand ou, plutôt, il prend d'autres formes, quand l'efficacité technique décuple les moyens de créer et de détruire. La « surprise technique » (Raymond Aron) de 1914 transforma le cours d'une guerre qui, de l'avis de tous les stratèges, devait être courte. Elle en changea la nature. Le développement hyperbolique des moyens de destruction conduisit à l'abominable et absurde boucherie dans laquelle l'Europe se suicida collectivement. Les gouvernements et les peuples découvrirent avec terreur les moyens immenses que les sociétés industrielles rendaient disponibles pour les combats.

La rationalité de l'organisation technique et administrative rend également original le projet du génocide des juifs et des Tsiganes par Hitler. Pour assurer la « solution finale », les nazis ont appliqué la raison scientifico-administrative, conséquence du développement de la science et de la raison humaine, à un projet au sens propre inhumain. Ce projet trahissait l'idéal des Lumières, lui-même hérité du message universel de l'Église, qui ne séparait pas la science de la conscience morale. Depuis lors, on ne peut plus croire aujourd'hui de la même façon à la raison de l'homme. Il va de soi que le malheur du Rwandais ou du Cambodgien, victimes de la passion tribale et du fanatisme idéologique, n'est pas moins grand que celui du Tsigane ou du juif exterminé par la volonté des nazis. Mais le sens des génocides du XXe siècle n'est pas le même. La civilisation européenne prétendait se fonder sur la valeur absolue de l'homme en tant qu'homme, sur la confiance en sa raison et sur un horizon de convergence entre science et conscience. C'est la foi dans notre civilisation qui est morte avec les victimes du régime hitlérien. Le projet nazi pose à la conscience humaine une interrogation fondamentale. Il pose à la conscience démocratique une interrogation qui ne l'est pas moins. Nous tous, Européens, sommes comptables de l'horreur, scientifiquement organisée et appliquée de sang-froid, de manière rationnelle et bureaucratique, par le peuple de Goethe et de Mozart. Nous savons désormais que non seulement les civilisations sont mortelles, comme le disait Valéry au lendemain de la Première Guerre mondiale, mais que c'est « à tous les niveaux de civilisation [que] la brutalité risque d'emporter les barrières élevées par la culture et la fureur animale d'étouffer le sentiment de communauté humaine en l'âme des combattants »[2].

La conscience tribale – la « tribu » en ce sens, bien entendu, peut être la nation, la culture ou la religion – et la passion qu'on peut appeler idéologique de ceux qui croient détenir le bien et refusent d'admettre que les autres puissent souscrire à un autre bien menacent directement les démocraties. Ni la conscience tribale ni la passion idéologique ne sont jamais définitivement évacuées, ni à l'intérieur des démocraties ni dans les pays non démocratiques.

Ce qui distingue la démocratie des autres régimes, c'est que les institutions politiques y organisent la tolérance grâce à ces deux grandes inventions de la modernité politique que sont la citoyenneté et la neutralité religieuse et ethnique de l'État et, plus généralement, de l'ordre politique. C'est ainsi que la conscience tribale et la passion idéologique peuvent y être non pas supprimées, mais contrôlées. En donnant des droits civils, juridiques et politiques égaux à tous les membres de la société, quelles que soient leurs origines historiques, leurs convictions et leurs pratiques religieuses, en proclamant la séparation entre, d'un côté, les institutions politiques et, de l'autre, les Églises et les fidélités historiques particulières, les sociétés fondées sur la citoyenneté organisent la vie collective de ceux qui se réfèrent à des histoires et à des convictions différentes. Elles affirment ainsi la nécessaire transcendance des particularismes par l'utopie créatrice du principe civique, inscrit dans l'horizon universel de la raison – condition des échanges égaux entre les hommes, par-delà la diversité de leurs origines et les inégalités de leur condition sociale. Mais ces institutions de la tolérance doivent toujours être défendues. Elles ne sont ni données ni jamais acquises une fois pour toutes. Les démocrates doivent lutter continuellement contre eux-mêmes s'ils veulent que la conscience tribale et la passion idéologique soient effectivement contrôlées par les institutions politiques, s'ils veulent que la citoyenneté et la neutralité religieuse et ethnique de l'État organisent effectivement la vie commune de ceux qui ont des conceptions différentes du bien.

Le projet de construire l'Europe politiquement est né de l'interrogation métaphysique suscitée par le projet hitlérien et de la volonté de réconcilier les peuples de l'Europe tout en luttant contre l'impérialisme soviétique. De fait, l'Europe a apporté la paix entre les peuples qui participent à sa construction. Ils ne s'aiment peut-être pas plus qu'autrefois. Anglais, Allemands, Italiens ou Français continuent probablement à nourrir les mêmes préjugés à l'égard les uns des autres, mais peut-on avancer sérieusement que les Florentins sont exempts de tout préjugé à l'égard des Calabrais ou les Hambourgeois à l'égard des Bavarois ? Jusqu'à présent en tout cas, ils acceptent pourtant de respecter les règles communes que garantit l'État italien ou allemand. C'est aussi le cas des peuples de l'Europe qui, désormais, collaborent sur le plan économique et règlent leurs rivalités par des négociations dans des institutions politiques communes. Le rôle des institutions et de la politique en général est de contraindre les hommes à se conduire comme s'ils étaient sages et raisonnables, à contrôler leurs passions, à régler leurs rivalités par les négociations et les compromis, non par la violence. Le progrès de la civilisation ne consiste pas à supprimer les conflits mais, selon la belle formule de Pierre Hassner, « à les domestiquer pour les faire servir à leur propre négation »[3].

Fragilité de la paix démocratique

Les Européens démocrates ont renoncé aux guerres tribales. Ils ont renoncé à massacrer leurs voisins, ils ne tentent plus de leur imposer leur volonté. Désormais les victoires sur les terrains de football leur suffisent pour affirmer leur orgueil national. Un pont de dix-sept kilomètres relie les ennemis héréditaires que furent les Suédois et les Danois. Le pont de Kehl permet aux touristes allemands, ennemis héréditaires des Français, de dîner dans les bons restaurants d'Alsace et aux Alsaciens d'aller exercer un emploi dans les entreprises allemandes. Les Français envahissent l'Italie chaque été pour admirer Michel-Ange et non, comme le fit Bonaparte, pour diffuser leur conception du bien, c'est-à-dire les valeurs de la Révolution française, imposée par la force des baïonnettes à des peuples plus ou moins enthousiastes ou soumis. Les Européens résolvent leurs conflits par d'interminables discussions dans les administrations de Bruxelles ou dans les couloirs du parlement à Strasbourg. Membres d'une société démocratique, ils sont devenus de plus en plus insensibles, comme l'avait prévu Tocqueville, à l'argument militaire. Un des slogans favoris de Mai 68, à Paris, était : « Faisons l'amour, ne faisons pas la guerre ». La vie privée, familiale et professionnelle, prend toujours plus de place aux dépens de la vie civique et militaire. Dans une vieille nation militaire comme la France, la suppression du service militaire obligatoire est apparue comme une évidence, elle n'a soulevé aucun débat. Dans tous les pays européens, les crédits consacrés à la défense ne cessent de diminuer. Pour la première fois depuis des siècles en Europe, la majorité de la population n'a pas eu l'expérience directe de la guerre, d'ici peu de temps personne n'aura rencontré quelqu'un pour qui la guerre a été une expérience vécue. Après le siècle des guerres mondiales qui avaient tragiquement démenti cette prévision, tout se passe comme si nous étions arrivés, en Europe, à ce moment de l'histoire qu'avait annoncé en son temps Benjamin Constant : « Nous sommes arrivés à l'époque du commerce, époque qui doit nécessairement remplacer celle de la guerre, comme celle de la guerre a dû nécessairement la précéder. [...] La guerre est [donc] antérieure au commerce. L'une est l'impulsion sauvage, l'autre le calcul civilisé. Il est clair que plus la tendance commerciale domine, plus la tendance guerrière doit s'affaiblir. Le but unique des nations modernes, c'est le repos, avec le repos, l'aisance, et comme source de l'aisance, l'industrie. La guerre est chaque jour un moyen plus inefficace d'atteindre ce but. Ses chances n'offrent plus, ni aux individus ni aux nations, des bénéfices qui égalent les résultats du travail paisible et des échanges réguliers. »[4] La guerre entre États nationaux apparaît inintelligible, inutile et dépassée aux membres des démocraties providentielles caractéristiques des pays européens. Elle disparaît de leur horizon.

Mais la bienheureuse paix que la construction de l'Europe, grâce à une récente sagesse des peuples européens – ce qui explique leur sentiment que les États-Unis n'ont pas encore acquis la même sagesse –, chèrement acquise, a assurée depuis plus d'un demi-siècle comporte aussi ses risques. La *pax democratica* est fragile, non seulement parce que les démocraties ne sont pas seules au monde, mais parce qu'en se livrant de manière privilégiée au commerce plutôt qu'à la guerre, selon la formule de Benjamin Constant, elles risquent de se déliter. La société est désormais organisée autour de la production et de la redistribution des richesses. L'État national encadre et oriente la production, il est avant tout un pourvoyeur d'éducation et de protection sociale. Les droits économiques, sociaux et culturels des ayants droit ont remplacé les droits et les devoirs du citoyen et du soldat, qui furent toujours étroitement liés dans la nation née de la Révolution française. L'individualisme mine l'adhésion aux institutions politiques. Chacun se donne le droit de juger de leur légitimité et ne les respecte pas au nom de la valeur de l'institution elle-même. Or seules les institutions de la démocratie nous permettent de vivre ensemble malgré nos différences et nos divergences.

L'affaiblissement heureux des passions nationalistes risque de conduire les démocrates d'une Europe pacifiée à ne plus affirmer leurs valeurs et à refuser de les défendre, au besoin par la force. Dans les guerres que les démocraties ont menées dans ce siècle les hommes n'étaient-ils pas plus mobilisés par leur patriotisme que par la volonté de défendre les valeurs civiques ? C'est sans doute plus au nom de la patrie française ou anglaise que les peuples se sont battus contre le nazisme qu'au nom de la défense de la démocratie. Roosevelt ne parvenait pas à convaincre le peuple américain de participer à la guerre des démocraties européennes jusqu'à ce que l'orgueil national américain se révoltât contre l'attaque surprise des Japonais à Pearl Harbor. Le principe civique a toujours été intimement lié jusqu'à présent aux passions nationales. Les nations ont été trempées au cours des siècles, elles sont une œuvre séculaire et elles ont donné une volonté d'action aux démocraties. Aujourd'hui ces dernières pourraient-elles agir au nom des valeurs civiques ou démocratiques et non plus au nom des valeurs nationales ? L'expérience historique n'est pas encourageante. Dans l'histoire, on n'a jamais mobilisé les hommes pour défendre les principes de l'État de droit et les valeurs civiques. Et pourtant n'est-ce pas ce que les démocrates devraient être éventuellement prêts à faire ? L'intervention au Kosovo au nom des valeurs démocratiques n'a-t-elle pas montré les limites d'une politique collective des nations européennes pour refuser le nettoyage ethnique qui est le contraire des pratiques de la démocratie ? Rappelons la formule qui fit florès au début des années 1980 : « Plutôt rouges que morts » (*rather red than dead*).

Les enfants de la démocratie risquent de ne plus avoir de volonté politique, de ne plus savoir ni vouloir se défendre. N'assisterait-on pas alors à l'érosion de toute volonté politique ? Jusqu'en 1989, l'Europe – au sens à la fois de l'ensemble des pays européens de l'Ouest et des institutions qui les rassemblent – était cimentée par un projet politique minimal, à savoir la volonté de ne pas connaître le régime communiste sous le contrôle de l'armée soviétique. Depuis la chute du mur de Berlin, ce projet s'est évanoui. Malgré le 11 septembre 2001, les Européens ont tendance à penser qu'ils n'ont plus d'ennemis, ni militaires ni idéologiques.

De plus, on ne peut plus l'ignorer depuis le 11 Septembre, les nouvelles formes des conflits n'opposent plus seulement des États agissant au nom des sociétés étatiques – dont le rôle n'est pas éliminé pour autant –, mais aussi d'autres acteurs non étatiques, les uns infranationaux, les autres transnationaux. Les uns luttent pour être reconnus comme des États indépendants, continuant à manifester la volonté d'indépendance et l'ardeur au sacrifice caractéristiques des peuples luttant contre une puissance qu'ils jugent impériale. C'est à des combats nationalistes de ce type qu'on a assisté, par exemple dans l'Europe centrale et orientale, dans les Balkans, à la suite de la décomposition de l'empire soviétique et de la Yougoslavie. Les autres luttent pour défendre des intérêts économiques ou, de plus en plus souvent, identitaires, en invoquant des valeurs directement contraires à celles des démocraties. Ben Laden est devenu le symbole de ces organisations sans État qui utilisent les techniques de l'Occident pour mener contre lui une lutte radicale. D'autres enfin se conforment à la pure logique mafieuse, au commerce des armes et de la drogue. Plus qu'à des guerres interétatiques, on assiste à des guerres civiles, à la prolifération des milices, à la criminalisation du politique, aux prises d'otages, au massacre des populations civiles. Manipulations criminelles et passions collectives conduisent à des violences incontrôlées. Pour reprendre les concepts de Pierre Hassner, les démocrates « bourgeois » se retrouvent face à des « barbares » qui ignorent les lois de la guerre.

Les mobilisations identitaires – forme moderne des passions tribales renouvelées par les arguments idéologiques des religions séculières – sont aujourd'hui les plus fréquentes et les plus violentes. Au nom d'une authenticité originelle, éventuellement inventée ou réinventée, parfois au nom de religions universalistes comme l'islam, les peuples revendiquent, en utilisant toutes les formes de la violence, que leur dignité soit reconnue. Les guerres d'indépendance des pays colonisés étaient d'abord des revendications de dignité collective, avant d'être des luttes pour acquérir le pouvoir. Plus encore que d'être riches et puissants les hommes ont besoin d'être reconnus dans leur identité et leur dignité. Et ce besoin les conduit souvent à la violence, quand les institutions politiques ne contrôlent pas leurs comportements.

Fin de la guerre ?

Or, face à ce monde rendu plus complexe et plus fluide, les démocraties européennes ne connaissent plus et ne comprennent plus ce qu'est la guerre. Les Américains eux-mêmes veulent bien mener des expéditions militaires, mais ils souhaitent qu'il n'y ait pas de morts ou, plutôt, ils souhaitent que leurs soldats ne meurent pas. Ce fut le cas au Koweït, ce fut le cas au Kosovo en 1991, alors même que les responsables politiques disaient engager les armées démocratiques dans le combat non pour défendre des intérêts nationaux, mais pour établir ou rétablir l'État de droit international et défendre les droits de l'homme contre la loi du plus fort et l'épuration ethnique. On a vu apparaître un temps la formule : « zéro mort », alors que le sens du sacrifice suprême, symbolisé par la formule « Mourir pour la patrie », fut, dans le passé, la condition de l'existence des nations et de leur volonté d'exister. Après les erreurs de la communication pendant la guerre du Vietnam qui avaient contribué à la défaite américaine, les horreurs de la guerre pendant la guerre du Golfe, pendant l'intervention au Kosovo, pendant l'intervention en Afghanistan, qui se poursuit discrètement, ont été transmises sous forme contrôlée et aseptisée, en tenant compte du fait que les démocrates n'aiment pas la guerre.

Ils entretiennent le fantasme que la technique permettra désormais de mener des guerres « propres », qu'on pourra remplacer la volonté des hommes de se défendre, éventuellement en risquant leur vie, par les raffinements de la technique. Les guerres entre les États sont remplacées par d'autres formes d'intervention : des frappes aériennes – de très haut, pour protéger la vie des pilotes – suivies de sanctions économiques dont les premières victimes sont les populations civiles. Alors, la question se pose : ces formes nouvelles de la guerre sont-elles plus efficaces, sont-elles plus morales que les guerres du passé, que nous refusons ? Michelet, déjà, il y a un siècle et demi, s'était interrogé : « Mais cet art nouveau de tuer à distance des peuples entiers, le plus souvent sans risquer rien, sans se douter même parfois de ces effets effroyables, n'entraîne-t-il pas avec lui une impassibilité que ne pouvait avoir l'ancienne guerre ? N'est-ce pas le meurtre de sang-froid ? Ce qui jadis faisait la circonstance atténuante de la guerre et l'ennoblissait, c'était le péril égal, le dévouement, l'esprit de sacrifice que l'on y portait. Des hommes si sages, qui comptent tellement sur la force des choses, qui croient moins à la leur, et presque n'en ont que faire, ne pourront-ils pas baisser de cœur ? Le mécanicien est tout. Le héros est supprimé. »[5]

L'anonymat technologique est-il préférable à la cruauté directe entre les hommes ? Bien entendu, il n'y a pas de réponse générale à la question, mais elle mérite d'être posée comme l'a fait Pierre Hassner. Il faut reconnaître que les démocrates admettent mieux la mort des Irakiens, des Serbes ou des Afghans victimes des talibans que celle de leurs propres soldats, même si la pression de l'opinion publique, et sans doute leurs propres sentiments d'hommes démocratiques, force les responsables militaires à les limiter autant que faire se peut, c'est-à-dire aussi longtemps que la vie des soldats de la démocratie n'est pas mise en cause. La compassion des démocrates est, elle aussi, souvent orientée.

La « douceur » des démocrates, qui est peut-être aussi de l'indifférence au reste du monde, risque d'avoir des effets pervers. On le sait, on ne saurait négliger l'opinion dans les démocraties, dans lesquelles les soldats et les citoyens tendent à se confondre. « L'organisation de l'enthousiasme », selon la formule d'Élie Halévy à propos de la Première Guerre mondiale, ou, tout au moins, l'organisation de l'abstention bienveillante devant la guerre décidée par le gouvernement est une nécessité. Tocqueville nous l'avait déjà annoncé, l'obligation de tenir compte de l'opinion devait conduire les démocraties à reculer la décision de faire la guerre, puis, une fois qu'elles sont entrées dans la guerre, de la mener jusqu'à la défaite totale de l'ennemi. Les retards et les émotions de l'opinion donnent un style particulier aux guerres menées par les démocraties. Lentes à s'émouvoir, elles ne s'arrêtent pas avant la victoire totale et l'anéantissement de l'ennemi. Pour l'instant, les démocrates semblent peu émus par les événements tragiques qui se déroulent dans l'autre partie de l'Europe ou dans le reste du monde. L'émotion née du 11 Septembre semble s'être rapidement estompée en dehors des États-Unis, mais qui peut dire de quoi sera fait l'avenir ? Il est bien vrai que, dans le monde, « jamais n'ont été aussi séparables puissance et prospérité, jamais le butin de la victoire n'a été aussi dérisoire, comparé aux conquêtes du travail pacifique, jamais l'humanité, tout entière engagée dans la même aventure, n'a eu autant à perdre dans les guerres, autant à gagner par la paix »[6]. Mais les hommes, nous le savons, prennent rarement leurs décisions en pesant les inconvénients et les avantages qui en découlent.

Les démocraties ont finalement gagné contre Hitler parce qu'elles ont fait la guerre, même si les peuples étaient plus mobilisés pour défendre leur patrie que pour lutter contre le totalitarisme nazi ; elles ont finalement gagné contre le communisme soviétique parce que ce dernier s'est effondré sous ses propres contradictions, mais aussi parce que les États-Unis avaient préparé la guerre nucléaire. Or, aujourd'hui, parce que les hommes démocratiques européens refusent sagement les horreurs de la guerre, parce qu'ils pensent qu'ils n'ont plus d'ennemis et qu'ils sont devenus « doux », seule l'ingérence humanitaire leur paraît pleinement légitime. Mais n'a-t-elle pas aussi ses propres contradictions, peut-elle remplacer la volonté proprement politique ?

Affaiblissement de la volonté politique ?

Le retour de la violence, sous formes non étatiques ou même, dans certains cas, étatiques, à l'extérieur mais aussi à l'intérieur des démocraties, est, lui, toujours possible. Les guerres du XXe siècle ne sont pas une simple parenthèse tragique, après laquelle l'évolution vers le commerce pacifique et universel entre les hommes reprendrait son cours paisible. Pierre Hassner ne croit pas plus que moi à la fin de l'histoire au sens de Francis Fukuyama et à la victoire définitive et universelle de la démocratie libérale alliée au capitalisme. Il ne pense pas que le monde de la production et du commerce puisse évacuer celui de la violence et de la volonté de puissance, de la montée et de la chute des nations et des empires, des rivalités entre les individus et des conflits entre les conceptions du bien, comme l'avaient imaginé Auguste Comte et les penseurs positivistes du siècle dernier. L'homme n'est pas seulement un *Homo œconomicus*, c'est un être de passions, de volonté de puissance, avide de reconnaissance pour conjurer son angoisse métaphysique et donner un sens au malheur, le sien et celui des autres.

La démocratie est une forme d'organisation aussi improbable que fragile. Elle ne fonctionne que lorsqu'un espace public s'est construit, qui transcende la société concrète, ses divisions et ses inégalités. C'est une société fragile, où les liens qui unissent les hommes sont d'abord juridiques et politiques. C'est aussi une société fragile parce qu'en accordant des droits civils, juridiques et politiques égaux à des individus divers et inégaux par leurs origines et leurs capacités elle fonde sa légitimité sur un principe de renversement du monde social, où le plus souvent c'est le fort qui opprime le faible. Inévitablement elle trahit les valeurs dont elle se réclame dans ses pratiques quotidiennes. La critique d'elle-même à laquelle elle procède est un facteur d'affaiblissement – au moins à court terme, mais les décisions de guerre ou de paix doivent souvent être prises dans l'immédiat – et de division. Elle risque toujours de ne plus vouloir ni savoir se défendre. Le juste refus des horreurs de la guerre risque de faire oublier de lutter pour la paix. L'égoïsme et les plaisirs immédiats de la production et de la consommation ne suffiront pas à assurer son avenir.

Les démocraties doivent toujours lutter contre elles-mêmes dans la mesure où elles trahissent toujours leurs propres valeurs. Il n'est jamais ni donné ni acquis de construire un minimum de consensus entre les membres d'une société, si ce consensus est exclusivement fondé sur l'individualisme, la tolérance plus ou moins négligente et la prépondérance du juste sur le bien. Il n'est jamais donné ni acquis qu'elles sachent contrôler leur volonté de puissance. De plus, elles doivent aussi lutter contre le monde non démocratique, qui reste majoritaire. Elles sont encore, et sans doute pour longtemps, une minorité ; elles seront toujours soumises à la pression des autres États et des acteurs non étatiques qui, en s'inscrivant dans une logique de violence, échappent au contrôle des institutions politiques légitimes. Or le monde tend de plus en plus à être unifié économiquement et techniquement, alors que les organisations politiques héritées du passé, à savoir l'État national en tant qu'expression d'une nation démocratique, sont toujours plus fragiles. La distance ne protège plus les démocraties contre les passions, tribales ou idéologiques, des hommes non démocratiques du lointain. Les institutions affaiblies n'offrent plus de garantie contre ces mêmes passions, que les hommes, à l'intérieur même des sociétés démocratiques, continuent à nourrir. Seule leur volonté peut leur donner les moyens de maintenir, de transmettre et de diffuser les valeurs auxquelles elles se réfèrent, même si – c'est un euphémisme – elles ne leur sont pas toujours fidèles.

Diffuser les valeurs démocratiques est légitime, dans la mesure où nous ne disposons pas d'une meilleure idée que la citoyenneté et l'État de droit pour organiser la vie des hommes en société. Or c'est toujours, d'une certaine façon, une *idée de la raison*, au sens de Kant, c'est-à-dire une idée qui ne saurait jamais être entièrement réalisée, mais qui anime l'action et indique le but. Pour que la citoyenneté ne soit pas formelle, selon une critique bien connue et justifiée, l'État des « démocraties providentielles » s'efforce d'assurer concrètement l'égalité des droits de tous les êtres humains. Il intervient toujours plus pour favoriser le bien-être matériel et moral de ses membres. Mais il ne faut pas que cette ambition légitime aboutisse à décomposer le principe politique et la volonté de maintenir les valeurs communes. Il faut que les démocrates ne soient pas seulement animés par le désir d'améliorer leur sort concret et immédiat, il faut aussi qu'ils gardent la volonté de renouveler le projet politique par lequel ils forment une société dont les exigences et les contraintes leur paraissent légitimes. Il faut qu'ils gardent la volonté de défendre un régime politique toujours imparfait dans ses pratiques, sans aucun doute, mais qui a pour vertu d'accepter la critique et d'être susceptible d'être amendé et corrigé au nom de ses propres valeurs. Il faut qu'ils gardent la volonté de contrôler leurs propres passions nationales et leur propre volonté de puissance.

Il faut qu'ils le fassent avec la passion de la raison et la volonté raisonnablement passionnée de contrôler les comportements des hommes par la raison – malgré Auschwitz et pour qu'Auschwitz, pour que le génocide des Cambodgiens et celui des Rwandais ne se reproduisent plus, plus jamais.

2003

SECONDE PARTIE

Citoyenneté et pluralismes

Plus liés à l'actualité et aux débats qu'elle suscite, les textes qui suivent sont présentés dans l'ordre de leur publication. Tous traitent de la manière de gérer les diversités, celles qui traduisent heureusement la liberté des citoyens et celles qui la menacent. Plus ouvertes que les autres formes d'organisation politiques et plus tolérantes, les démocraties peuvent-elles accepter, et même institutionnaliser, toutes les formes de diversité ?

L'optimisme sur l'intégration des populations de tradition musulmane qui s'exprimait, à partir des enquêtes sociologiques, au tournant des années 1990 (*Juifs et musulmans maghrébins,* 1987 ; *La citoyenneté à l'épreuve : les musulmans pendant la guerre du Golfe,* 1993) a fait place à une réflexion plus inquiète sur les limites que peut comporter la diversité culturelle. La diversité ne doit pas être contradictoire avec les valeurs communes, la liberté et l'égalité de tous les êtres humains. La société démocratique ne saurait accepter des dispositions qui institutionnalisent les inégalités entre les hommes et les femmes et le refus de séparer le politique et le religieux (*Pluralisme et monde commun*, 1997). La célébration de la loi de 1905 a été l'occasion de rappeler les conditions dans lesquelles les juifs ont conjugué des formes diverses de fidélité ethnico-religieuse avec la citoyenneté, en France, mais aussi dans d'autres démocraties (*Modèle des « israélites » ou modèle démocratique ?*, 2004). Je suis revenue sur le sens et les limites de la mixité sociale en discutant des vertus supposées de toute forme de mixité (*De la mixité démocratique*, 2005). C'est à la suite des émeutes de 2005 dans les banlieues que je me suis interrogée sur le sens de l'échec affirmé du « modèle républicain », par lequel traditionnellement les différentes vagues d'immigrés ont été intégrées dans la société française. Rien ne démontre que la tradition se perpétue dans une société assoiffée de bien-être matériel, inquiète sur sa propre identité et peu civique. L'intégration culturelle des descendants de migrants ne suffit pas à assurer leur intégration structurelle et politique (*L'échec du « modèle républicain » ?* 2006). Faut-il alors s'inspirer des politiques de « discrimination positive » adoptées aux États-Unis ? Mais ne faut-il pas d'abord comprendre leur sens et leurs conséquences ? (*Action ou discrimination positive ?* 2007). Dans la même inspiration, faut-il adopter désormais, comme d'autres pays européens, des statistiques ethniques qui permettraient de suivre et de corriger les processus d'intégration et les discriminations dont les descendants de migrants sont les victimes ? Le débat est en lui-même significatif de la relation à la statistique et à la connaissance que les démocrates ont de leur propre pays (*Les enjeux de la statistique ethnique,* 2008). Le voile intégral est un exemple privilégié de la limite que la démocratie doit poser à des traditions particulières, qui dénient la qualité d'être humain à des femmes radicalement séparées de l'espace public commun à tous et refusant les échanges généralisés qui sont à l'horizon de l'imaginaire démocratique (*Le voile intégral : une épreuve pour l'ordre démocratique,* 2013). Enfin, le renouveau du débat sur le multiculturalisme, qui avait marqué les années 1990, m'a conduite récemment à présenter sous forme synthétique les réflexions que j'ai menées sur ce sujet au cours des années écoulées (*Quelle politique multiculturelle ?* 2015).

13

Juifs et musulmans maghrébins

L'islam et le judaïsme ont en commun de constituer une référence religieuse gouvernant la vie quotidienne des individus et les rapports qu'ils entretiennent avec la puissance publique. Le judaïsme comporte une dimension religieuse, mais c'est aussi l'histoire du peuple juif. L'islam est tout ensemble une religion et un système politique.

Le contenu de la foi, les pratiques, les relations entre la foi et son expression publique, l'histoire des peuples, ou les relations qui se sont établies entre ces peuples et la modernité distinguent les juifs et les musulmans. Mais, dans les deux cas, la double référence religieuse et historique est contradictoire avec les exigences de l'État français qui, dans son principe, renvoie le religieux dans l'ordre du privé et ne considère que des citoyens, définis par un ensemble de droits et de devoirs, indépendamment de toute appartenance historique (religions, régions, clans ou « nations » de l'Ancien Régime). Étant donné le lien entre le politique et le religieux dans le judaïsme et l'islam, la naissance de l'État moderne occidental a constitué pour les juifs observants du début du XXe siècle une épreuve du même type que pour les pratiquants musulmans d'aujourd'hui en France. De ce point de vue, mais de ce point de vue seulement, on peut comparer les attitudes des uns et des autres. Il importe toutefois de souligner combien les conditions historiques ont donné un sens différent à la confrontation entre les exigences de l'État moderne laïc et des traditions particulières qui unissaient l'ordre religieux et l'ordre politique.

Histoire

Toutes les populations, en particulier celles qui s'interrogent sur leur identité et leur place dans la société, ressentent une réticence devant l'entreprise des sciences humaines qui, par décision de méthode, les traitent comme d'autres populations, ce qui n'implique évidemment pas qu'elles *soient* comme les autres. De plus, toute comparaison conduit inévitablement à simplifier et à schématiser plus rigoureusement encore la réalité sociale. Enfin, la comparaison n'implique, par définition, ni l'identité ni même la proximité des populations, mais seulement l'effort de préciser les traits communs et les dissemblances. Sans entretenir l'espoir d'être vraiment entendus, nous tenons à rappeler notre sympathie pour l'une et l'autre population, notre volonté de reconnaître la spécificité de l'une et de l'autre et notre seule ambition d'éclairer les attitudes de l'une et de l'autre par une comparaison aussi rigoureuse que le permet la connaissance de groupes sociaux variés par leurs origines, leurs appartenances, leurs histoires et leurs attitudes.

L'inégale longueur des analyses qui leur sont consacrées est dictée non par une quelconque préférence, manifeste ou cachée, mais par les caractères mêmes de la réalité sociale et la connaissance que nous en avons. Le fait que la typologie des manières d'être juifs en France ait déjà été élaborée et présentée par ailleurs[1] a conduit à résumer leurs attitudes en quelques phrases, alors qu'on s'est attaché à analyser plus longuement les attitudes moins connues des musulmans.

Les attitudes des juifs, pratiquants ou non, qu'on peut analyser aujourd'hui sont l'effet d'une évolution qui s'est déroulée sur plusieurs générations pendant près de deux siècles. Il est vrai que la majorité des juifs français est aujourd'hui originaire du Maghreb. Mais, à leur arrivée en France, ils se sont trouvés immédiatement insérés dans des structures dont les origines remontaient, pour certaines d'entre elles (les consistoires), à l'époque napoléonienne. Ils ont ainsi bénéficié d'un long travail d'insertion dans la société française. De plus, les juifs algériens avaient tiré avantage de la politique coloniale. Si le décret Crémieux, conférant, en 1871, la citoyenneté française aux juifs d'Algérie, n'a pas suffi à constituer en une communauté unique juifs et « Français » ni même à assurer dans les faits l'égalité des droits accordés par la loi aux uns et aux autres, il a favorisé leur accès au système éducatif français et permis leur entrée progressive dans la petite et moyenne fonction publique. Dans l'ensemble, comparés aux migrants maghrébins juifs, les migrants musulmans sont décalés, dans leur rapport à la France, d'au moins une génération.

La différence de génération n'est pas seule en cause. La période historique donne un sens différent au contact entre une tradition religieuse-nationale et les exigences de neutralité religieuse de l'État[2]. Le rapport des juifs de la première moitié du XXe siècle avec la société globale était marqué par un passé de persécutions, mais, pour ceux qui se voulaient les plus modernes, l'Émancipation avait transfiguré le passé et fait attribuer les persécutions à l'Ancien Régime. La confiance de l'ensemble des Français dans les valeurs universelles héritées des Lumières, l'élan égalitaire et l'expression du patriotisme tout au long du XXe siècle et jusqu'à 1940 ont facilité leur entrée dans la société française, malgré les obstacles et les préjugés hostiles. Les musulmans arrivent aujourd'hui dans un pays moins confiant dans les valeurs de la modernité, où la valeur suprême accordée à l'« assimilation » est remise en cause.

Si l'on accepte de résumer brutalement l'histoire complexe de l'intégration des juifs français, on admettra que la majorité d'entre eux accepta de cesser d'être juifs à l'extérieur, selon la formule que Moïse Mendelssohn avait mise à la mode à Berlin ; autrement dit, accepta de participer, ou, mieux, s'efforça de participer activement à la vie nationale en abandonnant toute forme de judaïsme perceptible dans la vie sociale. À l'image des catholiques, la majorité des juifs intériorisa une définition chrétienne du judaïsme comme religion, en excluant toute référence à une terre et à un peuple dépassant le cadre des frontières et de la population nationales.

Si le rapport entre les juifs et la politique est le fruit d'une longue histoire nationale, le contact avec la modernité française, pour les musulmans, s'est fait dans et par la société coloniale, où l'islam conservait son organisation de communauté majoritaire, avec son droit privé, familial et successoral, et sans expression politique souveraine. L'héritage colonial de l'islam maghrébin est ambigu[3]. L'islam a constitué un des thèmes mobilisateurs de la lutte pour l'indépendance, mais cette lutte se fondait aussi sur l'idée de nation algérienne et du droit des peuples à disposer d'eux-mêmes, empruntée à la tradition européenne. La lutte pour l'indépendance a donc légitimé des valeurs étrangères au système de références de l'islam classique, plus attaché à la communauté des croyants qu'à la nation. Pour la majorité des Maghrébins, l'expérience coloniale s'est soldée par le refus de l'intégration à la France. Toutefois, cela n'a pas empêché les musulmans d'emprunter une part du patrimoine culturel et institutionnel du colonisateur. Mais ce sont justement les groupes sociaux exclus du processus de modernisation interne au Maghreb que l'on trouve dans l'immigration. Le plus grand nombre des immigrés est issu des régions rurales, où l'islam est majoritaire.

Tout émigré pauvre quittant son pays pauvre, pour travailler dans un pays riche, est susceptible de se sentir traître aux siens. Ce sentiment est renforcé, dans le cas des musulmans, par la référence religieuse qui fonde ou justifie la revendication identitaire, entretenu pour les enfants issus de l'émigration algérienne par les souvenirs de la guerre. Marqués par le passé, leurs parents verraient dans la naturalisation française de leurs enfants l'expression d'une trahison. Ce ne sont pas les persécutions, comme dans le cas des juifs, ni seulement le souvenir de la situation coloniale, mais la guerre, restée présente à la conscience des Algériens, qui réactive un des schémas de la culture islamique selon lequel, nationalité et communauté étant étroitement liées, la naturalisation des enfants prendrait le sens d'un reniement.

Leur importance numérique oppose également juifs et musulmans en France. D'après le recensement consistorial de 1808, on comptait quarante-six mille juifs en France, soit 0,61 % de la population globale ; la proportion des juifs n'a jamais dépassé 0,5 % de la population jusqu'à la Seconde Guerre mondiale, ils en forment autour de 1 % aujourd'hui. Les musulmans représenteraient dans les années 1980 – sans que les chiffres puissent être rigoureux – environ 6 % de la population résidant en France.

L'expérience historique a conduit les juifs à développer une culture de groupe minoritaire soucieux de préserver son identité, même si les juifs se sont progressivement intégrés à la société française grâce à leur adhésion aux valeurs issues des Lumières et incarnées par la Révolution française. Le génocide, la création de l'État d'Israël et l'arrivée des juifs d'Afrique du Nord au lendemain de l'indépendance du Maghreb ont donné une dimension historique à la judéité de la majorité d'entre eux, mais ils n'ont pas remis en cause leur participation de citoyens à la vie politique. L'islam n'a pas la même expérience. Dans les pays où les populations musulmanes constituent une minorité, en Inde, en Yougoslavie, en Allemagne, en France, on constate la coexistence de l'héritage islamique avec des accommodements individuels de type laïc[4]. Mais, dans tous les cas, la pensée musulmane n'a pas remis en question le fondement même de l'islam, indissolublement religieux et politique.

Alors que les juifs disposent depuis longtemps d'une élite intellectuelle et sociale favorisant l'interaction avec la société globale, ce n'est pas le cas pour les musulmans. Tout laisse à penser que, comme les *Chicanos* en Californie, les *beurs*, nés et surtout scolarisés en France, produiront dans l'avenir une élite. Mais, à la différence des juifs, ils commencent seulement à envisager de participer à la vie politique. Cette réticence est probablement provisoire, car elle s'accompagne d'une réelle fascination pour la politique. S'explique-t-elle par l'hostilité qu'ils rencontrent ou par la crainte inconsciente de devoir abandonner l'*Umma* de l'islam majoritaire ?

Dans le cas des juifs aujourd'hui, on avait pu élaborer une typologie en trois termes fondée sur l'existence du double pôle religieux et historique : les *pratiquants*, les *militants*, les *israélites*[5]. Pour les juifs *pratiquants*, le pôle religieux – ou, pour être plus fidèle à la tradition juive, le pôle à la fois métaphysique et pratique – continue à être vécu dans ses dimensions essentielles, en particulier à travers les pratiques quotidiennes (prières, respect des règles alimentaires) et hebdomadaires (célébration du *shabbat*). Cette pratique est aujourd'hui compatible avec la participation politique (vote, action syndicale, militantisme syndical ou partisan), l'expression sociale ou politique propre au judaïsme se traduisant par la participation à la vie des organisations culturelles, cultuelles ou politiques juives. Pour les *militants*, le pôle historique est devenu primordial et les pratiques spécifiques sont réduites aux manifestations symboliques : rites de passage et célébration des grandes fêtes, *Kippur* et *seder* de *Pessah*. Mais ce militantisme, qui se traduit massivement par l'action en faveur de l'État d'Israël, est d'autant plus étroitement lié à la participation politique en France que l'activité, dite « sioniste », c'est-à-dire en faveur de l'État d'Israël, n'implique aucun projet concret de départ : c'est seulement parmi les *pratiquants* qu'existe parfois le projet. Enfin, pour les *israélites*, les pôles religieux et politique du judaïsme sont également affaiblis mais, pleinement acculturés à la France, ils n'en gardent pas moins, par dignité, par fidélité à soi-même et à un passé familial et collectif, le sentiment d'une identité spécifique, fondé sur le respect de la tradition juive dont ils reconnaissent la valeur, malgré leur non-pratique et souvent leur ignorance.

Quel que soit le type de leur judéité, la référence du judaïsme n'entraîne chez les juifs d'aujourd'hui aucune réserve pour participer à la vie politique. Mieux, il semble que leur participation électorale (comparée à celle des non-juifs des mêmes milieux sociaux) soit particulièrement élevée et qu'ils appartiennent à la catégorie des « mobiles » dans les votes, dont la mobilité serait fondée sur une conscience historique et politique forte, un degré de « politisation » élevé[6].

Dans la mesure où la typologie des manières d'être juifs était fondée sur l'ambiguïté du judaïsme selon les normes françaises, c'est-à-dire sur la double dimension religieuse et historique, peut-on tenter de l'appliquer – avec les nuances et les précautions qu'imposent la différence des générations, des appartenances sociales, des passés historiques et le contenu des deux traditions – aux populations musulmanes, afin d'éclairer les homologies d'attitudes et les différences dans les manières dont ces attitudes s'actualisent[7] ?

Musulmans en France et musulmans de France

L'enquête a montré que la comparaison entre juifs et musulmans n'avait de sens que pour les populations musulmanes stabilisées en France. Il importe en effet de distinguer entre les *musulmans en France* et les *musulmans de France*[8]. Pour les premiers, le séjour est vécu comme une étape provisoire, élément d'une trajectoire dont le sens est donné par les normes et les valeurs du pays d'origine et par le projet de retour. Les seconds, en revanche, installés dans la société française, adaptent leur conduite aux normes et aux valeurs d'une société devenue la leur et plus encore celle de leurs enfants.

Cette distinction reste d'ordre idéal-typique. Dans la réalité, la coupure d'avec la société française des *musulmans en France* n'est pas absolue, les discours de rupture servent souvent de compensation à l'épreuve de l'émigration et aux compromis auxquels l'émigré finit par consentir. Au cours de sa vie, le même individu peut connaître successivement des expériences vécues conformes à des types différents, passer, par exemple, des attitudes et des comportements conformes au type qualifié de *pratiquant de passage* à ceux du *pratiquant installé.* Dans la mesure où la masse des juifs français appartient pleinement à la société française, en droit et en fait, et ne conçoit sa présence et son avenir qu'à l'intérieur de cette société, c'est seulement avec les *musulmans de France* que la comparaison peut avoir un sens. Il n'y a pas l'équivalent chez les juifs des *musulmans en France,* même si quelques groupes minoritaires et marginaux, récemment immigrés d'Afrique du Nord, ont des formes d'identification à Israël qui pourraient être comparées à celles des musulmans à l'égard de certains pays arabes. Il n'existe pas aujourd'hui des juifs en France, mais seulement des juifs de France.

Les musulmans, qu'on appellera indifféremment *musulmans en France* ou *musulmans de passage,* ne conçoivent leur séjour en France que comme provisoire – même si, dans les faits, ce provisoire dure –, en sorte que leurs attitudes et leurs comportements se comprennent par référence moins aux exigences de la société française qu'aux normes du pays d'origine. Présents en France, ils s'efforcent de continuer à appartenir à un autre monde. L'expression « de passage » ne désigne pas la durée d'un séjour en France, qui peut être long, mais l'attitude à l'égard de la société française. Reste que, si les comportements privés peuvent rester fortement conditionnés par les normes de la société d'origine, l'émigré accepte inévitablement de composer avec certaines nécessités de la vie professionnelle et de la vie collective.

Les *musulmans en France,* quelles que soient leur conception de l'islam et leur appartenance sociale, ont en commun de ne pas concevoir un ordre politique séparé de l'ordre religieux. Pour les *pratiquants de passage*, le politique, subordonné à la religion, n'est qu'un instrument au service d'une religion qui définit toutes les dimensions de l'existence privée et collective. Pour les *militants antioccidentaux,* la religion devient un instrument de la prise de conscience politique dans un combat général mené par les musulmans contre le monde et les valeurs occidentales.

Pratiquants de passage

Les *pratiquants de passage* musulmans se conforment aux règles fondamentales de l'islam (les cinq prières quotidiennes, le respect des interdits alimentaires, en particulier la non-consommation de l'alcool et du porc, le ramadan, l'aumône, le pèlerinage à La Mecque), comme les *pratiquants* juifs respectent les pratiques auxquelles la tradition accorde la signification la plus haute, celle des règles alimentaires de la *cacherouth* et du repos hebdomadaire du *shabbat.*

Qu'il s'agisse d'ouvriers, modestes, généralement âgés, isolés dans la société française et étrangers à elle, ou d'intellectuels (que nous qualifierons, les uns *d'étrangers,* les autres de *prosélytes),* ils continuent tous à unir l'ordre religieux et l'ordre politique en respectant scrupuleusement les pratiques musulmanes. Mais les *ouvriers* ignorent la vie politique et refusent toute participation syndicale, politique[9] et sociale, alors que certains *intellectuels* et certains *étrangers,* soucieux d'utiliser les syndicats pour défendre la religion, font de la politique un instrument de la religion.

Les ouvriers

Les *ouvriers* vivent en France, mais dans un milieu exclusivement maghrébin. Privés de leur famille, ils mènent dans toute la mesure du possible la vie traditionnelle telle qu'ils la connaissaient avant la migration. Isolés de la communauté nationale, à laquelle ils ne sont reliés que par l'intermédiaire de leurs compatriotes mieux intégrés, c'est seulement avec d'autres Maghrébins qu'ils travaillent, vivent dans les foyers, partagent les repas et respectent, presque comme au village d'origine, les pratiques musulmanes. Une attitude ambiguë à l'égard de la société française qu'ils déclarent ne pas connaître, mais qu'ils observent à travers les médias, les conduit à refuser toute participation politique :

Je ne fréquente personne. Le travail et la maison, et la mosquée, voilà ce que je fais. (H., en France depuis vingt et un ans, famille au Maroc, manœuvre-chauffeur, marocain.)

Ces migrants modestes, dont on doit trouver l'équivalent dans d'autres populations d'émigrés, n'ont pas d'homologues parmi les juifs. Sans doute, certains milieux juifs, comme ceux des Loubavitch, s'efforcent, par volonté collective, de mener une vie aussi fermée à la société globale. Mais, appartenant aux catégories moyennes cultivées, ils participent à la vie collective par leur activité professionnelle et les connaissances qu'ils maîtrisent. Leur isolement social volontaire est le produit d'une conviction et d'une volonté, non d'un destin imposé.

Les intellectuels

Pour les *intellectuels* aussi, la religion ne se sépare pas de son expression politique. Le séjour en France, considéré comme nécessairement provisoire étant donné la nature de la société française non islamique et laïque, se justifie par la lutte qu'ils viennent y livrer par le verbe et par l'exemple. Eux aussi sont de passage. On trouve toutefois parmi eux deux sous-types qu'on peut qualifier de *prosélytes* et d'*étrangers.*

Les *prosélytes* restent dans la vision islamique d'un islam majoritaire. Pour le sublimer dans une société non islamique, ils ont tendance à en donner une version intériorisée, privée, qui ne remet en cause ni les principes de la cité musulmane ni ceux du pays d'accueil :

Nous ne faisons pas de manifestations parce que le livre de Dieu nous apporte tout. (H., en France depuis quatorze ans, trente-trois ans, libraire, marocain.)

Ils acceptent de tenir compte de l'immigration dans la société française en prônant un dialogue et des efforts non violents pour l'amener à changer. C'est par le prosélytisme, par la diffusion du « message de Dieu », qu'ils veulent obtenir ce changement, non par la participation syndicale ou politique. Le syndicat est, en effet, comme l'ensemble de la société française, marqué par le péché d'être non musulman. Le musulman doit, certes, travailler, mais, même si son activité professionnelle constitue la justification première et essentielle de la présence en France[10], elle doit rester subordonnée aux pratiques religieuses.

Pour les *étrangers,* généralement venus en France pour y recevoir une formation universitaire supérieure, l'avenir est dans le pays d'origine. Ils refusent radicalement la société française, même s'ils doivent consentir à quelques accommodements temporaires. La seule existence viable est celle qu'un musulman peut mener dans une société gouvernée par l'islam.

La présence des musulmans en France ne peut y être que temporaire et précaire. Voulant rester étranger, le *pratiquant étranger* craint surtout l'influence néfaste que ce modèle pourrait exercer sur sa propre société et sur ses compatriotes, qui doivent temporairement s'y soumettre pour gagner leur vie :

Les lois françaises vont contre la loi divine, puisque c'est une loi laïque qui est contre la loi musulmane. (H., en France depuis quatre ans, vingt-huit ans, étudiant en troisième cycle, algérien.)

Le musulman doit travailler – d'autant que « l'islam a glorifié le travail en tant que tel » –, mais, comme pour les *prosélytes,* le travail doit rester subordonné à la religion et à ses pratiques. Formés au militantisme politique, les *étrangers* considèrent le syndicat comme un instrument, non pour intervenir dans la vie collective, mais pour obtenir des avantages sur le plan religieux. La participation syndicale et *a fortiori* politique ne peut être qu'instrumentale. Toute participation à la vie sociale reste impossible, puisque les Français ne se conforment pas aux règles de l'islam. La laïcité de la société française oblige les *intellectuels pratiquants de passage* à situer le politique ailleurs, dans le pays d'origine ou dans des pays protecteurs, qui auront pour mission de veiller à ce que le système français respecte les règles de la communauté musulmane présente en son sein.

L'interprétation de l'islam dans sa version rigoureuse par les *intellectuels pratiquants* (*étrangers* et *prosélytes*) est donc stratégique. Pour les *étrangers,* l'aboutissement est le retour en terre d'islam et l'éradication des symboles de l'Occident dans les sociétés islamiques. Pour les *prosélytes,* le rejet est moins absolu, mais aboutit à la volonté de constituer un groupe séparé qui devra être protégé soit par le pays d'origine, soit par un pays puissant comme l'Arabie Saoudite qui se voit investie d'une mission générale au nom de l'*Umma,* chargée de servir d'interlocuteur et même de protecteur auprès du pays d'accueil. Les *pratiquants* poursuivent le rêve de se trouver à nouveau dans le cadre de l'islam majoritaire et de sortir ainsi des contradictions présentes.

Militants antioccidentaux

Les musulmans de ce type ne respectent que symboliquement le ramadan et se contentent en général d'éviter de consommer du porc et de l'alcool. Ces pratiques irrégulières et symboliques constituent des signes d'appartenance à une communauté dispersée et engagée dans un combat général contre l'Occident, dont la France est l'un des éléments. Cette défense d'un islam politique, à la fois victime et ennemi de l'Occident, dépasse le cas français. Leur activité est justifiée par la revendication d'inspiration tiers-mondiste contre la « dépendance » des pays musulmans, par l'« attaque » des pays occidentaux décrits comme les ennemis de l'islam, recherchant l'« exploitation » des immigrés.

Ce sont le plus souvent des étudiants ou des intellectuels, venus avec l'intention de rester pour un temps limité. Ils ont prolongé leur séjour en acceptant divers emplois manuels inférieurs à ceux que leur formation pouvait leur faire espérer. Ils ne se décident pas pour autant à abandonner ces situations d'attente qui se prolongent, mais, intellectuels déclassés, ils traduisent leur sentiment d'injustice par une analyse du rapport entre l'islam et l'Occident, qui permet de transfigurer leur condition objective dévalorisée :

L'islam est utilisé par des peuples pour tenter de sortir de leur situation et de vaincre leur dépendance. Je m'intéresse aussi à l'islam parce qu'il est attaqué par les pays occidentaux. (H., en France depuis quatorze ans, trente-deux ans, maîtrise de sciences économiques, tunisien.)

La cause palestinienne devient l'instrument privilégié grâce auquel ils tentent de susciter chez tous les musulmans et en particulier chez les *musulmans de France* une prise de conscience politique. Ils agissent pour que ces derniers constituent en France, grâce à l'action syndicale et à l'utilisation du droit de vote, une forme d'opposition ou de résistance globale de l'islam à l'Occident. La participation politique doit être un des instruments de cet affrontement :

Il ne faut pas croire que le droit de vote changera totalement et fondamentalement la condition de l'immigré. Ce sera plutôt un moyen pour lui de faire passer son message à l'opinion publique et aux forces militantes. (*Idem.*)

Participer à la vie publique locale et nationale en France est un devoir moral, celui de combattre en faveur d'un islam dont la définition est d'abord historique et nationale. Ce type de militant aurait sans doute tenu un discours d'inspiration marxiste, voire maoïste, il y a quelques années. Le désenchantement à l'égard des divers modèles socialistes l'amène à utiliser l'islam pour peser à la fois sur la société d'origine et sur la société française. En France, il permet de trouver un langage politique accessible aux ouvriers et de ne pas laisser le monopole du discours religieux aux musulmans traditionalistes soupçonnés d'être conservateurs. Il ne faut pas s'étonner de voir ces *intellectuels* pousser à l'engagement politique, en contradiction avec la logique de l'islam rigoureux. Le discours religieux n'a qu'une valeur instrumentale au service de la solidarité arabe et tiers-mondiste, c'est l'habillage d'un comportement laïc, dépassant le cadre national.

Qu'ils soient *pratiquants* réguliers ou *militants,* les *musulmans en France,* de passage, ont en commun de ne pas admettre la séparation de l'ordre politique et de l'ordre religieux, constitutive de la tradition nationale française. Cette attitude entraîne chez les *ouvriers* et les *intellectuels prosélytes* le refus de participer à la vie politique locale, condamnée par le fait même de sa laïcité ; chez les *pratiquants étrangers* et les *militants,* la volonté d'utiliser l'arme syndicale et même politique comme instrument d'une lutte qui, par-delà le cas français, tend à compenser par l'affirmation de la supériorité religieuse et morale de l'islam la situation d'infériorité des individus en France et des nations arabes par rapport au monde occidental.

Pour les *musulmans de France,* au contraire, qu'ils soient ou non *pratiquants,* la comparaison peut être significative puisque, comme les juifs, c'est en France qu'ils perçoivent leur avenir et c'est en fonction des normes locales qu'ils se définissent, même si certains d'entre eux continuent à formuler un projet de retour qui reste à l'état de mythe. Il importe, toutefois, de distinguer parmi eux les *pratiquants,* qui continuent à respecter les règles fondamentales de l'islam comme les pratiquants juifs respectant la *cacherouth* et le *shabbat,* des *militants* qui donnent à l'islam un sens historique et culturel, comme les *militants* juifs donnent au judaïsme un sens d'abord historique, l'appartenance à un peuple au destin spécifique.

Il faut rappeler rapidement l'attitude des juifs *pratiquants,* produits de la longue histoire de la participation des juifs à la nation française, avant d'analyser plus longuement les attitudes plus ambiguës des musulmans.

Tous ont intégré la séparation de l'ordre des pratiques et de la foi juives d'avec l'ordre politique. Ils ne voient pas de limites à l'exercice de leur citoyenneté : le judaïsme – dans sa dimension spirituelle – se marie aux pratiques et aux valeurs liées à la nationalité française :

Vous savez, je me sens française et je me sens juive, je trouve que ce n'est pas du tout incompatible, qu'on peut très bien être bien dans sa peau... Je pense que tout le monde se sent bien en France, très bien dans sa peau et que, ma foi, on est juif, on est né tel et puis c'est un idéal qui va avec l'idéal français, un idéal de fraternité et moi je n'ai pas de problème de ce côté-là, du tout. (Femme d'architecte, quarante-cinq ans, originaire de Lorraine.)

La solidarité avec l'État d'Israël ne remet pas en question l'appartenance à la nation française. Dès lors, la participation à la vie publique est si évidente qu'elle est rarement formulée : l'intériorisation du judaïsme comme donnée d'abord spirituelle (la pensée, la morale juives) laisse une liberté complète pour toutes les formes d'intérêt et d'action politiques. Sans être devenu une religion au même titre que le catholicisme, le judaïsme est vécu par les pratiquants comme une aventure spirituelle, même si elle entraîne un lien spécifique avec l'État d'Israël.

Pratiquants installés

L'attitude des musulmans est moins formulée, en particulier à cause de leur interrogation sur la nationalité. Mais, pour eux aussi, le religieux est désormais séparé du politique. À la différence des *pratiquants de passage*, les *pratiquants installés* depuis de nombreuses années participent à la société française par leur travail, leurs relations de voisinage avec d'autres Français et d'autres migrants, musulmans ou non, leur fréquentation de l'école française, leur pratique religieuse. Ils ont intériorisé l'idée que l'islam est une religion au sens des chrétiens d'aujourd'hui, renvoyée au domaine privé. L'essor et la vie de l'islam, religion universelle, sont désormais, pour eux, indépendants des États nationaux particuliers qui s'en réclament. Tous admettent qu'ils doivent respecter les lois françaises, même si elles ne sont pas conformes aux lois islamiques, et tenir compte des exigences spécifiques du travail collectif et, plus généralement, des nécessités de la vie commune.

Pour les ouvriers *pratiquants* de ce type, cette intériorisation des normes françaises est le résultat d'un séjour prolongé ; pour les autres, elle est liée à un niveau culturel élevé : dans les deux cas, l'islam a cessé d'être un absolu. Ils le comparent aux autres religions avec lesquelles ils demandent l'égalité de traitement. Il s'agit d'un changement doctrinal énorme, qui remet en cause la vocation majoritaire de l'islam et rompt avec l'islam officiel des pays musulmans. Mais, si cette attitude apparaît de plus en plus fréquente chez les émigrés, rares sont les intellectuels et les hommes de religion qui la reconnaissent comme acceptable, en France ou dans les pays d'islam[11]. Le bloc de la foi reste immuable au niveau des principes et des discours. On ne se soucie guère de légitimer des pratiques de bon voisinage qui s'établissent de fait entre des divers groupes religieux :

On est en France, il faut respecter le code et la loi française, c'est un fait. La charia islamique, ça regarde que la personne. S'il veut faire la prière, il fait la prière. (H., en France depuis trente ans, quarante-neuf ans, maçon, algérien.)

Certains soulignent que l'atmosphère générale est différente, puisqu'ils constituent une minorité religieuse – ce qui d'ailleurs confère au maintien de leur pratique un mérite particulier. Ils reconnaissent aussi, en particulier les femmes, la liberté que leur laisse une société laïque qui, certes, n'est pas conforme aux lois de l'islam, mais n'empêche pas les musulmans de les respecter.

On doit souligner que, pour ces *pratiquants installés*, l'islam en France ne peut être dissocié de son évolution dans les pays d'origine. Les plus sensibles aux aspects positifs de la laïcité sont les Tunisiens, dont la société connaît la même évolution depuis l'indépendance. D'autres trouvent dans la relation entre religion, État et société en France un modèle à étendre au Maghreb, justifiant ainsi les craintes des pratiquants rigoristes.

Dans le travail, je n'ai pas rencontré une personne qui disait avoir des problèmes parce qu'elle est musulmane. Il y a des employeurs à qui les travailleurs ont fixé les heures de prière et il y a des endroits où il y a des salles de prières. (F., en France depuis dix ans, vingt-neuf ans, enseignante et assistante sociale, marocaine.)

Les musulmans s'opposent fondamentalement aux pratiquants juifs d'aujourd'hui sur un point : le caractère ostentatoire de la pratique, lié à la volonté implicite ou explicite de prosélytisme, même à l'extérieur du monde musulman (les Loubavitch ne portent leurs efforts qu'en direction des autres juifs, qu'ils rappellent à l'orthodoxie, non des *goyim*) :

C'est un but unique que les musulmans et les musulmanes se solidarisent pour un chemin unique et une religion musulmane, pour que se développent l'arabisme et l'islam. (H., en France depuis trente ans, quarante-neuf ans, maçon, algérien.)

La demande de mosquée ne traduit pas seulement le désir de prosélytisme : la mosquée est d'abord le symbole du groupe reconstitué, de son lien avec l'*Umma,* la communauté des croyants. C'est aussi le symbole de la présence durable du groupe, de sa volonté de sacraliser le lieu où il se trouve. Un musulman de passage peut prier n'importe où, racheter son ramadan lorsqu'il n'a pu le faire et même en être dispensé s'il est en voyage. Installé, il ne peut plus se contenter de laisser la religion au pays et de la retrouver pendant les vacances. Il lui faut se réunir avec d'autres croyants, se procurer des nourritures licites, circoncire ses fils, faire apprendre l'arabe et le Coran à tous ses enfants. La mosquée l'aide aussi à résoudre ses problèmes quotidiens, à créer des réseaux de solidarité en cas de maladie et de chômage. Dans les périodes de tension, elle constitue un lieu de refuge. Elle permet aussi aux femmes et aux enfants de rompre leur isolement en assurant des fréquentations acceptables ; elle planifie le pèlerinage à La Mecque ou les vacances au pays d'origine ; elle prend en charge les funérailles, puisqu'on y trouve des associations chargées de rapatrier les corps et d'organiser les enterrements au pays ou en France selon les exigences de l'islam. Ces services ont pour effet de structurer la communauté en groupe séparé et d'assurer sa dignité. Les mosquées constituent un facteur d'intégration non sur une base individuelle, mais communautaire.

Cette conception nouvelle d'une religion séparée de l'ordre politique entraîne chez les *pratiquants installés* un désir unanime de participer à la vie syndicale et même politique. Contrairement aux *pratiquants de passage,* ils semblent accepter les règles de la laïcité, souhaitent entrer dans les syndicats et même voter pour faire reconnaître leur dignité personnelle et collective :

J'aimerais bien, moi, discuter avec l'adjoint au maire, avec le maire, avec les conseillers. Par exemple, j'ai plus de vingt ans dans ma commune... trente ans, pourquoi pas ? En conservant toute ma nationalité, ma dignité et ma religion. (H., en France depuis trente ans, quarante-neuf ans, maçon, algérien.)

Participer à la vie syndicale et politique apparaît comme la conséquence logique de la dissociation entre l'islam perçu comme une religion universelle, et une dimension de la vie privée, et la vie publique, dans laquelle ils voudraient être reconnus comme des partenaires à part entière. Ils se rapprochent alors dans leurs attitudes des *pratiquants* juifs les plus fervents, qui ne voient pas de contradiction entre les pratiques juives et la participation à la vie politique française.

Les Maghrébins sont fascinés par la vie politique française, sa diversité, sa passion et ses règles qui contrastent avec la rigidité des systèmes politiques de leur pays d'origine, où le combat se déroule entre dirigeants situés dans un univers inaccessible. La radio et la télévision forcent l'immigré à se placer dans un système où il n'est pas acteur, mais où les conséquences du débat peuvent affecter son existence et sa vie quotidienne[12].

Ni les immigrés ni, à bien des égards, la société française n'ont posé le problème de l'islam, tant que leur présence a été perçue comme temporaire. Les immigrés se contentaient d'une pratique religieuse liée au pays d'origine. Le refus de l'alcool et du porc fixait les limites des compromis avec la société d'accueil. À partir du moment où ils ont décidé de rester et de faire venir leur famille, les exigences ont changé de nature. La coupure s'est produite en juillet 1974, lorsque l'immigration a été arrêtée, en France comme dans les autres pays européens[13]. L'impossibilité de continuer à aller et venir, ou simplement la crainte de perdre son droit au travail ou à la résidence ont entraîné un changement de comportement et surtout des exigences nouvelles confusément formulées. La venue des familles, la naissance des enfants en France ont amené à concevoir l'avenir à l'intérieur de la société française. La peur de perdre son identité dans cette situation nouvelle a justifié le recours à l'islam, sans que l'on sache, de part et d'autre, à quoi conduirait le refus ni quelles pourraient être les limites de nouveaux compromis.

À partir d'un certain nombre d'observations faites au cours des derniers mois de 1986, on peut se demander si la situation n'est pas en train de changer. Le projet de réforme du code de la nationalité est perçu par les immigrés comme une tentative de les exclure de l'espace français, ce qui semble provoquer chez eux le désir d'y entrer. On va peut-être voir s'effacer les obstacles à la naturalisation, rendue désirable par une législation qui tend à la limiter. Par un nouvel effet pervers, le discours du Front national, par sa dramatisation, aboutirait ainsi, pour les émigrés, à justifier leur entrée dans l'espace politique français et à valoriser cette appartenance.

Bien que la majorité des Algériens restent très marqués par l'expérience de la guerre, cette attitude ne conduit pas au refus du politique dans l'espace français. Toutefois, l'engagement syndical qui s'est développé de longue date n'a pas entraîné dans la génération des migrants le passage au politique que l'on a constaté dans d'autres immigrations. Les partis de gauche n'ont pas trouvé auprès des immigrés musulmans les clientèles qu'ils avaient recueillies dans les vagues d'immigration précédentes. Dès les années 1930, les immigrés musulmans ont donné une priorité à la lutte pour l'indépendance[14]. Un sentiment religieux diffus s'est conjugué avec l'engagement national pour refuser une orientation qui aurait préparé les voies de l'intégration. L'absence d'intermédiaires issus des partis politiques explique aussi sans doute la faiblesse numérique des élites issues de l'émigration. Pendant longtemps, les familles en mobilité sociale ascendante ont réinvesti, tant sur le plan matériel que symbolique, dans le pays d'origine où les besoins en cadres, la plus-value assurée aux diplômes et à l'expérience acquise assuraient des chances supérieures à celles que l'on pouvait obtenir en France. La fermeture des débouchés dans les pays d'origine, les effets multiplicateurs de l'enseignement français sont en train d'amener un renversement de situation.

En revanche, le prosélytisme constitue une attitude courante, même chez les *musulmans installés.* Rares sont les enquêteurs un peu familiarisés avec les pays d'origine ou la langue arabe qui ne se sont pas vu à un moment ou à un autre poser la question de leur relation à l'islam. Les musulmans installés cherchent des intermédiaires avec la société française et ils souhaitent qu'ils soient musulmans. S'ils sont portés à considérer que les Arabes appartiennent au premier cercle de l'islam, ils imaginent volontiers que les musulmans français pourraient favoriser leur participation à la vie nationale. On ne trouve toutefois à aucun moment l'illusion que les Français seraient susceptibles de se convertir massivement à l'islam.

Le prosélytisme constitue une différence essentielle entre *pratiquants* juifs et musulmans : il constitue l'horizon des musulmans ; les autorités rabbiniques, en revanche, imposent aux personnes désireuses de se convertir des conditions et des épreuves qui finissent souvent par les décourager. La rigueur des exigences juives pour admettre un nouveau membre dans le peuple élu contraste avec le désir des musulmans de diffuser l'islam. Effet d'une histoire où le judaïsme, dans l'Occident chrétien, voyait sévèrement châtiée toute conversion d'un chrétien ou du contenu même de la croyance juive selon laquelle le non-juif qui se conforme aux *mitzvot* est sauvé ?

Militants de France

Les Maghrébins de ce type, non seulement ont admis, comme les *pratiquants installés,* la séparation de l'ordre politique et de l'ordre religieux, mais, ne rendant au religieux qu'un hommage irrégulier et symbolique, ils insistent sur la dimension culturelle, historique et politique de l'islam. De même que les juifs *militants* réduisent aux rites de passage et à la grande fête annuelle leur respect pour les pratiques traditionnelles, tout en revendiquant leur appartenance à une tradition historique, aujourd'hui essentiellement entretenue par le souvenir du génocide et l'existence de l'État d'Israël, les *militants de France* ne respectent que symboliquement le ramadan et se contentent d'éviter la consommation de porc et d'alcool. Ces pratiques irrégulières constituent autant de signes d'appartenance à une culture et à une communauté dispersée. *Militants* juifs et *militants* musulmans appartiennent, en majorité, aux catégories moyennes avec un niveau culturel moyen ou supérieur. C'est au nom du respect des droits universels et d'un combat politique pour la cause juste que les musulmans affirment leur fidélité à un islam historique, comme les juifs défendent Israël non seulement parce qu'il représente la survie du peuple juif, mais parce que, pour eux, son existence même traduit la victoire de la démocratie, parce que se trouvent mêlées, pour justifier sa vie et sa survie, valeurs identitaires et valeurs universelles.

Ici, le ramadan crée un retour vers le pays d'origine, une tendresse d'un mode de vie. L'éloignement fait que l'on se sert du mois du ramadan pour se rapprocher du pays.

Le jeûne de Kippur, c'est le seul truc que je respecte [...] c'est pour me rattacher à une origine et d'autre part pour qu'il y ait une continuité.

Ils manifestent la volonté de participer à la vie politique en France – attitude liée au souci d'être reconnus individuellement et collectivement. À l'image des *pratiquants installés,* ils souhaitent mener le combat pour l'islam à l'intérieur de la société française, mais l'islam qu'ils défendent est plus historique que religieux. Non seulement l'obtention du droit de vote signifierait la reconnaissance individuelle et collective des immigrés musulmans, mais surtout il donnerait aux *militants* les plus conscients et les plus actifs, comme aux *pratiquants installés,* le moyen de mener plus efficacement le combat identitaire de l'islam historique.

Reconnaissant la légitimité des règles de la laïcité, ils traduisent, à travers leurs discours sur le vote, la citoyenneté, la nationalité, un double effort d'intégration et une affirmation identitaire qui se réfère moins à un pays d'origine qu'à une cause idéalisée et abstraite, la cause palestinienne, qui les conduit à formuler leur hostilité à Israël et à glisser parfois à l'antisémitisme. Leur solidarité avec les grandes causes arabes a abouti à dénoncer la « récupération » par SOS-Racisme, où les étudiants juifs sont nombreux, et à soupçonner l'Église catholique d'intentions douteuses à leur égard à cause de l'origine juive du cardinal Lustiger.

La présence en France de ce qu'ils perçoivent comme une communauté juive puissante et structurée, occupant des postes en vue dans le monde politique, les affaires et même l'Église, leur apparaît comme un obstacle insurmontable à leur aspiration ambiguë d'intégration. Elle leur paraît justifier leurs hésitations à franchir le pas de la naturalisation, puisque de toute façon, selon eux, leur démarche sera bloquée par la communauté juive. Accepter de s'intégrer implique déjà l'effort de renoncer à la protection politique de la communauté musulmane. Si entrer dans un système chrétien laïcisé entraîne, en plus, la soumission de fait à une autorité sociale exercée par des juifs, l'effort est jugé impossible. Par une série de glissements, la défense de la cause palestinienne devient ainsi l'élément commun aux *militants de France* et aux *militants anti-occidentaux.* Pour ceux qui situent leur avenir en France, les difficultés rencontrées dans leur intégration leur rappellent le sort des Arabes en Israël et la lutte désespérée des Palestiniens au Moyen-Orient[15]. La cause palestinienne est ainsi revendiquée comme l'équivalent du génocide juif pour mobiliser la « communauté » et réclamer la reconnaissance de ses droits et des devoirs de l'État à son égard.

Les *militants de France* sont proches, dans leurs attitudes et leurs exigences, des *pratiquants installés.* Mais, pour les premiers, l'association culturelle remplace la mosquée, même si, dans la pratique, les deux institutions sont proches. La libéralisation du régime des associations étrangères en 1981 a permis une prolifération de groupements, dont la signification reste à analyser. Leur rôle apparaît dans l'enquête de 1985, il sera sans doute nécessaire de revenir sur cette forme de participation. On peut penser qu'il s'agit d'une nouvelle étape vers un islam laïc, culturellement ouvert sur l'extérieur, comportant une double référence, l'une au système français, l'autre à la communauté musulmane conçue comme un ensemble de solidarités et de sensibilités (cause palestinienne, invasion du Liban).

La prolifération actuelle des associations contribuera-t-elle à faire naître des élites nouvelles ? À la différence des juifs, les *musulmans de France* ont peu d'élites ; leur implantation est récente et leurs réticences à l'égard de la citoyenneté leur interdisent d'entrer dans la fonction publique, source de dignité et de représentativité. Les membres des professions libérales ont plus de chances de réussir dans le pays d'origine. S'ils sont installés en France, ils se sentent peu solidaires de l'immigration ouvrière. Les commerçants forment un groupe plus nombreux, qui avait joué un rôle important dans le soutien au FLN, mais beaucoup souhaitent avoir une clientèle française et font preuve d'une grande prudence. Leur rôle dans l'économie souterraine et dans les réseaux de change clandestins les place également dans une position qui incite peu à l'engagement politique. On peut penser que la vie associative favorisera une intégration progressive dans la vie sociale et politique, d'autant plus nécessaire que certaines formes de participation politique restent interdites[16].

La revendication de participer à la vie publique prend des sens différents. Elle peut traduire un besoin d'intégration et de reconnaissance individuelle et collective au nom de l'islam et des droits de l'homme chez les *musulmans de France* (*pratiquants installés* et *militants de France)* ou bien manifester la volonté de combattre pour un islam indissolublement religieux et politique chez les *musulmans en France* (*pratiquants de passage* et *militants antioccidentaux).* Dans la mesure où, chez les juifs, l'idée et le fait de la participation politique en France sont acquis et intériorisés depuis des générations, où ils ne se considèrent pas en conflit avec le monde occidental auquel ils appartiennent pleinement, les types des *pratiquants de passage* et des *militants antioccidentaux* n'ont pas d'équivalent parmi eux.

Les juifs *militants* – ceux pour lesquels la référence au judaïsme est d'abord historique – sont aujourd'hui les plus nombreux. Il semble que la masse des migrants musulmans se rapproche du type des *pratiquants installés* et que leurs enfants, nés et élevés en France, ont connu des formes d'acculturation comparables à celles des *israélites*. On peut d'ailleurs noter qu'à la veille de la Seconde Guerre mondiale les deux types dominants dans la judaïcité française étaient les *pratiquants*, plus nombreux parmi les nouveaux immigrés, et les *israélites*, majoritaires parmi les juifs installés de longue date.

Deux événements ont donné à la majorité des juifs français une conscience d'abord historique de leur judéité : le génocide et la création de l'État d'Israël. Les musulmans n'ont pas connu l'équivalent du génocide qui a imprimé une dimension historique à la conscience et à l'affirmation identitaire de la majorité des juifs. D'autre part, les liens qu'ils entretiennent avec Israël ne sont pas de même nature que ceux qui unissent les musulmans à leur pays d'origine ou au pays d'origine de leurs parents. Ni les juifs ni leurs parents ne sont venus d'Israël, ils ont à la fois choisi de ne pas y vivre et d'y voir le symbole de la survie du peuple juif et l'incarnation des valeurs spirituelles du judaïsme : d'où l'impérieuse nécessité pour eux de lutter dans la diaspora pour que se perpétuent l'existence de l'État d'Israël et l'obligation de l'aider politiquement ou financièrement. C'est un pays de référence symbolique, ce n'est pas un pays d'origine, comme le sont l'Algérie, la Tunisie ou le Maroc pour les musulmans. Ce lien symbolique et sentimental n'exclut pas la citoyenneté et la pleine participation politique à la société française ; mais la dissociation entre le pôle historique et le pôle religieux qui permet aux juifs d'associer l'exercice de la citoyenneté française avec la reconnaissance d'un lien symbolique et sentimental avec l'État d'Israël est le fruit d'une évolution de près de deux siècles.

Pour les musulmans maghrébins, acteurs de la migration, le pays d'origine est plus concret ; il reste une référence obligée, même si la participation économique et sociale de fait à la société locale a entraîné des formes variées d'acculturation. Les normes de la communauté d'origine et la socialisation acquise dans l'enfance continuent à définir la condition de l'immigré. En revanche, pour les enfants de migrants, nés et scolarisés en France, le pays du Maghreb est le lieu d'origine des parents – et à ce titre chargé des valeurs sentimentales qui s'attachent aujourd'hui aux « racines ». Mais ce lien n'a pas la même dimension métaphysique que l'attachement des juifs à l'État d'Israël après le génocide.

Français d'origine musulmane

Une distinction essentielle apparaît entre la génération des migrants eux-mêmes, *pratiquants* ou *militants,* et leurs enfants, nés ou scolarisés en France, qui, dans cette enquête, se déclarent tous non pratiquants et dont le rapport à l'identité musulmane est proche du type des *israélites*[17]. Pour ces derniers comme pour ceux qui se nomment eux-mêmes les *beurs*[18], on constate l'affaiblissement, sinon la disparition de la tradition religieuse et une acculturation à la société française liée à une fréquentation scolaire de niveau secondaire et même supérieur, qui débouche, dans certains cas, sur des professions moyennes (enseignants, animateurs, secrétaires, architectes). Commencée, pour les générations précédentes, dans le cadre de la situation coloniale, l'évolution des *beurs* n'a pas été moins rapide que celle des générations juives du XXe siècle. L'échantillon n'ayant pas de valeur statistique, cette constatation n'implique pas que ce soit le cas pour l'ensemble de la population *beur.* On sait par ailleurs que certains connaissent une réislamisation rapide. Mais on peut penser qu'une majorité d'entre eux sont devenus non religieux[19].

On n'abordera ici qu'allusivement le rapport des *israélites* à la politique. La présence active des juifs dans la vie publique (politique, administration, armée, université), l'entrée des juifs originaires d'Afrique du Nord dans la vie politique locale, la participation électorale élevée et ce qu'on a pu appeler la politisation forte des juifs sont trop connues pour qu'on ait jugé bon d'en développer l'analyse. De Léon Blum à Simone Veil, les *israélites* appartiennent à la vie politique française. En revanche, il n'est pas inutile de montrer plus longuement le fait mal connu mais nouveau et suggestif : l'acculturation rapide des *beurs.* Ces derniers ont en effet les mêmes comportements, les mêmes connaissances et les mêmes ignorances que les autres jeunes Français appartenant aux mêmes milieux sociaux. Parmi les enquêtés, la pratique de l'islam est faible, sinon nulle ;

comme les *israélites*, la plupart ignorent le sens des pratiques religieuses. La plus consciente des jeunes interviewées remarque :

C'est pas vraiment qu'on ne veut pas s'insérer. Qu'on le veuille ou non, on est inséré. (F., née en France, vingt-deux ans, secrétaire, nationalité française et algérienne.)

Leurs liens sentimentaux avec le pays de leurs parents et l'hostilité qu'ils rencontrent ou, en tout cas, que beaucoup d'entre eux croient rencontrer les amènent à affirmer leur origine par dignité. C'est ce qui les conduit à revendiquer, au nom de cette dignité, le droit pour les autres musulmans de faire construire une mosquée, qu'eux-mêmes ne fréquenteront pas. (« Beaucoup de juifs "athées" ont besoin d'une synagogue pour ne pas y aller »[20].)

Je suis tout à fait pour [la construction de mosquées]. C'est justement par rapport au respect de l'homme… Quoique je ne suis pas pour la religion, entre parenthèses. (F., née en France, vingt-deux ans, bac, animatrice socioculturelle, nationalité française et algérienne.)

La faveur qui s'exprime unanimement pour la construction des mosquées se fonde sur le respect de l'égalité des droits plus que sur une solidarité nationale ou religieuse. C'est en invoquant les valeurs universelles, l'égalité, le respect des convictions de l'autre – à condition qu'elles s'expriment de manière convenable et discrète, sans remettre en cause l'unité nationale – que les jeunes *beurs* défendent la construction de mosquées ou des lieux de prière qu'eux-mêmes ne fréquenteront pas.

Ils ont intériorisé l'idée que les convictions et les pratiques religieuses relèvent du domaine privé. Ils ne voient pas pourquoi se poserait la question d'une compatibilité entre leur origine musulmane et leur participation à la vie syndicale ou communale. (*Je ne vois pas la relation entre la religion et le syndicat* ; *je ne vois pas où il pourrait y avoir un problème.*) Pourtant, contrairement aux *israélites* depuis la Révolution, ils n'adoptent qu'avec difficulté et réticence la citoyenneté. On peut penser que l'attachement à leurs parents, le souvenir de la guerre d'Algérie, qu'eux-mêmes évoquent, les empêchent de participer pleinement à la vie politique française – la seule qu'ils connaissent et à laquelle ils s'intéressent – en demandant la citoyenneté. Mais il est aussi possible que le schème inconscient qui, unissant nationalité et communauté islamique, donnerait à cette naturalisation – juridique et politique – le sens de la trahison à l'égard de la famille et, plus largement, de la communauté villageoise et maghrébine reste présent. Il n'est pas impossible que le débat actuel fasse évoluer la situation de façon inattendue et qu'on s'oriente vers la multiplication des doubles nationalités[21].

Sans doute ne trouve-t-on pas parmi les *beurs* les déclarations de patriotisme enflammé que multiplièrent les générations d'*israélites* jusqu'à 1940. Mais le patriotisme se traduisait alors dans d'autres termes qu'aujourd'hui. Les juifs proclamaient un sentiment partagé et exprimé par l'ensemble de la population avec d'autant plus de force et de conviction que leur patriotisme risquait toujours d'être remis en question. Aujourd'hui, les jeunes *beurs* ne manifestent pas moins d'attachement à la France que les autres jeunes Français. On peut même se demander si la perception et la célébration de la France comme pays de la liberté, de l'ouverture, des rencontres et des brassages de culture ne constituent pas la nouvelle expression du patriotisme – en accord avec les valeurs formulées par l'ensemble de la génération :

Ce qui est bien en France, c'est qu'il n'y a pas qu'avec les Français d'origine, je peux aussi bien discuter avec un Français de pure souche qu'avec un Arabe étudiant, qui arrive en France, parce qu'il y a quand même un point de rencontre. Chacun, avec sa personnalité propre, peut communiquer avec l'autre, parce qu'on n'a pas de barrière. On est habitué à contacter des gens de toutes origines et de toutes sortes, de différentes cultures. (F., née en France, vingt-deux ans, bac, secrétaire, nationalité française et algérienne.)

Même si la majorité d'entre eux se déclarent algériens et n'envisagent pas de se naturaliser, la plupart le regrettent :

Avoir cette citoyenneté (française) c'était être traître... ça nous a beaucoup marqués... puisque l'on savait très bien que de toute façon, on ne retournerait pas là-bas. (*Idem.*)

L'intériorisation des valeurs de la démocratie les amène soit à justifier leur naturalisation, soit à réclamer la participation politique, y compris le droit de vote aux élections nationales, en refusant ou en évitant de lier la participation politique à la naturalisation. Ce désir se traduit, entre autres indices, par leur militantisme dans les mouvements de défense des émigrés ou contre le racisme et dans les associations culturelles, par les efforts de l'association France-Plus, à la veille des élections de mars 1986, pour convaincre les jeunes Maghrébins de nationalité française de s'inscrire sur les listes électorales. On peut analyser le militantisme antiraciste comme une réinterprétation contemporaine des valeurs issues de la tradition républicaine. C'est sans doute l'homologue, dans un autre vocabulaire et dans d'autres circonstances historiques, de l'adhésion passionnée des *israélites* du XIXe siècle aux valeurs universelles issues des Lumières et de la Révolution.

C'est la même intériorisation des valeurs françaises transmises, en particulier, par la fréquentation scolaire qui explique la réaction des filles gagnées par le principe d'égalité, qui s'insurgent contre le destin que leur impose la tradition islamique. C'est tout le noyau dur de la tradition culturelle qu'elles remettent ainsi en question[22]. Comme les sociologues de l'émigration l'ont souvent observé, l'incompréhension par les jeunes filles scolarisées en France du système de l'« honneur » méditerranéen, qui lie de manière nécessaire l'honneur de la famille aux comportements sexuels des femmes, conduit à une véritable révolution à l'intérieur de la famille.

Les *beurs* élaborent ainsi une identité spécifique : participation de fait à la société française et intériorisation des valeurs démocratiques qui lui sont liées et, d'autre part, lien symbolique et sentimental entretenu par les liens familiaux avec un autre pays dont leurs parents ont tenté en vain de leur transmettre les valeurs traditionnelles. Cette élaboration n'est pas facile, c'est, tout au contraire, la résolution, jamais définitive, d'un conflit difficile né à l'école où, brusquement, comme les jeunes juifs, les *beurs* se découvrent « différents » – découverte d'autant plus brutale que cette différence est objectivement moins évidente[23].

Ça a été un « moins » parce que mon éducation a été complexée à l'école. Mais en fait, c'est devenu un « plus » maintenant, je le ressens comme ça. (H., né en France, trente ans, architecte, français.)

Qu'ils la formulent en termes positifs (la « richesse ») ou négatifs (les « bâtards »), les interviewés les plus conscients et les plus intégrés – la prise de conscience de leur situation a évidemment constitué un facteur favorisant cette intégration – décrivent l'élaboration progressive de leur identité d'enfants de migrants. Ne retrouve-t-on pas la situation des juifs, qui participent pleinement à la société française, tout en s'efforçant de transmettre à leurs enfants, selon les cas, le respect de pratiques spécifiques, la fidélité à une histoire particulière et à Israël ? Les moins pratiquants des juifs souscriraient sans doute à cette formule d'un jeune Français, d'origine musulmane :

Je leur [à ses enfants] donnerai une éducation, non pas musulmane dans le sens religieux du terme, non, mais bien sûr je leur dirai qui je suis, d'où je viens, et à eux de se débrouiller avec ça. (*Idem.*)

Pour les *militants* juifs et musulmans comme pour les *israélites* et les *beurs*, le problème du rapport avec la société française est au cœur de leur recherche d'eux-mêmes. La découverte de la différence, l'interrogation sur les origines se fait de façon comparable. L'identification à l'ensemble français commence par l'école, le sport, la culture commune des grandes villes et des banlieues. Les médias et la société de consommation relaient et amplifient le rôle de l'école.

Pour les Français de souche musulmane, le pays d'origine compte peu : lieu de vacances au soleil et couscous du dimanche ; un lien sentimental du même type que celui des Parisiens d'origine bretonne ou corse avec la Bretagne ou la Corse. Mais l'entrée dans la société française ne se fait pas sans difficultés à cause de la crise économique et de la manière dont la société française perçoit l'islam, dont la dimension internationale, en particulier moyen-orientale, apparaît redoutable. Les risques d'affrontement proviennent plus de cette perception que de l'islam lui-même, mal connu par la génération scolarisée en France, qui en donne une version affaiblie et peu orthodoxe, sans lien avec les comportements qui alimentent les craintes et les fantasmes de la société française. L'islam des *militants de France* et des *beurs* traduit plutôt la recherche d'une affirmation identitaire collective. On peut faire l'hypothèse qu'il s'agit d'une identité provisoire, d'un discours de passage qui a surtout valeur de rupture : on n'ose pas encore se proclamer français parce que les souvenirs de la guerre d'Algérie sont trop proches et que l'on craint la malédiction parentale. L'islam invoqué par les *militants de France* et les *beurs* est imaginaire, réinterprété ou transgressé à loisir ; sans rapport avec l'islam communautaire qu'ont vécu les parents et qui constitue encore la référence des *pratiquants*.

Les jeunes *beurs* viennent aussi au politique par la culture, par l'affirmation des valeurs de pluralisme et d'ouverture. Il n'est pas exclu que des progrès rapides se fassent, lorsqu'ils seront plus nombreux à prendre conscience de l'importance de leur poids électoral (rappelons l'action des associations *beurs* dans ce sens à la veille des élections de mars 1986). Après une période d'abstention, il serait étonnant que les *musulmans de France* ne découvrent pas, comme les immigrés qui les ont précédés, l'intérêt d'un engagement qui leur permettrait d'obtenir des avantages collectifs. Le mouvement associatif, l'effacement progressif du politique lié au pays d'origine, qui conservait encore à la fin des années 1960 une dimension marxisante et oppositionnelle, conduisent aussi à ce nouveau type d'engagement. L'abolition des distinctions nationales, la naissance d'un militantisme détaché de celui des pays d'origine, de type laïc, chez les enfants de migrants scolarisés en France devraient être suivies d'une plus grande présence dans l'espace politique français. Parallèlement, l'effacement progressif des différences de comportement entre le fils de harki et le fils de militant FLN amène à constituer un groupe peu soucieux de revendiquer les engagements de ses parents.

Or la société française tend à amalgamer l'islam des immigrés avec celui de l'Iran et de la Libye, en voyant des « combattants islamiques » là où les *beurs* et les *militants* musulmans utilisent essentiellement la non-violence, les grèves de la faim, les manifestations symboliques d'abord destinées à l'opinion publique, aux médias et aux autorités françaises. Ils se montrent plus soucieux d'obtenir le soutien des Églises chrétiennes, du primat des Gaules que du cheikh d'Al-Azhar. La sollicitude soudaine des pays d'origine à l'égard de cette « seconde génération » est un signe de cette coupure. Les efforts des responsables algériens à travers l'Amicale ou la Mosquée de Paris dont elle a obtenu le contrôle en 1982 ont été rejoints par ceux du Maroc[24] et à un moindre degré de la Tunisie. Ils envoient des instituteurs et des prédicateurs pour encadrer les immigrés et ne pas laisser le champ libre aux prêcheurs du pays voisin ou du Moyen-Orient. Accessoirement, les pays d'origine craignent de voir se développer contre eux une agitation politique qui prendrait assise sur l'islam. Ils sont prêts à collaborer avec les autorités françaises pour contrôler les activités des mouvements islamiques qui cherchent à s'appuyer sur l'immigration. Le risque de violence est sans doute plus grand par là qu'à l'intérieur de l'espace français. Un des exemples les plus connus d'engagement révolutionnaire dans la seconde génération, celui de Mohamad Hamami, doit plus à son adhésion à une certaine extrême gauche française, dont l'une des branches s'est prolongée dans Action directe, qu'à une doctrine islamique. Il renoue avec la tradition des engagements révolutionnaires marginaux des vagues précédentes de l'immigration juive, italienne ou polonaise, qui les conduisait à militer au sein de la MOI, des groupes trotskistes ou des Brigades internationales.

Il ne faut certes pas exclure le risque de voir un comportement violent apparaître de façon significative en empruntant l'islam comme thème mobilisateur, mais il s'agira d'une identité reconstruite.

On peut tirer divers enseignements de ces analyses. La première est d'ordre méthodologique. Fondée sur la complexité du judaïsme, avec son double pôle religieux et historique, la typologie des rapports aux identités juives élaborée dans *Juifs et israélites* permet de mieux comprendre les attitudes de la population musulmane installée qui ne conçoit son avenir qu'en France. Toutefois, elles se traduisent de manière différente dans des conditions historiques qui sont différentes. Le contenu même des croyances en rend partiellement compte : les musulmans sont prosélytes, alors que les juifs ont tendance à refuser les conversions. L'adhésion des juifs à la modernité s'est faite à travers l'élan révolutionnaire vers l'égalité ; le contact des musulmans avec la France, dans le cadre de la société coloniale, par essence inégalitaire. Mais, surtout, les juifs participent aujourd'hui à la société moderne dans ses dimensions économiques et politiques depuis plusieurs générations, alors que, dans sa majorité, la population maghrébine n'a eu qu'un contact complexe, dans la société coloniale, et plus récent avec la modernité. Le souvenir de la guerre contre l'armée française est toujours présent parmi la population algérienne, tandis que le génocide, qui constitue une des dimensions de la conscience historique juive, n'était pas prioritairement le fait des Français (encore qu'une minorité de jeunes juifs, souvent d'origine séfarade, met en cause violemment le rôle des Français pendant la guerre). La situation internationale, enfin, donne un sens différent à la solidarité des uns avec Israël – pays de pratique démocratique et symbole de modernité – et des autres avec le monde arabe – pays peu ou non démocratiques, constituant pour l'Europe un danger réel ou supposé.

L'enquête qualitative ne manque pas d'être décevante, dès lors qu'elle ne permet pas de répondre à la question que les acteurs sociaux se posent à bon droit : quelle est la part dans la population maghrébine émigrée de ces « combattants islamiques » réclamant de participer à la vie politique pour porter les luttes du tiers-monde à l'intérieur de la société française ? Quelle est la part des travailleurs dont le seul objectif, en exprimant leur désir de prendre part à la vie publique, est de faire reconnaître leur rôle économique, leur dignité personnelle et collective ? Les deux types existent parmi les émigrés, mais l'enquête qui permet d'élaborer les types d'attitudes et leur logique interne ne donne pas les moyens de préciser leur répartition statistique. De plus, l'évolution rapide des milieux musulmans réduirait la valeur d'enquêtes quantitatives.

En ce qui concerne la population des jeunes Français musulmans, nés et éduqués en France, l'enquête confirme – même si elle ne le démontre pas statistiquement – les résultats d'autres travaux : une acculturation et une laïcisation beaucoup plus rapides que l'opinion publique ne l'imagine. Les revendications identitaires ou culturelles sont plus l'effet des difficultés de l'insertion professionnelle, de l'épreuve du chômage, que de survivances culturelles, moins encore d'une volonté politique. Il faut sans doute remettre en question l'idée souvent exprimée (même par l'un des auteurs de ce texte) que la faculté d'assimilation française est aujourd'hui faible. Sans doute l'enseignement, moins autoritaire, est-il moins vigoureusement assimilateur qu'il ne l'était jusqu'à la Seconde Guerre mondiale. Mais il continue d'être efficace, et d'autres instances de socialisation contribuent au procès d'acculturation. La société française est aussi la société de la modernité qui entraîne les jeunes *beurs* comme les Algériens d'Algérie, même si les formes de cette évolution sont différentes sur les deux bords de la Méditerranée. On ne peut penser l'avenir des jeunes *beurs* en France en dehors d'une modernisation qui dépasse le cadre national.

L'évolution des juifs, confrontés depuis plusieurs générations au problème que posent à une tradition indissolublement religieuse et politique les contraintes de la laïcité de l'État français, peut éclairer le sens de l'évolution possible des musulmans. Il ne s'agit pas, pour autant, de concevoir l'évolution possible ou probable des musulmans de France selon un soi-disant « modèle » des juifs : les conditions historiques, les traditions sont trop différentes pour qu'on puisse tirer de l'histoire des leçons pour prévoir ce que sera l'avenir – même si les musulmans évoquent volontiers, explicitement ou implicitement, l'exemple juif. Tout au plus peut-on analyser les conditions de la participation de ces derniers à la vie nationale.

Pour la majorité d'entre eux, le pôle religieux a été rapidement affaibli, le pôle politique s'est transformé. Ils ont renoncé à une activité politique collective et participent à la vie économique et politique à titre individuel, comme les autres citoyens français, même si, marginalement, certains représentent les « intérêts juifs ». La dimension historique du judaïsme est réinterprétée selon les exigences de la citoyenneté. Elle se traduit par l'identification symbolique à l'État d'Israël, d'une part, et, d'autre part, par l'activité associative : création et animation d'écoles, de communautés culturelles, d'associations culturelles[25]. Cette expérience suggère que la réinterprétation d'une tradition religieuse ou historique (souvent laïque) ne peut être que symbolique et de l'ordre du privé. Les musulmans ne peuvent que se conformer aux mêmes exigences. Formés par l'enseignement français, ils peuvent ajouter un enseignement coranique ou l'apprentissage de la langue de leurs parents comme langue étrangère ; ils peuvent transmettre ces trésors, propres à toutes les familles, que sont les recettes de cuisine ou de couture, les récits, les souvenirs, les symboles d'un passé familial. Le maintien des pratiques religieuses à l'intérieur des lieux consacrés à la religion, une sociabilité familiale spécifique, une activité associative autour de pratiques culturelles propres sont pleinement compatibles avec le fonctionnement d'une société démocratique.

Par-delà des distinctions que l'on a pu faire entre les divers types de *musulmans de France*, certaines constatations se dégagent. Les *musulmans de France* acceptent l'ordre politique français et s'y soumettent, y compris les *prosélytes* qui entretiennent l'image d'un État idéal et mythique dans un pays musulman. Héritiers d'un système de valeurs où religieux et politique sont confondus, leur soumission à une autorité politique étrangère aux normes de l'islam, dont le contact est souvent rude, donne la mesure des compromis qui ont déjà été réalisés. Il ne faut pas oublier qu'il n'en a pas toujours été ainsi. Au temps des luttes pour l'indépendance, la communauté algérienne en France a su résister à l'autorité politique en utilisant aussi bien la violence contre les forces de l'ordre que les manifestations de femmes et d'enfants. Elle a pu rendre inopérant le couvre-feu imposé en 1961 par les autorités françaises, acceptant de payer cette résistance par de nombreux morts. Aujourd'hui, les musulmans subissent souvent les pressions et les violences de la société civile, et quelquefois de l'administration. Ils ne répliquent ni par la violence collective ni par un refus global de l'ordre établi. Le taux élevé de délinquants que l'on trouve chez les jeunes traduit plus une frustration témoignant de leur volonté d'intégration qu'une remise en cause de la société.

Cette acceptation d'un ordre des choses qui échappe à leur contrôle se produit dans de nombreux domaines que l'on ne prend même plus la peine de relever, tant ils paraissent aller de soi : le découpage du temps suivant les nécessités de la vie urbaine et industrielle, y compris ceux du travail alterné, fait partie de ces contraintes opposées au genre de vie de personnes originaires pour la plupart d'un monde rural où le rythme de la journée était fixé par les heures de prière. Certes, depuis quelques années, on constate la réintroduction d'un temps religieux dans certains ateliers où la majorité des ouvriers sont musulmans. Mais ces tentatives restent minoritaires et, en règle générale, les musulmans acceptent la « loi du patron » ou la loi de l'école. Dans le domaine vestimentaire, le ralliement au modèle du groupe dominant l'emporte nettement sur le port des tenues traditionnelles. À la rigueur, celles-ci restent imposées aux femmes qui limitent leurs contacts avec le monde extérieur, mais les jeans moulants et les blousons de cuir associés à la musique rock et au raï l'emportent dans la jeunesse, où l'affirmation identitaire dans le domaine du vêtement se fait aussi par le port du keffieh qui comporte une signification plus politique que religieuse.

Ils ont adopté, plus que les musulmans africains ou turcs, des comportements individualistes. Ils remettent en cause les solidarités de groupe, en limitent les effets et restreignent leurs responsabilités à la cellule familiale au sens étroit du terme. Ces pratiques tendent à faire évoluer l'islam vers le privé et l'individuel, avec quelques interdits alimentaires et la fidélité au pays d'origine ou à la cause palestinienne. En fin de compte, c'est une conception du religieux adapté aux exigences d'une société laïque qui semble l'emporter. Le musulman va-t-il laisser à César le contrôle d'une part de plus en plus importante de son existence et fera-t-il son affaire privée de la part qu'il conservera à Dieu, ce modèle empruntant plus au rapport du religieux et du politique tel que le pratiquent les catholiques depuis la IIIe République qu'au modèle classique du Dar al-Islam ? Si les intellectuels musulmans n'ont pas élaboré une théorie de l'islam minoritaire, qui laisserait à César ce qui lui revient, les pratiques quotidiennes des *musulmans de France* se conforment au principe de la séparation de l'ordre politique et de l'ordre religieux.

La laïcité et l'universalité de l'État sont au cœur de la tradition politique française, le jeu avec les règles de la citoyenneté ne peut être que limité. Toutefois, des accommodements locaux et provisoires sont sans doute nécessaires pour que les musulmans ne soient pas relégués à l'extérieur de l'espace public. Si les autorités françaises s'appuyaient sur des pays d'origine, l'*Umma* au sens large, et négociaient avec des États étrangers pour construire des mosquées ou nommer des imams, comme cela a eu lieu récemment, on s'acheminerait vers un système juridique comparable à ce que fut la « protection » des chrétiens d'Orient par les puissances européennes au XXe siècle, chacun jouant sur son groupe de clients, arrachant des privilèges de juridiction. Pour un État souverain, cette situation est inacceptable, elle dépasse la protection diplomatique légitime accordée aux nationaux. Une abstention maladroite et gênée interdit aux autorités françaises d'avoir, au niveau national, une politique de l'islam deuxième religion de France, faute de pouvoir ou de vouloir traiter en tant que telles les autres religions. Or les musulmans ont besoin d'un interlocuteur politique national ou local pour régler leurs problèmes de lieux de culte, d'abattage rituel, de scolarisation de leurs enfants, sans pour autant aller à l'encontre des lois françaises. Ils ne trouvent généralement en réponse à ces questions pratiques (reflétées par l'enquête) qu'ignorance, malveillance et suspicion. Leur insertion dans l'ensemble français nécessite peut-être temporairement au niveau local des structures particulières susceptibles de répondre à leurs demandes. L'absence d'interlocuteurs risque de les renvoyer vers la communauté musulmane extérieure et vers leur pays d'origine.

Depuis longtemps, le judaïsme a su établir un code de conduite et d'accommodements avec la société française que l'État français a trahi en 1940. L'absence de recours extérieur, entre autres facteurs, favorisait l'insertion. L'islam n'en est encore qu'au début de ce qui s'annonce comme une présence durable. La plupart des musulmans restent attachés au mythe d'un retour de plus en plus improbable. Leurs schémas religieux sont encore souvent empruntés à des situations de religion majoritaire transplantée. La coexistence ne peut s'établir sur la base des rapports que l'islam entretient avec les autres religions dans les pays où il est majoritaire. Les échanges avec les autres groupes, le prosélytisme, la participation à une société laïque doivent faire l'objet de règles acceptées, reconnues et conformes à la pratique politique française. Poser le problème en ces termes semble remettre en cause un débat qui paraissait réglé depuis le début du siècle. Vouloir l'ignorer ou dissimuler dans le culturel des comportements qui, pour une large part, empruntent au religieux prépare des conflits futurs.

1987

Avec Rémy Leveau

14

La citoyenneté à l'épreuve. Les musulmans pendant la guerre du Golfe

Au cours des semaines précédant le déclenchement de l'offensive contre l'Irak, on s'est beaucoup interrogé sur les réactions des musulmans, les uns français, les autres installés en France[1] : leur solidarité « arabe » ou « musulmane », qu'invoquaient les partisans de Saddam Hussein, n'allait-elle pas les conduire à des manifestations hostiles à la politique française, provoquant des affrontements, éventuellement violents, avec d'autres populations, en particulier les juifs ? La sympathie qu'ils exprimaient pour la cause des Palestiniens, que Saddam Hussein, au cours de la crise, tenta d'utiliser en sa faveur, ne risquait-elle pas de susciter des conflits avec les autres Français ? Or il n'y eut aucun incident, aucune manifestation particulière aux musulmans, à la surprise de beaucoup d'observateurs. Comment l'expliquer ?

Partons de la définition de l'intégration – au sens de la tradition sociologique et non dans son usage politique – proposée par ailleurs pour désigner le processus par lequel les individus, qu'ils soient d'origine étrangère ou non, participent à la vie collective par l'activité professionnelle, l'adoption des normes de consommation et des comportements familiaux et sociaux, l'établissement de relations avec les autres. L'« intégration » des populations d'origine étrangère, qui focalise l'attention des politiques, n'est qu'une des dimensions de l'intégration nationale dans son ensemble, qui n'est jamais un état mais un processus. Pour les étrangers ou les personnes d'origine étrangère, il ne s'agit pas d'« entrer » dans une société, qui serait déjà « intégrée », mais de participer au processus, jamais achevé, de l'intégration de l'ensemble des populations qui constituent la société nationale.

Même si, de toute évidence, ils gardent des spécificités dans leurs références historiques et culturelles, les musulmans participent à ce processus. De nombreuses enquêtes ont montré qu'ils ont la volonté de s'intégrer à la société française et que cette intégration est déjà à peu près accomplie, en tout cas pour ce qui concerne les jeunes qui ont été scolarisés en France[2]. Ils ont les mêmes goûts, les mêmes connaissances et les mêmes comportements que les autres jeunes issus de milieux sociaux comparables. Ils ne connaissent pas d'autre culture et ne cherchent qu'à participer à la société à laquelle ils appartiennent, même si nombre d'entre eux revendiquent une forme d'identité ou de référence « arabe » ou « arabo-musulmane ». Ceux qui sont de niveau social et culturel élevé se considèrent avant tout comme des citoyens français, participant pleinement à la vie collective[3].

En tant que principe d'organisation sociale et en tant qu'idéal politique, la citoyenneté devrait primer les autres solidarités. Les fidélités de toute nature, religieuse, régionale ou nationale, devraient céder devant l'exigence de tout sacrifier, y compris sa vie, à la nation dont on est le citoyen. Les musulmans de nationalité française devraient, selon ce principe, subordonner toute forme de solidarité « arabe » avec l'Irak à l'obligation de se rallier à la politique, c'est-à-dire, en l'occasion, à la guerre menée par le pays, s'ils en sont les citoyens, une fois qu'elle a été démocratiquement décidée par le gouvernement. Mais il s'agit là d'un principe régulateur de la vie sociale, proclamé comme idéal politique, qui ne rend pas compte et qui n'a jamais rendu compte ni des réalités sociales concrètes ni des expériences vécues[4].

De fait, en 1991, l'adhésion nationale a perdu de sa force et de son enthousiasme chez tous les citoyens. L'opinion française dans son ensemble a d'autant plus volontiers appuyé la politique du président de la République que seule l'armée de métier risquait d'être engagée dans les combats. Les responsables politiques n'envisageaient pas de faire appel au contingent. En Italie et en RFA, d'ailleurs, les pacifistes étaient nombreux et organisés. Il ne s'agit donc pas de comparer les attitudes ou les comportements des musulmans à une sorte d'idéal abstrait de la citoyenneté, qui n'a jamais été pleinement réalisé (sauf peut-être fugitivement au moment de l'entrée en guerre en 1914), mais aux attitudes et aux comportements politiques des autres Français aujourd'hui.

Annoncés et commentés par les médias, les achats d'armes dans le midi de la France et les provisions de sucre, devenues rituelles dans tous les moments de crise politique, illustrèrent, pour eux, la suspicion dans laquelle les tenaient les non-musulmans. Les assemblées de prières des diverses confessions, les déclarations communes, le 22 janvier et le 4 février, de Mgr Duval, de Jean Kahn, président du CRIF, du pasteur Stewart et du recteur Haddam de la mosquée de Paris, appelant à « concrétiser l'esprit de fraternité des enfants d'Abraham », les relations établies entre associations juives et arabes « pour prévenir les affrontements » (*Le Monde*, 29 janvier) ou « pour préserver les acquis du dialogue communautaire » (*Libération*, 31 janvier) semblaient montrer, par leur existence même, que la paix civile était en danger. Le spectacle commun donné par Guy Bedos, Michel Boujenah et Smaïn, le 4 février, symbolisait le refus de transposer en France les drames du Moyen-Orient, mais il rappelait en même temps l'existence de sensibilités et de fidélités diverses, même s'il s'agissait, pour eux, de démontrer qu'elles pouvaient et devaient être surmontées. Les appels au calme réitérés des imams dans toutes les mosquées impliquaient que certains risquaient de perdre ce calme. Les contrôles de police et d'identité apparurent immédiatement comme plus nombreux et plus inquisiteurs. On verra que toutes ces manifestations furent d'autant plus efficaces que les musulmans étaient peu disposés à la violence et aux affrontements. Beaucoup d'entre eux eurent peur. Quelles qu'aient été, chez beaucoup, l'admiration pour le « courage » de Saddam Hussein et la sympathie pour les Palestiniens et leur destin malheureux, le sentiment dominant fut moins la passion politique ou idéologique ou le désir de peser sur les événements que le souci de la vie quotidienne. En cela, ils ne se distinguaient pas des autres Français, qui se replièrent sur la vie quotidienne en supprimant leurs activités extérieures.

Sondages

Plusieurs sondages (Sofres du 25-26 janvier, Ifop 24-25 janvier, 29 janvier-2 février) ont montré que les sympathies des musulmans et leur analyse des responsabilités de la guerre divergeaient de celles de l'ensemble de la population. La spécificité de l'opinion musulmane apparaît en effet clairement : 73 % de l'ensemble des Français pensaient que Saddam Hussein était seul responsable de la crise, 16 % que Saddam Hussein et George Bush étaient tous deux responsables et 7 %, George Bush seul. En revanche, 27 % des musulmans français attribuaient la responsabilité du conflit à Saddam Hussein seul, 34 %, à la fois à Saddam Hussein et à George Bush et 32 %, à George Bush seul. Pour l'ensemble des musulmans, toutes nationalités comprises, les chiffres sont respectivement 23, 42 et 24 % (source : Sofres).

On trouvera sur le tableau qui suit un résumé de ces opinions. On pourra constater que celles des musulmans français sont systématiquement plus proches de celles des autres Français que de celles des autres musulmans. Ils sont aussi plus inquiets que ceux qui sont de nationalité étrangère, dans la mesure sans doute où ils ne perçoivent leur avenir qu'en France. Les femmes, dont on sait par d'autres enquêtes qu'elles sont plus attachées au pays d'immigration et mieux intégrées, expriment plus d'inquiétude que les hommes. Moins « politiques » ou « idéologiques » que ces derniers, elles sont plus soucieuses de leur vie quotidienne et de leur avenir en France.

Comparaison des opinions selon la nationalité et le temps de présence en France (%)

Sofres	1	2	3	4	5*
Approuvent l'intervention des Américains	18	22			
Approuvent l'action de George Bush	20	24			
Approuvent l'action de François Mitterrand	43	48			
Approuvent l'action de Saddam Hussein	21	18			
Pensent que Saddam Hussein est :					
– fou	29	36			
– dangereux	43	57			
– courageux	55	53			
Lorsque S. H. a lancé des missiles sur Israël, ont ressenti					
– de la désapprobation	29	24**			
– de l'inquiétude	55	66			
– de la fierté	11	14**			

Souhaitent que la guerre reste limitée à l'Irak	68	71			
Souhaitent la victoire de l'Irak	27	27			
N'iraient se battre ni pour S. H ni dans l'armée française	72	74			
Ressentent plus d'hostilité à leur égard	21	25			
Pensent que les événements auront des conséquences graves	38	44			

Ifop 2	**1**	**2**	**3**	**4**	**5***
Lisent uniquement les journaux français	48	67	35	48	59
Ont confiance dans les journaux français	27	38	30	23	36
Ont confiance dans les journaux arabes	10	9	17	8	10
Pensent que la guerre est la faute de S. H.	22	33	18	20	31
S. H. aurait dû accepter les propositions françaises	71	81	64	70	77
S. H. voulait la guerre	53	67	49	49	64
S. H. a eu tort de ne pas quitter le Koweït comme le demandait l'ONU	59	61	50	61	59
Les Français ont eu raison d'envoyer soldats et armes	21	31	19	21	24
S. H. n'a pas eu raison d'envahir le Koweït	67	70	64	67	69
Les Américains ont eu raison d'attaquer l'Irak	12	18	8	10	17
Ne sont pas prêts à aider l'Irak	73	81	68	73	78
S. H. traite mal les prisonniers de guerre	42	55	37	39	52
S. H. a eu raison d'envoyer des scuds sur Israël	22	14	25	22	22
Les Américains ne traitent pas mal les prisonniers de guerre	40	50	40	37	46
S. H. n'a pas eu raison de verser le pétrole dans la mer	81	85	78	81	84
S. H. divise les Arabes	42	52	40	39	51
C'est bien que des Arabes participent à la guerre contre S. H.	34	39	34	34	36
Ont plutôt bonne opinion de					
– Mitterrand	67	70	71	65	67
– Chadli	53	45	54	53	50

– Arafat	45	38	47	46	42
– Ben Ali	40	33	45	42	34
– Hassan II	36	30	43	35	31
– Moubarak	27	31	27	26	24
– Saddam Hussein	26	20	30	28	20
– Hafez El Hassad	23	19	28	21	21
– Shamir	20	23	16	19	25
– le roi Fahd d'Arabie	18	22	18	17	17
– Bush	15	24	16	13	19
– l'émir Jaber	15	15	16	15	13
Font plutôt confiance à Mitterrand	59	56	63	59	55
Très ou assez inquiets sur leur avenir en France	55	49	58	54	55
Pensent qu'il y aura					
– plus de contrôles de police	82	86	77	81	86
– plus de racisme	77	86	74	73	88
– plus de difficultés à trouver du travail	74	82	68	74	81
– plus de problèmes dans la vie de tous les jours	70	69	66	73	68
– plus d'expulsions de musulmans dans leur pays d'origine	63	72	54	61	74

Tableau élaboré à partir du sondage de la Sofres et du sondage Ifop 2. L'ensemble des variations a été conservé, à l'exception de deux items dont la signification était peu claire.

* 1 : ensemble des musulmans
2 : musulmans de nationalité française
3 : en France depuis moins de dix ans
4 : en France depuis dix ans et plus
5 : nés en France

** Ce résultat n'est pas cohérent avec les autres.

Le fait que ce sont les plus jeunes, les moins religieux et ceux qui ont un sentiment d'appartenance à la communauté française dont les opinions sont les moins spécifiques permet de mesurer l'effet de l'acculturation à la société française. On constatera aussi que la durée de la présence en France – souvent liée à la nationalité mais qui ne se confond pas avec elle – a la même influence sur les opinions et les attitudes.

On peut lire dans ces variations les effets de la socialisation en France. La spécificité des opinions s'affaiblit avec la stabilisation de la population. Cela ne signifie pas que cette évolution se poursuivra de manière linéaire, il peut y avoir des renversements de tendance. Mais, en tout cas, pour l'instant, les attitudes des musulmans sont d'autant plus proches de celles des autres Français que leur présence en France a été plus longue.

Pour résumer l'essentiel de ces résultats, les musulmans français, dans leur ensemble, n'ont eu qu'une solidarité limitée avec Saddam Hussein qu'ils jugeaient « courageux », mais « dangereux ». Peu enclins aux passions politiques, ils ont manifesté une forme de solidarité avec la cause « arabe », d'abord en s'opposant à la guerre elle-même. Soucieux de leur avenir professionnel en France, ils ont exprimé leur hostilité au conflit en condamnant massivement les chefs arabes de la coalition et les Américains. Par leur appréciation positive de la politique du président de la République, pourtant allié actif de la coalition anti-irakienne, mais qui était apparu comme recherchant la paix jusqu'à la veille même du déclenchement des opérations, ils ont concilié une forme de fidélité à leurs origines et la volonté de ne pas se couper de la majorité de la population.

Les enquêtes menées auprès de groupes réels permettent d'interpréter les résultats des enquêtes par sondages. On peut distinguer trois attitudes, mais il faut souligner que, plus que dans d'autres enquêtes, l'analyse – sans parler des sondages d'opinion – schématise et cristallise des positions qui, à cause de leur ambiguïté, sont proches. Il n'est pas rare d'ailleurs qu'au cours du même entretien un individu passe d'une attitude à l'autre.

Minorité hostile à la position occidentale

Il s'agit d'une minorité qu'on peut évaluer, à partir des sondages, à environ 20 % dont les opinions sont favorables à l'Irak, ou, en tout cas, au peuple irakien. Elle comprend une majorité d'étrangers, présents depuis moins de dix ans en France, qui appartiennent au type des « musulmans en France », c'est-à-dire de ces musulmans étrangers pour lesquels le séjour en France est vécu comme une étape provisoire dans un projet de vie défini en fonction de leur pays d'origine. Mais des jeunes de niveau culturel élevé, responsables d'associations politiques, qui militent en tenant un discours antioccidental, anti« sioniste » et propalestinien ont eu aussi une attitude, sinon favorable à l'Irak, du moins très hostile à la position des Occidentaux. Ils sont, certes, minoritaires, mais constituent une minorité active, dont la prise de conscience politique s'est construite à travers la revendication du « droit à la différence » et la solidarité avec les Palestiniens. Ces discours doivent être interprétés non comme des descriptions de la réalité ou des projets politiques concrets, mais comme la revendication à être reconnus, de la part de jeunes diplômés qui ont le sentiment d'être méprisés à l'intérieur de la société française.

Nous affirmons le droit à la différence. La diversité est une source de richesse pour la nation française. C'est au nom de ce droit que nous pensons que l'école ne doit pas exclure des jeunes filles sous prétexte qu'elles portent un foulard islamique : les exclure est une forme de racisme... Nous ne voulons pas renoncer à notre culture, ni nous renier. Nous ne voulons pas non plus nous opposer à la société française, mais au contraire apporter un « plus », notre richesse. C'est pourquoi nous organisons des débats sur la place de la communauté algérienne en France mais aussi en Europe. (Responsable de l'association Mémoire fertile.)

Nous approuvons la politique de l'OLP et nous demandons à la fois la libération des territoires occupés. Nous sommes hostiles au gouvernement israélien qui est sioniste, et aux Israéliens qui sont également sionistes et qui sont racistes. (Responsable de l'Association syndicale des étudiants algériens.)

La prise de position en faveur de la cause palestinienne leur permet en effet de conjuguer la référence aux valeurs universelles – le droit des peuples à l'autodétermination – et une forme de solidarité « arabe ». Ils démontrent ainsi leur intériorisation des valeurs de la démocratie et leur fidélité à des origines d'autant plus fortement revendiquées qu'elles leur apparaissent méprisées par la société française. Le malheur des Palestiniens chassés de leur terre a la même fonction que le génocide pour les Arméniens ou la Shoah pour les juifs : catastrophe originelle et inoubliable, qui unit ses victimes ou leurs enfants, réels ou symboliques, et fonde leur identité collective. De plus, le militantisme propalestinien traduit l'ambiguïté des sentiments à l'égard des juifs, rivaux dans la société française, qu'ils envient et admirent pour leur organisation et qu'ils détestent pour cette capacité qui, selon eux, manque aux musulmans.

C'est à partir de cette idéologie qu'il faut comprendre les réactions à la crise du Golfe, qui apparaissent dans le prolongement direct de ces positions. La guerre a été, pour eux, l'occasion de réactualiser une identité « arabe », ce qui s'est traduit par la sympathie pour le « courage » de Saddam Hussein, luttant seul contre les armées plus nombreuses et mieux équipées des Occidentaux.

Pour nous, Saddam Hussein incarne les valeurs de courage, de dignité, de virilité : courage, car il a été capable de tenir tête à une coalition ; dignité, car il a respecté sa parole, il a dit qu'il bombarderait Israël et il l'a fait ; virilité, car il a réussi à enlever la peur à ces populations originaires du Maghreb de s'exprimer... Saddam Hussein a donc remis en question un ordre international qui est injuste vis-à-vis des pays du Sud. (Responsable de l'association Repères.)

Ils font le parallélisme entre Bush et Saddam Hussein, condamnent violemment les Américains en épargnant partiellement la France et dénoncent l'hypocrisie occidentale.

De quel droit s'agit-il ? Du droit international, de multiples fois bafoué par ceux qui aujourd'hui invoquent la résolution 678, laissant lettre morte celles relatives au retrait des forces armées israéliennes des territoires occupés ? Les alliés de l'Amérique ont-ils respecté scrupuleusement l'embargo préconisé par l'ONU contre le pays de l'apartheid ? (Responsable de l'Association de la nouvelle génération immigrée.)

La majorité d'entre eux s'est alignée sur les positions de Jean-Pierre Chevènement et, au nom du tiers-mondisme, tous ont dénoncé l'hypocrisie des Occidentaux, qui condamnent l'Irak et interviennent massivement contre lui sans avoir traité de la même manière les Israéliens.

Même s'ils prennent soin de souligner la différence entre « juifs » et « sionistes », la plupart rappellent la joie qu'ils ont éprouvée lorsque les scuds sont tombés sur Israël. L'« antisionisme » virulent reste un principe organisateur essentiel de leur position et de leurs analyses politiques.

Nous ne sommes pas pour Saddam Hussein. C'est un dictateur. Mais on en a tellement après Israël que nous avons été contents lorsque des scuds sont tombés sur Israël. Nous pensons qu'Israël est sioniste, mais nous pensons aussi que tous les Israéliens ne sont pas sionistes. Nous pensons que la Palestine doit être reconnue comme une nation à part entière. Nous exigeons la libération des territoires occupés. C'est une situation d'apartheid que nous combattons. Nous ne sommes pas anti-Israéliens ou antisémites. Mais nous sommes antisionistes. Nous n'appuyons pas Saddam Hussein, car il n'a jamais été très proche des Palestiniens. (Responsable de l'association Mémoire fertile.)

Nous soutenons les Palestiniens et l'OLP et nous pensons que les problèmes de la région peuvent être réglés par les résolutions 242 et 338 de l'ONU. Nous soutenons ces résolutions qui prévoient l'instauration d'un État palestinien et une stabilité régionale de l'ensemble des peuples de la région. Nous ne sommes pas en conflit avec les juifs. Les juifs originaires du Maghreb, les séfarades, ont des traits culturels communs avec nous. (Responsable de l'association Repères.)

Ils présentent la défense de la cause des Palestiniens en invoquant des principes universels et non une forme de « solidarité arabe ». On ne doit pas attribuer, d'autre part, à la seule prudence ou au transfert de sentiments antisémites le fait qu'ils s'appliquent à distinguer dans leurs discours les « sionistes » et les « juifs ». Cela montre qu'ils connaissent les règles de la vie commune, qu'ils souhaitent garder en France des relations non conflictuelles avec les juifs et refusent d'importer les conflits du Moyen-Orient dans leur vie quotidienne.

Quelles qu'aient été leurs sympathies, ils ne sont guère intervenus. S'ils se retrouvent pour condamner l'hypocrisie des responsables occidentaux, qui ont prétendu agir au nom de la défense des droits de l'homme, ils professent des opinions différentes. Sans craindre la contradiction apparente, les militants d'une association justifient l'intervention du gouvernement français, tout en approuvant l'attitude de Jean-Pierre Chevènement. Les autres se partagent entre « mitterrandistes », parce qu'ils créditent le président de la République d'avoir recherché la paix jusqu'au bout, et « chevènementistes », qui approuvent l'attitude « courageuse », parce que hostile à la guerre, de l'ancien ministre. Les premiers n'ont pas participé aux actions menées contre la guerre ; parmi les seconds, quelques-uns se sont joints aux manifestations pacifistes.

D'inspiration tiers-mondiste, ils constituent un exemple extrême qui permet de proposer un raisonnement *a fortiori*. La sympathie pour Saddam Hussein et l'engagement en faveur de la cause palestinienne les ont conduits à s'aligner sur la position d'un courant minoritaire, mais représenté dans les plus hautes sphères politiques françaises. Malgré leur passion « antisioniste », ils n'expriment pas d'opinions ouvertement antisémites, ce qui ne révèle rien sur leurs sentiments profonds, mais traduit la connaissance des règles de la vie commune. Les actions concrètes ont été inexistantes ou faibles ; quand elles ont eu lieu, elles étaient pacifiques (manifestation autorisée) et non spécifiques (réponse à l'Appel des 75). On comprend que le reste de la population musulmane, moins politisée, plus modeste socialement, ait adopté une attitude encore plus prudente.

Mais, dans aucun cas, l'hostilité à l'égard de la politique française n'a conduit soit à envisager un départ, soit à constituer une communauté organisée. « On se préoccupe pas trop du Moyen-Orient, on se préoccupe surtout du quotidien », constate un interviewé à Marseille. La revendication au « droit à la différence » s'inscrit à l'intérieur de la société française. Ils continuent à vouloir œuvrer de manière prioritaire dans les combats pour l'intégration en France, tout en aspirant confusément à ce que soit « reconnu » l'homme « arabe », mais sans appeler pour autant à constituer une organisation « communautaire ».

Nous cherchons à dire que nous sommes « ici et maintenant » et que nous voulons y rester sans renier un certain nombre de nos traits culturels que nous voulons intégrer au patrimoine universel… Nous avons instrumentalisé le combat de Saddam Hussein pour pouvoir revendiquer un espace en France… Nous voulons dire que notre origine n'est pas en contradiction avec les valeurs républicaines et celles des droits de l'homme. (Responsable de Repères.)

Minorité favorable à la position occidentale

Cette minorité comprend, selon les sondages, un quart environ de l'échantillon, dans laquelle la part de ceux qui ont la nationalité française et de ceux qui sont nés en France est la plus nombreuse. Ils affirment sans réticence leur citoyenneté et analysent la crise dans les termes de la majorité de la population, favorables à la position du gouvernement et à l'intervention de l'armée française dans la coalition militaire, même s'ils gardent une forme de solidarité avec le peuple irakien.

J'ai accepté d'être un citoyen français, j'aurais été là-bas, mais c'est vrai que cela n'aurait pas été facile. Je me demande... J'aurais demandé un poste ailleurs que dans une confrontation directe... Vivant dans une société laïque et en république, la laïcité, c'est que chacun puisse choisir sa religion. Ce qu'il y avait en commun, c'est qu'on était tous citoyens français et donc on avait une identité nationale. (Animateur socioculturel, né en France, vingt-huit ans.)

J'ai choisi de vivre en France. L'amour et l'attachement culturel ne sont pas inconditionnels. Je peux être en désaccord total avec le gouvernement irakien, tout en gardant un lien affectif avec son peuple. Mais je suis citoyen français avant tout. (Médecin, né en Algérie, quarante-sept ans.)

Les plus intégrés d'entre eux ont pourtant traversé une épreuve pendant les événements, ils ont eu le sentiment d'être injustement suspectés.

Nous avons été tout au long de cette guerre des demi-citoyens ou même des citoyens à temps partiel. (Conseiller financier, né en Tunisie, trente-huit ans.)

Se percevant comme « citoyens français avant tout », ils ont eu le sentiment que la société française les mettait à l'épreuve, qu'on les suspectait d'une « double allégeance » et qu'on cherchait à les constituer en « communauté ».

J'ai très mal vécu la façon dont l'État français nous prenait en otage, en s'adressant à « la communauté algérienne » ou « maghrébine » ou « arabe », en s'adressant aux musulmans comme si la laïcité n'avait pas le droit d'exister dans cette communauté arabe, alors qu'ils ont fait tout un tralala sur les problèmes de laïcité l'année dernière avec le foulard. Là, ils ne reconnaissaient plus la laïcité. Tout ça, ce sont des choses qui m'ont beaucoup dérangée, cette façon de nous prendre en otage. (Avocate, née en Algérie, quarante-deux ans.)

Or ce n'est pas ainsi qu'eux-mêmes analysaient leur propre situation : si la guerre suscitait chez eux un lien avec l'Irak, ce n'était pas en raison d'une « communauté arabe », mais par solidarité, au nom de principes universels, avec le peuple irakien, doublement victime d'un tyran et de la guerre : « Je n'ai pas de rapports affectifs avec le monde arabe comme ont voulu le faire croire aujourd'hui les hommes politiques », proteste une avocate d'origine algérienne. Plus sensibles à l'hypocrisie du « combat pour le droit » que la majorité des autres Français, ils ont eu le sentiment que les médias et les intellectuels, en particulier les juifs, monopolisaient la parole au nom de l'« Occident » et menaient sans le dire un « combat antiarabe », dont ils étaient les premières victimes.

On nous a beaucoup insultés à travers les médias. Le glissement sémantique s'est fait très vite. On est passé de Saddam à dictateur, de dictateur à arabe, d'arabe à criminel. Je ne me suis jamais fait d'illusions sur les médias. Il n'y a pas eu un documentaire profond et réel sur l'Irak, ils en ont fait l'ennemi à abattre et avec lui une population arabe. (Journaliste, né au Maroc, quarante-deux ans.)

Je n'oublierai jamais l'intransigeance des intellectuels juifs français. Je trouve ça inadmissible. Les prises de parole à la télévision... Imaginez qu'un musulman de la deuxième génération ait dit un dixième de ce que x... a dit ou d'autres ont pu dire. C'est d'une violence rare. On ne peut pas légitimer le massacre de la nation irakienne. (Chef d'entreprise, né à Nanterre, trente-trois ans.)

Les souvenirs historiques ont dramatisé la crise : « mise à l'écart », « entre parenthèses », « otages » sont des termes qui reviennent dans tous les entretiens. Les souvenirs de l'humiliation coloniale, des drames de la guerre d'indépendance, de l'OAS, réactualisés par l'emploi du terme « communauté », terme qui évoquait pour eux l'époque coloniale, ont aggravé l'épreuve de ceux qui se voulaient avant tout des citoyens français.

La guerre du Golfe a instauré un comportement de la communauté maghrébine de type colonial absolu. Ils n'ont pas pris conscience que nous étions devenus des citoyens français. (Avocat, né en Algérie, soixante-quatre ans.)

Moi, je ne me suis jamais fait d'illusions sur la position française. Actuellement, la France a cherché à gagner ses guerres coloniales a posteriori. (Ingénieur, né en Algérie, trente-huit ans.)

Ces jugements n'ont pas entraîné de manifestations de solidarité avec l'Irak. Mais beaucoup ont pris conscience qu'une organisation commune donnerait aux musulmans un nouveau poids dans la vie sociale. Plusieurs responsables d'associations déjà existantes se sont rencontrés pour établir des réseaux de relations permettant de venir en aide aux Maghrébins. Les mots « diaspora » ou « lobby » sont apparus dans les discussions, selon le modèle juif, dont l'idée est toujours présente dans les esprits. Mais les actions concrètes sont restées marginales. La guerre a éveillé les consciences et la volonté, pour certains, de renouer avec une « appartenance arabe », mais dans un sens purement culturel. Les membres des classes supérieures ne se sont pas posés en représentants d'une « communauté arabe », dont ils ont toujours nié l'existence. Si beaucoup d'entre eux ont décidé de modifier leur vote lors des prochaines élections (« Où sont ceux qui se prétendent de gauche ? Leur appartenance au socialisme ne serait-elle qu'alimentaire ? »), aucun n'a remis en cause la citoyenneté, ni le principe de l'intégration individuelle.

Nous restons plus que jamais des citoyens à part entière, des citoyens contestataires, mais des citoyens quand même. (Avocat, né en Algérie, trente-huit ans.)

Écho à cet extrait d'entretien : « Il est à espérer qu'après ce long silence gêné vous saurez raison retrouver. Reconnaissez enfin que plus aucun doute ne peut désormais être émis quant à notre fidélité et notre pleine appartenance à la République française et à ses institutions. »[5]

Une majorité divisée

La majorité des musulmans présents (un peu plus de 50 %) s'est efforcée de concilier une forme de solidarité arabe et la participation à la société française. Mais le sentiment le plus fort restait celui d'une « identité blessée », selon la formule d'un interviewé. N'ayant jamais revendiqué d'identité arabe avant la guerre, lorsqu'ils étaient traités en citoyens, ils s'affirmaient désormais, par dignité, « arabes d'honneur », comme le dit une interviewée, parce qu'ils se sentaient agressés.

Je me comporte comme n'importe quel jeune, je bois de l'alcool. Et puis du jour au lendemain, eh bien, on nous a traités de sales arabes et tout. Alors qu'auparavant, je n'ai jamais calculé, les Arabes et tout ça. Je m'en foutais, j'étais avec des collègues français ou n'importe quoi. J'étais avec des jeunes et c'est tout. Vous avez des gens qui ne se sentent pas appartenir à cette communauté, qui rejettent tout en bloc. Et du jour au lendemain, ils sont arabes. (Éducateur, né en France, trente-deux ans.)

Ils continuent à adhérer fortement à la France et aux valeurs universalistes, mais en même temps ils éprouvent le sentiment d'avoir été « floués », quand on leur disait que la guerre était menée au nom de ces principes contre leurs « frères ». Ils sont unanimes à dénoncer l'hypocrisie du monde occidental : « deux poids, deux mesures ».

Je crois que la communauté arabe a été d'une très grande dignité, bien qu'elle ait été choquée par le comportement de la France. Pourtant, elle-même a joué le jeu de la démocratie et de la République... J'ai l'impression que cela a été une très grande manipulation. Je crois que l'on a manipulé les foules, les peuples. Les pays arabes, leur seule richesse, c'est le pétrole. Avec le pétrole, ils auraient pu se développer depuis très longtemps, et je crois que l'Occident l'a bien vu. En 56 avec Suez, à chaque fois que le monde arabe a essayé de s'en sortir, de casser un peu l'ordre mondial pour pouvoir s'en sortir, il y a eu une armée occidentale qui est allée casser ça. Cela s'est vu à Suez et cela s'est vu aujourd'hui avec le Golfe. (Animateur socioculturel, né en France, vingt-huit ans.)

Malgré tout, le souci de la vie quotidienne restait premier.

Je n'aime pas cette guerre stupide. Elle ne rapporte rien. On a besoin de vivre. (Commerçant marocain, Nantes.)

De toute façon, je suis contre la guerre. Je suis aussi contre la guerre avec Israël. Nous sommes tous des êtres humains même si nous sommes devenus ennemis. En même temps, je condamne les actes des Israéliens contre les Palestiniens... Cette guerre n'aura pas modifié ma façon de vivre ou de voir les Français et les autres. C'est un nuage qui est passé. (Commerçant tunisien, Marseille.)

Les passions politiques ont été maîtrisées et contrôlées par la volonté de conserver ce qu'ils avaient acquis et de participer à la société française.

Mes beaux-parents sont juifs... Avec mon beau-père, on se tient bien. Les discussions sont âpres, mais il n'y a pas de violence ni de passage à l'acte. Il n'y a pas de sujet plus détonnant. Vous mettez un juif et un arabe ensemble, ils peuvent s'aimer, mais il y a quelque part quelque chose qui est explosif. Alors, si on va sur ce terrain, il faut savoir dire des choses et s'arrêter. (Chef d'entreprise, né en France, trente-deux ans.)

À Nantes, à Toulouse, à Montpellier ou à Marseille, l'inquiétude et la suspicion n'ont entraîné que le retrait et la prudence.

Dès l'éclatement de la guerre du Golfe, toute la communauté de Montpellier s'est enfermée. Dans les quartiers où traditionnellement les gens se rassemblent, font leurs courses, il n'y avait plus personne, les rues étaient désertes, les commerces étaient déserts. On ne voyait plus d'Arabes dans les rues. Les pères et les mères de famille ne laissaient plus sortir leurs enfants. Donc, c'est vrai qu'on a vécu très mal. (Animateur socioculturel, né en France, trente-deux ans.)

Les musulmans suivaient, encore une fois, les réactions de la majorité de la population française qui, tout au long de la crise, a spontanément limité ses activités au strict minimum.

Reste que l'appel à la citoyenneté et aux valeurs de la République est constant, comme le refus de constituer une forme de « communauté », même s'ils attribuent aux autres la tentation de le faire, étant donné l'attitude de la société française

Vivant dans une société laïque et en République, la laïcité dans un État laïc, c'est que chacun puisse choisir sa religion. Ce qu'on avait en commun, c'est qu'on était tous citoyens français, et donc on avait une identité nationale... On nous parle d'intégrisme dans les pays du Maghreb. Ici maintenant, dès qu'on parle de musulman, on voit quelqu'un avec un tchador et un couteau entre les dents. Ce n'est pas le cas. Beaucoup de gens sont pratiquants mais c'est une question individuelle. On est en République, il ne faut pas qu'on se rassemble sur l'islam. Qu'on se rassemble sur les valeurs démocratiques, mais pas sur l'islam. Et, malheureusement, vu les attitudes qu'a la France, vu toutes ces attitudes sur le Golfe, de plus en plus de jeunes ne trouvant pas de solution, malgré leurs luttes, leur combat, en voyant qu'ils n'aboutissent à rien, souvent se renferment dans ce qu'on pourrait appeler un islam dur, parce que c'est la seule valeur qui leur reste. (Animateur socioculturel, né en France, trente-deux ans.)

Il est vrai que la désintégration des catégories sociales menacées d'exclusion, dans lesquelles les populations issues de l'immigration sont surreprésentées, peut s'accentuer, provoquant des oppositions plus fortes entre les groupes, qui s'exprimeraient en termes ethniques : les mots dans ce cas contribuent à faire naître les réalités sociales et politiques. La multiplication de populations nouvelles, plus étrangères à la tradition française, peut contribuer à « ethniciser » des rapports conflictuels. Le communautarisme, dont les sociologues annoncent régulièrement l'émergence – ce que les enquêtes infirment pour l'instant –, risque effectivement d'apparaître, si l'intégration nationale, minée par le développement des particularismes et la naissance d'une Europe politique, continue à s'affaiblir. Les réactions des musulmans à la guerre du Golfe montrent, une fois encore, que le communautarisme ne s'est pas manifesté. Par conviction et par intérêt bien compris, par la crainte de voir leur situation menacée – sentiments qu'ils partageaient avec le reste des Français –, la majorité des musulmans, connaissant implicitement les règles du jeu politique et social, se sont abstenus de toute manifestation. Les appels au calme des imams, des responsables d'associations culturelles prônant et organisant le dialogue entre les communautés – comme Identité et Dialogue –, des Églises ou des maires des grandes villes de France risquaient d'autant mieux d'être entendus que, selon nos interviewés-informateurs, la tentation de la violence n'existait pas. Tout au long de nos enquêtes, en tout cas, nous n'en avons pas trouvé de traces. Même si l'on ne peut exclure le désir de donner aux enquêteurs la « bonne réponse », celle qui montre la responsabilité des musulmans, même si ces tentations ont existé – ce que l'enquête ne permet pas d'exclure –, les manifestations ont été marginales. Les jeunes les plus politisés des banlieues nord de Paris, extrémistes et radicaux dans leurs discours, affirment, deux mois après le déclenchement des opérations, qu'ils n'ont pas envisagé de passer à l'action. Ils se sont contentés de suivre les opinions de J.-P. Chevènement et, pour les plus actifs d'entre eux, de participer à la manifestation organisée par les pacifistes et autorisée par la Préfecture de police. Ils suivaient ainsi la tradition des gauchistes qui, en France, dans les années 1970, ne sont pas devenus des terroristes. La majorité des musulmans, partagés entre une forme de solidarité arabe et le souci de la situation acquise, condamnaient la guerre elle-même et ceux dont ils jugeaient qu'ils étaient le plus directement responsables de son déclenchement. Ils se ralliaient personnellement au chef de l'État français, qui avait su participer à l'intervention militaire tout en préservant son image d'apôtre de la paix. Ils ont su contrôler l'expression de leurs sympathies et leurs comportements à l'intérieur des règles du jeu de la vie commune. Ils ont fait la preuve, par leurs comportements au cours de la crise, qu'ils maîtrisaient, peut-être pas dans leurs discours, mais dans leurs conduites, les normes et les pratiques de la vie collective, qu'ils savaient jusqu'où ils pouvaient manifester leurs passions, qu'ils avaient appris à respecter les règles selon lesquelles les conflits entre les individus et les groupes peuvent s'exprimer dans la démocratie française.

Reste que la majorité d'entre eux ont eu le sentiment de vivre une épreuve. Pour les uns, elle venait de leur sympathie pour Saddam Hussein ou, en tout cas, pour le peuple irakien et de leur hostilité envers les Occidentaux et plus particulièrement les Américains – opinion minoritaire dans le reste de la population française. Pour les autres, elle venait moins de leur propre attitude et de leur propre appréciation de la situation internationale que des exigences que, selon eux, les autres formulaient, explicitement ou implicitement, à leur égard. Ils ont eu le sentiment que s'ouvrait, avec la crise, « l'ère du soupçon » : pour ne pas être accusés de double allégeance, ils étaient sommés d'affirmer une citoyenneté sans faille, alors que les autres, quelles qu'aient été leurs opinions, en étaient dispensés. De cette épreuve, toutefois, ils n'ont pas tiré pour l'instant la conclusion qu'ils devaient s'organiser en communauté musulmane politique pour participer à la vie française.

1993

15

Pluralisme et monde commun

Sur le sens et la valeur de la diversité et du pluralisme, l'esprit du temps a brutalement changé au cours des années 1970. C'est autour de l'unité dynastique et religieuse que la monarchie avait construit la nation pendant des siècles. La République avait pris le relais en affirmant que la France était « une et indivisible ». Ce fut un *topos* des historiens républicains que de proclamer l'unité de la nation par-delà les distinctions entre Bourguignons, Bretons et Corses. Dans les années 1970, l'État jacobin devint l'objet d'une critique virulente et fut déclaré coupable d'« ethnocide ». Un vieux thème d'extrême droite, la valeur des enracinements locaux, des régions, des terroirs et des langues locales, a été récupéré par les gauchistes et une partie de la gauche au nom de l'authenticité et du droit à la différence. Toute nation a été désormais assimilée au nationalisme et, par conséquent, dénoncée. L'homogénéité culturelle qui était apparue dans le passé comme la condition de l'unité nationale fut condamnée au nom des valeurs modernes de la diversité et de l'égale valeur de chaque individu et, plus encore, de chaque culture. On a désormais attribué toutes les contraintes de la vie collective et toutes les guerres à l'existence des nations, comme si, pendant les siècles où l'organisation politique était fondée sur le principe dynastique et religieux, on avait ignoré les contraintes et les guerres. La moindre réserve sur les avantages ou les vertus des diversités et du pluralisme fut jugée fasciste ou totalitaire. « S'enrichir de nos diversités » suffisait comme philosophie de l'histoire.

On ne saurait pourtant régler aussi facilement un problème de fond : jusqu'à quel point une société peut-elle comporter des diversités et de quelle nature peuvent-elles être ? Selon la formule de Claude Lévi-Strauss : « On en vient à se demander si les sociétés humaines ne se définissent pas eu égard à leurs relations mutuelles, par un certain *optimum* de diversité au-delà duquel elles ne sauraient aller, mais en dessous duquel elles ne peuvent pas non plus descendre sans danger. »[1] Il s'agit d'un problème constant des sociétés démocratiques modernes. Or, dans son principe, la citoyenneté gère la diversité dans la mesure où elle assure l'inclusion politique de tous les citoyens, quelle que soit la diversité de leurs origines ethniques, socio-économiques, culturelles ou religieuses. Reste que ce principe ne saurait s'appliquer dans n'importe quelles conditions sociales, il n'est pas susceptible de transcender toutes les diversités, quelle que soit leur nature.

Une valeur démocratique

Le principe de la citoyenneté fonde aujourd'hui la légitimité politique et constitue la source du lien social. Vivre ensemble, c'est être citoyen ensemble. Au principe dynastique et religieux de l'intégration sociale, issu de la longue histoire de la France et de l'Église catholique, qui intégrait la société de l'Ancien Régime, a succédé le principe de la citoyenneté qui a consacré une rupture fondamentale. Toute nation démocratique se caractérise en effet par son ambition de transcender par la citoyenneté toutes les formes d'appartenances particulières. Elle se propose d'intégrer ses membres par la citoyenneté en dépassant leurs diversités concrètes, en transcendant leurs particularismes.

C'est pourquoi la séparation des Églises et de l'État est un principe fondateur de l'organisation politique moderne : elle permet de transcender la diversité des appartenances religieuses, de consacrer le passage dans le privé des croyances et des pratiques, de faire du domaine public le lieu, religieusement neutralisé, commun à tous les citoyens, quelle que soit l'Église à laquelle ils appartiennent, quel que soit leur refus de participer à une Église. Concrètement, bien entendu, il existe toutes sortes de formes de reconnaissances et de négociations entre l'État laïque, les Églises et les groupes religieux. La frontière entre le public et le privé n'est pas fixée une fois pour toutes, elle se renégocie continuellement.

La laïcité française, héritage d'un conflit de plus d'un siècle entre la République et l'Église catholique, n'est un modèle dans aucun sens du terme. Elle a connu d'ailleurs des formes successives qui se sont traduites par des générations de droits définissant, selon l'expression de Jacqueline Costa-Lascoux, les « trois âges de la laïcité », d'abord l'âge de la séparation, puis celui de la neutralité religieuse et enfin celui de la liberté d'expression[2]. Les autres démocraties connaissent des modalités différentes de séparation des Églises et de l'État. Le Président des États-Unis prête serment sur la Bible et appelle la bénédiction de Dieu sur les armées du pays qui entrent en guerre. En Allemagne, les Églises catholiques et protestantes tirent leurs ressources des impôts payés par leurs fidèles à travers la collecte des impôts publics, et, jusqu'à une date récente, des papiers d'identité mentionnaient l'appartenance religieuse. La reine d'Angleterre est le chef de l'Église anglicane et, dans les écoles publiques anglaises, les élèves chaque matin se réunissent autour d'une prière commune. Mais, quelles que soient les formes des relations entre l'État et les Églises, on applique le même principe : les individus sont citoyens, quelle que soit leur Église d'appartenance ou leur non-appartenance à une Église. La neutralité religieuse de l'État est essentielle, puisque le lien social n'est plus religieux ou dynastique, mais politique, donc, jusqu'à présent, national.

Charles Maurras dénonçait avec violence les quatre « États confédérés » dont la domination reposait, selon lui, sur le règne de l'argent et la diffusion de principes criminels. « Quand on passe en revue les rois de la République, on s'aperçoit que ce sont tous des juifs, des protestants, des métèques ou des francs-maçons. » Il fallait donc les neutraliser afin d'enrayer la « peste démocratique ». Dans sa violence quelque peu pathologique, il soulignait un fait exact. La monarchie française au long des siècles s'était si bien confondue avec la nation que, comme le remarque Renan, lorsque la France se transforma en République, la nation se maintint : « Cette grande royauté française avait été si hautement nationale, que, le lendemain de sa chute, la nation a pu tenir sans elle. »[3] Mais, en affirmant la citoyenneté indépendamment du lien historique qui avait uni au cours des siècles la nation, la monarchie et l'Église catholique romaine, les Révolutionnaires proclamaient un nouveau principe de légitimité qui s'affirmait objectivement aux dépens de la monarchie, mais aussi de l'Église. Les autres groupes religieux, très minoritaires, se voyaient symboliquement reconnus au même titre qu'elle. Le jour des vœux au président de la République, l'archevêque de Paris côtoie le président de la Fédération protestante et le Grand Rabbin de France. Un jour, un représentant des musulmans français sera présent. Le principe de la laïcité est un principe de liberté religieuse et de protection des religions minoritaires, symboliquement hissées au niveau de la religion majoritaire. Il est donc facile de comprendre l'adhésion passionnée que les protestants et plus encore les juifs ont vouée à la République, qui leur assurait en principe l'égalité avec leurs anciens persécuteurs. Aujourd'hui, à l'abri des lois de la laïcité, les bouddhistes prospèrent en France.

Toute nation démocratique est par définition multiculturelle. Le multiculturalisme qui se traduit dans l'ordre du privé, dont la multiplicité des Églises et des croyances est un exemple privilégié, est de fait ; il est aussi de droit, puisque l'ordre démocratique repose sur la distinction entre le public et le privé. Il peut être aussi large et varié que les individus le souhaitent, aussi longtemps qu'il reste compatible avec les valeurs d'égalité et de liberté individuelle qui fondent la légitimité de la citoyenneté, aussi longtemps que ce multiculturalisme de fait ne remet pas en question le principe de l'unité/égalité/universalité de l'espace public défini par les institutions et les pratiques de la citoyenneté. La nation moderne n'implique pas que soient supprimés les particularismes des populations intégrées dans une organisation nationale. Ce n'est ni possible ni souhaitable. Elle implique que ces spécificités se maintiennent dans l'ordre du privé et que les individus se conforment à la logique de la citoyenneté dans l'ordre du public. Elle repose sur la distinction hégélienne entre les spécificités de l'homme privé et l'universalisme du citoyen. Au privé, l'affirmation libre des identités et des références particulières grâce auxquelles l'homme donne librement un sens à son existence – en particulier son rapport au transcendant et son adhésion à une Église –, au public, l'unité/égalité/universalité de la citoyenneté de l'individu.

La gestion de la diversité religieuse par la citoyenneté est dans son principe exemplaire, même si les applications ne sont jamais parfaitement conformes au principe proclamé, même si la définition de la frontière entre le public et le privé reste inévitablement l'objet de négociations. Jusqu'à présent les hommes n'ont pas inventé une autre conception politique qui permette de gérer les diversités. La citoyenneté se fonde en effet sur l'idée que, par-delà leurs différences et leurs inégalités, par-delà la variété de leurs références culturelles ou morales et de leurs fidélités religieuses ou historiques, tous les hommes sont égaux en dignité et qu'ils doivent être traités juridiquement et politiquement de manière égale. La société démocratique moderne est fondée sur un principe d'inclusion égalitaire, à la différence des sociétés que les anthropologues qualifient de « plurales » (sociétés coloniales ou qui furent colonisées), qui sont fondées sur l'existence de groupes statutairement et politiquement inégaux. La transcendance des enracinements concrets et des appartenances particulières par l'idée et les institutions de la citoyenneté reste à ce jour le seul fondement d'une organisation politique qui soit susceptible de faire vivre ensemble des populations dont les références historiques, les croyances et pratiques religieuses et les conditions économiques sont différentes, et de respecter la dignité de chacune d'entre elles. La neutralité religieuse du domaine public reste, à ce jour, le seul principe qui permette de faire vivre ensemble des populations religieusement diverses.

L'espace public et ses exigences

On ne peut en conclure que les diversités de toutes natures sont susceptibles d'être transcendées par la citoyenneté. Il existe des conditions concrètes pour qu'une société puisse être organisée par le principe et les pratiques de la citoyenneté. Cette dernière est fondée, on l'a dit, sur l'idée de l'égale dignité de tous les hommes, pour être plus précis, de tous les êtres humains. L'inclusion de tous les citoyens ne peut prendre un sens que si les valeurs et les pratiques quotidiennes ne sont pas contradictoires avec les valeurs impliquées par l'idée même de citoyenneté.

La citoyenneté reste formelle si, dans la vie concrète, les individus ne reconnaissent pas la dignité de l'autre. L'exemple des États-Unis montre combien la seule proclamation du principe peut se révéler insuffisante. Aucun Blanc du Sud et sans doute du Nord ne pensait, après la guerre de Sécession, que la dignité de son voisin noir fût égale à la sienne. Il a fallu plus d'un siècle pour que les Noirs disposent réellement des droits formels du citoyen, celui de voter librement. Les principes de l'égalité des citoyens ont été régulièrement et grossièrement bafoués. Le souvenir de l'esclavage, l'écrasante domination politique et économique des Blancs, la condition objective faite aux Noirs a rendu impossible l'application des principes proclamés jusqu'au niveau de la Cour suprême et les grandes décisions des années 1960.

Plus généralement, toutes les dispositions et les pratiques sociales qui ne reposent pas sur le respect de la dignité de la personne sont contradictoires avec la citoyenneté. C'est le cas, en particulier, pour tout ce qui concerne, dans les cultures traditionnelles, l'inégalité statutaire, et d'autant plus fondamentale qu'elle apparaît naturelle, entre l'homme et la femme ou, plutôt, l'infériorité de la femme, renvoyée par nature à sa seule dimension biologique.

La diversité culturelle en tant que telle n'interdit pas la création d'une nation démocratique moderne. La citoyenneté, à la différence de l'identité ethnique, n'est pas fondée sur l'identité culturelle et religieuse, mais sur l'idée de l'égalité de dignité civile et politique. On peut invoquer à ce sujet les démocraties dites « consociatives » (Suisse, Pays-Bas ou Autriche) qui reconnaissent la diversité des cultures jusque dans les pratiques de l'espace public. On peut rappeler que la diversité régionale – Corses, Bretons, Basques, Gallois ou Écossais – se maintient ou se renouvelle dans les plus vieilles nations unitaires. La diversité objective, celle des langues, des religions et des cultures, n'est pas dans son principe incompatible avec la création d'un espace politique commun. L'homogénéité culturelle des populations n'est qu'une des conditions favorisant la collaboration politique. Les institutions de l'État, si elles portent un projet politique, si elles sont l'expression d'une communauté de citoyens et non d'une ethnie particulière, sont susceptibles de surmonter les différences culturelles et éventuellement – plus difficilement – identitaires entre les groupes. L'existence des nations dépend de la capacité du projet politique à résoudre les rivalités et les conflits entre groupes sociaux, religieux, régionaux ou ethniques divers selon les règles reconnues comme légitimes.

Pourtant, l'expérience historique a montré que la réduction des différences culturelles et historiques a constitué le moyen le plus économique et, probablement, le plus efficace pour transcender les identités ethniques. L'homogénéité objective des populations ne suffit pas, par soi seule, à créer une nation, mais elle favorise les échanges de la vie sociale et de la société politique. La formation de la nation a toujours été accompagnée d'actions qui visaient à réduire les particularismes, non seulement politiques, mais culturels : l'action de l'État a visé à imposer une langue, une histoire et des valeurs communes et à enseigner les règles du vivre-ensemble quotidien. Si l'on ne doit pas assimiler tout processus d'organisation politique au « génocide culturel » des entités préexistantes, il n'en reste pas moins que la nation civique, dans la mesure même où elle est une unité politique, impose nécessairement des contraintes et une forme de violence. Il est vrai que l'action de l'État national tend à dévaloriser les différences infranationales et que la logique égalitaire qui est au fondement de la légitimité politique comporte le risque de verser dans la logique identitaire.

On ne saurait toutefois réduire la construction nationale à cette seule dimension. Lorsqu'il travaille à renforcer l'homogénéité objective et identitaire de la population – par l'action de l'école, par l'enseignement de l'histoire, par la participation aux mêmes institutions, par l'entretien de valeurs communes et de modes de vie spécifiques –, l'État de la nation démocratique tend sinon à interdire, du moins à reléguer dans l'ordre du privé les formes culturelles et politiques préexistantes, mais il donne aussi aux individus les moyens de participer à la vie publique. La culture commune, entretenue par l'action de l'État, n'est pas seulement le produit des exigences techniques de la société industrielle, comme l'écrivait Ernest Gellner[4], c'est aussi le moyen d'entretenir la société politique. La langue est un marqueur ethnique, c'est aussi le moyen des échanges entre les individus, des négociations entre les groupes et de la résolution des conflits selon des règles acceptées par tous, l'instrument par lequel s'instaure et se maintient la vie démocratique.

C'est dans la mesure où la nation démocratique n'est pas une pure abstraction, où elle s'inscrit dans une société et une culture particulières qu'elle n'est pas compatible avec les formes de particularismes qui remettent en cause les principes mêmes de la société politique. Pour assurer l'existence d'une nation citoyenne, il apparaît nécessaire de respecter deux exigences, qui constituent autant de limites au pluralisme. Il faut que les individus admettent qu'il existe un domaine public unifié, indépendant, au moins dans son principe, des liens et des solidarités religieuses, claniques et familiales et qu'ils respectent les règles de son fonctionnement. En d'autres termes, il faut qu'ils acceptent cette séparation de l'ordre politique et de l'ordre religieux qui fonde la démocratie moderne. Il faut, d'autre part, que l'égalité de dignité de chacun, qui fonde la logique de la nation démocratique, ne soit pas contredite par des inégalités de statut dans les autres domaines de la vie sociale, en particulier dans le droit personnel.

Les valeurs du domaine privé ne sauraient à long terme être contradictoires avec celles qui fondent les pratiques de la vie publique sans remettre en cause le projet collectif lui-même. L'égalité politique s'inspire d'une philosophie de l'individu, « citoyen à part entière ». Certaines formes de cultures traditionnelles, celles qui prennent leur source dans l'inégalité de statut entre hommes et femmes, sont incompatibles avec les principes selon lesquels fonctionne le domaine public – l'idée de l'égalité et de la dignité essentielles de chacun des citoyens. Les juges anglais ont affirmé par leurs décisions que la tolérance des particularismes culturels devait connaître des limites. Les lois et coutumes qualifiées de traditionnelles ne pouvaient être respectées que si elles étaient « raisonnables » et conformes à l'ordre public, elles ne pouvaient être reconnues et appliquées en Angleterre que si elles n'étaient pas jugées choquantes et si elles n'offensaient pas la conscience de la cour[5]. C'est ainsi que les tribunaux britanniques ne reconnaissent pas les mariages où l'un des conjoints a moins de seize ans, les mariages forcés, c'est-à-dire imposés aux femmes, les divorces par répudiation de la femme, l'interdiction faite aux femmes musulmanes d'épouser un non-musulman, toutes pratiques jugées contraires à la liberté individuelle. Les musulmans britanniques n'ont pas obtenu que le droit personnel de l'islam leur soit appliqué, parce que certaines de leurs lois sont jugées contraires à la Convention européenne des droits de l'homme[6]. En revanche, les sikhs, au Royaume-Uni comme au Canada, peuvent porter leur turban à la place d'un casque ou d'un képi. Les juges britanniques ont ainsi limité par la loi certaines formes de pluralisme culturel qui leur paraissaient incompatibles avec les valeurs impliquées par la citoyenneté.

En France aussi, le juge refuse d'appliquer la loi étrangère, lorsqu'elle est considérée comme incompatible avec l'ordre public, qu'il s'agisse de la répudiation, de la polygamie, de l'empêchement au mariage tenant à la religion ou à la nationalité du conjoint. Plus généralement, le « contrat d'intégration », défini à l'occasion de la table ronde du 29 mai 1990, sous la présidence du Premier ministre, avait posé le principe que « la France n'entend pas accepter sur son territoire des pratiques incompatibles avec ses principes fondamentaux, particulièrement à l'égard des femmes »[7]. Toute inégalité de statut – dont l'inégalité entre les hommes et les femmes est un exemple privilégié – est tenue pour un défi aux valeurs communes, quand on fait de l'égalité fondamentale de tout citoyen le principe fondateur de la légitimité politique.

Ces exemples concernent principalement les populations musulmanes ou d'origine musulmane. Mais, aux États-Unis, les comportements de certains membres de commandos chrétiens militant contre le droit à l'avortement, qui paraissent mobilisés moins pour défendre le respect de toute forme de vie que pour exprimer des passions troubles et violentes – ils sont prêts à tuer au nom de la défense de la vie –, ne sont pas moins contradictoires avec les valeurs impliquées par la citoyenneté, à savoir l'égalité de dignité des hommes et des femmes et la liberté de chacun de choisir son destin personnel à l'intérieur du cadre légal.

Ces principes posés, il reste, bien évidemment, à résoudre toutes sortes de problèmes pratiques. Même dans les nations déjà constituées sur le principe de la neutralité et de l'unité de l'État, la frontière entre le domaine public et privé, entre le domaine public et religieux, la reconnaissance des particularismes continuent inévitablement à être l'objet de débats. Si chacun a le droit de pratiquer toutes les langues dans le privé, peut-on admettre la multiplicité des langues dans la vie publique, dans les pays où cette multiplicité ne fait pas partie du pacte national, comme c'est le cas en Suisse, sans remettre en cause l'unité politique ? Jusqu'à quel point est-il concrètement possible de respecter l'expression des spécificités régionales ou religieuses à l'école, où l'on doit d'abord apprendre les règles, communes à tous, de la vie nationale ? L'école appartient-elle au domaine privé ou public ? Le mariage forcé des filles est-il une pratique publique ou privée ? On a vu la réponse juridique donnée en Grande-Bretagne et en France.

Ces analyses ne permettent pas d'apporter des réponses simples aux problèmes politiques, peut-être peuvent-elles guider la recherche des solutions concrètes. Il est clair qu'il ne peut pas ne pas exister une tension, dans une nation démocratique, entre l'apprentissage des règles et des valeurs communes et la perpétuation des particularismes culturels. Même lorsqu'il s'agit de l'Église catholique, ralliée à la laïcité, il est inévitable que la frontière entre le public et le religieux, qui, en France, a longtemps été l'objet de conflits violents, soit toujours l'objet de négociations. Mais cette tension devient une contradiction si la perpétuation de cultures particulières remet en cause le principe de la frontière entre le public et le privé ou le religieux, ainsi que celui de l'égalité de statut entre tous les citoyens.

On peut avancer, en ce qui concerne la nation démocratique, une définition de « l'*optimum* de diversité » qu'évoquait Claude Lévi-Strauss : c'est celui qui n'interdit pas la participation des populations au domaine politique commun. Toute diversité est acceptable quand elle ne se fonde pas sur des valeurs contradictoires avec celles qui fondent la citoyenneté. Il est clair que l'acceptation de la diversité varie d'un pays à l'autre, d'une époque à l'autre, selon la tradition nationale et, en particulier, selon l'histoire des institutions nationales et du sentiment patriotique, selon, aussi, l'évolution des valeurs collectives. Les solutions du passé ne sont, par définition, jamais définitives. La société démocratique, laïque, est une création continue.

1997

16

Modèle des « israélites » ou modèle démocratique ?

L'« israélitisme » ne peut être compris si on ne l'inscrit pas dans le projet de la modernité politique. Il faut donc revenir au fondement même de ce qui constitue la citoyenneté. La nouvelle légitimité politique proclamée lors des grandes révolutions de la fin du XVIIIe siècle posait un principe de transcendance des particularismes. Dès lors qu'ils étaient constitués en « nation », pour reprendre la formule de l'article 3 de la Déclaration des droits de l'homme et du citoyen, les hommes cessaient d'être des individus concrets pour agir dans l'espace public en tant que citoyens. Il faut admirer la puissance de ce principe en fonction duquel, malgré les préjugés de l'époque, la citoyenneté fut étendue par les révolutionnaires français, en septembre 1791, à une population aussi méprisée, aussi marginale et le plus souvent indigente qu'étaient alors la majorité des juifs. Le nouveau principe de légitimité affirmait l'égalité civile, juridique et politique d'individus divers et inégaux. Il était fondé sur l'idée que l'individu avait, en tant que citoyen, la capacité de s'arracher, au moins partiellement, à ses enracinements particuliers et d'entrer, en droit, en communication avec tous les autres. Il pouvait cesser d'être déterminé par son appartenance à un groupe réel. Il était défini précisément par sa capacité de rompre avec les déterminations qui l'enfermaient dans une culture et un destin imposés par sa naissance, de se libérer des rôles prescrits.

La modernité démocratique est organisée par l'idée et l'idéal, les institutions et, jusqu'à un certain point, les pratiques de la citoyenneté, même si leurs formes concrètes changent avec l'évolution de la société. La citoyenneté fonde une société dont les membres sont unis par le lien juridique et politique de la citoyenneté. Dès lors se posait le problème tel qu'il existe aujourd'hui encore : comment les citoyens peuvent-ils conjuguer des fidélités ou des références à une croyance, à une culture ou à une histoire particulière, tout en participant pleinement à la citoyenneté ? C'est un problème qui concerne *toutes* les collectivités historiques réunies dans une même société nationale, et pas seulement les juifs.

L'Épreuve

Il s'est toutefois posé de manière particulièrement intense pour les juifs parce que le judaïsme, jusqu'à la modernité politique, désignait un peuple défini par une croyance métaphysique, l'Alliance ou l'Élection, et par une histoire spécifique, celle du peuple juif organisé en communauté politique. Les communautés juives d'avant la modernité politique avaient une définition tout à la fois religieuse et politique ou « nationale ». Être juif, c'était alors en même temps adopter des conduites religieuses et respecter l'autorité juridique et politique des chefs de la communauté et des rabbins. Lorsque les principes de la modernité politique et la prééminence de la citoyenneté nationale furent affirmés, trois solutions théoriques pouvaient logiquement être envisagées.

La première : les juifs pouvaient adopter une réinterprétation métaphysique ou religieuse. Ils se définissaient alors avant tout comme le peuple de l'Alliance ; ils réinterprétaient le judaïsme en une croyance d'ordre métaphysique, donnant naissance à des pratiques religieuses et à la transmission d'une tradition spirituelle. Celles-ci avaient alors le droit de se développer librement dans le privé, au même titre que les autres pratiques religieuses, garanties par les libertés publiques.

La deuxième : ils pouvaient adopter une réinterprétation historique, selon laquelle le judaïsme est avant tout l'histoire collective d'un peuple. Mais les exigences liées à la survie et à la solidarité de ce peuple dispersé risquaient de se trouver en contradiction avec les exigences de la citoyenneté nationale. Que les juifs français pussent se sentir solidaires des juifs allemands apparut effectivement contradictoire, au temps des nationalismes, avec l'appartenance nationale des uns et des autres et avec leur patriotisme, également fervent de part et d'autre du Rhin. Ce ne fut pas la conséquence surprenante ou paradoxale, comme on le dit aujourd'hui, mais logique de la prééminence accordée à la citoyenneté nationale. La contradiction peut être interprétée en termes de simple tension : les individus adoptent des systèmes de justification pour conjuguer leur référence historique au judaïsme et les contraintes liées à la citoyenneté. La solution qui serait totalement conforme à la logique de la citoyenneté consiste aujourd'hui à aller s'installer en Israël, lieu où le peuple juif est organisé en État-nation, où la fidélité au judaïsme se confond avec la citoyenneté nationale. Les enquêtes montrent toutefois que les individus disposent de beaucoup d'autres moyens de résoudre les tensions, ou ce que les psychologues sociaux nomment la dissonance cognitive, qui peuvent naître, dans la société des citoyens, d'une réinterprétation qu'on peut appeler ethnico-religieuse et pas seulement religieuse du peuple juif.

La troisième réinterprétation possible, en termes de destin collectif, consistait à se définir avant tout comme citoyens du pays d'installation, en respectant les exigences liées à cette citoyenneté et en maintenant des pratiques soit religieuses, soit de simple fidélité. Étant donné l'antisémitisme historique des sociétés européennes – dimension essentielle de la condition juive dans les pays occidentaux –, bien des juifs se sont vus contraints d'assumer une identité, même lorsqu'elle se vidait progressivement de contenu objectif et de connaissance, qu'elle devenait de plus en plus imaginaire. Dans certains cas, cette identité était imposée par les autres et leur antisémitisme ; dans d'autres, elle était revendiquée par les juifs eux-mêmes par fidélité choisie à une histoire et à une tradition spirituelle ou bien par simple dignité, au nom des valeurs universelles de la solidarité avec tous les persécutés.

Ces analyses sont idéal-typiques. Elles permettent de comprendre des réalités complexes, elles ne les décrivent pas. Suivant les périodes historiques et suivant les sociétés nationales, les juifs ont majoritairement adopté la réinterprétation de type métaphysique, de type historique ou en termes de destin collectif. Chacun d'entre eux peut d'ailleurs se sentir partagé entre ces réinterprétations et faire l'expérience de l'une ou de l'autre selon les moments de son expérience personnelle et les circonstances sociales dans lesquelles il se trouve.

En France, pour résumer en quelques mots une longue histoire, après les réticences de la première génération après l'Émancipation où la majorité d'entre eux ne renoncèrent que contraints et forcés à leur statut particulier qui leur apparaissait protecteur, les juifs, à partir de la seconde moitié du XIXe siècle et jusqu'à la Seconde Guerre mondiale, ont massivement accepté de réinterpréter le judaïsme comme une religion, parallèle aux religions chrétiennes. Ce qui conduisit certains à continuer à la pratiquer et d'autres à y renoncer comme beaucoup de catholiques de leur côté pratiquaient ou renonçaient aux pratiques régulières. Ils ont cultivé l'idée, également adoptée par d'autres juifs européens, que la France était, en ce qui concerne les juifs, unique. C'était elle qui avait inventé l'Émancipation et l'avait imposée au reste de l'Europe. Ils ont participé avec ferveur et reconnaissance au culte de la nation issue de la Révolution – et généralement diffusé dans la population française –, qui leur donnait, par un véritable miracle historique, les moyens de réconcilier le patriotisme le plus exigeant avec ce qui constitue l'essentiel de la Tradition juive. Pour eux, grâce à la Révolution et à l'Émancipation, le patriotisme français se confondait avec les valeurs universelles du respect des droits de l'homme et, en même temps, avec l'essentiel de ce qui constitue le judaïsme. En réinterprétant le judaïsme comme une religion à laquelle ils choisissaient librement de rester fidèles ou de renoncer, en évacuant toute conception nationale ou politique du peuple juif, ceux qui s'appelaient eux-mêmes des israélites se définissaient avant tout comme des citoyens français. Nombreux sont ceux qui sont entrés au service de l'État, qui leur apparaissait plus protecteur que la société civile, restée fortement antisémite[1]. Les proclamations de patriotisme, que multipliaient à l'envi, dans tous les pays, les intellectuels et les responsables des organisations juives, comportaient une part de stratégie politique. On affirme d'autant plus son patriotisme qu'il risque toujours d'être remis en question. Mais la sincérité et l'intensité du patriotisme des israélites d'avant la Seconde Guerre mondiale ne sont pas douteuses.

Les plus connus d'entre eux, les écrivains, les savants ou les hommes d'affaires parisiens, semblaient peu pratiquants. On connaît la réflexion célèbre, « j'ai trop peu de religion pour en changer ». Mais, dans les villes de province, les juifs de Lorraine, par exemple, continuaient discrètement à respecter les règles essentielles du judaïsme, dans le cadre familial et à la synagogue. Même chez les intellectuels ou les hommes d'affaires parisiens qui ne conservaient qu'une faible connaissance de la tradition juive et ne respectaient guère les pratiques spécifiques, il restait la fidélité à un souvenir du judaïsme et la solidarité avec les autres juifs dont ils avaient le sentiment qu'ils incarnaient leur propre passé. Les israélites les plus assimilés, pour reprendre le terme de l'époque, organisaient les institutions de bienfaisance, ils restaient les responsables des organisations juives qu'ils représentaient et défendaient auprès des pouvoirs politiques. Les organisations rassemblaient ainsi les juifs les plus pratiquants et les responsables israélites aspirant à la reconnaissance de la République bourgeoise. Ces derniers maintenaient quelques pratiques symboliques et manifestaient leur solidarité avec les juifs des autres nations, dans la mesure où elle se justifiait par des principes universels. C'est ce que traduisit, par exemple, la création en 1860 de l'Alliance israélite universelle, qui se donnait pour ambition de diffuser auprès des populations juives malheureuses et persécutées du pourtour de la Méditerranée les valeurs universelles du judaïsme et de la culture française, et de leur manifester activement la solidarité des juifs qui, selon la formule de Léon Blum, avaient « la bonne fortune » d'être français. La croyance dans les valeurs universelles à travers la double fidélité au judaïsme et au patriotisme français a donné une forme spécifique au franco-judaïsme.

Israélites français et israélites hongrois

Le parallélisme est saisissant entre les juifs français et les juifs hongrois, dont François Fejtö a raconté l'histoire[2]. Ces derniers aussi s'appelèrent des israélites et renoncèrent au nom de juifs. Dans les deux cas, ils ont lié leur destin à celui de la nation fondée sur le principe de la citoyenneté. Renonçant à la dimension nationale, ils ont réinterprété le judaïsme comme une religion, à laquelle ils choisissaient librement de rester fidèles, tout en la réduisant à un souvenir de famille précieux ou même en l'oubliant. En évacuant le sens national ou politique du peuple juif, les israélites se définissaient d'abord comme des citoyens français et hongrois. Ils se référaient désormais à un judaïsme spirituel, culturel et religieux. Leurs conduites se déduisent de ce choix.

Il explique la ferveur avec laquelle, dans les deux pays, ils ont acquis la culture nationale, devenue l'instrument et le symbole de leur « nationalisation ». Oubliant le yiddish, l'allemand ou le judéo-alsacien, ils ont adopté avec enthousiasme le hongrois et le français. Les plus cultivés d'entre eux ont d'autant plus rapidement compté parmi les meilleurs spécialistes de la langue et de la culture nationale que leur scolarisation a toujours été parmi les plus longues. Si « les juifs sont tombés amoureux de la langue hongroise », selon François Fejtö, les juifs français sont tombés amoureux de la langue française, dont certains devinrent des experts reconnus. Réinterprétant la tradition du Livre et de l'étude, soucieux de pénétrer dans la société nationale restée réticente, grisés par la modernité de la culture nationale et l'espoir de l'intégration et de la mobilité sociales, ils ont été les bons élèves, peut-être les meilleurs élèves, de la magyarisation de la Hongrie et de la culture nationale laïque diffusée par les républicains français de la fin du XIXe siècle.

La place des juifs dans la vie collective fut toutefois différente. Les juifs hongrois, relativement plus nombreux, constituèrent en Hongrie l'essentiel de la bourgeoisie d'affaires et de la bourgeoisie intellectuelle, qui fut, de 1867 à la Première Guerre mondiale, l'instrument de la modernisation du pays. Dans un pays encore proche de la structure féodale, le pouvoir politique était constitué par un contrat social, selon la formule de Victor Karady, ou une alliance entre l'aristocratie traditionnelle éclairée et la bourgeoisie majoritairement juive. Les juifs, émancipés grâce à leur alliance avec l'élite politique libérale, assimilés à la société et à la culture hongroises, furent les acteurs principaux de la modernisation du pays et de la construction nationale. C'est ce que montre la présence massive des juifs dans tous les secteurs de la vie collective. Le rôle de la bourgeoisie juive fut décisif. « Les juifs de Hongrie ont joué dans la modernisation, dans le développement économique et culturel, dans l'urbanisation, un rôle incomparablement plus important que dans n'importe quel autre pays de l'Ouest ou de l'Est. En 1910, cinq des six plus grandes banques de Hongrie étaient contrôlées par des Magyars d'origine juive en partie convertis (avec la conversion, on a pu atteindre des postes administratifs importants, jusqu'au ministère de la Guerre) ; deux tiers de la plus grande industrie, un cinquième des terres cultivables étaient entre leurs mains ; 50 % des avocats et des médecins, presque autant des ingénieurs étaient des juifs qui contrôlaient aussi la majeure partie de l'édition, de la presse, de la nouvelle industrie du cinéma, les théâtres, des cafés. Ils jouaient un rôle d'avant-garde dans les nouvelles sciences, comme la sociologie et la psychologie ; ils étaient surreprésentés à la direction des syndicats de la social-démocratie, dans le parti radical, dans la franc-maçonnerie et les clubs progressistes. »[3]

La force de cette alliance explique que les indices d'une assimilation « structurelle », c'est-à-dire la pleine participation aux échanges de la vie collective, furent toujours supérieurs à ceux de la France. François Fejtö évoque les nombreux anoblissements, la fréquente magyarisation des noms juifs, l'accroissement du nombre des mariages mixtes, conclus entre les enfants de l'aristocratie traditionnelle et ceux des juifs riches, et les conversions qui venaient consacrer l'intégration des juifs les plus assimilés dans la société hongroise. Étant donné l'importance du grand capital juif dans la vie économique, des juifs occupèrent également de hautes positions politiques jusqu'à la guerre de 1914.

Rien de comparable en France. Jamais les israélites français, peu nombreux, ne jouèrent un rôle central dans la vie économique et politique, sinon dans les fantasmes du délire antisémite. Malgré leur acculturation et leur forte mobilité sociale, ils ont toujours formé un milieu d'interconnaissance étroit, séparé du reste de la population. Les mariages avec des non-juifs restaient exceptionnels. Comme aux États-Unis, ils connaissaient un processus d'acculturation « culturelle » sans pour autant connaître l'assimilation « structurelle » – ce qui, bien entendu, ne remettait pas en question leur foi dans la France et leur patriotisme.

Leur participation à la vie publique ne faisait pas d'eux les instruments de la nation moderne. Leur alliance avec les républicains des débuts de la IIIe République, dans les années 1880, était plus nécessaire à leur propre promotion qu'au succès de la République. Pierre Birnbaum a décrit la promotion de ces « juifs d'État » qui ont succédé, au temps de la IIIe République, aux « juifs de cour » des générations précédentes qui s'étaient consacrés aux affaires et à la banque. Avec la République des Jules (Jules Ferry, Jules Grévy, etc.), les juifs, titulaires de diplômes universitaires, accédaient désormais aux fonctions publiques les plus élevées, sans se convertir, en restant officiellement fidèles à leurs traditions, réinterprétées comme une religion parallèle au catholicisme ou au protestantisme. Sous la IIIe République, cent soixante et onze juifs parvinrent ainsi « au sommet du pouvoir politico-administratif, c'est-à-dire les préfets, les généraux, les conseillers d'État, les magistrats, mais également les députés et sénateurs devenus parfois ministres qui se montrent incontestablement fous de la République »[4]. Les juifs diplômés des universités et des grandes écoles qui entraient ainsi au service de l'État pouvaient, mieux que les autres, se reconnaître dans les valeurs proclamées par les républicains, la laïcité, l'universalisme, au nom desquelles ils avaient pu connaître en deux générations une forte mobilité sociale. Ils ne pouvaient qu'adhérer avec passion à une conception du monde social et politique qui leur assurait l'égalité avec ceux qui, pendant des siècles, les avaient persécutés au nom d'arguments religieux, alors que la société catholique restait majoritairement antisémite. Dans la confrontation du XIXe siècle entre l'Église et la République, ils se retrouvaient tout naturellement, avec les protestants, liés au combat des Républicains. Malgré ses hésitations et, souvent, ses injustices, l'État républicain avait toujours été en avance sur la société civile dans ses relations avec les juifs. Mais leur participation au destin de la République n'en faisait pas des acteurs essentiels de la vie collective.

Seul ce passé permet de comprendre le bouleversement qu'a introduit l'adoption du statut des juifs du 3 octobre 1940, par lequel le gouvernement de Vichy les excluait de toute une série de positions sociales et trahissait le principe de l'égalité des citoyens devant la loi, dans l'indifférence de la population française traumatisée par la débâcle militaire. L'État, qui avait protégé les juifs, éventuellement contre l'antisémitisme de la société civile, les a alors trahis. En allant au-devant des demandes allemandes, il a détruit définitivement le rapport enchanté des juifs français avec la République et la France. Autant que l'entreprise inouïe d'extermination, dont la folie dramatique échappait aux normes de la conscience historique, l'attitude du gouvernement français, qui n'avait défendu ni les juifs français ni les juifs étrangers qui avaient eu l'illusion de trouver un refuge dans le pays des droits de l'homme, a cassé une fois pour toutes ce qui est apparu désormais comme une tragique illusion. Les juifs français ont désormais cessé de croire au caractère exceptionnel de leur destin. Ils ont intériorisé l'idée que même le pays qui avait proclamé les droits de l'homme risquait toujours d'être infidèle aux principes qu'il avait lui-même proclamés.

Depuis la guerre et surtout depuis le statut des juifs, la majorité d'entre eux a conclu rétrospectivement que la politique d'assimilation, à laquelle les générations précédentes avaient adhéré avec tant d'enthousiasme, avait été une faute morale et une erreur politique tragique. Le terme d'israélite, qui apparaît désormais lié aux illusions du passé, a pris un sens péjoratif. Les juifs s'autodéfinissent désormais par le terme de juifs, qui fut celui du mépris, des persécutions et de la Shoah, ils refusent d'être appelés des israélites pour se revendiquer en tant que juifs. Cette revendication d'une identité – dont le contenu objectif varie d'un individu à l'autre et, dans certains cas, va jusqu'à s'effacer – devient le point commun à toute la population. Les formes concrètes, religieuses et laïques, qu'elle prend éclatent dans toutes les directions, à l'image des formes éclatées des pratiques religieuses de toute la population.

Juifs et israélites dans les démocraties

L'histoire est apparemment différente aux États-Unis. Dans une nation fondée sur le fait et l'idée de l'immigration, les communautés d'origine sont admises et acceptées dans la vie sociale et même politique. Dans la vie politique, on accepte la représentation des divers groupes ethniques, selon le terme des sociologues américains, fondés sur l'origine nationale ou religieuse, réelle ou revendiquée. Les Américains d'origine juive y constituent une communauté parmi les autres, Polono-Américains, Italo-Américains, Arméniens-Américains, par exemple. Israël joue de manière mythique le rôle de pays d'origine. On sait que la vie des immigrés s'est développée autour de la synagogue, que la « communauté juive » y est fortement organisée et forme un lobby politique actif et efficace. Ils interviennent *en tant que tels* à Washington et s'efforcent, souvent avec succès, d'influer la politique extérieure des États-Unis et, éventuellement, d'intervenir dans les relations des juifs européens avec leur État national.

Le cas anglais présente un autre exemple de conciliation de l'affirmation juive avec la pratique de la citoyenneté. Les organisations juives y sont plus fortes, plus organisées et plus actives qu'en France, dans la mesure où la vie de toutes les entités collectives est politiquement plus reconnue. Les Britanniques manifestent une tolérance plus grande à l'égard des particularismes, alors que la tradition française se réfère à une conception unitaire de la citoyenneté. Aux États-Unis, comme en Angleterre, si les juifs ne se sont pas appelés des israélites, ils ont adopté la réinterprétation du judaïsme en termes religieux ou métaphysique, qu'ils ont conjuguée avec la citoyenneté et le patriotisme national.

Ces exemples qu'on pourrait multiplier montrent les effets des conditions historiques les plus générales – la tradition politique, l'histoire de la constitution de la nation, l'attitude à l'égard des particularismes – sur les expériences vécues des individus, la perpétuation des identités et les différentes formes de l'israélitisme. Les réinterprétations des traditions et des identités varient, en particulier, selon les formes sociales que prennent les Églises et les pratiques religieuses dans les différents pays démocratiques. Elles prennent des formes différentes selon les modalités de la gestion sociale du religieux, selon les formes concrètes de l'histoire de la citoyenneté, les unes et les autres variables d'un pays à l'autre. Les observations les plus superficielles montrent que les juifs se sont réorganisés sur le modèle de l'Église dans les pays catholiques, alors que dans un pays de sectes protestantes, aux États-Unis, ils se sont constitués en secte.

Les événements de la Seconde Guerre mondiale ont évidemment donné rétrospectivement un sens dramatique à l'engagement national des juifs dits assimilés. On n'a cessé depuis lors de dénoncer le caractère factice de leur intégration, en France, en Grande-Bretagne, en Allemagne et en Hongrie. Jamais les Français, les Anglais, les Allemands, les Hongrois ne les auraient véritablement acceptés. Jamais ils n'auraient oublié qu'ils n'étaient pas des Français, des Anglais, des Allemands et des Hongrois comme les autres. Il est vrai qu'on ne lit pas sans avoir le cœur serré la description de ces juifs touchés par le Statut des juifs du 3 octobre 1940, évoquant dans des lettres au maréchal Pétain leur bonne volonté, leur amour pour la France et les décorations qu'ils avaient gagnées héroïquement sur les champs de bataille de la Première Guerre mondiale. Vazsoyi aussi, homme politique d'origine juive, en 1938, avait voulu marquer l'esprit de ses compatriotes en rappelant le patriotisme des juifs hongrois : « Quand il amena à la galerie du Parlement une délégation de vétérans de guerre juifs avec toutes leurs décorations, pour illustrer la loyauté patriotique de ses coreligionnaires, la majorité demeura de glace. »[5] Pathétiques témoignages d'un engagement patriotique qui avait perdu son sens et même sa réalité aux yeux des autres.

Il est aujourd'hui de bon ton de déplorer ou de condamner les illusions de ceux qui s'appelaient les israélites français, qui croyaient à la protection de l'État républicain, aux valeurs et aux institutions de la citoyenneté pour garantir leurs droits de citoyens. Il est facile d'ironiser, avec tristesse et amertume, sur leurs illusions, puisque nous connaissons la suite de l'histoire. Mais il ne faut pas faire d'anachronisme. L'espoir et la volonté politiques des israélites français, ou hongrois, étaient sans doute liés à leurs intérêts – la volonté de mobilité sociale, le désir de participer pleinement à la société moderne –, mais ils reposaient aussi sur la foi dans la raison de l'homme, sur l'espoir de voir se construire une organisation politique, fondée sur les valeurs universelles de la liberté et de l'égalité de tous les hommes, qui saurait reconnaître la bonne volonté et l'activité de tous ses membres, indépendamment de leur origine et de leurs croyances religieuses. C'était aussi un acte de foi dans la démocratie, dans l'idée morale qui fonde la citoyenneté, à savoir que tous les hommes ont une égale dignité et un droit égal à participer à la vie collective. C'est aussi la démocratie tout entière qui a été massacrée par les totalitarismes du siècle dernier. Avec les illusions des israélites est également morte la foi dans le progrès et la raison de l'homme, dans sa capacité à contrôler ses passions.

Il faut donc résister, pour pleinement comprendre les israélites, à lire leur histoire à la seule lumière de la Shoah. Il ne faut pas céder à la tentation de l'illusion rétrospective de nécessité. Le projet hitlérien n'était pas inscrit à l'avance, et de manière nécessaire, dans l'histoire de l'Europe. Hitler a brutalement interrompu une histoire dont nous ne savons pas ce qu'elle serait devenue. L'« assimilation » des israélites – qui n'a duré que quelques décennies – aurait-elle été une véritable assimilation au fil des générations, si les pays avaient continué à être des pays démocratiques ? Qui peut le dire ?

François Fejtö a souligné le caractère singulier du destin des juifs en Hongrie. Les juifs français ont longtemps insisté sur la singularité de leur destin dans le pays de l'Émancipation : « Heureux comme Dieu en France... », disait un proverbe yiddish. Mais les juifs allemands, au même moment, admiraient les fruits culturels admirables de la rencontre entre le génie juif et le génie allemand. Les juifs de Grande-Bretagne voyaient dans le libéralisme anglais une condition exceptionnellement favorable au plein développement de leur activité et de leur identité.

Les juifs américains pensaient, comme les autres Américains, que leur patrie était exceptionnelle qui leur permettait d'être pleinement juifs et pleinement américains. Tous les juifs européens ont cru que, dans une démocratie, leur activité et leur loyauté les autoriseraient à participer pleinement à la vie nationale. Ils ont pris au sérieux les valeurs proclamées par la démocratie parce qu'ils savaient qu'elles seules leur donnaient les instruments politiques qui pourraient assurer leur dignité.

Le modèle démocratique

Or l'expérience historique nous a appris que la démocratie n'est jamais totalement conforme aux valeurs dont elle se réclame. Au cours du xxe siècle, elle a dû affronter deux totalitarismes, dont l'un se définissait par l'antisémitisme et dont l'autre a comporté une forte dimension antisémite. Le destin des israélites en Hongrie et en France impose de s'interroger sur le caractère tragique du destin juif dans les nations européennes mais, également, sur le destin tragique de la démocratie au cours du xxe siècle.

Pourtant, seule la démocratie donne les conditions politiques d'un dépassement de l'antisémitisme inscrit depuis des siècles dans les représentations et les institutions des pays européens. C'est au lendemain de la défaite nationale et de la défaite de la démocratie bourgeoise que furent prises les premières mesures juridiques antisémites en Hongrie avec le *numerus clausus* à l'entrée de l'université en 1920. C'est au lendemain de la défaite nationale en France et de la défaite de la République que fut adopté en 1940 le premier statut des juifs, avant même la demande des Allemands. Le destin des juifs est objectivement lié à l'ambition civique de la nation démocratique. C'est la société organisée par la citoyenneté qui apporte la meilleure protection aux populations minoritaires. Seules les sociétés fondées sur la citoyenneté peuvent durablement les protéger. Encore faut-il qu'elles soient fidèles à elles-mêmes. En Hongrie, en 1920, en France, en 1940, on ne peut manquer d'être frappé par la facilité avec laquelle les principes de l'égalité de tous les citoyens furent oubliés, par la rapidité avec laquelle des mesures juridiques discriminantes furent tranquillement appliquées. Cela doit nous rappeler tous les jours que la démocratie est un régime politique aussi improbable que fragile et que le destin des juifs lui est intimement lié.

À travers le sort de ceux qui s'appelèrent des israélites en France ou en Hongrie et de ceux qui adoptèrent le modèle de l'israélitisme dans les démocraties, on ne devrait pas manquer de lire non seulement leur histoire, mais aussi le destin de tous les juifs d'Europe et celui de la démocratie. La condition faite aux juifs dans la tradition européenne est la source d'infinies interrogations sur les valeurs affirmées de l'Europe et ses pratiques, sur le décalage entre les unes et les autres, le passé et l'avenir de la démocratie, sur la capacité des démocrates d'être fidèles aux valeurs qu'ils proclament. C'est dans le monde chrétien que, pendant des siècles, s'est développé l'antisémitisme, ce sont des Européens qui ont organisé et réalisé la Shoah. L'échec ou, à tout le moins, l'ambiguïté de l'assimilation – selon le terme de l'époque – des juifs à l'époque des nationalismes triomphants, leur extermination ensuite sont aussi des échecs tragiques du christianisme, de l'Europe et de la démocratie. À travers le destin des juifs, c'est le destin de tous qui prend sens.

2004

17

De la mixité démocratique

Dans une société qui ignore les différences de statut juridique et politique et proclame l'égalité des individus, la valeur de la mixité fait partie intégrante de l'idéologie, c'est-à-dire du discours normatif qui organise et légitime quotidiennement la vie collective. « Vivre avec ses différences » est devenu un slogan, censé résoudre les difficultés de la vie en commun. Les études et réflexions sur le sujet se multiplient, les vertus du métissage sont célébrées. Mais la mixité apporte-t-elle, par elle-même, des solutions aux problèmes soulevés par la vie en commun ?

Dans la société des citoyens, tous les individus ont un droit égal d'accéder aux institutions communes et d'entrer en relations avec les autres, avec tous les autres, sur une base d'égalité. L'idée et l'idéal démocratiques impliquent que les diversités concrètes des individus historiques soient transcendées par la communauté des citoyens égaux. Il s'ensuit que ces diversités doivent s'affaiblir et que les individus concrets devraient constituer une société unique et unie, où tous les échanges deviendraient possibles et souhaitables. Cette possibilité – comme le style égalitaire des relations interindividuelles – est liée aux fondements mêmes de la société démocratique. La possibilité de toutes les formes de mixité est inscrite dans les principes mêmes de notre organisation sociale. La mixité de l'espace public est en tant que telle une valeur. Elle s'oppose aux « ghettos », qu'ils soient sociaux, religieux ou géographiques. Mais il est clair que cet impératif comporte des limites. En même temps, ne sont-elles pas inévitables, voire, jusqu'à un certain point, souhaitables ? À quel moment deviennent-elles scandaleuses ?

Limites

Dans la vie sociale, on parle de « mixité sociale », s'agissant des relations entre individus appartenant à des classes sociales différentes, de « mixité ethnique » à propos des origines nationales – peu théorisée en France, mais constante dans des discours des sciences sociales en Grande-Bretagne et aux États-Unis –, de « mixité religieuse » ou de « mixité sexuelle » à propos des mariages dits « mixtes » ou de la parité dans la vie politique. Qu'y a-t-il en commun entre ces différentes mixités ? Dans la vie publique, l'impératif de mixité est invoqué, la fermeture d'un groupe ou le repli sur soi sont perçus comme des résistances ou des manquements à l'idéal de l'échange social généralisé. En revanche, dans l'ordre familial, les mariages dits mixtes continuent majoritairement à être considérés, eux, comme des transgressions de la norme implicite de l'homogamie. Mais n'assistons-nous pas progressivement à la valorisation du mariage « mixte » ?

L'observation la plus immédiate comme les enquêtes sociologiques révèlent les limites de la mixité sociale. La société démocratique n'est, pas plus que les autres, parfaitement fluide. Elle reste hétérogène et hiérarchisée, ses membres ont des histoires, des capacités, des situations sociales et des solidarités différentes. Les revenus sont différents ainsi que les métiers. Le droit formel de chacun à échanger avec les autres ne correspond pas à la réalité des relations sociales qui s'établissent à l'intérieur des mêmes milieux. Selon leur position, les individus ne fréquentent ni les mêmes établissements scolaires ni les mêmes associations, ils ne pratiquent pas les mêmes sports, ils ne partent pas de la même façon en vacances. Ces faits sont trop connus pour qu'on y insiste. Ce sur quoi il faut s'interroger, c'est sur l'évolution : la mixité tend-elle à s'accroître en réalité et dans les représentations sociales ? S'il n'y a pas de réponse univoque à ces questions, on peut penser que l'affaiblissement de la conscience de classe a quelque peu estompé le sentiment d'appartenance sociale dans les jeunes générations qui appartiennent à la « constellation centrale »[1] ou, si l'on veut, à cet ensemble de la population formée des agents de l'État providence et des cadres moyens de la vie économique. Mais il reste, selon les meilleurs sociologues de la vie ouvrière, un profond sentiment d'échec chez les ouvriers qui continuent à penser que le ghetto ouvrier reste une réalité et constitue non seulement un échec, mais un scandale dans une société démocratique[2].

Dans une société égalitaire, toutes les différences sont spontanément retraduites en inégalités, donc critiquées. On considère qu'elles doivent être corrigées par l'action collective. S'il est difficile, sinon illusoire, d'imposer que s'établissent des relations interindividuelles par-delà les groupes sociaux, le législateur lutte contre la ségrégation spatiale. Des lois successives, en 1991, 1994, 2000 se sont efforcées d'imposer aux communes de construire des logements sociaux locatifs, afin qu'ils représentent 20 % de l'ensemble des logements. L'exposé des motifs de la loi de 2000 précisait clairement l'ambition de mixité urbaine : « Agir sur nos villes, c'est donc agir pour réduire les inégalités. » Le but est de « réussir la mixité urbaine. Il n'y aura pas de mixité sociale et urbaine et d'équilibre social de l'habitat sans réalisation de logements sociaux là où il y en a peu ou pas du tout ».

Ces dispositions n'ont été que partiellement couronnées de succès, si l'on se donne pour objectif d'assurer des échanges entre des populations socialement inégales. Les communes ont souvent été réticentes à construire des logements sociaux. De plus, les sociologues ont montré que la concentration dans le même espace de populations qui étaient à un moment différent de leur trajectoire sociale n'avait pas conduit à instaurer entre elles de véritables échanges. Les grands ensembles construits au cours des années 1960 dans les banlieues des grandes villes comprenaient des membres jeunes des classes moyennes, en même temps que des catégories de populations plus âgées et plus modestes, réunis dans les mêmes immeubles par un critère purement administratif : le niveau de revenu. Mais ce revenu n'avait pas le même sens : certains l'obtenaient au début d'une carrière destinée à se développer, pour d'autres, il consacrait la modestie d'une carrière achevée. Les échanges entre les uns et les autres ont été immédiatement distants ou conflictuels malgré la proximité géographique[3]. Quelques années après, les catégories les plus élevées avaient trouvé de meilleurs logements. Les grands ensembles, abandonnés par la partie la plus qualifiée et la plus jeune de leurs premiers locataires, se sont progressivement dégradés et transformés en cités disqualifiées, où s'est enclenché le cercle vicieux de la pauvreté, de la stigmatisation et de la délinquance. Cette évolution traduit des phénomènes de stratification sociale, qui résistent à la proximité spatiale. Cette dernière ne suffit pas par elle-même à assurer les échanges réels entre catégories sociales ou nationales différentes, elle peut au contraire susciter les oppositions et les conflits entre des individus et des groupes socialement hétérogènes. La proximité dans l'espace ne peut être mécaniquement interprétée comme un indicateur ou un facteur d'intégration. C'est une idée utopique que de penser qu'il suffit de se croiser pour qu'une reconnaissance réciproque s'ensuive.

Inévitables

Quelle que soit l'intervention de l'État, il est difficile d'échapper au processus de répartition inégale des divers groupes dans l'espace urbain. Les populations pauvres ne trouvent de logement que dans les quartiers où les loyers sont bas, les riches veulent habiter dans les quartiers où les logements sont de qualité, donc chers. Les riches entendent rester entre eux, les pauvres sont contraints à le faire. Les immigrés récents viennent retrouver les compatriotes ou les membres de leur famille qui les ont précédés dans la migration. Depuis les travaux de l'École de Chicago dans les années 1920, on sait que la répartition des populations dans l'espace urbain est à la fois indice et instrument de la structure sociale et de l'intégration des immigrés.

C'est le caractère scandaleux de cette répartition qui explique le développement du concept de ségrégation, destiné à mesurer statistiquement la séparation des groupes dans l'espace urbain et, à travers cette séparation, la distance sociale qui se maintient entre eux. L'élaboration même de ce concept traduit la volonté de condamner ces phénomènes au nom des valeurs démocratiques. Mais la rigueur mathématique des indices de « dissimilarité » ou de « ségrégation » ne doit pas dissimuler les problèmes que pose leur interprétation. Il ne s'agit pas seulement de mesurer, il faut comprendre les processus sociaux qui aboutissent aux configurations observées dans l'espace urbain. Celles-ci sont tout à la fois le produit de décisions individuelles et d'effets d'agrégation, du désir de rechercher le semblable et de la volonté d'écarter celui qui apparaît trop différent. La concentration des populations immigrées pour une génération, en tout cas aux États-Unis, traduisait l'existence de liens communautaires étroits qui ont favorisé, par exemple dans le cas des Italo-Américains, l'intégration dans la société américaine. La ségrégation peut être volontaire et constituer un moyen économique de régler les conflits entre les groupes, n'est-ce pas le cas dans certains quartiers chinois, aussi bien en France qu'aux États-Unis ? Il est clair qu'en revanche les ghettos noirs pauvres des centres des villes américaines étaient, avant les années 1960, le produit d'une mise à l'écart brutale des Afro-Américains par les Blancs. Pourtant, un sociologue afro-américain, Franklin Frazier, soutenait que la ségrégation permettait aussi de concentrer la demande des habitants noirs, de soutenir leurs entreprises et de faciliter l'élection d'hommes politiques issus de leur groupe. Disséminer la population noire dans l'ensemble de la ville aurait pour effet de l'affaiblir, en particulier sur le plan politique. C'est dire que la ségrégation spatiale comporte un sens ambigu.

La distribution égale des hommes et de leurs activités dans l'espace ne peut être qu'une utopie : la rationalité économique comme les logiques des comportements individuels s'y opposent. Outre le fait que les individus disposent de moyens économiques inégaux, qui leur imposent certaines conditions de vie, comment ceux qui sont familialement, socialement et nationalement proches ne chercheraient-ils pas à se rapprocher les uns des autres ?

Scandaleuses ?

Le problème pour la société démocratique est celui-ci : à partir de quel moment cette répartition inévitable devient-elle anormale ou scandaleuse – c'est-à-dire perçue comme violant les normes collectives –, ce qu'implique la notion de ségrégation ? La réponse n'est pas simple, mais on peut avancer que la ségrégation – terme péjoratif – apparaît quand la séparation physique et la mise à distance sociale sont à ce point fortes et visibles qu'elles contredisent de manière évidente les valeurs proclamées de l'ordre social, l'idéal démocratique de l'égalité de tous et, en conséquence, la possibilité des échanges généralisés entre tous. C'est pourquoi l'idée même de ségrégation a toujours une dimension politique : on ne l'applique pas aux quartiers où se rassemblent volontairement les personnes appartenant aux catégories les plus élevées qui veulent disposer des meilleurs équipements et des conditions de vie les plus agréables en se retrouvant entre soi et en affirmant leur appartenance aux catégories les plus élevées. On l'utilise pour caractériser les quartiers déshérités où la concentration des populations défavorisées est le résultat de la contrainte et où la séparation d'avec le reste de la ville est forte. Malgré le caractère objectif de sa mesure, c'est donc une notion essentiellement relative à une société et à un moment donné de son histoire.

La répartition dans l'espace ne fait que traduire l'interrogation sur les relations entre les groupes sociaux. Les relations s'établissent entre ceux qui partagent une même situation sociale ou une même fidélité. Là aussi, ce qui apparaît scandaleux, ce n'est pas que les relations se nouent entre des proches, c'est que certaines absences de relations semblent traduire une différence essentielle entre des individus qui sont politiquement égaux.

On peut proposer le même type d'analyse sur la participation à la vie politique et aux niveaux les plus élevés de la vie économique dans la France d'aujourd'hui. Dans l'un et l'autre cas, le recrutement semble manifester un refus de la mixité : il écarte les femmes, ceux qui sont originaires de catégories modestes, les enfants des immigrés. Le monde politique paraît même réticent à accueillir des acteurs de la vie économique. Là encore, cette situation paraît scandaleuse dans la mesure où ce recrutement traduit, en tout cas apparemment, un refus de la mixité sociale, qui n'est pas justifié par une différence de « vertus » et de « talents », pour reprendre la formule de l'article 6 de la Déclaration des droits de l'homme et du citoyen.

Notons que l'idéologie de la mixité n'intervient pas de la même manière dans la vie privée. La réticence à l'égard du mariage mixte reste forte, même si elle ne s'exprime plus en termes moraux, mais en termes de succès ou d'échec : un mariage « mixte » est, de l'avis général, plus fragile qu'un mariage homogame. Reste que la perception même de la mixité du mariage est relative. Pendant les guerres de religion, un mariage entre protestant et catholique était mixte. Il le reste en Irlande, où l'opposition entre les deux communautés est toujours politiquement et religieusement forte. Pour la majorité de la population française, ce n'est pas le cas. On parle de mariage mixte lorsqu'on a le sentiment que la norme de la proximité sociale entre les conjoints est, d'une manière ou d'une autre, transgressée. Quand on pense que la distinction entre catholiques et protestants a un sens et une valeur et que la catholicité et le protestantisme doivent se perpétuer, le mariage entre ceux qui appartiennent à ces collectivités est perçu comme une transgression : il s'agit d'un mariage mixte[4]. Aujourd'hui, où, pour la majorité de la population, la conscience religieuse est affaiblie et le respect des prescriptions des Églises, majoritairement remis en question, la conscience de la mixité porte essentiellement sur les mariages conclus entre conjoints de nationalité et de culture différentes. Elle est particulièrement forte s'agissant de mariages entre Français et Africains, du Maghreb ou de l'Afrique subsaharienne. En revanche, la mixité des couples entre Européens de nationalité différente est faible. L'idée de mixité apparaît quand le mariage semble remettre en cause la règle implicite de l'homogamie, même si elle n'est plus formulée en termes d'obligation morale ou sociale (« il faut épouser le même »), mais en termes sociologiques (« en épousant le même, on se donne les meilleures chances de réussir sa vie conjugale »). C'est l'Africain qui incarne, dans le cas du mariage, l'autre. C'est lui qui remettrait en question l'ordre social où chacun doit être à sa place. Le mariage apparaît moins « mixte » quand il s'agit d'unir des conjoints de milieu social différent. Non que les différences sociales soient supprimées, mais la morale démocratique en diminue la perception[5]. Réunis dans les mêmes établissements scolaires, les plus jeunes générations ont moins le sentiment des différences sociales que les générations plus anciennes et seraient réticentes à l'idée de les évoquer.

L'intériorisation des idées démocratiques donne de la valeur à l'idée même de métissage et d'échanges avec les autres. Si la formule « Vivre avec ses différences » est devenue si populaire, c'est qu'elle fait écho au souci de l'homme démocratique d'affirmer son authenticité. Dans l'ordre politique, les militants de la construction européenne, qui entendent montrer qu'ils respectent l'existence des nations alors qu'ils sont engagés dans la construction d'une entité supranationale, en ont fait l'un de leurs slogans. Les valeurs démocratiques poussent à l'ouverture aux autres, à l'affirmation de la non-distinction entre nous et les autres. En même temps, la mondialisation suscite la crainte de voir les identités particulières se dissoudre.

D'où ces discours affirmant en même temps la force de l'identité particulière et la nécessité de la mixité, sans penser les moyens de conjuguer l'une et l'autre. Jusqu'où peut-elle être poussée ? Peut-on faire société sans partager quelques valeurs communes, sans respecter des règles communes ? Ni la mixité sociale, ni la mixité ethnique ou religieuse, ni la mixité sexuelle ne soulèvent de problème dans la vie publique, si tous partagent les valeurs fondatrices de la citoyenneté, la liberté et l'égalité de tous, le respect de l'État de droit. Mais, si ce n'est pas le cas, doit-on respecter la mixité ? Toute mixité est-elle en tant que telle souhaitable ?

La valeur de la mixité sociale, liée aux valeurs démocratiques, comporte inévitablement des limites, parfois scandaleuses en fonction des valeurs auxquelles se réfère la société démocratique, parfois normales ou éventuellement même souhaitables, au moins à court terme. L'idéal de mixité ne saurait par lui-même résoudre les antinomies de nos sociétés et apporter une solution toute faite aux tensions qui naissent de la vie en commun. On ne saurait oublier qu'il est nécessaire, dans une société démocratique, que les particularismes soient transcendés par l'utopie créatrice du principe civique et par l'horizon universel de la raison – condition des échanges égaux entre les hommes, par-delà leur diversité et les inégalités de leur condition sociale, par-delà tout ce qui fait de toutes les relations sociales des relations « mixtes ».

2005

18

L'échec du « modèle républicain » ?

Les spécialistes des sciences humaines sont soucieux de se démarquer des lieux communs, de fonder leurs analyses sur des faits établis, de les éclairer à partir des connaissances accumulées par les générations précédentes et de ne pas se limiter à des réflexions qui soient exclusivement tributaires de la réaction immédiate et émotionnelle. Mais leur production se trouve en concurrence avec d'autres. Dans notre société, le discours sur la société est plus que légitime, il est l'une des expressions de la pratique démocratique. Certains disposent d'un droit à la parole, les journalistes et les experts plus ou moins institutionnels ou autoproclamés, mais tout citoyen a le droit d'exprimer son opinion, ce dont témoigne le grand succès de toutes les émissions dites interactives, du style « Les auditeurs ont la parole », ou « C'est mon choix ! ». Nous sommes dès lors fondés à nous interroger sur la qualité de nos analyses autant que sur la place qu'elles occupent dans le débat public. Que pouvons-nous dire de plus ou de mieux que les autres ? Comment nous faire entendre ?

L'explosion de violence dans les banlieues en octobre-novembre 2005, déclenchée à la suite de la mort par électrocution de deux adolescents qui, pressés de retourner dans leurs familles à Clichy-sous-Bois, se sont crus poursuivis par des policiers, a surpris tout le monde (les résultats de l'enquête par la police semblent indiquer qu'ils étaient effectivement poursuivis). Si l'occasion paraît contingente, les violences qui ont suivi pendant près de trois semaines dans un nombre de cités qui allait croissant prennent sens au regard des connaissances dont nous disposons sur les banlieues dites sensibles. Même s'il s'agit d'un « retour de l'événement », celui-ci était prévisible, donc susceptible de se reproduire. Il aurait pu ne pas avoir lieu, mais il n'est pas le seul fait du hasard. On doit tenter de le comprendre. Montée des communautarismes ? Effet de l'emprise croissante de l'islam radical ? Révolte nihiliste ? Signe de l'intégration de jeunes adolescents réclamant les bienfaits de la société moderne au nom de l'égalité ?

Les témoignages et les observations, confirmés par les rapports des Renseignements généraux publiés dans la presse, s'accordent pour éliminer l'idée du complot politique organisé, de la manipulation de populations marginalisées par des islamistes ou par l'extrême droite provocatrice. On a observé une violence « aveugle », ou « pure », qui ne portait pas de projet clair et s'attaquait aux institutions sociales immédiates, écoles, bibliothèques, casernes et voitures de pompiers, cabinets médicaux, autobus, magasins, sans oublier la voiture du voisin, lui aussi victime de l'ordre social. Il ne s'agissait pas non plus d'une révolte « ethnique » portant des revendications particularistes, même si la plupart des jeunes émeutiers étaient originaires de l'Afrique subsaharienne. Les observateurs décrivent des violences sans but manifeste, produit de la misère sociale, des frustrations et du ressentiment.

L'apport des sciences humaines

Quel éclairage nous offrent les connaissances et les réflexions accumulées par les diverses sciences humaines ? On peut tout d'abord faire appel à la connaissance historique et sociologique des faits migratoires. Sans doute les jeunes révoltés sont-ils dans leur immense majorité nés en France et scolarisés dans les établissements de la République. Pour comprendre leur situation, on ne saurait pour autant éliminer le fait qu'ils sont enfants ou petits-enfants de migrants, qu'ils s'inscrivent dans une trajectoire générationnelle qui débute par la rupture introduite par la migration de leurs parents ou de leurs grands-parents. S'il faut refuser le terme et l'idée de « deuxième génération » ou de « troisième génération de migrants », qui les relie exclusivement à la migration des générations précédentes, puisqu'il s'agit de Français autochtones, il n'en reste pas moins que le souvenir de la migration transmis par leurs parents est une dimension de leur destin social. D'ailleurs, ils ont fortement le sentiment que la société française continue à les traiter comme des

« indigènes », ils réinterprètent leur condition sociale en fonction de cette histoire, que manifeste l'irruption dans la vie publique du mouvement des « indigènes de la République ». Ils retrouvent ainsi les comportements de nombre de populations méprisées. La revendication du stigmate, pour reprendre l'expression d'Erving Goffman – sur le modèle *Black is beautiful* –, est un moyen, pour les personnes qui ont le sentiment d'être stigmatisées, de recouvrer leur dignité[1].

Les historiens de l'immigration et de la nation ont montré comment, dans les grands pays d'immigration, les vagues migratoires se sont successivement intégrées, mais avec peine et souffrances. Les problèmes sociaux liés aux migrations ont été si aigus que l'École de Chicago et la sociologie de l'immigration urbaine, centrale dans la recherche américaine, sont nées de la volonté de comprendre les modalités et les limites de cette intégration. Si les sociologues français n'ont pas, pendant longtemps, consacré les mêmes efforts à analyser comment les enfants et petits-enfants des migrants polonais, italiens, ukrainiens ou juifs participaient à la société française, ce n'est pas parce que les processus de l'intégration étaient faciles ou harmonieux, mais parce que la France a longtemps été un pays d'immigration qui s'ignorait et que le mythe national était celui de l'enracinement. Depuis deux décennies, les historiens ont dévoilé les conditions d'une intégration qui n'a ignoré ni les violences, ni la xénophobie, ni les discriminations. Si les vagues migratoires du passé se sont finalement fondues pour constituer la population française d'aujourd'hui, peut-on en conclure que c'est là un phénomène qui s'imposera de lui-même pour les populations arrivées plus récemment ? La réflexion sur le passé s'impose, mais permet-elle de tirer des conclusions définitives pour l'avenir ? Il est vrai que les Siciliens venus travailler dans la Lorraine sidérurgique à la fin du XIXe siècle, par exemple, ont été longtemps perçus et méprisés exactement dans les mêmes termes que les Algériens ou les Maliens aujourd'hui et que leurs petits-enfants sont devenus de « bons Français ». Il serait malheureusement trop simple d'en conclure que le même phénomène se reproduira nécessairement avec les enfants et petits-enfants des migrants algériens ou maliens. Les populations ne sont pas les mêmes. Qui peut prévoir l'effet de la tradition musulmane, du souvenir de la colonisation, de la situation géopolitique mondiale ? La société française, d'autre part, s'est démocratisée. Comment comparer l'action intégratrice de la société républicaine du XIXe sur les descendants des migrants et celle de la démocratie d'aujourd'hui ? Sans doute la connaissance historique montre-t-elle que, partout, toutes les populations finissent par s'intégrer. Mais ces processus peuvent être douloureux, violents et prendre plusieurs générations ; ils connaissent des blocages ou des reflux ; ils sont susceptibles de faire naître des humiliations dont le souvenir se transmet de génération en génération. L'exemple des Afro-Américains dans la plus grande démocratie moderne invite à la prudence. L'invocation des précédents incite à raffiner l'analyse, elle ne permet pas d'avancer des certitudes, moins encore de prévoir l'avenir.

Intégration culturelle et intégration structurelle

S'agissant des modalités de l'intégration des vagues migratoires dans la population nationale, que nous apprend la recherche aux États-Unis, où elle a été la plus nombreuse, la plus riche et la plus féconde ? La relecture, même sommaire, de cette littérature conduit à critiquer la notion d'intégration. Il n'existe pas d'intégration dans l'absolu – intégration à quoi, de quoi ? –, mais des dialectiques et des processus complexes d'intégration et de marginalisation ou d'exclusion. Toute organisation sociale, quel que soit son niveau – de la famille à l'entreprise ou à la nation –, implique par définition un processus d'intégration des uns et d'exclusion ou de marginalisation des autres. Ce qu'il importe d'étudier, ce n'est pas l'intégration sociale en tant que telle, ce sont les modalités que prennent ces processus à un moment donné et leur évolution historique, puisque, par définition, ils ne sont jamais achevés.

C'est en adoptant cette démarche qu'on a pu établir l'un des résultats les plus féconds, à savoir *les discordances dans les différentes dimensions de l'intégration.* Sous des formes diverses, les auteurs ont introduit une distinction essentielle (même s'ils l'ont formulée avec des termes différents), entre, d'une part, ce qu'on peut appeler « l'intégration culturelle » ou « acculturation », c'est-à-dire l'adoption de la culture du pays d'installation, et, d'autre part, « l'intégration structurelle » (Gordon) ou, dans un autre vocabulaire, « l'intégration sociale » (Merton), c'est-à-dire l'accès et la participation aux différentes instances de la vie collective ainsi qu'aux échanges sociaux. Ils ont analysé les phénomènes de déviance et de violence à partir des décalages entre l'une et l'autre. De nombreuses enquêtes ont ainsi montré que l'intégration culturelle a été toujours plus rapide et plus facile que l'intégration structurelle. De cet écart naissent les frustrations des individus et leur ressentiment à l'égard de l'ordre social.

L'ouvrage de Gordon, en 1964, en fournit une analyse restée classique parmi les sociologues des relations interethniques[2]. Il partait d'une constatation. Si les Afro-Américains sont parfaitement américains par leur culture et leur identification aux États-Unis, cela ne leur a pas assuré pendant des générations une « assimilation » (terme de l'époque) – ou une intégration (dans le vocabulaire d'aujourd'hui) – facile ou réussie dans la société américaine, pour parler en termes modérés. Même les juifs, qui avaient globalement connu une acculturation rapide et une réussite sociale remarquable, acculturés aux valeurs et à la culture américaines, n'avaient pas été pour autant « assimilés » dans la société américaine. Ils constituaient à l'époque un groupe étroitement lié dont les échanges avec le reste de la population se limitaient à la sphère professionnelle ou politique – malgré de nombreuses discriminations ouvertes ou subtiles – en excluant tout véritable commerce social, qu'il s'agisse des échanges amicaux ou des mariages. La formule *acculturation without assimilation* – dont la traduction en langage français contemporain serait « intégration culturelle sans intégration structurelle » –, souvent répétée à l'époque, résumait leur situation à l'intérieur de la société américaine. Ces observations avaient conduit Milton Gordon à proposer sa théorie des étapes successives de l'assimilation à la société américaine, par lesquelles passaient normalement les diverses populations issues de l'immigration : culturelle, structurelle, conjugale, identificatoire et civique. Il en tirait deux conclusions essentielles. L'assimilation culturelle – à savoir l'adoption par le groupe minoritaire des modèles culturels de la société d'accueil, de l'adoption de la langue au respect des pratiques sociales et politiques – survient la première ; elle est rapide. Mais elle peut aussi advenir seule, sans aucune autre forme d'assimilation et, dans ce cas, elle peut se prolonger indéfiniment. La population reste marginalisée et ne participe pas pleinement à la vie collective. Il pensait évidemment à la population afro-américaine du début des années 1960.

À la même époque, de nombreuses études, plus ou moins directement issues de la théorie de l'intégration de Merton[3], montraient que, plus généralement, s'agissant de toute la population américaine indépendamment de ses origines ethniques, les décalages entre l'assimilation culturelle des jeunes issus des milieux populaires, qui nourrissait chez eux les mêmes aspirations que celles de tous les Américains, et leur assimilation structurelle, c'est-à-dire les moyens licites dont ils disposaient pour les réaliser, permettaient de rendre compte des phénomènes de marginalité et de délinquance. Dans le vocabulaire de Merton, la distorsion entre « structure culturelle », c'est-à-dire « cet ensemble organisé de valeurs normatives régissant le comportement qui est commun aux membres d'une société ou d'un groupe donné », et « structure sociale », c'est-à-dire « l'ensemble organisé des relations sociales dans lesquelles les membres de la société ou du groupe sont diversement impliqués » entraînait diverses formes de déviance. Tous les Américains souhaitaient devenir riches, mais tous ne disposaient pas, en raison de leur position sociale, des chances objectives d'y parvenir en utilisant des moyens licites. Si la délinquance des jeunes de catégories sociales modestes augmentait, c'est qu'ils partageaient les aspirations des classes moyennes – devenir riches –, mais ils ne disposaient pas des ressources légales nécessaires pour les réaliser. Ils cédaient donc à la tentation des moyens illégaux et sombraient dans la délinquance. La discordance entre les buts et les moyens explique les modes d'adaptation des individus aux normes collectives, c'est-à-dire la part de conformité et de déviance qui intervient dans leurs comportements.

Les théories les plus récentes, et qui se veulent les plus neuves, sur l'intégration des immigrés mobilisent également cette distinction essentielle[4]. Selon la théorie de « l'assimilation segmentée », par exemple, on peut construire trois modèles d'intégration des populations migrantes et de leurs descendants dans une société composée de segments inégaux, en conjuguant les deux variables que sont l'assimilation culturelle et l'assimilation structurelle. Selon le premier modèle, l'assimilation structurelle (ou sociale) accompagne l'assimilation culturelle. En France, c'est le cas, par exemple, des descendants des migrants espagnols. On retrouve le processus décrit par les sociologues de l'École de Chicago pour ce qui concerne les migrants européens. Selon le deuxième modèle, l'assimilation culturelle se conjugue avec la non-assimilation structurelle, en sorte que les enfants de migrants se trouvent intégrés dans les classes défavorisées, on parle de *downward assimilation*. Les descendants des migrants venus du Maghreb ou d'Afrique subsaharienne en fournissent des exemples dans les banlieues des grandes villes françaises[5]. Enfin, selon le troisième modèle, l'assimilation sociale est réussie sans que l'assimilation culturelle soit complète. La mobilité sociale est forte, mais la population garde ses caractères propres et se mêle peu au reste de la société. Ainsi, Turcs et Asiatiques en France, très actifs dans le domaine économique, maîtrisant brillamment les technologies modernes, élaborent une forme d'intégration originale que l'on peut rattacher à l'idée du pluralisme culturel. Ils retrouvent le modèle de l'assimilation des juifs américains dans les années 1960, dont la formule était *acculturation without assimilation.* On peut noter que la quatrième combinaison des deux variables – ni intégration culturelle ni intégration structurelle – ne correspond à aucune expérience sociale : tous les individus connaissent, d'une manière ou d'une autre, une forme d'intégration à la société dans laquelle ils sont installés.

Le débat sur le poids respectif de l'appartenance sociale et de l'ethnique a été longtemps au cœur des travaux consacrés aux populations marginales. Le bilan sommaire que l'on peut tirer de ces décennies de recherches conduit à adopter une conclusion nuancée. Il est clair qu'on ne saurait exclure l'un ou l'autre terme. Mais, si le lien entre les origines ethniques – donc l'horizon historique qui marque les relations entre les groupes – et la condition sociale est étroit, le poids des unes et de l'autre varie selon les sociétés et les moments. Dans les sociétés dont l'ordre social comporte une dimension juridiquement raciale, tels le régime de l'apartheid en Afrique du Sud ou le *Deep South* des États-Unis jusque dans les années 1960, l'effet de l'origine ethnique est primordial, l'appartenance à une race présumée devient la caractéristique essentielle de la position sociale, la variable sociale est alors secondaire. Dans les sociétés démocratiques d'aujourd'hui, qui condamnent tout ordre racial, l'ordre social est prépondérant. C'est l'acquis de l'œuvre de la génération des sociologues américains des relations interethniques dite des droits civiques qui produisit son œuvre entre 1960 et 1980. Rompant avec le culturalisme de l'École de Chicago, ils ont affirmé qu'il fallait poser le problème des relations interethniques en termes macrosociologiques, au niveau « sociétal », en faisant des relations entre groupes ethniques et raciaux l'une des dimensions du pouvoir et des relations de domination. Il fallait « sociologiser » les relations entre les groupes ethniques et les races en les interprétant à partir des rapports de classes, des conflits sociaux et de la structure du pouvoir[6]. On ne saurait pour autant éliminer l'effet des origines ethniques qui renforcent et dramatisent les inégalités sociales, les processus de marginalisation, les rivalités entre les groupes et les conflits.

La situation dans les banlieues

À la lumière de cette tradition intellectuelle, que connaissait-on de la situation dans les banlieues avant l'événement de novembre 2005 ? Les enquêtes s'accordaient pour montrer que le phénomène majoritaire restait celui de l'intégration progressive des enfants des migrants, même si elle comportait des spécificités[7]. Elles montraient, en particulier, que les descendants de la migration originaire des pays du Maghreb affirmaient des valeurs plus traditionnelles s'agissant des normes familiales et que leur rapport au politique et à la nation restait plus distant que celui des autres jeunes. Mais ne trouverait-on pas des particularités chaque fois que l'enquête sociologique isole, pour les besoins de l'analyse, telle ou telle catégorie de la population ? Toutefois, constater que la majorité s'intègre n'épuise pas l'analyse. Des phénomènes minoritaires peuvent avoir une signification politique et symbolique sans rapport avec leur représentation statistique. Le rôle des minorités actives est bien connu depuis les travaux des historiens et des psychologues sociaux[8]. Or les enseignants et les travailleurs sociaux, relayés par les sociologues, observaient depuis des années l'existence de bandes d'adolescents désœuvrés et déstructurés, dépourvus de tradition culturelle héritée et n'ayant acquis ni la culture scolaire transmise par l'école ni la socialisation qu'elle implique. Apparemment animés par la haine et le ressentiment, ils manifestaient le rejet violent des institutions et des autres. Le retour d'un machisme brutal à l'intérieur des cités en est l'une des manifestations les plus flagrantes. Même s'ils sont fortement minoritaires parmi les descendants des migrants, les adolescents composant ces bandes sont majoritairement des descendants des migrants. Minoritaires, ils n'en sont pas moins particulièrement visibles, d'autant qu'ils manifestent leur agressivité en renforçant volontairement leurs particularités les plus apparentes – et l'ordre démocratique repose sur la « visibilité ». On retrouve chez eux les traits décrits par les sociologues de la délinquance au cours des années 1970 : une sous-culture d'adolescents délinquants, non utilitaire, négativiste, agressive, marquée par un hédonisme à court terme, qui s'inspire de la culture dominante, mais en retourne volontairement le sens. La violence avec laquelle elle s'exprime traduit les frustrations que ressentent les enfants des milieux populaires, qui n'ont pas les moyens nécessaires pour s'adapter à un monde dont les valeurs sont celles de la *middle class.* C'est une réponse aux échecs de l'intégration sociale.

Si l'on retient comme l'un des facteurs explicatifs de la crise les discordances entre intégration culturelle et intégration structurelle (ou, dans le vocabulaire de Merton, entre structure culturelle et structure sociale), on ne peut manquer de signaler qu'une enquête européenne a montré que c'est en France que le décalage est le plus fort[9]. Comparés aux descendants des migrants en Angleterre et en Allemagne, les enfants de migrants français sont les plus ignorants et les plus détachés de la culture d'origine de leurs parents, les plus totalement acculturés à la langue et la culture locales, mais ce sont aussi ceux pour lesquels l'accès au monde du travail est le plus difficile. Leur scolarité est la plus longue et leur niveau de diplôme, le plus élevé, mais leur « intégration structurelle » ou « intégration sociale », la plus problématique. De plus, dans la mesure où ils sont désocialisés et ne participent guère à la vie religieuse, ils ne bénéficient pas de la solidarité communautaire que connaissent, par exemple, les Pakistano-Britanniques, fortement rassemblés autour de leur mosquée, dont les pratiques collectives sont organisées par des leaders reconnus par les pouvoirs locaux, ou même les Turcs d'Allemagne. Les liens communautaires, plus ou moins tolérés ou encouragés par la société d'installation en Grande-Bretagne et en Allemagne, sont, en tout cas à court terme, plus protecteurs que la politique d'intégration individuelle fondée sur l'école et l'emploi propre à la tradition française.

La distinction entre l'intégration culturelle et l'intégration structurelle explique qu'on puisse à la fois interpréter l'explosion de violence comme le résultat de l'intégration ou comme le signe manifeste de son échec, position à laquelle s'est ralliée la majorité des observateurs. Intégrés culturellement, donc animés des mêmes aspirations et des mêmes ambitions que les autres individus démocratiques, les descendants des migrants marginalisés n'ont pas les moyens matériels ou intellectuels de les réaliser de manière licite. Le recours à la violence « pure » témoigne de cet échec annoncé et déjà vécu à l'avance.

Ils en ont d'autant moins les moyens qu'ils sont les premières victimes des blocages de la société française. L'analyse des sciences humaines conduit en effet à renverser la manière de poser les questions. Même s'il importe de ne pas négliger les caractéristiques des populations elles-mêmes, les difficultés et les contradictions objectives de leur condition, mais aussi leur volonté et leur capacité d'action, il faut souligner que ce qui est perçu dans la vie publique comme le « problème des immigrés » ou le « problème de l'immigration » est d'abord un problème de la société nationale elle-même, de sa capacité à intégrer toutes les populations, y compris les immigrés, et, plus généralement, du rapport que les nationaux entretiennent avec les autres.

Du « problème des immigrés » à la crise de la société française

Le destin social des descendants des migrants révèle les échecs et les contradictions de la société nationale. Les émeutes d'octobre-novembre 2005 ont été tout à la fois un révélateur et un accélérateur de la crise. Les descendants des migrants, comme tous les jeunes des classes populaires, sont d'abord les enfants de la crise économique, sociale et politique. Ils appartiennent aux catégories qui en sont les premières victimes, les jeunes des classes populaires. Depuis plus de trois décennies, les choix collectifs implicites ont favorisé les plus âgés aux dépens des plus jeunes et les salariés du service public aux dépens des salariés du secteur privé. Globalement, on le sait, le taux de chômage est de 10 % pour la population française dans son ensemble, de plus de 20 % pour les jeunes de seize à vingt-quatre ans, et de plus de 40 % lorsque ces jeunes sont des descendants de migrants. L'écart des revenus entre les quinquagénaires et les trentenaires est passé de 15 % dans les années 1970 à 40 % aujourd'hui, malgré les effets de la démocratisation de l'enseignement secondaire sur les revenus des populations issues de milieux modestes. Tout se passe comme si la France s'était caractérisée, selon la formule percutante de Denis Olivennes, par sa « préférence pour le chômage » :

« Il était et demeure l'effet d'une préférence collective, d'un consensus inavoué. »[10] Le chômage et, en particulier, le chômage des jeunes ont servi de variable d'ajustement. Le contrat social aboutit de fait à un consensus implicite défavorable à l'emploi : les syndicats représentent les intérêts des actifs occupés, le patronat gère la paix sociale à l'intérieur des entreprises sans prendre en compte les chômeurs, le gouvernement dialogue avec les partenaires sociaux et tient compte de son électorat qui compte des actifs occupés et des assurés sociaux. Personne ne défend les intérêts des chômeurs, d'autant que la protection apportée par un État providence étendu, en amortissant au moins à court terme les effets les plus dramatiques du chômage, donne bonne conscience à tous.

Or, dans des sociétés organisées autour de la production des richesses et des échanges de biens et de services, l'ordre du travail est essentiel. L'absence d'emploi est plus grave que la pauvreté, parce qu'elle touche à la dignité de la personne. Les individus constituent leur identité personnelle et élaborent leur estime de soi dans et par le travail ; c'est là qu'ils font l'apprentissage des contraintes et des limites de la vie collective, c'est à l'occasion de la vie professionnelle qu'ils apprennent à échanger avec les autres. Le travail, c'est le grand intégrateur de nos sociétés, qui fonde la dignité personnelle et conditionne les relations avec les autres. Les pères immigrés qui travaillaient imposaient un ordre et un sens à la vie familiale. Les effets du chômage sont d'autant plus dévastateurs que les 10 % de la population exclue de l'emploi ne sont pas choisis par hasard. Le chômage concerne de manière prioritaire des populations dont la socialisation a été difficile ou traversée de contradictions, les jeunes des catégories populaires, parmi lesquelles les descendants des migrants sont surreprésentés. De plus, ceux d'entre eux qui ont réussi à obtenir des diplômes élevés, au prix d'efforts considérables, sont nombreux à ne pas trouver l'emploi auquel ils pensaient que leur diplôme leur donnerait accès. Si le déclassement social – soit le décalage entre les attentes suscitées par les diplômes et les emplois effectivement obtenus – dépasse le cas des descendants des migrants, il concerne beaucoup de jeunes diplômés et tout particulièrement ceux qui sont issus des milieux populaires. Trois ans après leur sortie de l'université, 42 % des enfants de cadres ont un emploi de cadres, le pourcentage n'est que de 18 % pour ceux qui ne sont pas des enfants de cadres. Mais l'échec a plus de retentissements dans un milieu fragile et il contraste cruellement avec la réussite matérielle des « caïds » des banlieues[11]. On peut d'ailleurs en voir un indicateur supplémentaire dans l'évolution des taux de suicides. Alors que, depuis plus d'un siècle, la probabilité de se suicider augmentait avec l'âge, cette probabilité est devenue, depuis les années 1970, plus élevée pour les jeunes que pour les autres classes d'âge. Ils cumulent en effet un taux de chômage supérieur à celui de tous les autres, l'expérience de toutes les formes de précarité à travers des périodes alternées de chômage reconnu et de petits boulots parfois très exigeants. Cette précarité retentit sur tous les aspects de l'existence, des revenus à la vie en couple, de la formation d'une famille à la participation aux instances collectives. Les jeunes, devenus socialement vulnérables, alors que les vieux sont toujours plus protégés, se suicident désormais plus que les autres[12].

Sans doute l'État providence continue-t-il à compenser les formes extrêmes de la misère sociale. On ne meurt plus de faim et tout le monde finit par être soigné. Mais il fournit des moyens d'assistance. L'État providence change de sens quand 10 % de la population active se trouve dépourvue d'emploi. De redistributeur des richesses en faveur des enfants, des vieillards et des malades au nom de la solidarité et de la justice, il devient l'État de l'assistance généralisée. Il passe de la logique de l'assurance qui respecte la dignité des cotisants et des bénéficiaires à celle de l'assistance. Or l'assistance humilie ses destinataires, elle renforce leur identité négative, elle les « disqualifie »[13]. Elle consacre inévitablement l'échec de ceux qui ne peuvent mobiliser les seuls moyens dignes – l'emploi, le « véritable emploi », comme disent les jeunes chômeurs dans toutes les enquêtes – pour assurer leur existence. L'action des agents de l'État providence, quelles que soient leur activité et leur bonne volonté, sera toujours moins efficace pour intégrer les chômeurs que l'expérience d'un emploi. Le lien social créé par l'État providence, dont la nécessité s'impose évidemment, a pour effet pervers de ne donner qu'une intégration humiliante.

La ségrégation spatiale est devenue l'indice et la source de la mise à l'écart de populations pour lesquelles se conjuguent les effets de la marginalisation professionnelle et des origines ethniques. Une enquête a montré, par exemple, que, dans les collèges de l'académie du Bordeaux en 2000-2001, la population des enfants de migrants venus du Maghreb, d'Afrique noire et de Turquie représentait 4,7 % de l'ensemble des collégiens, 10 % seulement des établissements en scolarisaient 40 %, dix-sept collèges accueillaient entre 20 et 40 % d'entre eux, et, inversement, quatre-vingt-un établissements en comptaient moins de 1 %. La ségrégation ethnique est plus forte que la ségrégation sociale[14]. Ce rassemblement des enfants des immigrés nourrit les processus d'enfermement dans le quartier et de marginalisation, la langue et les manières deviennent des marqueurs qui rendent de plus en plus difficile la participation à la vie sociale en dehors de la cité. La concentration dans un quartier d'une population jeune nombreuse (35 % au lieu de 25 % en moyenne) apparaît liée à la violence des émeutes[15]. La réclusion dans un espace disqualifié se trouve ensuite renforcée par les discriminations devant l'emploi et le logement dont beaucoup d'enfants de migrants sont les victimes. Ainsi s'enclenche le cercle vicieux du processus de mise à l'écart – ou de désintégration – et du ressentiment.

L'humiliation née du chômage et du recours imposé à l'assistance est renforcée par le blocage du système politique. Alors que la « marche des Beurs », en décembre 1983, portait une revendication qui s'inscrivait directement dans la tradition républicaine en invoquant ses principes fondateurs – l'égalité des droits indépendamment des origines ethniques –, les hommes politiques ont répondu en manipulant le mouvement à leur profit immédiat. Ils n'ont pas fait leur place légitime à ceux qui réclamaient légitimement de participer à la vie politique au nom des valeurs mêmes auxquelles se réfère la République. Sans doute le blocage du système politique ne concerne-t-il pas seulement les descendants des migrants, mais, plus largement, les jeunes, les femmes et ceux qui exercent une profession dans le secteur privé. Tous sont marginalisés par ceux qui entendent avant tout garder leur place – l'explication par la volonté de « garder sa place » me paraît plus juste que celle du « racisme » –, mais, dans le cas des descendants des migrants, la signification symbolique de la fermeture du monde politique a une portée plus grave. La marginalisation des catégories modestes est rendue plus dramatique quand elle peut être interprétée en termes « ethniques » ou « raciaux » et que sont invoqués, à cette occasion, le passé colonial, la souffrance de l'arrachement des pères à la terre natale et l'humiliation qu'ils ont connue en étant réduits au travail en miettes dans les usines des Trente Glorieuses. Les humiliations subies ne s'oublient pas. Elles se transmettent aux générations suivantes. Dans les banlieues, beaucoup des militants de la « marche des Beurs », ayant le sentiment, fondé, d'avoir été trompés aussi bien par les politiques que par les organisations nationales censées porter leurs revendications, ont cessé de croire aux vertus de la République.

L'affaiblissement du sentiment national contribue, de son côté, à rendre plus difficiles les processus d'intégration. La France nationaliste croyait à sa grandeur et à sa supériorité. Le nationalisme passé est aujourd'hui condamné au nom des valeurs démocratiques et des vertus de l'ouverture aux autres. Le patriotisme prête à sourire, remplacé par l'interrogation sur l'identité nationale. Mais – c'est un autre point de vue – son efficacité pour intégrer les populations nouvellement arrivées, selon les témoignages dont nous disposons, était grande. L'école se donnait pour tâche d'imposer à tous les élèves, quelles que fussent leurs origines, le sentiment qu'ils avaient la « chance de devenir français » même s'ils n'avaient pas eu « la chance de naître français », selon la formule de Léon Blum. Le patriotisme longuement exprimé par les juifs dans toutes les nations triomphantes du temps des nationalismes – français, hongrois, anglais ou allemands – montre l'efficacité des passions nationales pour intégrer les étrangers. Aujourd'hui, historiens et journalistes condamnent volontiers l'idée nationale autant que l'histoire nationaliste écrite par les générations précédentes, ils révèlent et dénoncent l'impérialisme, le projet colonial, l'esclavage ainsi que la longue exclusion des femmes de la citoyenneté. La repentance généralisée empêche le gouvernement de célébrer les moments du passé collectif qui furent longtemps jugés glorieux au nom de l'« envers » ou de la « vérité » de l'histoire républicaine. On évoque les « ombres » et les « lumières » de l'histoire de France, mais ce sont les « ombres » qui obsèdent la vie scientifique, politique et médiatique. Même l'enseignement de la Shoah devient un moyen de démontrer les manquements dramatiques de la République. Quelle que soit la vérité historique de ces autocritiques et leur valeur morale – là n'est pas le problème –, on peut noter que cette autoflagellation est moins efficace pour intégrer des populations d'origine étrangère, qui peuvent être tentées d'adopter le seul rôle de victimes, que l'enseignement du passé qui se donnait pour objectif d'enseigner que « La France est la plus juste, la plus libre, la plus humaine des patries » (extrait d'un manuel d'instruction civique). Quelle identité transmettre s'il n'existe pas de projet politique et d'idéal commun – même si cet idéal comporte une large part de rêve et de mensonge ? La vérité que révèlent les historiens et les sociologues est souvent peu exaltante, peu susceptible de nourrir les passions identitaires, les rêves de grandeur ou, tout simplement, la nécessité des règles dans la vie commune, les principes du civisme.

L'ordre social autoritaire était également plus efficace, lorsqu'il s'agissait d'intégrer les enfants de milieux populaires. Les sociologues montrent volontiers comment, dans la société d'aujourd'hui, c'est désormais l'individualisme lui-même qui « crée du lien », un lien choisi et profondément intériorisé, qui serait donc plus solide que celui du passé qui était imposé par la tradition et les contraintes collectives. Mais ces analyses concernent surtout les catégories moyennes et intellectuelles. Le lien né de l'individualisme, paradoxal au premier abord, n'est efficace que pour ceux qui ont hérité d'une socialisation assurée et conforme aux valeurs locales, qui ont acquis l'assurance des « mieux nés », des plus cultivés et des plus forts. Ceux qui, par leur condition sociale ou par leur nature psychologique, ont besoin d'être protégés par des règles fortes ne peuvent faire que l'expérience de ce que Robert Castel appelle justement « l'individualisme négatif », celui auquel est contraint l'individu dont les ressources personnelles et sociales sont inadaptées aux exigences de la vie collective. Le lien individualiste n'est positif que pour ceux qui ont déjà intériorisé, par leur héritage social et leur éducation, les normes d'une société dont les contrôles extérieurs sont faibles. Comme les lois fortes protègent les plus faibles, comme l'affaiblissement du règne de la loi favorise les plus forts, les sociétés où le contrôle social est défaillant fragilisent les plus vulnérables.

La relativité des valeurs qui imprègne l'esprit du temps agit dans le même sens. L'indistinction à laquelle tend le monde démocratique constitue un choc pour les héritiers des cultures traditionnelles. La liberté sexuelle, la multiplication des familles monoparentales et des enfants nés hors mariage, la discussion autour des mariages transgenres constituent autant de faits qui heurtent des populations dont les traditions étaient organisées autour des valeurs familiales. Toute notion de limite, d'interdit et de morale leur semble disparaître. Or on observe chez tous les migrants le repli sur la sphère et les valeurs de la famille. C'est à partir des valeurs traditionnelles, des relations stabilisées entre les générations et les sexes qu'ils maintiennent des éléments culturels qui donnent un sens à leur existence, alors qu'ils sont confrontés au choc de la transplantation et à la rupture de nombreux autres liens sociaux. Ce qui leur apparaît comme le laxisme des mœurs modernes est particulièrement difficile à intégrer dans la culture héritée. Devant l'agression de ces formes hors normes, la réaction peut être de deux ordres – également préjudiciables à la socialisation de leurs enfants : soit une perte de toute référence, entraînant la rupture des liens familiaux et la désocialisation, soit le repli pathologique sur une tradition décontextualisée. Les enfants élevés par des parents dont les repères moraux ont été bousculés risquent, à leur tour, de céder soit à l'abandon de toute référence en sombrant dans la désocialisation, soit à un traditionalisme exacerbé et inutile, dont le machisme brutal devient un indicateur. Même si ces réactions sont, sans doute, minoritaires et si beaucoup de familles immigrées font preuve d'une grande capacité d'adaptation, on trouve dans ces réponses aux valeurs ambiantes l'une des sources de la non-socialisation de certains des enfants de migrants.

Ils réagissent d'autant plus fortement qu'ils sont devenus culturellement des enfants de la démocratie et qu'ils en ont les revendications. Or la démocratie providentielle suscite les aspirations à toujours plus de bien-être et d'égalité. Les conditions matérielles étaient sans doute objectivement plus mauvaises parmi les immigrés italiens ou « levantins » du centre de Marseille en 1890 qu'elles ne le sont dans les cités les plus « sensibles » du nord de la ville aujourd'hui. Plus généralement, l'intégration des Italiens ou des Polonais dans les générations passées n'a pas été plus facile que celle des nouveaux migrants. Mais les étapes et les souffrances en étaient politiquement moins visibles, sociologues et travailleurs sociaux n'étant pas là pour les constater, s'en indigner et tenter de leur apporter des remèdes. Les inégalités sociales ne choquaient guère, elles apparaissaient inscrites dans la nature des choses, la conscience démocratique était moins éveillée. Les intéressés eux-mêmes acceptaient, au nom d'un fatalisme étranger à la conscience contemporaine, de sacrifier leur propre destin avec la conviction que leurs enfants bénéficieraient de conditions de vie meilleures. Aujourd'hui, les enfants de la démocratie sont plus exigeants. La télévision ne leur permet pas d'ignorer d'autres modes de vie que ceux auxquels ils sont condamnés. On a remarqué que les violences ont été particulièrement nombreuses dans les zones où l'habitat est particulièrement dégradé et dans les territoires pauvres des villes plus riches, là où le contraste entre riches et pauvres est vécu au quotidien[16]. Élevés dans une société globalement riche, traversée par la passion de l'égalité, les enfants des migrants acceptent mal les inégalités matérielles ; ils sont fascinés par l'argent facile et réclament des résultats immédiats. La dynamique démocratique s'impose à tous, aux descendants des migrants comme à tous les autres, elle rend impérative la réalisation instantanée du bien-être, *hic et nunc*.

La « démocratie providentielle » est, plus généralement, moins efficace pour intégrer les populations marginales que la nation politique du passé. Une collectivité constituée autour de la production et de la redistribution des richesses ne contribue que de manière indirecte à cette intégration. Les seules satisfactions matérielles ne suffisent pas à assurer le lien entre les hommes pour constituer une collectivité consciente d'elle-même, de ses valeurs et de la volonté d'avoir un destin commun. Dans l'ordre économique, ce qui est donné aux uns est enlevé aux autres. La concurrence économique divise les hommes, nourrit les rivalités entre les groupes que le projet politique tend à unir. Des sociétés dépolitisées sont moins intégratrices – par le partage des biens – que des sociétés entretenant une forte conscience d'elles-mêmes, dont les membres partagent des valeurs communes et un projet politique clair. Les « ayants droit » ne sont pas des citoyens. Aux États-Unis aussi, on s'interroge sur l'intégration des populations hispaniques, venues s'installer pour des raisons essentiellement économiques, qui n'entendent pas partager le « rêve américain » ni apprendre l'anglais comme l'ont fait dans le passé tous les migrants[17]. Pourtant le patriotisme y semble plus vivant que dans les nations européennes.

Prônant la tolérance comme valeur essentielle, adoptant le relativisme jusqu'à admettre que toutes les cultures se valent et qu'il n'existe pas de critère universel pour les juger, concentrée autour de la production et de la redistribution des biens et des services, la « démocratie providentielle » ne favorise pas, par ses caractéristiques, l'intégration rapide des migrants et de leurs descendants. De plus, la culture médiatique mondialisée propose surtout des modèles de résistances et de refus absolus. C'est moins du long combat des Afro-Américains pour l'égalité des droits au nom des valeurs démocratiques, tel qu'il fut mené par Martin Luther King au temps de la lutte pour les droits civiques, que de la revendication radicale d'un *Black Power* qu'il s'agit dans les représentations des enfants des migrants originaires d'Afrique subsaharienne installés dans les banlieues des grandes villes de France, qui empruntent le costume, la démarche et le sport des Noirs américains. Le conflit mondial entre les démocraties et le fondamentalisme musulman, les images de la guerre d'Irak, de l'*intifada* et, plus généralement, du conflit israélo-palestinien dramatisent les rivalités, éventuellement violentes, entre bandes, entre quartiers ou même entre cités, en leur donnant une sorte d'horizon ou de résonance mondialisés. La connaissance approximative – mais vive – que suscitent les images des conflits et des guerres qui traversent le monde, transmises de manière continue par les diverses chaînes de télévision, ne contribue pas à donner à tous ceux qui sont installés sur le territoire national et participent aux mêmes institutions le sentiment qu'ils partagent aussi un même destin politique.

L'affaiblissement du sentiment national

Les effets de la démocratie providentielle sont particulièrement frappants dans le cas de la France. Plus que dans d'autres nations européennes, l'intégration nationale a été de nature politique. C'est autour du mythe républicain et du patriotisme que les immigrés, comme les autres populations, formaient société. L'idée de « l'échec du modèle républicain », souvent évoqué aujourd'hui, est ambiguë. L'acculturation – ou l'intégration culturelle – des descendants des migrants est plus accomplie en France que dans les autres pays européens, comme l'a démontré l'enquête Effnatis. En ce sens, il n'y a pas d'échec. L'échec de l'intégration structurelle, pour une part minoritaire des descendants des immigrés, renvoie avant tout aux dysfonctionnements de la société tout entière. Le « problème des immigrés » ne saurait être distingué des blocages de la société française, de ses choix de politique économique et sociale, de la fermeture du monde politique et de l'affaiblissement généralisé des valeurs civiques. Ce n'est donc pas dans son principe que le « modèle républicain » est obsolète. La politique d'intégration par la citoyenneté et la pratique professionnelle est conforme à la vocation des sociétés démocratiques et prolonge la tradition nationale. Le débat devrait porter non sur le principe, mais sur les modalités d'application. Ce sont les manquements au « modèle républicain », élément de l'ensemble de la crise de la société française, qui créent l'échec partiel de la politique d'intégration et le sentiment plus général de l'échec. Le « modèle républicain » d'intégration, qui assure l'égale participation de tous à la vie collective, ne peut être efficace que s'il est effectivement respecté et s'il ne devient pas une formule vide, purement incantatoire, sans prise sur la réalité sociale.

Il est également vrai qu'à court terme la reconnaissance sociale des spécificités culturelles et des communautés particulières rend sans doute les processus d'intégration moins brutaux. L'existence d'une communauté pakistano-britannique installée dans les îles Britanniques offre probablement une forme de protection à des populations fragilisées par la migration, même si elle se paie d'un contrôle étroit sur les comportements des individus, en particulier ceux des jeunes femmes. Pourtant les modalités de l'intégration sont trop spécifiques pour qu'on puisse emprunter le modèle d'un pays voisin, elles sont liées à l'histoire de la constitution de la société nationale, en particulier à la reconnaissance publique des particularismes, aux relations entre le politique et le religieux, aux formes de solidarité héritées du passé. Les convergences entre les nations européennes n'ont pas effacé les singularités de l'intégration de chaque société nationale. D'ailleurs aucune politique ne met à l'abri des ambiguïtés des processus d'intégration. La Grande-Bretagne, à plusieurs reprises, n'a pas été épargnée par les violences urbaines, et les terroristes qui ont fait exploser des bombes à Londres en juillet 2005, de nationalité britannique, jouaient au cricket et semblaient participer normalement à la vie collective. Les responsables britanniques s'interrogent aujourd'hui sur l'avenir de la politique favorable au multiculturalisme qu'ils ont adoptée jusqu'à présent au nom du libéralisme. De son côté, le gouvernement néerlandais envisage une révision déchirante de sa politique multiculturelle. Par-delà les politiques suivies, les conditions de la démocratie providentielle, les espoirs et les exigences qu'elle suscite, et, par ailleurs, les relations mondialisées entre l'Europe et les pays d'émigration contribuent à ce que les processus de l'intégration des enfants des migrants soient susceptibles de comporter des avancées différentes selon les domaines, des décalages, des retournements ainsi que l'invention de modalités nouvelles d'intégration.

Sur la réception des sciences humaines

Discours parmi d'autres, celui des sciences humaines n'est pas le plus entendu. Les discours simples ont le meilleur écho dans l'espace démocratique, alors que les spécialistes des sciences humaines ont tous en commun de souligner – justement – que, les phénomènes sociaux étant complexes, les interprétations n'en peuvent être que nuancées. Cela peut nous rendre inaudibles en dehors du monde des chercheurs. Il est vrai que, sommés de répondre à la question « Que faut-il faire ? », nous sommes souvent embarrassés. Or c'est bien à cette question que les hommes politiques doivent répondre par leur action et que les citoyens souhaitent entendre une réponse claire. Nos analyses complexes sont par nature différentes des discours publics, mais elles sont pourtant plus vraies, parce que les relations entre les hommes sont effectivement complexes ; c'est notre rôle que de rechercher des vérités partielles et provisoires.

La complexification que nous apportons aux discours reçus de l'espace public n'est pas la seule limite à la réception de notre propos. Le langage que nous utilisons – « originaires de l'Afrique subsaharienne » et non « Noirs », « adolescents déstructurés » et non « voyous » – n'est pas pour rien dans le sentiment des acteurs sociaux qu'il est décalé par rapport à la réalité telle qu'ils la perçoivent spontanément. Pourtant, il n'est pas question de renoncer à la critique des sciences humaines montrant ce que le terme de « noir » a de stigmatisant, puisqu'il aboutit à désigner un individu exclusivement par l'une de ses caractéristiques, biologique, à connotation négative ; si tel était le cas, nous perdrions notre raison d'être. Il est vrai que, du coup, nous sommes difficilement entendus par les acteurs sociaux aux prises quotidiennement avec les problèmes de la cohabitation des populations d'origines diverses. Il faut accepter – et même revendiquer – la distance, y compris dans les termes que nous utilisons, entre l'expérience sociale et les analyses qu'en proposent les spécialistes des sciences humaines – même si cela ne justifie pas pour autant le jargon inutile, destiné aux seuls collègues. Il est normal que le discours des sciences sociales, outre son objectif de vérité, se donne aussi pour ambition d'être compris par tous les membres de la société démocratique. Mais, par sa nature même, il est inévitable qu'il ne soit que partiellement ou difficilement entendu.

2006

19

Action ou discrimination positive ?

On ne peut que constater les décalages entre les principes proclamés de l'égalité de tous les individus-citoyens et la réalité des inégalités de conditions économico-sociales ainsi que des discriminations fondées sur les origines historiques ou « raciales » (c'est-à-dire justifiées par l'idée qu'il existe des « races » différentes et inégales). Alors même que les valeurs démocratiques devraient interdire les comportements qui traitent inégalement des personnes égales, on continue d'observer des pratiques qui sont autant de manquements aux valeurs dont se réclament les sociétés démocratiques – de la séparation dans l'espace public des Blancs et des Noirs dans le *Deep South* aux États-Unis jusque dans les années 1970 à la difficulté des élèves des lycées professionnels d'origine maghrébine en France à obtenir un stage dans une entreprise, les exemples, inégalement graves, ne manquent pas. C'est sur l'interprétation de ces discordances que les analyses peuvent diverger. Sont-elles inhérentes au principe même de la démocratie, et cette dernière doit-elle être, en conséquence, dénoncée et radicalement condamnée, comme le font par exemple les tenants du *Black Power* aux États-Unis ? Ou bien s'agit-il des insuffisances et du dévoiement des principes démocratiques qu'il faut conserver à tout prix ? Dans ce cas, la lutte contre les discriminations s'inscrirait dans le combat démocratique lui-même, qui consiste à lutter pour que les sociétés démocratiques soient le moins infidèles possible aux principes qu'elles invoquent pour légitimer leur politique – sachant qu'il existera toujours inévitablement un décalage, inscrit dans l'utopie démocratique, entre la proclamation des principes de l'égalité de tous les citoyens et les réalités des pratiques et de l'ordre sociaux.

Les apories démocratiques

La lutte contre les inégalités économiques est au principe même de la politique de redistribution des richesses qu'assure l'État providence. Cette dernière se fonde sur l'idée que des moyens décents d'existence sont la condition nécessaire pour que les individus soient réellement des citoyens. Cette politique s'impose désormais à tous les démocrates comme une nécessité et une évidence. Son principe n'est plus contesté, même si les discussions sur l'ampleur juste et efficace de la redistribution des richesses se prolongent. La lutte pour l'égalité, intrinsèquement liée aux aspirations démocratiques, se porte désormais sur les comportements discriminatoires adoptés à l'égard de ceux qui ont une origine historique dévalorisée, qu'elle soit justifiée en termes de race, de culture ou de religion. Le scandale que soulèvent les pratiques jugées discriminatoires se conjugue avec le souci croissant de prendre en compte les particularités historiques des divers groupes réunis dans une même société nationale au nom des valeurs démocratiques du droit de chaque individu à exprimer son authenticité. Comme le prônent les philosophes qu'on regroupe sous le nom de « communautariens », il faudrait répondre au besoin des hommes de voir reconnaître leur dignité non pas seulement en tant que citoyens abstraits, mais aussi en tant qu'individus concrets, porteurs d'une histoire et d'une culture singulières ; il faudrait instaurer une politique de la reconnaissance[1]. La gestion classique de la diversité sociale et culturelle par la citoyenneté serait, selon eux, devenue inopérante. La reconnaissance de la dignité de toutes les cultures ne constituerait-elle pas le meilleur moyen de lutter contre les pratiques discriminatoires dont sont victimes certains des héritiers de ces cultures particulières ? Si l'exercice de la citoyenneté, « classique » ou « formelle », se révèle insuffisante pour faire appliquer les principes mêmes qui fondent sa légitimité, la reconnaissance de la diversité des cultures et de leur égale dignité ne serait-elle pas plus efficace pour lutter contre les discriminations ? La prise en compte des diversités historiques et culturelles, éventuellement sous la forme de la « discrimination positive », ne serait-elle pas l'instrument de la véritable égalité à laquelle aspirent les individus démocratiques ?

La « discrimination positive » est connotée en France de manière péjorative. La meilleure preuve en est qu'elle traduit la formule de l'*affirmative action*, alors qu'on aurait pu utiliser les termes d'*action* (ou de *politique*) *positive* sans faire intervenir l'idée de discrimination (les institutions européennes parlent d'action positive). On a longtemps opposé dans les discussions publiques le « modèle républicain », qui privilégie l'égalité dite formelle, aux projets de discrimination positive selon lesquels il faut admettre que cette égalité formelle soit suspendue, au moins provisoirement, afin d'assurer une plus grande égalité réelle, pour reprendre la vieille opposition marxiste. Le débat portant sur la nature même des liens sociaux et de la légitimité démocratique, on comprend qu'il soit chargé de passion. L'idée même de discrimination positive fait l'objet de débats ardents dans lesquels s'opposent des conceptions différentes de l'ordre social. On ne peut prétendre présenter l'ensemble des problèmes que soulèvent les politiques de discrimination positive dont on trouvera de bonnes présentations ailleurs[2], on analysera ici le sens politique de la politique de discrimination positive et on se demandera si elle permettrait de resserrer les liens sociaux et de créer plus de solidarité entre les individus.

On ne saurait traiter de la question sans éclairer les termes mêmes du débat. Il ne s'agit pas là d'une simple manie de chercheur. Non seulement le sociologue doit faire sienne la pensée de Pascal : « Je ne discute jamais du nom pourvu qu'on m'avertisse du sens qu'on lui donne », mais : « Bien souvent, la discussion sur le mot révèle le fond du débat. »[3] On peut adopter la formule concise que propose Luc Ferry. La discrimination positive « institue une inégalité formelle en faveur d'un certain groupe d'individus en vue de parvenir à une réelle égalité des chances entre les uns et les autres »[4]. En d'autres termes, il s'agit de suspendre, provisoirement ou définitivement, les règles qu'impose le respect de l'égalité formelle pour viser l'égalité réelle. Le débat sur la discrimination positive révèle l'une des apories essentielles des démocraties modernes, née de la tension entre la liberté et l'égalité formelles qui fondent l'ordre politique et le projet, lié à la dynamique démocratique, d'assurer une égalité réelle aussi grande que possible entre tous leurs membres.

La critique de l'égalité formelle a été si souvent faite qu'on a quelque scrupule à la rappeler. Elle est pourtant indispensable pour comprendre la logique qui gouverne les politiques de discrimination positive. L'égalité formelle, en traitant de la même façon des personnes dont la condition sociale, au sens large du terme – origines historiques, conditions économiques –, est inégale, ne peut assurer l'égalité réelle ; elle tend même, tout au contraire, à conforter et à légitimer les inégalités réelles de l'ordre économique et social. L'égalité des droits perd toute signification pour les groupes qui sont maintenus en situation d'infériorité statutaire et sociale, ou marginalisés. Il importe donc, étant donné la dynamique démocratique et l'exigence jamais satisfaite d'égalité qu'elle nourrit, de substituer à, ou, à tout le moins, de compléter l'égalité formelle par des dispositions visant à garantir une égalité réelle aussi grande que possible entre tous les citoyens. C'est là l'objectif des politiques de discrimination positive : assurer l'égalité réelle des diverses populations – ce qui les inscrit bien dans les aspirations des individus démocratiques et dans la dynamique d'un État providentiel qui tend à s'étendre toujours plus.

Deux politiques

Les politiques communément dites de discrimination positive sont de deux ordres, trop souvent confondus dans les débats publics. On peut les distinguer clairement, de manière idéale-typique, même si, dans la pratique, certaines mêlent des éléments conformes à l'une et l'autre logique. La première politique consiste à prendre des mesures particulières pour compenser les handicaps sociaux. On adopte des dispositions en faveur de populations définies par des critères économiques et sociaux (pauvreté, lieu de résidence, situation de famille, état de santé...) pour limiter les effets de ces handicaps. C'est, par exemple, le système des bourses accordées aux élèves issus de milieux modestes pour compenser la faiblesse des revenus familiaux. Pour permettre ce type de prestations, on a adopté l'impôt progressif et les mécanismes de redistribution des richesses par l'État providence en faveur des malades, des retraités ou de ceux qui ont de lourdes charges familiales. Les mesures, plus récentes, prises pour lutter contre les discriminations – l'autorégulation adoptée par certaines entreprises, l'établissement de curriculum vitae anonymes lors du recrutement dans les entreprises – participent de la même logique. Tout en conservant le principe de l'égalité formelle de tous les individus, la solidarité nationale aboutit ainsi à « donner plus à ceux qui ont moins », « avoir moins » étant défini en termes socio-économiques, donc universalistes. Cette politique ne remet pas en cause l'égalité formelle de tous devant la loi. Elle s'inscrit dans la logique des moyens et non des résultats, elle prétend assurer l'égalité des chances, c'est-à-dire faire reposer les inégalités de l'ordre social sur les différences de « capacité » des individus, pour reprendre le terme de 1789, et non sur celles de leurs origines historiques ou sociales. C'est ce que les anglophones qualifient de *equal opportunity policy.*

La seconde politique prétend, elle, obtenir non l'égalité des chances, mais l'égalité des résultats. Elle ne se contente pas de compenser les handicaps sociaux, elle impose la représentation égale des groupes particuliers dans les diverses institutions sociales. En définissant des quotas ou en organisant des concours spéciaux pour entrer à l'université, pour obtenir un emploi dans les entreprises publiques et privées, elle se donne pour ambition d'assurer l'égale représentation des divers groupes dans les institutions sociales, qui devraient être à l'image de la société. La création de concours spéciaux pour certaines populations ou de modalités de recrutement spécifiques dans l'école ou dans les entreprises échappant à la concurrence normale entre les individus en est l'instrument privilégié. On suspend l'égalité formelle, au moins provisoirement, en se fondant sur des critères « naturels » (le sexe, l'origine ethnique ou la race), donc particularistes. En instaurant l'égalité entre les groupes aux dépens de l'égalité entre les individus, cette politique tend inévitablement à assigner les individus à un « groupe » auquel des droits particuliers sont accordés. La parité hommes-femmes imposée dans certaines élections politiques en France s'inscrit dans cette logique. Cette politique a un sens différent de la première puisqu'elle remet en cause, provisoirement ou définitivement, le principe de l'égalité formelle des individus. C'est la politique que les anglophones qualifient de *fair shares approach.*

La première politique, liée à l'ambition de l'État providence, inscrite depuis près d'un siècle dans les institutions, n'est ni contestée ni contestable au nom des valeurs démocratiques. Il est naturel que l'égalité des droits politiques pousse à la revendication de l'égalité – ou, à tout le moins, de l'égalisation – des conditions socio-économiques. C'est la conséquence logique de la légitimité démocratique qui, en faisant de chaque citoyen la source de la souveraineté, doit lui assurer des conditions décentes d'existence pour qu'il exerce véritablement ses droits. Les politiques publiques qui visent à rendre les conditions économiques et sociales des citoyens moins inégales sont à la fois une conséquence et une condition de l'exercice de la citoyenneté. Sans doute, l'égalité formelle n'est, elle-même, pas toujours respectée dans les faits, et, pour prendre un exemple concret et immédiat, sur un marché de l'emploi tendu, les discriminations en fonction de l'origine ou du lieu de résidence ne sont pas le produit de l'imagination des militants antiracistes. Mais, même si l'égalité formelle était mieux respectée, le respect de ses principes n'impliquerait pas l'égalité de fait.

Le terme de discrimination positive devrait désigner seulement la seconde politique : elle soulève des interrogations dans la mesure où elle remet en question, provisoirement ou définitivement, le principe de l'égalité des individus devant les « emplois » et les « places », dans la mesure où elle repose sur l'assignation des individus à un groupe d'origine, dans la mesure aussi où son application a suscité de longues controverses et, aux États-Unis, des avancées et des reculs. Dans certains cas, il est vrai que cette politique s'est imposée pour répondre aux exigences démocratiques. L'Union indienne, par exemple, a pris des mesures de discrimination positive en faveur des membres des basses castes (les Intouchables) en augmentant les places réservées aux élèves issus des classes dites « arriérées » (80 % de la population), y compris dans les prestigieux Instituts indiens de *management* (IMM) et Instituts indiens de technologie (IIT). Toute la presse s'est élevée contre le projet au nom de l'égalité des chances et de la promotion au mérite. Il est difficile de ne pas voir dans ces protestations un simple réflexe de défense des droits de la caste privilégiée[5]. Il s'agissait, dans ce cas, de lutter contre des principes d'organisation prédémocratique, puisqu'ils étaient fondés sur l'inégalité de statut hérité. Il est d'ailleurs loisible de penser que seules des mesures obligatoires de discrimination positive permettront un jour de lever sinon les préjugés, du moins les inégalités objectives, entre les héritiers des Brahmanes et ceux des Intouchables.

Mais, dans les démocraties qui ignorent les différences de statut en ce sens, comment penser le fait que des dispositions de ce type aient été effectivement adoptées dans les sociétés démocratiques ? Pour reprendre la définition de Luc Ferry, peut-on, doit-on, pour assurer l'égalité réelle, remettre en question, au moins partiellement ou provisoirement, l'égalité formelle ?

- 1re politique : l'État providentiel et l'égalité des chances.
  - condition politique : égalité formelle maintenue ;
  - critères : socio-économiques (pauvreté, lieu de résidence, état de santé), donc universalistes ;
  - objet : obligation de moyens.

Instruments : favoriser l'accès aux concours et au recrutement (bourses, tutorat, lutte contre les discriminations, autorégulation des entreprises[6], CV anonyme).

- 2e politique : la discrimination positive.
  - condition politique : égalité formelle suspendue provisoirement ou définitivement ;
  - critères : « naturels » (sexe, origine ethnique ou raciale), donc particularistes ;
  - objet : obligation de résultat.

Instruments : créer des concours et des méthodes spécifiques de recrutement échappant à la concurrence normale.

La dynamique démocratique

L'adoption de politiques de discrimination positive s'inscrit dans la tension, constitutive des démocraties, entre l'égalité civile, juridique et politique proclamée de tous les citoyens et la réalité des inégalités économiques et sociales. Elle fut perçue dès les premiers débats de la Révolution française. Rabaut Saint-Étienne, par exemple, le formula, dès janvier 1793, en des termes lumineux qui annoncent l'inspiration de Tocqueville : « Rien ne caractérise mieux la démocratie que la tendance à l'égalité, et que les passions et même les violences pour l'opérer. […] L'égalité politique établie, les pauvres sentent bientôt qu'elle est affaiblie par l'inégalité des fortunes, et comme égalité, c'est indépendance, ils s'indignent et s'aigrissent contre les hommes desquels ils dépendent par leurs besoins ; ils demandent l'égalité des fortunes. »[7] La dynamique démocratique, on l'a dit, aboutit à réclamer non seulement l'égalité des droits – dont l'élargissement progressif du droit de suffrage à tous les citoyens est une condition et une illustration –, mais l'égalité des conditions de vie. Portée par sa propre dynamique, la République conduit les individus démocratiques à revendiquer une égalité qui ne soit pas seulement formelle, mais réelle. C'est pourquoi nous assistons à l'extension croissante de l'intervention de l'État chargé de satisfaire les besoins sociaux par l'intermédiaire des diverses institutions de protection sociale, mais aussi de toutes les dispositions destinées à répondre aux besoins éducatifs, culturels, sportifs et « identitaires » (ou « ethniques ») des individus. Les politiques d'interventions se multiplient pour assurer toujours plus de bien-être et toujours plus d'égalité à tous, elles deviennent de plus en plus précises, se sédimentent et s'inscrivent dans les institutions collectives d'une manière qui semble irréversible. Une partie de la société devient « providentielle », c'est-à-dire liée à l'intervention de l'État providence. Les droits-créances ou droits sociaux (droit à la protection de la santé, droit à la formation, droit au travail, droit aux loisirs, etc.) tendent à prendre le pas sur les droits-libertés (liberté politique, liberté d'opinion, liberté d'expression).

Cette force de la dynamique démocratique s'impose progressivement dans notre pays comme dans toutes les sociétés démocratiques. Le refus proclamé de prendre en compte toute dimension ethnique, au nom du « modèle républicain », est dans les faits contourné par des politiques publiques qui adoptent des mesures en faveur de certaines populations en les définissant non par des critères ethniques, mais par des critères territoriaux et sociaux. Les politiques de la ville ont ainsi pris pour « cibles », pour adopter le langage des acteurs, les « quartiers sensibles », définis en termes territoriaux et socio-économiques, afin d'éviter la stigmatisation des populations concernées. Ont été successivement adoptées, par exemple, des dispositions définissant des « zones d'entreprises » en 1986, des « zones urbaines sensibles » en 1991, des « zones de redynamisation » en 1995, des « zones franches » en 1996. En 1999, c'est Jean-Pierre Chevènement, ministre de l'Intérieur, qui fit appel aux « territoires prioritaires » pour « donner un contenu réel à l'égalité des chances » (intervention aux Assises nationales de la citoyenneté, le 18 mars 2000). Dans tous les cas, on s'efforçait de favoriser la création d'emplois en accordant des exonérations d'impôts et de charges sociales aux entreprises qui viendraient s'y installer et recruteraient leur personnel parmi les habitants du quartier. Il était clair, étant donné le regroupement géographique des populations immigrées les plus modestes dans les « quartiers », que ces dispositions étaient destinées à des populations qui auraient été qualifiées d'ethniques dans les pays ayant adopté une politique ouverte de discrimination positive. C'est aussi le cas de la politique des Zones d'éducation prioritaires (ZEP), qui donne des moyens supérieurs dans les établissements scolaires situés dans les quartiers socialement défavorisés : crédits pédagogiques supplémentaires, nombre limité d'élèves par classe. Le classement des établissements scolaires dans les ZEP prend en compte des critères sociaux : taux de redoublements, proportion d'élèves en retard, abandons scolaires, sorties sans qualification de l'établissement, revenus des familles, mais aussi proportion d'étrangers et nombre d'enfants par famille. Dans les faits, ces critères « sociaux » sont étroitement liés à des catégories « ethniques ». La politique est même parfois plus directe. Au nom des valeurs universelles et de la culture au sens du ministère de la Culture, les collectivités locales accordent des subventions aux bibliothèques ou aux associations culturelles juives ou arméniennes, qui portent une mémoire historique particulière. Au nom de leur mission de travail social, certaines organisations charitables religieuses, spécialisées dans l'action auprès des populations immigrées, sont aidées par les pouvoirs publics. Au nom de la liberté religieuse garantie par les règles de la laïcité, des associations qu'on pourrait appeler « ethniques » sont reconnues comme religieuses et bénéficient à ce titre du statut assuré par la loi de 1905 – ce qui peut paraître paradoxal dans un État où la laïcité est aussi fortement affirmée. Grâce aux crédits accordés par les diverses politiques de la Ville, des autorités locales aident financièrement des associations « culturelles », alors que certaines d'entre elles traduisent une volonté d'exprimer une référence plus « ethnique » que « culturelle ». On ne peut qu'être frappé par la rapidité foudroyante avec laquelle « discours et politiques d'*affirmative action* se sont acclimatés en France ».

Ce que révèle cet infléchissement de la politique dans le pays qui résistait le plus fortement, par son idéologie traditionnelle, à la politique de discrimination positive, c'est la force de la dynamique démocratique. L'intervention de l'État providence pour assurer l'égalité de toutes les populations indépendamment de leurs origines semble devenue aussi inéluctable et irréversible que celle de l'État d'intervention sociale au sens étroit du terme (protection des malades, des personnes âgées, des chômeurs, etc.). La prise en compte des singularités de chaque population par les pouvoirs publics s'impose toujours plus. Mais prendre en compte des handicaps économiques et sociaux en adoptant des mesures de redistribution des biens matériels – politique qui est au fondement de l'État providentiel – n'a pas le même sens, on l'a vu, que prendre en compte les singularités historiques et identitaires – qui fondent les politiques de discrimination positive.

Limites et ambiguïtés

Les difficultés de la mise en place de politiques de discrimination positive sont révélatrices de leur ambiguïté. Par définition, elles doivent prendre en compte des critères contraires au principe même qui fonde le principe de la citoyenneté : l'origine historique, la religion ou certains traits physiques. La politique de lutte contre les discriminations contribue donc inévitablement à faire exister socialement les catégories de la population et à consacrer leur réalité. Il faut en effet qualifier les discriminations pour pouvoir les compenser. La politique vient sanctionner l'existence de ces critères. Toute politique, comme toute connaissance, devient inévitablement une part de la réalité elle-même. C'est la raison pour laquelle certains militants antiracistes ont souhaité que le mot « race » soit évacué des textes officiels : en luttant contre les préjugés liés à la race, les rédacteurs des constitutions et des lois auraient implicitement reconnu, et donc consacré, l'existence même des races. Mais il est également vrai que ces catégories ne sont pas pour autant construites à partir de rien. Ce n'est pas la mesure des discriminations qui les crée, même si la conscience qu'on en prend contribue à les entériner. La lutte contre les discriminations s'inscrit directement dans la vocation d'assurer l'égalité devant la loi.

Comment, d'autre part, mesurer les discriminations ? La plupart des auteurs admettent que la discrimination existe quand les individus d'un groupe donné ne sont pas traités selon leur qualification, au sens large du terme, autrement dit quand on traite inégalement des personnes égales. Comment affirmer que le traitement d'une personne est exclusivement dû à telle ou telle de ses caractéristiques ? Les personnes sont-elles jamais « égales » ? C'est d'ailleurs la raison de la difficulté dans laquelle se trouvent les militants antiracistes pour démontrer qu'il y a eu des pratiques discriminatoires et l'adoption de la méthode dite du *testing*, expérience par laquelle on s'efforce de comparer non deux personnes, mais deux situations, égales. On ne peut simplement inférer l'existence de discriminations à partir du seul fait des inégalités qui séparent les différents groupes.

L'adoption des mesures de discrimination positive a développé, par ailleurs, des effets pervers que l'expérience américaine passée a mis au jour. D'une part, elle ne donne qu'une intégration apparente. L'obligation de respecter une proportion de femmes ou d'Afro-Américains fixée à l'avance dans les universités – en d'autres termes de les recruter selon des modalités et des critères différents des autres – a eu pour effet non de les accueillir dans les filières valorisées du droit ou de l'ingénierie, mais de développer des départements universitaires d'études spécialisées, *Black studies* ou *Gender studies*, qui leur sont de fait réservées (un « Blanc » pourrait-il enseigner dans les départements des *Black studies ?*), et qui les a maintenus dans un statut de marginalité. Cette intégration au rabais tend à développer le statut de victimes et humilie ceux qui seraient entrés à l'université même si la discrimination positive n'existait pas.

Le second effet pervers est d'assigner l'individu à son groupe sans lui laisser la liberté de définir le rapport qu'il entend maintenir, réélaborer ou occulter avec son origine. Définir un individu par son origine – et une seule, alors que les origines réelles et assumées sont multiples –, c'est lui refuser la même liberté qu'aux autres. Chacun doit être libre de définir son rapport à son histoire et d'affirmer éventuellement des allégeances diverses et en évolution. Les politiques de discrimination positive ont pour effet pervers d'assigner les individus à l'un de ces groupes d'origine ou « naturel » – on peut échapper à sa condition économique, on n'échappe pas à son origine ou à son sexe – et, en conséquence, de renforcer l'identité particulière aux dépens de ce qui unit les individus-citoyens les uns aux autres, par-delà leur singularité. Elles tendent à renforcer la conscience des particularismes et risquent de déboucher sur l'émiettement social – remettant en cause le principe même de la vie collective, fondée sur les échanges entre individus égaux. L'égalité formelle des individus ne devrait pas être subordonnée à une hypothétique recherche de l'égalité entre des groupes, par définition difficiles à déterminer. Le premier principe de l'intégration sociale dans les sociétés contemporaines est la citoyenneté des individus, dont le sens est précisément d'accorder à tous des droits politiques égaux par-delà les consciences des identités particulières.

Il reste à s'interroger sur les politiques possibles. Il appartient à la logique de la démocratie de rechercher le bien-être et l'égalité de tous les citoyens. L'utopie démocratique impose de compléter les principes de l'égalité formelle par des dispositions favorisant une égalité aussi réelle que possible. C'est par des pratiques comme celles qu'ont adoptées, par exemple, les dirigeants de l'Essec qu'on pourra améliorer la situation des plus modestes. Les responsables du projet ont établi un programme pour aider les lycéens brillants, d'origine sociale modeste, fréquentant des établissements scolaires situés dans les quartiers défavorisés, à préparer le même concours que les autres : des élèves et des enseignants de l'établissement leur donnent un enseignement particulier pour les familiariser avec la culture explicitement ou implicitement exigée pour entrer dans les grandes écoles. Les dispositions de ce type, qui ne remettent pas en cause l'égalité formelle entre tous les candidats, sont évidemment souhaitables. Elles s'inscrivent d'ailleurs dans la logique de l'action des instituteurs du passé qui encourageaient leurs meilleurs élèves d'origine modeste à suivre des études secondaires ou supérieures. Leur sens politique est de donner les moyens d'appliquer effectivement le droit démocratique de l'égalité de tous. Il faut d'abord appliquer le droit avant d'envisager des dérogations au droit.

Il ne faut pas se dissimuler le danger d'institutionnaliser des pratiques qui relèvent, elles, de la logique de la discrimination positive et des dérogations à l'égalité des individus. La suspension de l'égalité formelle au nom de la compensation des handicaps hérités du passé – comme les mesures qui furent prises en 1970-1980 en faveur des Afro-Américains – ne pourrait être que provisoire. Dans le cas particulier des Afro-Américains, il s'agissait à l'origine de compenser un comportement scandaleux et profondément inscrit dans les structures de la société américaine. Pourtant, même dans ce cas très particulier, l'expérience historique a montré combien il était difficile à l'État providentiel de revenir sur les dispositions qu'il avait prises en faveur de certaines populations ; au contraire, d'autres groupes – les *hispaniques,* les Asiatiques, les femmes – qui se jugeaient également des victimes ont exigé que les mêmes avantages leur soient accordés. La suspension de l'égalité formelle, déclarée provisoire, risque toujours de déboucher sur des dispositions pérennes et de nourrir une redoutable concurrence des victimes, revendiquant également leur statut de victimes et mobilisées contre l'ordre social.

Les politiques de discrimination positive consacreraient l'incapacité des populations concernées à participer normalement à une institution et à se mesurer aux autres. Elles favoriseraient le renforcement des identités particulières aux dépens de la participation à l'espace public commun à tous. Elles humilieraient ses bénéficiaires en ne respectant pas la valeur essentielle des sociétés démocratiques, l'égalité. Elles ne sauraient apporter une solution à l'affaiblissement ou à la transformation des liens entre les individus démocratiques.

Mais il est également vrai que, si les démocraties ne respectent pas leurs propres valeurs et ne donnent pas effectivement à tous leurs membres une véritable égalité des chances, raisonnable et concrète, alors les politiques de discrimination positive apparaîtront comme inévitables. À ce moment-là, il deviendra inutile de dire que le remède – la discrimination positive – risque d'être pire que le mal – les inégalités sociales jugées excessives. La démocratie s'est donné comme légitimité le respect de l'égalité des chances et la progression de tous. L'utopie de l'égalité des citoyens commande de lutter contre les inégalités et les discriminations. La société démocratique doit répondre à ce défi, faute de quoi la discrimination positive apparaîtra comme la seule réponse possible aux dysfonctionnements de l'ordre social.

2007

20

Les enjeux de la statistique ethnique

L'utilisation de catégories ethniques dans l'appareil statistique suscite en France un débat passionné et, avant de traiter des problèmes concrets que soulève leur utilisation, il n'est peut-être pas inutile de comprendre les enjeux implicites des discussions scientifiques et politiques – inséparables les unes des autres – qui se poursuivent aujourd'hui sur le sujet.

Un débat politique

Le refus d'élaborer des catégories religieuses et ethniques en France est lié à la tradition de la sociologie française, elle-même liée aux modalités particulières de la conception de la « République ». Selon le mythe fondateur de la nation, la citoyenneté, dont la vocation est universelle, transcende les appartenances particulières. Le citoyen est sans origine régionale ou nationale et sans religion. Jusqu'à il y a une vingtaine d'années, les statistiques nationales reflétaient cette conception en ignorant en principe les origines historiques et religieuses[1]. Cette cécité voulue et organisée renforçait l'utopie créatrice de la conception individuelle de la citoyenneté, de l'égalité de tous les citoyens indépendamment de leurs caractéristiques. Bien entendu, il ne s'agissait pas de nier le fait que les citoyens étaient également des individus historiques, dotés de qualités particulières, mais d'affirmer que leurs particularités n'étaient pas prises en compte dans l'espace public. C'était contribuer par l'appareil statistique à la fiction juridique et politique de la citoyenneté. Le poids de cette histoire est d'autant plus fort que l'exception à cette règle en métropole fut tragique, le gouvernement vichyssois, dès 1940, sépara les juifs du reste de la population pour leur appliquer un régime juridique particulier avant de les livrer aux autorités allemandes. Les services de la statistique publique furent durablement marqués par cette expérience.

Cette tradition est aujourd'hui battue en brèche sous l'influence diffuse des États-Unis, sous l'effet direct de la politique européenne et, plus profondément, de l'évolution démocratique.

En s'interrogeant sur la manière dont se constituait leur société nationale, les sociologues américains ont consacré une grande partie de leurs travaux à étudier les relations entre les groupes définis par leurs origines, aux moyens de gérer leur cohabitation à l'intérieur de la société américaine et de former une nation unique. Les catégories ethniques sont un instrument privilégié de ce grand corps de recherche. Il existe de nombreux dictionnaires des groupes ethniques reconnus dans la vie sociale comme dans la littérature sociologique. La politique d'*affirmative action* s'est inévitablement fondée en mobilisant des catégories ethniques. Mais celles-ci n'ont pas le même sens qu'en France : le pays s'est construit par l'immigration, entretient un mythe national de la diversité des origines nationales et religieuses, proclamé jusque dans son emblème *Ex pluribus unum.*

La politique des institutions européennes, de son côté, ne se conforme pas à la même tradition. Les démocraties du Nord ou la Grande-Bretagne utilisent couramment des catégories ethniques dans leurs recensements et influencent la politique de l'Union européenne. C'est à la suite d'une directive européenne que fut créée la Halde, Haute autorité contre les discriminations et pour l'égalité, par une loi du 30 décembre 2004, pour lutter contre toutes les formes de discriminations (racisme, intolérance religieuse, sexisme, homophobie). La Charte européenne des langues régionales et minoritaires et la Convention-cadre pour la protection des minorités nationales ont consacré juridiquement, donc socialement, l'existence même de minorités. Les autorités françaises ont ratifié ces textes en formulant des réserves sur les articles qui ne s'appliquent pas à la République ; selon la Constitution, celle-ci « ne connaît que le peuple français composé de tous les citoyens français sans distinction d'origine, de race ou de religion », ce qui s'oppose « à ce que soient reconnus des droits collectifs à quelque groupe que ce soit, défini par une communauté d'origine, de culture, de langue ou de croyance », pour reprendre les termes des décisions du Conseil constitutionnel.

L'évolution que l'on observe depuis quelques années est d'autant plus frappante. L'affaiblissement des institutions nationales, l'influence des États-Unis et la politique des institutions européennes ne sont pas seuls en cause. C'est l'aspiration démocratique elle-même qui l'exige. Le bien-être de l'individu et l'égalité de tous ne comportent pas de limites intrinsèques, et l'État de la démocratie providentielle doit répondre à toutes les demandes qui visent à l'améliorer. Les politiques publiques doivent donc lutter contre les discriminations dont certains ont été dans le passé (ou continuent à être) les victimes. La chose paraît désormais s'imposer comme une évidence : il faut lutter contre le racisme et les discriminations ; l'invocation de l'universalisme républicain ne servirait qu'à masquer ces réalités. Or il va de soi que l'on ne traite bien que ce que l'on nomme. La fiction juridique de l'égalité de tous les citoyens est donc dénoncée comme un moyen d'occulter la vérité du racisme. Au nom de l'efficacité de l'action publique, il importerait de mieux connaître ceux qui sont les victimes des discriminations pour pouvoir lutter contre ces discriminations, donc de les classer dans des catégories.

De nombreux travaux ont déjà eu lieu qui analysent les discriminations en utilisant des critères indirects. On en trouvera un bilan dans le colloque organisé par le Centre d'analyse stratégique[2]. L'enquête dirigée par Michèle Tribalat, patronnée par les plus grandes institutions de recherche nationales, l'Ined et l'Insee, portait sur les « jeunes issus de l'immigration »[3]. D'autres recherches ont utilisé des catégories définies par les patronymes[4], le lieu de naissance des parents[5] ou les enquêtes générales consacrées à la population[6]. C'est ainsi, par exemple, qu'on a pu démontrer le handicap particulier – c'est-à-dire lié à leur origine – que connaissaient les descendants de migrants sur le marché du travail. Il est vrai que ces enquêtes tendent à réduire l'analyse aux migrants et à leurs descendants immédiats, elles prennent mal en compte les populations françaises originaires des DOM-TOM et celles qui, françaises, sont installées sur le sol national depuis plusieurs générations. Certaines discriminations subtiles leur échappent. La question n'est donc plus de savoir s'il convient de prendre en compte les « origines » dites ethniques par les sociologues – ils le font et comment pourraient-ils ne pas le faire, alors que l'assignation de type ethnique est évidemment répandue dans la vie sociale ? On doit aujourd'hui se demander s'il faut aller plus loin et si, au lieu de distinguer les populations par des critères indirects – le territoire, les patronymes, le lieu de naissance ou la nationalité des parents –, il ne faudrait pas établir des catégories directement ethniques, c'est-à-dire fondées sur l'origine déclarée, régionale, religieuse ou nationale et, si tel est le cas, comment le faire ? Or les questions d'apparence technique sont loin d'être simplement « techniques ». Elles soulèvent de véritables problèmes sociologiques.

Comment nommer, comment classer ?

Les sociologues, étant donné leur point de vue intellectuel et leurs convictions, soulignent que l'ethnique ne saurait renvoyer à une définition essentialiste (ou héréditaire ou génétique), mais à une définition *sociale.* Sans aucun doute. La définition « sociale » n'en pose pas moins de problèmes, même s'ils sont d'un autre ordre. L'ethnique ne renvoie pas à un groupe culturellement ou socialement homogène. Des grands-parents nés en Algérie, en Roumanie ou en Italie ne conduisent pas à la même conscience ethnique de leurs descendants. Certains d'entre eux sont moins perçus dans la vie sociale comme Algériens, Roumains ou Italiens que juifs ou musulmans, ou simplement Français, comme dans le cas, par exemple, d'Yves Montand et de bien d'autres fils d'immigrés italiens. Faut-il alors construire une catégorie nationale ou religieuse pour rendre compte de cette réalité et comment ? Il ne suffit pas de remplacer la religion ou la nation par le terme plus vague de culture pour résoudre le problème. Nous ne sommes pas là face à une difficulté technique, mais devant une réalité sociale qui soulève une interrogation proprement sociologique : comment définir les autoassignations ou les hétéroassignations significatives par des catégories statistiques qui, par définition, ne peuvent que schématiser et cristalliser une réalité complexe et mouvante ? La société moderne n'est pas formée de groupes juxtaposés, aux frontières claires, mais d'individus dont les rôles, les références et les identifications sont multiples. Suivant les situations sociales et les circonstances historiques, ils choisissent, en fonction de leur passé individuel et collectif, des références et des identifications – sans compter les oublis –, toujours susceptibles d'être remises en question. Les sociétés modernes sont fondées sur la mobilité des hommes, la pluralité de leurs fidélités et de leurs abandons, de leurs identités et de leurs identifications. « Le propre des ensembles sociaux est d'être équivoques, d'avoir des frontières mal définies. [...] Chaque fois que l'on envisage des groupements, des entités collectives, diverses perspectives sont possibles, donc plusieurs classifications. »[7] La diversité des origines, des pratiques et des références, la multiplication des populations marginales rendent particulièrement ambiguës les notions mêmes de population « juive », « musulmane », « arabe », « noire » ou « arménienne » à l'intérieur d'une population nationale. La seule définition que l'on puisse en proposer est l'affirmation par les individus de leurs références et de leurs identifications – sans oublier qu'elles évoluent avec les événements historiques. Le nombre des juifs avait brutalement augmenté lors de la guerre des Six Jours : convaincus que l'État d'Israël était en danger mortel, nombre de personnes qui croyaient avoir oublié leurs liens avec le judaïsme se sentaient à nouveau juives. Les relations des individus aux collectivités historiques particulières dont ils sont issus, réellement ou mythiquement, sont complexes, elles évoluent avec le temps. Cela rend difficile d'isoler la population par les instruments habituels de la statistique publique, dont les critères ne peuvent être que simples et constants. Les instruments statistiques précis mais, par définition, grossiers imposent une clarification qui trahit la complexité et les ambiguïtés de la réalité sociale. L'autodéclaration, le plus souvent utilisée au Royaume-Uni et aux Pays-Bas, ne permet pas mieux que les catégories indirectes de connaître les véritables identifications. Au nom de quoi demander aux individus de se classer une fois pour toutes dans une catégorie ?

Autre illustration de cette complexité, dans quelle catégorie classer ceux que l'usage qualifie d'enfants de mariages mixtes ? L'interrogation n'est pas vaine. Pour appliquer le statut des juifs, le gouvernement de Vichy se trouva devant les « demi-juifs », les « trois-quarts » et les « quarts de juifs ». Il va de soi que le projet d'établir des catégories ethniques a un sens opposé, il s'agit, tout au contraire, de connaître les formes de discrimination pour que l'égalité de tous ne soit pas formelle, mais réelle. Je n'invoque cet exemple que pour illustrer le fait que le mélange des populations, propre à toute société, mais plus encore à la société démocratique, rend toute catégorisation ethnique par définition ambiguë. On critique les catégorisations indirectes – ni les noms, ni les prénoms, ni les lieux de naissance ne sont en effet des indicateurs sûrs. La catégorisation directe n'échappera pas à la même ambiguïté, malgré son apparence de plus grande scientificité. On ne voit pas comment construire des catégories ethniques dans la statistique publique en échappant aux représentations sociales des chercheurs ou même de l'opinion publique. La société, contrairement à ce que pensent beaucoup de sociologues américains concentrés sur l'expérience de leur propre pays, n'est pas naturellement ou nécessairement formée de « groupes ethniques ».

Une connaissance « performative »

Toute catégorisation ethnique, comme toute catégorisation, n'a pas un simple effet de connaissance. Les statistiques sont un instrument de la vie sociale, elles ne se contentent pas de constater et de décrire une réalité qui existerait *a priori*, elles contribuent aussi à la construire. Elles ne procèdent pas à un simple enregistrement de données qui seraient inscrites dans la réalité, elles participent à l'élaboration de la vie sociale. Elles forgent une représentation de la réalité sociale qui, pourvue du prestige de la science, s'impose à tous par sa légitimité[8]. En d'autres termes, les données élaborées par les statisticiens, comme toute politique et comme toute connaissance, deviennent une part de la réalité elle-même. La politique et la recherche, en prenant en compte les catégories ethniques, ne peuvent manquer de concourir à ce que la conscience ethnique se renforce. Plus généralement, elle contribue à la conscience que les sociétés modernes prennent d'elles-mêmes. La politique vient sanctionner l'existence de ces critères. Une campagne du Greater London Council en 1984 avait pour slogan inscrit sur les murs de la capitale : « Le racisme nous concerne tous : nous en sommes les victimes ou les acteurs. » En introduisant les catégories ethniques, on risque d'imposer une perception « ethnicisée » – donc à vocation essentialiste – de la réalité sociale aux dépens d'autres catégorisations significatives, comme celles qui définissent la condition sociale : accès aux diplômes, au marché du travail, statut de l'emploi, niveau de revenus. On ne saurait tenir pour négligeable la réticence de la majorité des populations concernées, qui aspirent avant tout à l'égalité non seulement juridique, civile et politique, mais à l'égalité réelle devant l'école, le logement et l'emploi, et entendent conserver librement la possibilité de se référer, à leur manière, à leur origine sans être *assignées* à ladite origine.

Bien entendu, les catégories ethniques ne sont pas construites à partir de rien. L'ethnicisation croissante de la vie collective que l'on observe aujourd'hui n'est pas née de l'adoption des critères de la statistique. Il est vrai que l'espace social, qu'il s'agisse de la résidence ou des établissements scolaires, est marqué par la dimension ethnique. Il est non moins vrai que les recrutements dans l'emploi tiennent compte de l'origine perçue à travers le nom et l'adresse. Ce n'est pas la mesure des discriminations qui les crée. Celles-ci existent dans la vie sociale et ne sont pas le produit de la classification de la statistique publique. Il n'en reste pas moins que la conscience plus aiguë que l'on en prendrait par la statistique publique contribuerait à les entériner, et cela, quelles que soient les intentions communes à tous les chercheurs partisans ou critiques de l'adoption des catégories ethniques, à savoir lutter contre les discriminations. On peut juger que le jeu en vaut la chandelle – c'est un choix politique –, mais il ne faut pas nier pour autant le renforcement de la conscience ethnique qui en résulterait inévitablement.

La lutte contre les discriminations s'inscrit dans les valeurs communes d'égalité devant la loi ainsi que devant les « places » et les « emplois publics », selon la formule consacrée par la Déclaration des droits de l'homme et du citoyen. C'est un des éléments de l'exigence démocratique et, à ce titre, on comprend qu'elle s'impose de plus en plus. La question que nous aurons rapidement à traiter n'est plus de savoir s'il faut introduire des catégories ethniques directes, mais comment limiter les effets pervers de l'établissement de ces statistiques, sachant que les chercheurs sont unanimes à vouloir en faire un instrument de la politique d'égalité de tous. Ma réticence se fonde sur le caractère essentiellement politique de l'établissement des statistiques ethniques, particulièrement contraires à la tradition de l'intégration à la française. Les difficultés et les effets pervers risquent d'être, dans notre pays, plus conséquents qu'en Grande-Bretagne ou aux Pays-Bas. Mais elle s'accompagne du sentiment fort que l'adoption des catégories ethniques, qui, dans une société qui valorise la raison scientifique, apparaît nécessaire pour consacrer « scientifiquement » l'existence des discriminations et donner aux militants antiracistes et aux responsables politiques des instruments de lutte fondés en raison – en raison sociologique –, est inéluctable dans la mesure où elle participe de la dynamique démocratique.

2008

21

Le voile intégral : une épreuve pour l'ordre démocratique

L'apparition du voile intégral, étranger aux Français musulmans d'origine maghrébine, a suscité en France, mais aussi dans d'autres pays européens (Pays-Bas, Suède, Belgique, Italie) émotion, débat public, et elle a, éventuellement, conduit à adopter une loi d'interdiction. On peut traiter du problème en termes politiques : fallait-il une loi pour interdire la *burqa*, peut-on la tolérer comme d'autres fantaisies vestimentaires ? Est-elle le signe d'une « poussée » fondamentaliste, d'une « stratégie de grignotage » (témoignage d'Abdelwahab Meddeb devant la Commission d'enquête sur la pratique de la burqa ou du niqab sur le territoire national[1]) qui consiste à arracher à la société européenne des revendications constantes conformes à des normes religieuses radicales et étrangères à la majorité de la population musulmane ? Ou est-ce un événement mineur destiné à être absorbé par l'intégration progressive des populations d'origine étrangère ? L'interdiction par la loi ne conduira-t-elle pas à renforcer la conscience identitaire des musulmans, même s'ils ne sont pas personnellement favorables au voile intégral, rendant plus difficile cette intégration, en suscitant dans la majorité de la population l'amalgame entre islam et islamisme ?

On laissera de côté les interrogations qui concernent le bien-fondé d'une loi et les difficultés de son application pour analyser ce que la condamnation presque unanime – contrairement au voile islamique – de la *burqa* révèle des conceptions que nous partageons sur les valeurs et le destin de la démocratie, sur sa capacité à intégrer des populations de traditions lointaines. Qu'affirmons-nous lorsque nous refusons le port de la *burqa* ? Notre condamnation est-elle un obstacle au processus d'intégration des populations d'origine étrangère ?

Évacuons tout de suite le problème du nombre. De l'avis général, il est faible, un millier selon les estimations officielles, peut-être deux mille. C'est une donnée que les responsables politiques doivent prendre en compte lorsqu'ils adoptent telle ou telle disposition, comme ils doivent aussi prendre en compte la politique menée par certains groupes fondamentalistes dans une stratégie d'« islamisation rampante ». C'est là un problème politique. Je n'en discuterai pas ici, mais je voudrais analyser le sens symbolique de ce « vêtement » chez nous. La *burqa* nous heurte parce qu'elle remet en cause l'ordre symbolique de notre société.

Le droit et l'ordre public

Partons du débat juridique, révélateur de notre conception de la démocratie et de nos valeurs communes, cristallisées en termes de droit selon la formule de Durkheim. Légiférer sur le port de la *burqa* est difficile puisque c'est un fait qui ne s'était jamais présenté auparavant et qu'aucun texte normatif n'avait prévu. On se retrouve pourtant dans une situation classique de conciliation de valeurs antagonistes. Il s'agit, en l'occasion, de concilier la liberté individuelle et notamment la liberté religieuse et la liberté d'aller et venir, d'un côté, le respect de l'ordre public, de l'autre. Sur la question du voile à l'école publique, le Conseil d'État avait apporté, en 1989, une réponse nuancée, si subtile que, de l'avis même de son ancien vice-président, elle n'avait pas permis de résoudre les problèmes tels qu'ils se posaient dans les établissements scolaires[2]. Les proviseurs ont réclamé des instructions claires. Cette demande a conduit à la loi de 2004 qui a résolu le problème[3]. Ce précédent a sans doute inspiré la décision d'adopter en 2010 une loi d'interdiction du voile intégral[4]. Mais la *burqa* n'est pas le voile.

Au nom de quels arguments juridiques l'interdire[5] ? Le principe de laïcité ne peut par lui-même justifier une interdiction totale. Il oblige les autorités publiques à respecter toutes les religions et à les traiter également en restant religieusement neutre. Mais il n'interdit pas aux personnes de manifester leurs convictions religieuses à partir du moment où ces dernières ne transgressent pas les normes imposées par les nécessités de l'ordre public. La laïcité ne peut donc pas être invoquée pour justifier en droit une interdiction totale de la *burqa*.

Peut-on, en revanche, la fonder sur l'idée de dignité humaine, non mentionnée par la Constitution, mais que le Conseil constitutionnel, dans sa décision sur la bioéthique de 1994 (DC 94-343 et DC 94-344 du 27 juillet 1994), a « extraite » de la première phrase du préambule de la Constitution de 1946 : « Au lendemain de la victoire remportée par les peuples libres sur les régimes qui ont tenté d'asservir et de dégrader la personne humaine, le peuple français proclame à nouveau que tout être humain, sans distinction de race, de religion ni de croyance, possède des droits inaliénables et sacrés » ? Cela impliquerait que le port du voile intégral est toujours subi, que les femmes sont contraintes de le porter. Or, quelle que soit la vérité, quelle que soit la part de contrainte et de choix – ou de l'intériorisation de la contrainte transfigurée en choix –, nombre des femmes en question revendiquent le droit de le porter en arguant de leurs convictions religieuses. Même si l'on peut penser que c'est là le produit d'une sujétion plus ou moins intériorisée, même si l'on peut penser que la majorité d'entre elles sont effectivement les victimes d'un ordre social tyrannique, à partir du moment où elles disent vouloir librement le porter, comment le droit démocratique pourrait-il intervenir ? Sans doute la servitude volontaire est-elle encore de la servitude, mais au nom de quoi les juges pourraient-ils l'évaluer ? Qu'ils appartiennent à des cours nationales ou à des cours européennes, ils répugnent à qualifier d'atteinte à la dignité humaine des conduites si la supposée victime se déclare consentante. Ils se refusent, au nom des droits-libertés, à imposer tout ce qui pourrait ressembler à un ordre moral qu'ils jugent contraire à la liberté des individus démocratiques.

L'interdiction ne peut donc se fonder que sur la notion d'ordre public au nom de laquelle, depuis la Déclaration des droits de l'homme et du citoyen de 1789, on admet des limitations à l'exercice des libertés : « Nul ne doit être inquiété pour ses opinions, mêmes religieuses, *pourvu que leur manifestation ne trouble pas l'ordre public établi par la loi* » (article 10, mes italiques). Ces limitations ont été précisées à nouveau dans la Déclaration universelle des droits de l'homme de 1948, dont l'article 29 établit la légitimité de « la reconnaissance et le respect des droits et libertés d'autrui » et « les justes exigences de la morale, de l'ordre public et du bien-être général dans une société démocratique ». Au cours de la dernière décennie, la notion juridique de l'« ordre public » assuré par la police administrative ne couvre plus seulement le triptyque classique, à savoir la sécurité, la salubrité et la tranquillité publiques. Elle a été étendue à la « moralité publique », au « bon ordre public », à la « décence » ou aux « bonnes mœurs »[6]. Cet « ordre public » non matériel pourrait être traduit dans le vocabulaire des anthropologues par l'ordre symbolique, selon lequel, dans nos sociétés, on cache son sexe, on montre son visage. On peut plaider juridiquement que l'ordre public, dans ce sens large, est remis en cause par la dissimulation volontaire du visage des femmes. Les femmes sous la *burqa* voient les autres sans être vues par eux. Elles ne se donnent pas à voir comme elles-mêmes voient les autres. Le voile intégral interdit la réciprocité des échanges – par le regard ou par les paroles – entre les membres de la société démocratique indépendamment de leur sexe. Le principe de réciprocité qui est au fondement du social en tant que tel est ainsi ostensiblement bafoué.

La mixité

Cela paraît donc contradictoire avec les valeurs fondamentales de la société démocratique. La plus évidente, qui a été longuement développée par les personnes consultées par la Mission parlementaire, c'est l'égalité des hommes et des femmes. Ce sont les femmes qui sont dissimulées au regard des autres ; l'homme, qu'il s'agisse du père, du frère ou du mari, impose réellement et symboliquement son droit sur la conduite de la femme. Les inégalités de fait selon le sexe qui subsistent dans nos sociétés, même si elles diminuent, ne sont pas du même ordre que la différence de statut fondamental qu'affirme le port de la *burqa*. Il ne s'agit pas d'une différence de degré, mais de nature. Le voile intégral manifeste avec violence que les femmes ne peuvent participer à la vie sociale commune telle qu'elle se déroule dans la société ambiante et que tous les hommes sont soupçonnés de vouloir les agresser.

L'égalité entre les hommes et les femmes n'est que l'une des dimensions – même si c'est à la fois la plus visible et sans doute la plus significative – d'un principe plus large qui fonde symboliquement l'ordre démocratique, à savoir la possibilité des échanges généralisés et égalitaires entre tous les membres de la société, quelle que soit leur origine, leur sexe ou leur condition sociale : tous peuvent se rencontrer, tous peuvent se parler, tous peuvent s'épouser. C'est un principe fondamental dans la mesure où il transpose dans l'ordre social la vocation universelle de la citoyenneté. Il s'ensuit que les diversités tendent à s'affaiblir et que les individus ont vocation à constituer une société unique, où tous les échanges entre tous deviennent possibles et souhaitables. Cette possibilité – qui se traduit quotidiennement par le style égalitaire des relations interindividuelles – est liée aux fondements mêmes de la société démocratique.

Concrètement, relations professionnelles, activités de loisir, échanges quotidiens sont rendus impossibles par le retrait de la vie sociale auquel conduit le port de la *burqa*. La sociabilité courante est interdite. Les postes de travail impliquant des relations avec le public ou avec des collaborateurs et des collègues sont de plus en plus nombreux. Une femme recouverte d'un voile intégral ne peut pas aller à l'école chercher des enfants qui doivent être remis à des personnes précisément connues, ni partager de repas avec les autres, ni répondre aux divers contrôles d'identité liés à l'État providence et aux nécessités de l'ordre public, ni bénéficier des soins médicaux dans les établissements publics.

Nous savons bien que, dans les faits, nous n'entretenons de véritables échanges qu'avec ceux qui nous sont proches par la condition sociale, au sens large du terme. Les relations suivies ne s'établissent qu'entre ceux qui partagent une même situation ou une même fidélité historique ou religieuse. Mais la *possibilité* d'échanger avec tous fait à ce point partie des valeurs démocratiques et de l'affirmation de l'égale dignité de tous ses membres que l'absence de relations qui semble traduire une différence essentielle entre des individus civilement, juridiquement et politiquement égaux suscite le scandale. On peut ne pas entretenir dans les faits des relations avec les autres, mais il est scandaleux que cela ne soit pas *possible*.

Le visage

Or le visage est l'instrument premier de la possibilité de ces échanges. C'est par le visage que s'échangent les regards, les sourires, la parole, l'hostilité, les émotions. Même s'il ne s'agit que d'un coup d'œil rapide, le visage accessible au regard de l'autre manifeste la possibilité de prolonger cet échange furtif. Il est d'ailleurs symptomatique que se soit étendue au cours des dernières années l'habitude de se saluer par des « bonjour » avant tout autre forme d'échange, même le plus rapide ou le plus fonctionnel : entre les promeneurs qui se croisent, entre le chauffeur d'autobus et les voyageurs, entre l'employé de la poste ou de l'administration et l'utilisateur, entre le commerçant et son client, entre celui qui demande son chemin ou l'heure à un inconnu et celui qui lui répond... mot qui rappelle à tous moments que la possibilité des échanges entre tous définit la sociabilité démocratique, fondée sur l'égalité des conditions, pour reprendre le vocabulaire de Tocqueville. Forme d'égalité imaginaire, sans doute, mais l'imaginaire est aussi créateur de liens. Comment dire « bonjour » à quelqu'un dont le visage est totalement dissimulé ?

Le visage n'est pas n'importe quelle partie du corps, c'est celle où s'exprime l'identité personnelle et sociale – et l'identification réciproque –, c'est celle qui permet d'établir la relation à l'autre. Emmanuel Levinas a longuement analysé le rôle du visage dans la relation qui s'établit avec l'autre : « Le visage [...] prend la signification d'un visage par la dimension nouvelle qu'il ouvre dans la perspective d'un être. Par le visage l'être n'est pas seulement enfermé dans sa forme et offert à la main – il est ouvert, s'installe en profondeur et, dans cette ouverture, se présente en quelque manière personnellement. Le visage est un mode irréductible selon lequel l'être peut se présenter dans son identité. »[7]

Celui qui n'a plus de visage n'a plus ni âge ni sexe, il n'a plus de caractéristiques qui le définissent dans sa singularité absolue, être unique et irremplaçable. Il n'est ni beau ni laid, ni jeune ni vieux, ni attirant ni repoussant. Il n'est plus vivant, mais il n'est pas non plus mort. Il est en marge, une marge absolue. « Perdre son visage psychologiquement et socialement, c'est en effet perdre sa position au sein du monde. »[8] C'est d'autant plus vrai que, dans les sociétés démocratiques, les individus ne se définissent pas par leur place héritée dans un clan ou une lignée, mais par l'identité personnelle qu'ils ont construite eux-mêmes : « Plus une société accorde de l'importance à l'individualité, plus grandit la valeur du visage. »[9] Dans la société des individus où chacun est le fils de ses œuvres, le refus de montrer son visage est une transgression de notre ordre symbolique, selon lequel il est interdit d'exposer son sexe (l'exhibition est condamnée en dehors de toute agression) et de cacher son visage, moyen et lieu privilégié de l'interaction entre les humains.

L'utopie des échanges généralisés est radicalement remise en cause par un vêtement qui assigne la femme à être un pur « objet », au sens concret et abstrait du terme, non discernable des autres, anonyme, réduit à sa seule identité sexuelle. L'égalité de tous et la réciprocité des liens sociaux sont remises en cause. C'est pourquoi la *burqa* est perçue comme agressive, elle crée le malaise, sinon la peur. C'est ce que montre la formule le plus souvent recueillie dans les enquêtes d'opinion sur le « ressenti » – selon le terme récent – du voile intégral : « Je me sens agressé… » C'est aussi l'un des grands thèmes des intervenants devant la Commission d'enquête sur la pratique de la *burqa* ou du *niqab* sur le territoire national. « En me refusant de voir son visage, l'autre oppose une fin de non-recevoir à l'exigence de communication inhérente à l'espace public. À ce titre, je suis fondé à considérer son comportement comme une violence symbolique qui m'est infligée » (témoignage d'Abdennour Bidar). C'est ce sentiment d'agression qui justifie l'argument juridique de trouble à l'ordre public. On ne peut négliger le sens de l'émotion générale suscitée par la présence/absence de ces femmes exclues de la vie sociale.

Limites de la diversité

Interdire la *burqa* risquerait de compromettre le processus d'intégration des populations migrantes ou descendant de migrants ? Toute politique comporte un risque d'effet pervers. Il est possible que l'interdiction aboutisse à ce que certaines de ces femmes restent cloîtrées chez elles. Mais est-ce si différent que de sortir recouvertes du voile intégral ? Cet argument d'opportunité ne pèse guère face à l'analyse des conditions et des limites de la diversité compatibles avec les exigences de l'ordre démocratique. Les individus de la société démocratique doivent partager certaines valeurs communes, faute de quoi ils ne peuvent « faire société ».

Faut-il au nom de l'intégration des populations de tradition musulmane accepter des comportements qui agressent les valeurs communes ? Se donne-t-on les meilleures chances en tolérant toutes leurs particularités ou en affirmant les limites qu'imposent les valeurs collectives ?

Si le terme d'intégration concerne dans la vie publique les immigrés, il concerne l'intégration sociale en général. L'intégration des immigrés n'en est qu'une des dimensions. C'est sur l'intégration des sociétés providentielles contemporaines que doit porter l'interrogation. Nombre de caractéristiques la rendent plus difficile que dans le passé. Outre la fermeture du système politique et la diffusion de la critique à l'égard de toutes les institutions caractéristiques de la démocratie, l'affaiblissement du patriotisme, la permissivité des mœurs familiales et sexuelles et la diffusion d'une culture du relativisme constituent autant d'épreuves pour les populations migrantes ou descendantes de migrants. Plus généralement encore, la « démocratie providentielle », essentiellement concentrée autour de la vie économique et de la redistribution des richesses par l'État providence, ne favorise pas l'intégration sociale, celle des migrants et de leurs descendants comme celle de tous les membres de la société. Elle est moins efficace, de ce point de vue, que la nation politique du passé. Les seules satisfactions matérielles ne suffisent pas à assurer le lien entre les hommes pour constituer une collectivité consciente d'elle-même, de ses valeurs et de la volonté d'avoir un destin commun. Les « ayants droit » ne sont pas des citoyens. Des sociétés dépolitisées sont moins intégratrices que des sociétés entretenant une forte conscience d'elles-mêmes, dont les membres partagent des valeurs communes et un projet politique clair. C'est par l'affirmation des valeurs partagées et par la formulation d'un projet politique intelligible que les sociétés démocratiques peuvent intégrer leurs membres, qu'ils soient ou non descendants de migrants.

C'est pourquoi l'affirmation des valeurs communes est, en tant que telle, favorable au processus d'intégration. Les démocraties, plus tolérantes à l'égard des particularismes que toutes les autres sociétés historiques connues, doivent accepter, conformément à leurs valeurs, les diversités culturelles au nom de la liberté des individus, mais cette acceptation comporte des limites.

Diverses par les origines historiques et religieuses des populations qui les composent, ce sont des sociétés ouvertes, économiquement et politiquement, dans lesquelles et entre lesquelles les échanges et les migrations se multiplient. Elles sont sans doute plus diverses que les sociétés du passé. De plus, l'esprit du temps, que nous partageons tous, accorde de la valeur à cette diversité. Il s'agit d'un problème éternel des sociétés humaines. Comment vivre ensemble avec nos différences si l'on ne se satisfait pas de réciter paresseusement les slogans du style « l'unité dans la diversité » ou « s'enrichir de nos différences » ?

Accepter l'autre dans son authenticité est en tant que tel une valeur démocratique, mais on ne saurait en rester là. Pour vivre ensemble, alors que nous sommes divers, il faut à la fois reconnaître l'altérité de l'autre – le reconnaître comme différent – et le reconnaître comme son égal. Reconnaître l'autre, ce n'est pas détourner les yeux sur sa différence, c'est, au contraire, pleinement l'admettre, tout en affirmant qu'il n'en est pas moins égal en dignité ; qu'en conséquence – parce que le lien social est politique – tout doit être fait pour qu'il dispose effectivement et concrètement de l'égalité des droits civils. C'est la citoyenneté commune qui permet de gérer politiquement, c'est-à-dire de reconnaître, les diversités et pas seulement de les tolérer. On sait ce qu'il advint de l'Édit de tolérance par lequel les protestants n'étaient pas reconnus comme les égaux en dignité des catholiques, mais simplement tolérés : il fut révoqué un siècle plus tard. Le minoritaire était seulement toléré, il n'était pas reconnu dans sa différence.

Il n'en existe pas moins des limites à cette reconnaissance des particularismes, même dans le privé. La citoyenneté n'implique pas l'absence de valeurs, elle est fondée sur l'idée de l'égale dignité de tous les hommes, pour être plus précis, de tous les êtres humains. L'inclusion de tous les citoyens ne peut prendre un sens que si les valeurs et les pratiques quotidiennes ne sont pas contradictoires avec les valeurs et les pratiques impliquées par cette idée fondatrice. Le multiculturalisme de la société civile – c'est-à-dire la multiplicité des modèles culturels à l'intérieur d'une même société nationale – peut être aussi large et varié que les individus le souhaitent, mais seulement s'il reste compatible avec les valeurs d'égalité et de liberté individuelle qui fondent la légitimité de la citoyenneté, s'il ne remet pas en question le principe de l'unité de l'espace public défini par les institutions et les pratiques de la citoyenneté.

C'est pourquoi les dispositions et les pratiques sociales qui ne reposent pas sur le respect de la dignité de la personne sont contraires à l'ordre démocratique. C'est le cas, en particulier, pour tout ce qui concerne, dans les cultures traditionnelles, l'inégalité statutaire et d'autant plus fondamentale qu'elle apparaît naturelle, entre l'homme et la femme ou, plutôt, l'infériorité de la femme, renvoyée par nature à sa seule dimension biologique.

La tolérance qui consisterait à tout accepter en renonçant à affirmer des valeurs à vocation universelle, comme l'égale dignité de tous les êtres humains, n'est pas un principe d'intégration efficace. C'est au contraire en affirmant les valeurs communes qu'on peut donner aux populations de traditions lointaines les meilleures chances de participer à la vie collective. Cela n'implique évidemment pas de les faire renoncer à ce qui, dans ces traditions, est compatible avec les pratiques démocratiques. Ce que certains désignent par impérialisme culturel n'est que l'exigence, imposée à tous et pas seulement aux descendants de migrants, de respecter les normes et les valeurs communes qui sont nécessaires pour que tous participent à l'espace commun de la citoyenneté – faute de quoi toute vie collective devient impossible. Certes, il ne s'agit pas de négliger les difficultés d'intervenir dans ce domaine en respectant les exigences juridiques – fallait-il adopter une loi ? – ni de sous-estimer les difficultés de l'application de la loi. Au moins faut-il comprendre pourquoi la *burqa* constitue une épreuve pour l'ordre démocratique.

2013

22

Quelle politique multiculturelle ?

On affirme volontiers que le « modèle républicain » est en crise, qu'il est désormais incapable d'intégrer les nouveaux immigrés et leurs enfants dans la société française. C'est à ce propos qu'au cours des années 1990 des débats passionnés ont opposé les « intégrationnistes » aux « multiculturalistes » (appelés aussi « communautaristes »). Les premiers souhaitaient qu'on continue à privilégier le modèle traditionnel, en soulignant que les problèmes d'intégration sont plus des problèmes sociaux ou politiques que des problèmes ethniques. Les seconds jugeaient à la fois nécessaire et souhaitable de redéfinir les relations entre les identifications ou fidélités particulières et la citoyenneté nationale. La politique française apparaissait plus proche du modèle de l'intégration, celle de l'Allemagne et de la Grande-Bretagne, du multiculturalisme. Dans les faits, pourtant, les politiques publiques ont été moins différentes que les débats ne semblent l'indiquer. Tous les gouvernements de l'Europe, après des débats plus ou moins houleux et obscurs sur un multiculturalisme mal défini, ont finalement adopté des politiques dites d'intégration. Les modèles de cette intégration semblent désormais plus différents par les discours qui les accompagnent que par les politiques effectivement suivies par les gouvernements. Ni en France, ni en Allemagne, ni en Grande-Bretagne des droits collectifs n'ont été accordés à des groupes particuliers. La démocratie est fondée sur l'égalité de chaque citoyen. Pourtant les interrogations demeurent. Comment comprendre ce débat, qui périodiquement retrouve une certaine actualité ? Il n'est pas inutile d'en éclairer les termes et d'essayer de préciser quels sont les véritables enjeux.

« *Ethnicisation* » ?

Par définition, toute société nationale est objectivement multiculturelle en ce qu'elle rassemble en une seule unité politique des populations diverses par leurs origines, leurs croyances et leurs conditions sociales. Le débat touche à l'histoire même de la constitution des nations démocratiques, dont chacune entretient une manière différente d'organiser les relations des individus et des collectivités historiques particulières avec les exigences de la citoyenneté nationale. La tension entre les fidélités particulières et la citoyenneté est inscrite objectivement dans le principe des sociétés démocratiques.

Reste qu'on observe aujourd'hui que la citoyenneté s'est affaiblie en même temps que les valeurs civiques qui permettaient de faire vivre ensemble des populations différentes. Les identifications particulières, qu'elles soient infranationales ou supranationales, fondées sur les liens nés d'origines communes, réelles ou fantasmées, s'expriment plus librement. Les discours inspirés par l'*affirmative action* se sont étendus et ils répondent à une situation sociale que les travailleurs sociaux et les sociologues qualifient d'ethnicisée. La conscience « ethnique » ou « communautaire », avec une dimension locale, s'accroît parmi les populations dans les banlieues qualifiées de sensibles – terme codé pour désigner les quartiers où les enfants des immigrés sont nombreux. Dans nombre d'enquêtes menées au cours des années 1980 auprès des populations issues de l'immigration, à la question : « Vous sentez-vous plutôt français ou algérien (ou tunisien, ou...) ? », qui implique l'abstraction de l'identité nationale et éventuellement de la citoyenneté, les enfants des immigrés ont longtemps répondu par une identité immédiate : « je suis marseillais » ou « je suis de la cité des 4 000 », en s'identifiant au concret et au local. Depuis la fin des années 1990, l'attitude de contestation radicale semble s'étendre. On observe la remise en cause de toute compétence intellectuelle, qui serait celle d'une élite qualifiée de technocratique, et de la culture livresque, jugée aristocratique par rapport au caractère véritablement démocratique du téléphone portable et du roller, accessibles à tous. Ces instruments techniques permettraient d'entrer en « résistance » contre la société de la représentation et de la compétence. Les représentations des conflits mondiaux, dans lesquels on invoque une opposition fondamentale entre les musulmans et le monde occidental, renforcent la conscience de groupes amenés à cohabiter dans un même espace social globalement dévalorisé. L'antisémitisme, déjà noté dans les années 1980, se répand parmi les populations musulmanes, alimenté par les échos du conflit du Moyen-Orient et l'identification au sort des Palestiniens. À Sarcelles, au cours des années 1990, les juifs, de leur côté, avaient rompu avec la politique traditionnelle de discrétion et de privatisation de la religion. L'espace public était ethnicisé : costumes des femmes, kippa des hommes et des jeunes garçons, multiplication des commerces juifs, rôle central joué par la synagogue dans la vie collective et même pèlerinages importés de Tunisie ou du Maroc. Aujourd'hui, ils évitent toute manifestation de leur judéité.

Si les replis identitaires des immigrés et de leurs enfants autour d'une référence particulière et l'ethnicisation de certains quartiers des grandes villes sont plus souvent évoqués, ce n'est que l'un des exemples – même s'il est socialement plus visible – d'une tendance générale de la démocratie providentielle. On comprend les résultats essentiels des enquêtes sur les descendants de migrants : la dynamique démocratique a été efficace pour faire des enfants de migrants des individus démocratiques comme les autres, mais l'affaiblissement du projet politique et les insatisfactions que nourrit la société démocratique ne les conduisent pas, moins encore que les autres, à s'identifier au politique et à la nation[1]. Ils ne font que révéler de manière plus manifeste la vérité de la démocratie providentielle.

La tradition

La tradition française, comme les autres, est liée aux particularités de son histoire. Ce qu'on appelle dans la vie publique le « modèle républicain », c'est l'intégration, au sens actif ou historique du terme, autour d'un projet politique, né des valeurs incarnées par la Révolution, et fondé sur le principe et, jusqu'à un certain point, sur la pratique de la citoyenneté individuelle. La tradition démocratique repose sur l'idée du citoyen, né symboliquement avec la Révolution. La citoyenneté est conçue comme un tout indivisible, dont la légitimité s'exprime dans un rapport direct avec l'État, en marginalisant les corps intermédiaires. Pays d'immigration depuis deux siècles, la nation est le produit d'une longue histoire : la République a hérité du travail séculaire par lequel la monarchie a constitué la nation en imposant, étroitement liées l'une à l'autre, unité politique et unité culturelle. La politique d'intégration – qui ne concerne pas seulement les immigrés, mais l'ensemble de la population – ne peut être comprise qu'à la lumière de ce long héritage. Elle fut d'ailleurs consciemment organisée par les Républicains des années 1880. L'école de Jules Ferry, l'armée et l'ensemble des institutions étatiques furent chargées d'une mission proprement civique. D'autres instances, l'Église, les syndicats et les partis de gauche, ont contribué, de leur côté, à intégrer les diverses populations d'origine locale et étrangère, c'est-à-dire à les transformer en citoyens.

Cette politique, qu'on a qualifiée jusqu'à il y a une trentaine d'années de politique d'assimilation, n'impliquait pas que fussent supprimées toutes les spécificités des populations progressivement intégrées dans la nation française. Ce n'est ni possible ni souhaitable. Elle imposait que ces spécificités se maintiennent exclusivement dans l'ordre du privé et que les individus se conforment à la logique de l'intégration « à la française » dans la sphère publique. La politique d'assimilation, qu'on appelle aujourd'hui la politique d'intégration, n'a jamais interdit le multiculturalisme dans la vie sociale, elle impliquait qu'il ne se manifestât pas dans les pratiques de la vie publique.

L'idée du multiculturalisme inquiète les Républicains français parce que la politique a toujours visé à intégrer des individus et non des collectivités. Il n'est que de considérer les processus de l'intégration des immigrés polonais ou italiens en France et aux États-Unis. Il n'a jamais existé une communauté italo-française ou franco-polonaise comme il existe des Italo-Américains ou des Polono-Américains. Les Français ont un récit national de l'enracinement, alors que l'immigration est une dimension reconnue et revendiquée de l'histoire des États-Unis. On connaît le débat français sur l'adoption de statistiques ethniques qui interrogeraient les citoyens sur leur « origine ». Les chercheurs déplorent de ne pas disposer des instruments nécessaires pour analyser les processus de l'intégration des diverses populations. Cette cécité voulue et organisée était destinée à renforcer l'utopie créatrice de la conception individuelle de la citoyenneté, de l'égalité de tous les citoyens indépendamment de leurs origines.

On constate pourtant que la prise en compte des origines ethniques dans la vie publique s'est étendue. La lutte contre le racisme et les discriminations, devenue cause nationale, contribue à mobiliser des catégories ethniques. D'après de nombreux chercheurs, l'invocation de l'universalisme républicain ne servirait qu'à masquer la réalité des pratiques racistes et discriminatoires. On ne traite bien que ce que l'on nomme. La fiction juridique de l'égalité de tous les citoyens est donc dénoncée comme un moyen d'occulter la réalité. Au nom de l'efficacité de l'action publique, il importerait de connaître ceux qui sont les victimes des discriminations. De fait, les critères de l'origine nationale ou ethnique sont de plus en plus présents, même si, dans le débat public, les termes de « jeunes issus des quartiers sensibles » ou « jeunes issus de l'immigration » restent des noms codés pour éviter d'utiliser les termes ethniques ou raciaux.

L'utilisation des statistiques n'en est pas le seul exemple. On recrute des policiers ou des travailleurs sociaux eux-mêmes issus des banlieues défavorisées, donc jugés plus proches de ceux qu'ils doivent encadrer. L'Institut d'études politiques de Paris a établi des quotas pour accueillir des enfants issus des « quartiers sensibles », parmi lesquels on compte des élèves « issus de l'immigration ». Nombre de grandes écoles adoptent des programmes particuliers pour eux. Le ministre républicain par excellence Jean-Pierre Chevènement avait d'ailleurs affirmé dans un discours à la réunion des préfets, dès le 15 février 1999, « qu'il convenait que la Police nationale soit à l'image de la population ». On a aussi parlé de « corsifier » les emplois publics dans l'île de Beauté. Les pouvoirs locaux, de leur côté, favorisent, de fait, l'entretien de la diversité culturelle en accordant, par exemple, des subventions aux associations culturelles juives, arméniennes, maghrébines ou turques, etc. On tient le discours républicain soi-disant aveugle aux origines, mais dans les faits les pouvoirs adaptent leur politique aux demandes particulières[2].

Ce que révèle cet infléchissement de la politique dans le pays qui résiste le plus fortement, par son idéologie traditionnelle, au modèle dit multiculturaliste et qui tend à caricaturer le modèle américain d'intégration, c'est la force de la dynamique démocratique qui exige toujours plus. Si l'on vise à assurer l'égalité réelle de tous les citoyens, l'État devrait aussi agir dans l'ordre « ethnique » en assurant à certaines populations des droits culturels, si ces derniers se révèlent nécessaires pour que la pleine authenticité de ses membres soit respectée. Si l'on considère que l'identité de l'individu n'est pas séparable d'une culture collective, l'État doit reconnaître ces cultures particulières. Le bien-être de l'individu ne comporte pas de limites intrinsèques, et l'État de la démocratie providentielle doit répondre à toutes les demandes qui visent à l'améliorer. À partir de là, toutes les identités particulières deviennent légitimes. L'État providence doit répondre aux aspirations identitaires, ou ethniques, aussi bien que sociales de ses membres. L'intervention de l'État providence ethnique devient aussi inéluctable et irréversible que celle de l'État d'intervention sociale. La prise en compte des singularités de chaque population par les pouvoirs publics s'impose. Elle est soutenue par les institutions spécialisées, les travailleurs sociaux et les sociologues au nom de la lutte contre le racisme et les discriminations, elle est appréciée du monde des médias, conforme à ses valeurs affichées.

Politiques d'intégration

Il importe de distinguer le multiculturalisme de fait de la société concrète, d'un côté, et, de l'autre, la politique (au sens anglais de *policy*) : étant donné le multiculturalisme de la société, faut-il adopter une *politique* multiculturelle ?

Première réflexion. Il ne faut pas idéaliser rétrospectivement ce que fut concrètement le « modèle républicain » dans le passé et comparer les réalités concrètes actuelles à ce qui fut un principe d'action ou un idéal. Dans les années 1890, les immigrés italiens ou polonais n'étaient certainement pas moins pauvres ni mieux intégrés que les immigrés d'origine maghrébine ou comorienne aujourd'hui. Cela n'a pas empêché leurs enfants et petits-enfants de s'intégrer en une ou deux générations à la société française. Il ne faut pas confondre un principe régulateur avec les réalités concrètes. En d'autres termes, le « modèle républicain » n'était peut-être pas aussi efficace dans le passé que nous l'imaginons rétrospectivement, il n'est peut-être pas aujourd'hui aussi inefficace que les sociologues l'affirment en comparant notre expérience à une idée ou à un idéal. Le « modèle républicain » n'a jamais décrit la réalité sociale.

Il faut également éviter les faux débats. Ni les « intégrationnistes » ni les « multiculturalistes » n'ont remis en cause l'égalité civique et la citoyenneté individuelle. Ni les uns ni les autres ne sous-estimaient les difficultés sociales des banlieues où sévit le chômage. Les premiers ne songeaient pas non plus à empêcher les populations d'origine étrangère d'entretenir dans le privé toutes les formes d'identités, de références culturelles et de fidélités particulières qu'ils entendent maintenir. Ce n'est ni possible – les libertés publiques sont garantes de cette liberté – ni souhaitable : la démocratie repose sur la distinction entre le privé, laissé à la liberté de chacun, et le public. La vraie discussion porte – ou devrait porter – sur la question de savoir jusqu'à quel point les identités, les références culturelles et les fidélités particulières – en d'autres termes, le multiculturalisme – peuvent ou doivent être reconnues dans la vie publique. Pour être très concret, dans quelle mesure leur expression doit-elle être organisée par les pouvoirs publics et soutenue par des fonds publics ? Cette interrogation s'inscrit d'ailleurs dans une interrogation plus large : comment concilier la liberté et l'égalité individuelle de tous les citoyens – principe que les démocrates ne remettent pas en cause – avec la reconnaissance publique des spécificités culturelles qui sont collectives ?

Il faut ajouter que le débat a été encore obscurci par les termes, mal définis, de communauté, communautariens et communautarisme. Au risque de céder au pédagogisme ou à l'académisme, il ne me paraît pas inutile de les distinguer. Depuis les travaux de Ferdinand Tönnies et de Max Weber, les sociologues ont opposé les liens qui relèvent de la logique de la « communauté » à ceux qui relèvent de la logique de la « société ». Les premiers, directs et affectifs, propres aux sociétés prémodernes, se distinguent, de manière idéale-typique, des seconds, contractuels et bureaucratiques, qui caractérisent la société moderne. Les tenants de la politique multiculturelle, de leur côté, ont invoqué l'autorité des philosophes dits « communautariens » qui entendent penser à nouveaux frais comment concilier les fidélités historiques et religieuses particulières avec les exigences de la citoyenneté nationale. Par-delà leurs différences, ces philosophes ont en commun de juger que la gestion « classique » de la diversité sociale et culturelle par la citoyenneté tend à devenir inopérante. Elle n'admet pas le besoin des hommes de voir reconnaître leur dignité non pas seulement en tant que citoyens abstraits, mais aussi en tant qu'individus concrets, porteurs d'une histoire et d'une culture singulières. Il faudrait prendre en compte les particularités historiques des divers groupes et, selon les termes de Charles Taylor, instaurer une politique de la « reconnaissance »[3]. L'intégration sociale et politique par l'unité égalité/universalité du domaine public – lieu de formation et d'exercice de la citoyenneté – a, selon eux, trop longtemps marginalisé et, à long terme, détruit les fidélités religieuses ou historiques particulières, ce qui est contraire à la vocation démocratique.

Un multiculturalisme « modéré » ?

La reconnaissance publique de droits particuliers comporte toutefois des risques qu'on résume dans le débat public par le terme, dépréciatif en France, de « communautarisme ». Le premier est d'être contradictoire avec la liberté des individus. Affirmer l'existence de droits particuliers risque d'enfermer les individus dans leur particularisme, de les assigner à un groupe, à l'encontre de leur liberté personnelle et de leur possibilité d'échanges avec les autres. Appartenir par sa naissance à un groupe reconnu par la législation est contradictoire avec la liberté de l'homme démocratique. Celui-ci n'« appartient » pas à un groupe réel, isolé des autres. Il se réfère et s'identifie à des collectivités historiques diverses définies par leur mémoire et leurs croyances. Ces affiliations sont libres et varient librement dans le temps. Reconnaître des droits particuliers par des dispositions juridiques risquerait de contredire cette caractéristique profonde de la société individualiste.

Le second risque concerne l'intégration sociale. La reconnaissance publique des groupes particuliers peut consacrer et cristalliser les particularismes aux dépens de ce qui unit les citoyens, conduire les individus à se replier sur leur communauté d'origine au lieu de leur donner les moyens de la dépasser et d'entrer en relations avec les autres. Les groupes culturels, comme les nations elles-mêmes, n'existent pas une fois pour toutes, ils sont le produit d'une construction historique, par définition jamais achevée. En leur accordant à un moment donné des droits particuliers, la reconnaissance publique contribuerait à les faire exister de manière permanente. Elle risque de conduire à la fragmentation sociale en juxtaposant des communautés, fermées les unes aux autres, sans échanges entre elles. Comment, enfin, assurer l'égalité des divers groupes si on leur donne des formes de citoyenneté différenciée ? La différence reconnue des droits ne conduit-elle pas nécessairement à des droits inégaux ? Comment inscrire à la fois l'égalité du citoyen et la reconnaissance de la diversité des droits des cultures dans des institutions politiques ?

Les penseurs d'une reconnaissance modérée du multiculturalisme tiennent compte de ces risques[4]. Ils posent des conditions à la mise en œuvre d'une politique multiculturelle. La première est que les individus ne devraient pas être autoritairement assignés à faire partie d'un groupe particulier, mais être libres d'y entrer ou d'en sortir. La seconde condition est qu'on ne devrait reconnaître que des cultures qui ne comportent pas de traits incompatibles avec les droits de l'homme. Le respect du multiculturalisme devrait accepter des limites, celles des valeurs communes des sociétés démocratiques, la liberté et l'égalité de tous les êtres humains. On ne saurait admettre, au nom d'un relativisme culturel absolu que prônent certains penseurs multiculturalistes extrêmes, que la tradition culturelle pût être invoquée pour justifier l'inégalité statutaire des hommes et des femmes, l'excision des fillettes ou le droit des maris à battre leur femme. Enfin, il importe que les divers groupes soient égaux. La reconnaissance des droits des minorités ne doit pas aboutir à ce qu'un groupe se trouve dans la situation de dominer les autres. Sans égalité entre les groupes on risque de retrouver la situation de l'apartheid.

On ne peut que souscrire à ces conditions. Comment nier que l'ordre démocratique se donne pour légitimité de donner à chacun les moyens de développer toutes ses capacités, de se révéler à lui-même et aux autres dans sa pure authenticité ? Mais, d'autre part, comment nier que la société démocratique qui entend conjuguer l'égalité politique du citoyen avec la reconnaissance des aspirations de l'individu concret enraciné dans une histoire et une culture particulières doit poser comme limite absolue que les valeurs portées par cette culture ne soient pas contradictoires avec celles qui fondent la légitimité de l'ordre démocratique, la liberté et l'égalité de tous les êtres humains ?

Reste que le problème ne devrait pas être traité en termes purement philosophiques ou sentimentaux, il s'agit de s'interroger sur les possibilités et les risques d'organiser concrètement la reconnaissance *institutionnelle* de ces droits culturels. Quel peut être leur contenu ?

Institutionnaliser ?

La neutralité religieuse de l'État est partie intégrante de l'ordre démocratique, même si la séparation et la collaboration entre l'État, religieusement neutralisé, et les Églises et groupes religieux prennent des formes concrètes différentes dans chaque nation démocratique. L'État religieusement neutre organise et garantit la liberté religieuse, même dans les pays qui se disent les plus laïques. Mieux, il constitue une protection des religions minoritaires. Les bouddhistes en France prospèrent depuis quelques années à l'abri des règles de la laïcité. Les pratiques culturelles, d'autre part, sont libres pour tous. Chacun est libre de respecter chez soi et même dans l'espace public – la fête du Chat ou du Tigre dans les quartiers chinois – des fêtes particulières, de fonder des associations culturelles et d'adopter des formes spécifiques d'affiliation à une tradition particulière, à condition qu'elles ne soient pas contradictoires avec les valeurs communes.

Le problème de la langue est particulièrement sensible en France. Si chacun, cela va de soi, parle la langue qu'il veut chez lui ou avec ses amis, doit-il aussi avoir le droit de la parler dans l'école, dans l'hôpital, devant la justice, dans les instances politiques ? Jusqu'à quel point un espace public commun – lieu et condition de l'exercice de la citoyenneté – peut-il être organisé sans que les citoyens communiquent par une langue commune ? La reconnaissance de droits culturels pourrait-elle aboutir, par exemple, à ce que tous les textes officiels, dont on s'accorde à constater l'inflation depuis les dernières décennies, soient traduits dans les vingt-sept langues qui, en France, selon le rapport de Bernard Cerquiglini, pourraient légitimement revendiquer d'être reconnues au titre de la Charte européenne de protection des langues régionales et minoritaires ? On peut se demander si cela n'aboutirait pas, dans quelques décennies, à adopter une sorte d'anglais comme langue commune, comme c'est actuellement le cas dans la péninsule indienne. L'école commune, où s'apprennent la langue et le langage de la citoyenneté, peut-elle ne pas rester, avant tout, le lieu de l'apprentissage des valeurs et des pratiques démocratiques ? Bien entendu, cela n'est pas contradictoire avec le projet, justifié par les valeurs collectives, de reconnaître la présence des populations minoritaires, de souligner leur contribution à la vie collective, de leur permettre plus libéralement d'apprendre leur langue d'origine s'ils le souhaitent et, plus généralement, de leur faire toute la place qui n'est pas contradictoire avec les valeurs communes. Les Français d'origine arménienne restent fidèles à leur langue, à leur Église et à leur mémoire historique. Les écoles juives sous contrat, de leur côté, qui appliquent les programmes de l'Éducation nationale en les complétant par l'enseignement de la tradition juive, fournissent un exemple de l'articulation possible entre culture démocratique commune et transmission d'une tradition particulière.

Il n'en reste pas moins que toute reconnaissance *juridique* des particularismes comporte le risque d'entraîner dans une logique de revendications sans fin. Au nom de quoi reconnaître l'arabe ou le berbère et non le chinois, au nom de quoi reconnaître l'une des branches de l'occitan et non les autres ? Pourquoi donner des droits collectifs à certains groupes, historiques ou culturels, et non à d'autres ? Au nom de quels critères de justice choisir de reconnaître les uns plutôt que les autres ? La logique du particularisme ne comporte pas de limite intrinsèque, elle a pour fin ultime l'individu. S'il est consacré par l'institution de « droits culturels », donc politiques, spécifiques, le multiculturalisme de la vie sociale, inévitable et souhaitable, risque de déboucher sur l'inégalité des statuts politiques. Le danger existe d'accentuer plutôt que de contrôler la fragmentation sociale, alors même que la logique économique et marchande, dans les sociétés démocratiques d'aujourd'hui, s'impose toujours plus aux dépens des liens civiques. Jusqu'à présent, nous ne connaissons pas d'exemple de société moderne dans laquelle la reconnaissance institutionnelle du pluralisme culturel n'a pas conduit au pluralisme social et politique.

La prise en compte croissante des particularités des divers groupes par les politiques publiques ne conduit pas immédiatement et nécessairement à ce qu'on désigne avec effroi en France comme le communautarisme, c'est-à-dire à l'enfermement des personnes dans un groupe particulier aux dépens de leur conscience commune et de leurs relations, au-delà de leur groupe, avec les membres de la société plus large. Mais la revendication des particularismes ne comporte par elle-même aucune limite ; ce sont les échanges qui devraient être soutenus par l'organisation sociale. L'enfermement dans son groupe est naturel, c'est l'ouverture des groupes les uns aux autres qui doit être encouragée par les institutions communes. La politique d'intervention, légitime selon les valeurs démocratiques, comporte le danger de fragmenter le corps social. La société démocratique est menacée d'être formée d'une simple juxtaposition de groupes particuliers, dont chacun défend ses intérêts matériels et moraux sans prendre en compte ceux de la collectivité.

Si l'on respecte les conditions justement mises à l'instauration de droits culturels par les théoriciens du multiculturalisme modéré, on formule les termes d'une politique proche de ce qu'on pourrait aussi appeler un « républicanisme tolérant » – ou un « libéralisme modéré », dans le langage des anglophones –, adapté aux valeurs collectives de la société démocratique. La citoyenneté n'est pas une essence, définie une fois pour toutes, elle n'a cessé de se redéfinir en fonction des sociétés et de leur évolution. Il faut donc prolonger son histoire et réélaborer de manière plus démocratique les pratiques de la citoyenneté, en proposant des modes de participation plus souples et plus attentifs aux aspirations des populations plutôt que de cristalliser par le droit des différences culturelles qui, elles aussi, ne cessent de se modifier.

Il est vrai que les modalités concrètes et même le sens d'une politique multiculturelle varient d'un pays à l'autre. Garantir les droits des minorités peut apporter une solution, au moins provisoire, à la coexistence de peuples différents réunis en une seule unité politique, cela peut être le cas, par exemple, des minorités hongroises en Roumanie, et plus généralement dans plusieurs pays des Balkans où la tradition démocratique est récente.

Pourtant la plupart des pays tentés par des formes de multiculturalisme sont revenus à des politiques dites d'intégration. D'ailleurs il ne faut pas surestimer les oppositions. Au Royaume-Uni, aucun droit collectif n'a été accordé aux différentes communautés. Les communautés n'ont jamais eu qu'un sens social et non juridique. Il est vrai que les Anglo-Pakistanais, par exemple, regroupés autour de leur mosquée, forment un milieu social fortement intégré, dont les *leaders* discutent les intérêts particuliers avec les responsables locaux. Mais les pouvoirs publics ont refusé la formation d'un parlement musulman, et la justice britannique condamne l'excision, les mariages forcés et la différence de statuts entre les hommes et les femmes. À la suite de l'attentat de juillet 2005, la Grande-Bretagne, suivie par les Pays-Bas, a remis profondément en question sa politique de reconnaissance sociale (mais non juridique) des communautés de migrants. Les Pays-Bas en effet, tenants de la politique multiculturelle, ont connu une véritable crise d'identité nationale. Leur politique, qui entendait créer des « piliers » marocains et turcs à côté des « piliers » traditionnels, catholiques et protestants, avait abouti à ce que les divers groupes vivent côte à côte, sans échanges. On ne compte pas de mariages entre Néerlandais et Turcs ou Marocains. Les enfants de ces derniers fréquentent ce qu'on appelle des « écoles noires », de fait réservées aux enfants d'immigrés, séparés des enfants néerlandais qui fréquentent les « écoles blanches ». La politique multiculturelle a été officiellement abandonnée. Quant aux Allemands, après avoir longtemps nié la place des étrangers présents sur leur sol et maintenu un droit de la nationalité fermé, ils mènent désormais une politique d'intégration des populations d'origine étrangère, y compris par le nouveau droit de la nationalité adopté en 2000 : Mme Merkel a annoncé officiellement la fin et l'échec du « Multikulti ».

Le multiculturalisme du Canada, avec les peuples autochtones, les deux peuples fondateurs et les communautés d'immigrés, n'a pas le même sens qu'une politique multiculturaliste dans une nation unitaire comme la France. Ce n'est d'ailleurs pas un hasard si deux des principaux philosophes qui ont contribué à la réflexion sur des modalités de multiculturalisme compatibles avec la citoyenneté, Charles Taylor et Will Kymlicka, sont canadiens. Pourtant les deux grands pays qui ont officiellement adopté ces politiques, le Canada et l'Australie, ont constaté les effets pervers de dispositions qui aboutissaient à entretenir l'existence de populations marginalisées par rapport à la vie collective.

On ne peut négliger l'histoire de la formation de la nation et de la légitimité de l'ordre politique pour adopter des politiques de reconnaissance des droits culturels. Il est vrai que la convergence des politiques publiques laisse subsister des spécificités dans les modalités et le style propre à l'intégration de chaque nation. Mais les exigences démocratiques et l'évolution de l'État providence conduisent tous les pays démocratiques à mener en fait une politique d'intégration en s'efforçant de respecter les identités de chacun – valeur démocratique par excellence –, mais aussi de limiter leur expression collective dans l'espace public et d'écarter les pratiques contradictoires avec les valeurs démocratiques.

Dans tous les cas, le rôle premier de l'État reste d'organiser l'unité de l'espace politique commun, qui permet d'intégrer, par l'abstraction et l'égalité formelle de la citoyenneté, tous les individus, quelles que soient leurs origines sociales, religieuses, régionales ou nationales. S'il fait partie de l'ambition démocratique qu'il réponde aux demandes particulières qui lui seraient adressées par des populations particulières – alors qu'il a pu les refuser systématiquement dans le passé lors de la constitution des nations –, ce n'est pas son rôle que d'organiser et de subventionner les particularismes.

La neutralité affichée et pratiquée par l'État n'est pas exempte de valeurs. Elle implique nécessairement l'idée de l'égale dignité de tous les êtres humains, quelles que soient leur culture et leurs pratiques religieuses. C'est pourquoi les sociétés démocratiques ne peuvent accepter qu'au nom de la liberté de chacun de rester fidèle à une culture d'origine se maintiennent les pratiques fondées sur les inégalités de sexe qui caractérisent souvent les cultures traditionnelles. La diversité des cultures doit s'inscrire dans une société qui accepte un certain nombre de valeurs et de principes communs. L'abstention de l'État doit s'appliquer à l'égard des cultures particulières comme à l'égard des religions. La fonction première est de donner à chacun les moyens de participer à la vie commune. Une société démocratique implique que, par-delà ses fidélités particulières légitimes, chacun puisse aussi rencontrer et reconnaître l'autre, au nom des valeurs universelles de la citoyenneté. Le multiculturalisme devrait rester laissé à la liberté et à l'initiative des individus, soumis à une application souple de la citoyenneté républicaine.

2015

Notes et références bibliographiques

Présentation

1. Schnapper D., « Centralisme et fédéralisme culturels : les émigrés italiens en France et aux États-Unis », *Annales ESC*, septembre/octobre 1974, 29 (5), p. 1141-1159.
2. Schnapper D., « The Jews and political modernity in France », *in* S. N. Eisenstadt (dir.), *Patterns of Modernity*, vol. I : *The West*, Londres, Frances Pinter, 1987, p. 157-172.
3. Schnapper D., « Rapport à l'emploi, protection sociale et statuts sociaux », *Revue française de sociologie*, 1989, 1, p. 3-29.
4. Schnapper D., *L'Épreuve du chômage*, Paris, Gallimard, « Idées », 1981. On se reportera également à *Contre la fin du Travail*, Paris, Textuel, 1997.
5. Schnapper D., « Rapport à l'emploi, protection sociale et statuts sociaux », article cité.

PREMIÈRE PARTIE

Le lien démocratique

1. En particulier, Schnapper D., *La Communauté des citoyens. Sur l'idée moderne de nation*, Paris, Gallimard, « NRF/essais », 1994 et « Folio-Actuel », 2003 ; *La Relation à l'autre. Au cœur de la pensée sociologique*, Paris, Gallimard, « NRF/essais », 1998 ; *La Démocratie providentielle. Essai sur l'égalité contemporaine*, Paris, Gallimard, « NRF/essais », 2002 et « Folio », 2010 ; *L'Esprit démocratique des lois*, Paris, Gallimard, « NRF/essais », 2013. Les notes des articles renvoyant à ces ouvrages ont été systématiquement supprimées.

1

La nation et l'universel

1. Rosanvallon P., *Le Sacre du citoyen*, Paris, Gallimard, « Bibliothèque des histoires », 1992.
2. Cité par Anderson B., *L'Imaginaire national*, Paris, La Découverte, 1996 (1982), p. 61.
3. Bourdieu P., « Esprits d'État. Genèse et structure du champ bureaucratique », *Actes de la recherche en sciences sociales*, 1993, n° 96/97, p. 62.
4. Abou S., *Cultures et droits de l'homme*, Paris, Hachette, « Pluriel », 1992.

2

La nation et l'étranger

1. Noiriel G., *La Tyrannie du national, le droit d'asile en Europe. 1793-1993*, Paris, Calmann-Lévy, 1991.
2. Brubaker W. (dir.), *Immigration and the Politics of Citizenship in Europ and North America*, Lanham, New York, Londres, University Press of America, 1989.

3

Le sens de l'ethnico-religieux

1. Nisbet R., *The Sociological Tradition*, New York, Basic Books, 1966.
2. Glazer N., Moynihan D., *Beyond the Melting Pot*, Cambridge (MA), Harvard University Press et MIT Press, 1963.
3. Nisbet R, *The Sociological Tradition*, *op. cit.*, p. 392.
4. Weber M., *Wirtschaft und Gesellschaft* (1921), traduction française : *Économie et société*, Paris, Plon, 1971, p. 475 *sq.*
5. Hervieu-Léger D., Champion F., *Vers un nouveau christianisme ?*, Paris, Cerf, 1986, p. 140.
6. Berlin I., *in* Delannoi G., Taguieff P.-A., (dir.), *Théories du nationalisme, nation, nationalité, ethnicité*, Paris, Kimé, 1991, p. 312.
7. Park R., Burgess E., *Introduction to the Science of Sociology*, New York, Grenwood Press, 1969 (1924), p. 735-737. Ma traduction.
8. *Ibid.*, p. 739.
9. Rostow W., *The Stages of Economic Growth, a Non-Communist Manifesto*, Cambrigde (RU), Cambridge University Press, 1960.
10. Rostow W., *Politics and the Stages of Growth*, Cambrigde (RU), Cambridge University Press, 1971.
11. Apter D., *in* Geertz C., (dir.), *Old Societies and New States : The Quest for Modernity in Asia and Africa*, New York, The Free Press, 1963, p. V. Ma traduction.
12. Deutsch K., Foltz W. (dir.), *Nation-Building*, New York, Atherton Press, 1963. Ma traduction.
13. Deutsch K., *Nationalism and Social Communication. An Inquiry into the Foundations of Nationality*, Cambridge (MA), The MIT Press, 1953, 1966 (cité d'après la seconde édition). Ma traduction.
14. Parsons T., *in* Glazer N., Moynihan D. (dir.), *Ethnicity. Theory and Experience*, Cambridge (MA), Harvard University Press, 1975, p. 59.
15. *Ibid.*
16. Greeley A., *Ethnicity in the United States, a Preliminary Reconnaissance*, New York, Wiley, 1974, p. 27. Mes italiques.
17. Luckman T., *The Invisible Religion*, Londres, Mac Millan. 1967.
18. Hervieu-Léger D., Champion F., *Vers un nouveau christianisme ?*, *op. cit.*
19. Smith A. D., *The Ethnic Revival*, Cambrigde (RU), Cambridge University Press, 1981 ; Smith A. D., *The Ethnic Origins of Nations*, Oxford, Blackwell, 1986.
20. Kedourie E., *Nationalism*, Londres, Hutchinson, 1971 (1960) p. 11. Ma traduction.
21. Kedourie E. (dir.), *Nationalism in Asia and Africa*, New York, Meridian Book, 1970, p. 23. Ma traduction.
22. Bell D., *in* Glazer N., Moynihan D. (dir.), *Ethnicity*, *op. cit.*, p. 169. Ma traduction.
23. *Ibid.*, p. 170-171. Italiques de l'auteur.
24. Aron R., *Les Désillusions du progrès*, Paris, Calmann-Lévy, 1969, p. 14.
25. *Ibid.*
26. *Ibid.*, p. 194 et p. 179.

27. Séguy J., « Une sociologie des sociétés imaginées. Monachisme et utopie », *Annales ESC*, 1971, 2, p. 328-354.
28. Hayes C., Seton Watson H., *in* Delannoi G., Taguieff P.-A., (dir.), *Théories du nationalisme, nation, nationalité, ethnicité, op. cit.*, p. 163.
29. Hamberg E., « Religion, secularization and value change in the welfare state, the swedish case », communication, First European conference of sociology, Vienne, 1992.
30. Isambert F.-A., « La sécularisation interne du christianisme », *Revue française de sociologie*, 1976, 4, p. 573-589, p. 575.

4

Intégration et exclusion

1. Castel R., *Les Métamorphoses de la question sociale. Une chronique du salariat*, Paris, Fayard, 1995.
2. Schnapper D., *L'Épreuve du chômage, op. cit.*
3. Schnapper D., « Rapport à l'emploi, protection sociale et statuts sociaux », article cité.
4. Paugam S., *La Société française et ses pauvres. L'expérience du Revenu minimum d'insertion*, Paris, PUF, 1993.

5

Démocratie et racisme

1. Dumont L., « Caste, racisme et "stratification" » (1960), *in Homo hierarchicus*, Paris, Gallimard, « Bibliothèque des sciences humaines », 1966.
2. Balibar É., *Les Frontières de la démocratie*, Paris, La Découverte, 1992, p. 34.
3. Entre autres, Myrdal G., *An American Dilemma. The Negro Problem and Modern Democracy*, New York, Harper and Row, 1944 ; Van den Berghe P., *Race and Racism. A Comparative Perspective*, New York, Basic Books, 1967.
4. Tocqueville (de) A., *De la démocratie en Amérique*, Paris, Gallimard, « Bibliothèque de la Pléiade », 1992, I, 2, 10, p. 398.
5. *Ibid.*
6. *Ibid.*, p. 397.
7. *Ibid.*
8. Guillaumin C., *L'Idéologie raciste. Genèse et langage actuel*, Paris-La Haye, Mouton, 1972 ; Taguieff P.-A., *La Force du préjugé. Essai sur le racisme et ses doubles*, Paris, La Découverte, 1988.
9. Wilson W., *The Declining Significance of Race*, Chicago, The University of Chicago Press, 1978.
10. Tocqueville (de) A., *De la démocratie en Amérique, op. cit.*, I, 2, 10, p. 400.

6

L'originalité du projet sociologique. À propos du racisme

1. Les deux premiers ouvrages américains dont le titre contenait le mot sociologie, en 1854, justifiaient l'esclavage.
2. Cité dans Guillaumin C., Poliakov L., « Max Weber et les théories bioraciales du XXe siècle », *Cahiers internationaux de sociologie*, janvier-juin 1974 (1912), vol. LVI, p. 117.
3. *Ibid.*, p. 120.

4. Weber M., *Sociologie des religions*, Paris, Gallimard, « Bibliothèque des sciences humaines », 1996, p. 507.
5. Cité *in* Beetham D., *Max Weber and the Theory of Modern Politics,* Cambridge, Polity Press, 1985, p. 123.
6. Cité dans Guillaumin C., Poliakov P., « Max Weber et les théories bioraciales du xxe siècle », article cité, p. 120.
7. *Ibid.,* p. 118.
8. Weber M., *Sociologie des religions, op. cit.,* p. 507.
9. Durkheim É., « Compte rendu de Franz Boas, *The Mind of the Primitive Man* », *Année sociologique,* 1913, t. XII, p. 33.
10. Durkheim É., *Les Règles de la méthode sociologique,* Paris, PUF, « Quadrige », 1982 (1895), p. 143.
11. Passeron J.-C., *Le Raisonnement sociologique,* Paris, Nathan, 1991 ; Schnapper D., *La Compréhension sociologique. Démarche de l'analyse typologique,* Paris, PUF, « Quadrige », 2012 (1999).
12. Voir en particulier Dumont L., *Homo hierarchicus, op. cit.*
13. Stoczkowski W., « La pensée de l'exclusion et la pensée de la différence. Quelle cause pour quel effet ? », *L'Homme,* 1999, 39 (50), p. 41-58.
14. Atlan H., *La science est-elle inhumaine ? Essai sur la libre nécessité,* Paris, Bayard, 2002.
15. Weber M., cité dans Guillaumin C.-Poliakof L., « Max Weber... », *op. cit.,* p. 122.

7

L'irrésistible mariage homosexuel ?

1. Tocqueville (de) A., *De la démocratie en Amérique, op. cit.,* II, 4, 3, p. 813.
2. Mamère N., « La provocation comme outil politique », *Le Monde,* 28 mai 2004, p. 18.
3. Roudinesco É., « Donnons des droits équivalents aux homosexuels », *Le Figaro,* 17 mai 2004.
4. Héritier F., *Masculin/Féminin I. La pensée de la différence,* Paris, Odile Jacob, 1996, p. 67 et p. 288.
5. *Ibid.,* p. 203.
6. Cité par Eribon D., *Réflexions sur la question gay,* Paris, Fayard, 1999, p. 243.
7. Mamère N., « La provocation comme outil politique », article cité.
8. *Ibid.*
9. Strauss-Kahn D., « Pour moi, l'adoption par un couple homo, c'est oui », *Libération,* 11 mai 2004.
10. Singly (de) F., « Oui, au mariage ouvert », *Le Monde,* 22 mai 2004, p. 13.
11. Singly (de) F., « Enfin le "mariage libre" », *Le Nouvel Obs,* 27 mai-2 juin, n° 2064, p. 38.
12. Kaufmann J-C., « Le mariage n'est plus ce qu'il était », *Le Monde,* 28 mai 2004, p. 14.
13. Roudinesco É., « Donnons des droits équivalents aux homosexuels », article cité.
14. Lévi-Strauss Cl., *Anthropologie structurale,* Paris, Plon, 1958, p. 20.
15. Kriegel B., *Philosophie de la République,* Paris, Plon, 1998, p. 224 et p. 227.
16. Agacinski S., *Politique des sexes,* Paris, Seuil, 1998.
17. Héritier F., *Masculin/Féminin I, op. cit.,* p. 19-20.
18. Bourdieu P., « La maison ou le monde renversé », *in Le Sens pratique,* Paris, Minuit, 1980 (1970), p. 443.
19. Douglas M., *De la souillure,* Paris, Maspero, 1971 (1967), p. 73.
20. *Ibid.,* p. 70.
21. Abou S., *L'Identité culturelle,* Beyrout, Presses de l'université Saint-Joseph, 2002 (1981) p. 34.
22. *Le Monde,* 22 mai 2004. Dans le même numéro du journal, Roland Chemama, psychanalyste, se demande si la fin de la distinction sexuelle ne risque pas d'aboutir à la fin du désir sexuel, toujours fondé sur l'idée de la différence, y compris dans le couple hétérosexuel (p. 13).

23. Jospin L., « Mariage homosexuel : un problème d'institutions », *Le Journal du dimanche*, 16 mai 2004.
24. Tocqueville (de) A., *De la démocratie en Amérique*, *op. cit.*, I, introd., p. 14.
25. *Ibid.*, I, 2, 9, p. 363.

8
Le musée démocratique

1. Françoise Cachin, ancienne directrice des musées de France, et Michel Laclotte, ancien président-directeur général du musée du Louvre, créateur du Grand Louvre et du musée d'Orsay, ont été évincés du Conseil artistique des musées nationaux. En signe de solidarité, Pierre Rosenberg, ancien président-directeur général du musée du Louvre, et Philippe Meyer, grand donateur des musées, ont démissionné.
2. Cela dit, l'incompétence de certains *trustees* a suscité un malaise dans le milieu des conservateurs. Voir Borg A., « Musées britanniques ; les *trustees* en question », *Le Journal des arts*, 27 avril 2007.
3. Jouyet J.-P., Lévy M., *L'Économie de l'immatériel*, Paris, La Documentation française, 2006.
4. « Les musées français à l'heure d'Abou Dhabi », entretien avec Françoise Cachin et Krzysztof Pomian, *Le Débat*, mai-août 2007, n° 115, p. 192.

9
En qui peut-on avoir confiance ?

1. Mauss M., *Œuvres*, édition V. Karady, vol. 2, Paris, Minuit, 1969 (1934), p. 117.
2. Luhmann N., *La Confiance. Un mécanisme de réduction de la complexité sociale*, Paris, Economica, 2006 (1968).
3. Cité par Peyrefitte A., *La Société de confiance*, Paris, Odile Jacob, 1995, p. 145.
4. Simmel G., *La Philosophie de l'argent*, Paris, PUF, « Quadrige », 1999.
5. Rosanvallon P., *La Contre-Démocratie. La politique à l'âge de la défiance*, Paris, Seuil, 2006.
6. Tocqueville (de) A., *De la démocratie en Amérique*, *op. cit.*, II, 1, 2, p. 519-520.

10
L'engagement

1. Aron R., *Le Spectateur engagé*, Paris, Julliard, 1982.
2. Voir le beau texte de Moses S., *L'Éros et la loi*, Paris, Seuil, « Essais Points », 2010 (1999), p. 61.
3. École biblique de Jérusalem, *La Sainte Bible*, Paris, Le club français du livre, 1955, t. 2, p. 2023.
4. Lustiger J.-M., *La Promesse. Mes yeux devancent la fin de la nuit pour méditer sur ta promesse*, Paris, Parole et Silence, 2002, p. 18.
5. *Ibid.*, p. 36.
6. Montgolfier (de) J.-F. « Du PACS au mariage et retour ? », *Commentaire*, automne 2008, n° 123, p. 777-784.
7. *Ibid.*, p. 779.
8. *Ibid.*, p. 780 et p. 782.
9. Montesquieu, *De l'Esprit des lois*, livre VIII, chap. 2, Paris, Gallimard, « Bibliothèque de la Pléiade », p. 350.
10. *Ibid.*, p. 269.
11. *Ibid.*, p. 239.

12. Paugam S., *Le Lien social*, Paris, PUF, « Que sais-je ? », 2010.
13. Savigneau J., « Une femme libre. Danièle Sallenave se dévoile dans un livre mi-Mémoires, mi-récit de formation », *Le Monde*, 18 décembre 2010, « Le monde des livres », p. 4.
14. Déchaux J.-H., *Le Souvenir des morts. Essai sur le lien de filiation*, Paris, PUF, « Le lien social », 1997.
15. Singly (de) F., *Les Uns avec les autres. Quand l'individualisme crée du lien*, Paris, Armand Colin, 2003.
16. Mauss M., *Sociologie et anthropologie*, Paris, PUF, « Quadrige », 1999, p. 307. Mon attention a été attirée sur ce texte par Irène Théry qui en propose une belle analyse : *La Distinction de sexe. Une nouvelle approche de l'égalité*, Paris, Odile Jacob, 2007.

11
Le débat européen sur la citoyenneté

1. Schuck P., *in* Brubaker W. (dir.), *Immigration and the Politics of Citizenship in Europe and North America, op. cit.*, p. 51 *sq.*
2. Le titre donné à son essai sur les États-Unis par Arthur M. Schlesinger Jr., *The Disuniting of America* (1991), a son écho dans une série de publications en Europe. On parle en France de fracture sociale. En Grande-Bretagne, de nombreux ouvrages parlent de *Divided Britain.*
3. Ajoutons qu'un grand pays d'immigration comme les États-Unis n'a pas été à l'abri des réactions nativistes. L'immigration massive apparaît toujours comme constituant un danger pour l'unité nationale.
4. Aron R., « Is multinational citizenship possible ? », *Social Research*, 1974, XLI (4), p. 640.
5. Meehan E., « Citizenship and the European community », *Political Quarterly*, avril-juin 1993, p. 172-186.
6. Hammar T., « State, nation, and dual citizenship », *in* Brubaker W. (dir.), *Immigration and the Politics of Citizenship in Europe and North America, op. cit.*, p. 83.
7. Dahrendorf R., cité par Meehan E., « Citizenship and the European community », article cité, p. 179.
8. Brubaker W., « Introduction », *in Immigration and the Politics of Citizenship in Europe and North America, op. cit.*, p. 19.
9. Turner B. S., *Citizenship and Capitalism. The Debate over Reformism*, Londres, Allen and Unwin, 1986.
10. Carens J., « Membership and morality : Admission to citizenship in liberal democratic states », *in* Brubaker W. (dir.), *Immigration and the Politics of Citizenship in Europe and North America, op. cit.*, p. 32.
11. Aux Pays-Bas, depuis 1985, le droit de participer à la vie politique locale se fonde sur la notion de « pays de résidence » et non de « pays de naissance », voir Rath J., *in* Le Cour Grandmaison O., Wenden (de) C. (dir.), *Les Étrangers dans la cité. Expériences européennes*, Paris, la Découverte, 1993, p. 138.
12. Le Cour Grandmaison O., « Immigration, politique et citoyenneté : sur quelques arguments », *in* Le Cour Grandmaison O., Wenden (de) C., *Les Étrangers dans la cité, op. cit.*, p. 102.
13. Wenden (de) C., *Citoyenneté, nationalité et immigration*, Paris, Arcantère, 1987, p. 71-73.
14. Costa-Lascoux J., « L'étranger dans la nation », *Raison présente*, 1992, n° 106, p. 79-93.
15. Costa-Lascoux J., « Vers une Europe des citoyens », *in* Costa-Lascoux J., Weil P. (dir.), *Logiques d'États et immigrations*, Paris, Kimé, 1992, p. 292.
16. Habermas J., *Écrits politiques*, Paris, Cerf, 1990 (1985-1990), p. 238.
17. Ferry J.-M., *Les Puissances de l'expérience*, Paris, Cerf, 1991, p. 194.
18. *Ibid.*, p. 195.
19. Cité par Anderson B., *Imagined Communities, Reflections on the Origin and Spread of Nationalism*, Londres, Verso, 1982, p. 101. Selon Georges Haupt, Otto Bauer revint ensuite sur cette théorie de l'autonomie culturelle. Voir Haupt G., Löwi M., Weill C. *Les Marxistes et la question nationale*, Paris, Maspero, 1974, p. 52.

20. Le fait que la plupart des analystes la définissent désormais uniquement comme processus d'exclusion est un symptôme de la crise que traverse l'idée de citoyenneté classique.
21. Cité par P. Schuck, *in* Brubaker W. (dir.), *Immigration and the Politics of Citizenship in Europe and North America, op. cit.*, p. 62.
22. Elias N., *La Société des individus*, Paris, Fayard, 1991 (1986/7), p. 261 et p. 263.

12

La guerre et la « démocratie providentielle »

1. Tocqueville (de) A., *De la démocratie en Amérique, op. cit.*, II, 3, 1, p. 680.
2. Aron R., *Paix et guerre entre les nations*, Paris, Calmann-Lévy, « Liberté de l'esprit », 1962, p. 754.
3. Hassner P., *La Violence et la Paix. De la bombe atomique au nettoyage ethnique*, Paris, Seuil, « Points », 2000 (1995), p. 73.
4. Constant B., « De la liberté des Anciens et des Modernes », *in Écrits politiques*, Paris, Hachette, « Pluriel », 1980, p. 118.
5. Michelet J., *Histoire de l'Europe. La France devant l'Europe*, Paris, Gallimard, « Bibliothèque de la Pléiade », 1939, p. 672.
6. Aron R., *Paix et guerre entre les nations, op. cit.*, p. 62.

SECONDE PARTIE

Citoyenneté et pluralismes

13

Juifs et musulmans maghrébins

1. Schnapper D., *Juifs et israélites,* Paris, Gallimard, « Idées », 1980.
2. Katz J., *Out of the Ghetto,* New York, Schocken Books, 1978, p. 208.
3. On trouvera un développement de ces analyses *in* Leveau R., Wihtol de Wenden C., « Évolution des attitudes politiques des immigrés maghrébins », *Vingtième Siècle. Revue d'histoire*, juillet-septembre 1983, p. 71-83.
4. Pour une analyse du rapport que les musulmans minoritaires ont établi avec un État moderne, voir Krishna G., « Islam, minority status and citizenship : Muslim experience in India », *Archives européennes de sociologie*, 1986, 27 (2), p. 353-368.
5. Schnapper D., *Juifs et israélites, op. cit.* Les termes d'*israélites*, de *militants*, de *pratiquants* sont imprimés en italique quand ils sont utilisés dans le sens de la typologie proposée dans cet ouvrage. Nous adopterons le même usage pour les musulmans.
6. Schnapper D., Strudel S., « Le "vote juif" en France ». *Revue française de science politique*, décembre 1983, p. 933-961 ; Benayoun C., *Les Juifs et la politique*, Paris, Éditions du CNRS, 1984.
7. Comme dans le cas des juifs, on a désigné comme musulmans dans l'enquête ceux qui se déclaraient musulmans.
8. Legrain J.-F., « Islam en France, islam de France », *Esprit,* octobre 1986, p. 1-30.
9. Nous utiliserons le terme de politique dans un sens large, incluant en particulier la vie syndicale, la participation aux associations locales, etc.
10. Sayad A., Gilette A., *L'Immigration algérienne en France*, Paris, Entente, 1984.
11. Peut-être éprouvent-ils le besoin de mettre l'accent sur les résistances à l'acculturation pour valoriser leur rôle d'intermédiaires.

12. Ce phénomène déborde d'ailleurs le groupe des immigrés et touche la classe moyenne des pays du Maghreb, très attentive aux enjeux de la politique française. Il n'est pas rare aujourd'hui de rencontrer des partisans de Chirac ou de Mitterrand à Tunis ou à Rabat. De Gaulle a certainement été l'homme politique qui recueillait le plus de soutien dans l'ensemble du Maghreb.
13. On trouve là un exemple d'« effet pervers ». Dès 1972, les circulaires Marcellin et Fontanet étaient destinées à limiter le nombre des émigrés et à réduire l'immigration clandestine, voir Leveau R., Wihtol de Wenden C., « Évolution des attitudes politiques des immigrés maghrébins », article cité.
14. Même au sein du mouvement syndical, l'accès aux responsabilités importantes a été plus limité pour les Algériens que pour les ouvriers d'autres nationalités.
15. Les meurtres dans les banlieues, qu'ils qualifient de « racistes », ont été perçus comme un ferment très actif de mobilisation collective. Voir Jazouli A., *L'Action collective des jeunes Maghrébins de France*, Paris, CIEMI, L'Harmattan, 1986.
16. Boubeker A., Beau N., *Chroniques métissées. L'histoire de France des jeunes Arabes*, Paris, Alain Moreau, 1986.
17. Nous prenons ici le terme d'« israélites » dans le sens de la typologie élaborée *in Juifs et israélites, op. cit.*, non dans le sens (aujourd'hui péjoratif) que lui donnent les juifs.
18. Ce sont les jeunes d'origine maghrébine qui ont repris cette dénomination, péjorative à l'origine, quelle que soit leur nationalité. Nous reprenons ce terme qui fait image.
19. D'autres enquêtes empiriques confirment ce résultat.
20. Mandel A., *Nous autres Juifs*, Paris, Hachette, 1978, p. 200.
21. Costa-Lascoux J., « De l'immigré au double national », communication au colloque franco-allemand de Bonn, 10-12 novembre 1986 ; Sayad (A.), « La naturalisation, ses conditions sociales et sa signification chez les immigrés algériens », *Greco 13, Migrations internationales*, 1981, 3, p. 22.
22. On trouvera une analyse de ce « noyau dur culturel » dans la génération des migrants, dans Schnapper D., « Modernité et acculturation : à propos des travailleurs émigrés », *Communications*, 1986, 43, p. 141-168.
23. Pour les jeunes juifs, Pierre Aubery montre bien que « la découverte de la différence se produit presque toujours dans les mêmes circonstances, c'est-à-dire à l'école pendant la récréation », Aubery P., *Milieux juifs de la France contemporaine à travers leurs écrivains*, Paris, Plon, 1957, p. 21.
24. « Le Maroc et ses travailleurs à l'étranger : des émigrés couverts de fleurs », *Le Monde*, 22 juillet 1986.
25. Comme on a essayé de le montrer par ailleurs, la sociologie ou l'histoire des juifs par des juifs constitue une dernière forme d'affirmation de cette identité collective.

14

La citoyenneté à l'épreuve. Les musulmans pendant la guerre du Golfe

1. On peut regretter que les sondages n'aient pas toujours tenu compte de ces distinctions. Ils ont pris le parti d'adopter une définition « sociale » des musulmans, soulevant ainsi tous les problèmes d'analyses secondaires des données. Les enquêtes sur le terrain tendent, toutefois, à justifier cette décision.
2. Voir, par exemple, Leveau R., Kepel G. (dir.), *Les Musulmans dans la société française*, Paris, Presses de la Fondation nationale des sciences politiques, « Références » n° 19,1988 ; Lapeyronnie D., « Assimilation, mobilisation et action chez les jeunes de la seconde génération de l'immigration maghrébine », *Revue française de sociologie*, 1987, 2, p. 287-318 ; Dubet F., *La Galère, jeunes en sursis*, Paris, Seuil, 1987 ; Boulot S., Boyzon-Fradet D., « L'école française : égalité des chances et logique d'une institution », *Revue européenne des migrations internationales*, 4 (2), 1988, p. 49-81 ; et l'ensemble des témoignages recueillis

par la Commission de la nationalité, *Être français aujourd'hui et demain* (Marceau Long), Paris, Bourgois, vol. 1, 1988 (coll. « 10/ 18 »).
3. Rachedi N., « Les élites d'origine maghrébine en France », *in* Lewis B., Schnapper D. (dir.), *Musulmans en Europe*, Arles, Actes Sud, 1992, p. 89-104.
4. Leca J., « Individualisme et citoyenneté », *in* Birnbaum P., Leca J., (dir.), *Sur l'individualisme*, Paris, Presses de la Fondation nationale des sciences politiques, 1986, p. 159-212.
5. G. Bouguerra, « Que sont nos amis devenus ? », *Citoyenneté plurielle* (revue de l'association Citoyenneté plurielle, Aix-en-Provence), 1991.

15

Pluralisme et monde commun

1. Lévi-Strauss C., *Anthropologie structurale deux*, Paris, Plon, 1973, p. 381.
2. Costa-Lascoux J., *Les Trois Âges de la laïcité*, Paris, Hachette, 1996.
3. Renan E., « Qu'est-ce qu'une nation ? », *in Œuvres complètes*, Paris, Calmann-Lévy, t.1, 1947, p. 894.
4. Gellner E., *Nations and Nationalism*, Oxford, Blackwell, 1983.
5. Poulter S., « Cultural pluralism and its limits : A legal perspective », *The Commission for Race Equality, Britain : A Plural Society*, Londres, 1989, p. 7.
6. *Ibid.*, p. 5.
7. Rapport du Haut Conseil à l'intégration, *L'Intégration à la française*, Paris, 1993, 10/18, p. 81.

16

Modèle des « israélites » ou modèle démocratique ?

1. Birnbaum P., *Les Fous de la République. Histoire politique des juifs d'État de Gambetta à Vichy*, Paris, Seuil, « Points histoire », 1994 (1992).
2. Fejtö F., *Hongrois et juifs. Histoire millénaire d'un couple singulier (1000-1997)*, Paris, Balland, 1997.
3. *Ibid.*, p. 17.
4. Birnbaum P., *Les Fous de la République*, *op. cit.*, p. 8.
5. Fejtö F., *Hongrois et juifs*, *op. cit.*, p. 269.

17

De la mixité démocratique

1. Mendras H., *La Seconde Révolution française*, Paris, Gallimard, « Bibliothèque des sciences humaines », 1988.
2. Beaud S., Pialoux M., *Retour sur la condition ouvrière. Enquête aux usines Peugeot de Sochaux-Montbéliard*, Paris, Fayard, 1999.
3. Chamboredon J.-C., Lemaire M., « Proximité spatiale et distance sociale. Les grands ensembles et leur peuplement », *Revue française de sociologie*, 1970, 11 (1), p. 3-33.
4. Je laisse de côté le problème des mariages entre homosexuels qui demanderait un développement beaucoup trop long.
5. Sur l'ensemble des problèmes liés au « mariage mixte », on se reportera aux travaux de Beate Collet et de Gabrielle Varro. Voir en particulier Philippe C., Varro G., Neyrand G. (dir.), *Liberté, égalité, mixité... conjugales*, Paris, Anthropos, 1998.

18
L'échec du « modèle républicain » ?

1. Goffmann E., *Asiles. Étude sur la condition sociale des malades mentaux*, Paris, Minuit, « Le sens commun », 1968 (1961).
2. Gordon M., *Assimilation in American Life. The Role of Race, Religion and National Origin*, New York, Oxford University Press, 1964.
3. Merton R., « Social structure and anomie », *American Sociological Review*, 1938, 3 (5), p. 672-682, et *Social Theory and Social Structure*, New York, Free Press, 1957.
4. Portes A. (dir.), *The Economic Sociology of Immigration. Essays on Networks, Ethnicity and Entrepreneurship*, New York, Russell Sage Foundation, 1995, en particulier le chapitre 7.
5. Safi M., « Le processus d'intégration des immigrés en France. Inégalités et segmentation », *Revue française de sociologie*, 2006, 47 (1), p. 3-48.
6. Il s'agit, entre autres, de Robert Blauner, Milton Gordon, Lewis Killian, Stanley Lieberson, Thomas Pettigrew, Richard Robbins, Peter Rose, Pierre Van den Berghe. Sur l'ensemble de cette génération de chercheurs, on pourra consulter avec profit John H. Stanfield II (dir.), *A History of Race Relations Research. First-Generation Recollections*, Newbury et Londres, Sage, 1993.
7. Todd E., *Le Destin des immigrés*, Paris, Seuil, 1994 ; Tribalat M. (dir.), *De l'immigration à l'assimilation*, Paris, La Découverte, 1996 ; Brouard S., Tiberj V., *Français comme les autres. Enquête sur les citoyens d'origine maghrébine, africaine et turque*, Paris, Presses de Sciences Po, 2005.
8. Moscovici S., *Psychologie des minorités actives*, Paris, PUF, 1996.
9. L'enquête portant sur les enfants de migrants âgés de dix-huit à vingt-cinq ans, nés ou arrivés avant l'âge de six ans en Allemagne, France ou Grande-Bretagne, a été réalisée en réponse à un appel d'offres de la Commission européenne en 1998, « Effectiveness of national integration strategies towards second generation migrants » ou « Effnatis » (référence : *Effnatis project* SOE2-CT07-3055). Elle a été réalisée sous la direction scientifique de Friedrich Heckman (Allemagne), Roger Penn (Angleterre) et Dominique Schnapper (France). Entre 1999 et 2000 ont été interrogés en Angleterre cent soixante-dix-huit enfants de migrants pakistanais, cent trente enfants de migrants gujaratis et quatre cent dix-huit enfants d'autochtones ; en Allemagne, deux cent quatre-vingt-sept enfants de migrants turcs, deux cent quatre-vingt-trois enfants de migrants yougoslaves et deux cent quinze enfants d'autochtones ; en France, deux cent dix-huit enfants de migrants algériens, deux cent douze enfants de migrants portugais et deux cent quatre-vingt-six enfants d'autochtones, soit un total de deux mille deux cent vingt-six personnes. Le travail a donné lieu à plusieurs rapports remis à la Commission et consultables sur le site de l'université de Bamberg, www. Efms.de.
10. Olivennes D., « La préférence française pour le chômage », *in* Bourdelais P. *et al.*, *État providence. Arguments pour une réforme*, Paris, Gallimard, « Le débat », 1996, p. 173.
11. Hugues Lagrange remarque que, en Seine-Saint-Denis, les communes les plus touchées par les incendies sont celles où les taux de chômage des quinze-vingt-quatre ans diplômés sont très élevés : Clichy, Montfermeil, Aulnay, Villepinte, Le Tremblay. Voir Lagrange H., « Ce que nous avons appris sur les nuits de novembre », *Le Monde*, 25 janvier 2006, p. 19.
12. Baudelot C., Establet R., *Suicide. L'envers du monde*, Paris, Seuil, 2006, p. 142-144.
13. Paugam S., *La Disqualification sociale. Essai sur la nouvelle pauvreté*, Paris, PUF, « Sociologies », 1991.
14. Felouzis G., « La ségrégation ethnique au collège et ses conséquences », *Revue française de sociologie*, 2003, 44 (3), p. 413-447.
15. Lagrange H., Oberti M., *Émeutes urbaines et protestations*, Paris, Presses de Sciences Po, 2006.
16. *Ibid.*
17. Huntington S., *Qui sommes-nous ? Identité nationale et choc des cultures*, Paris, Odile Jacob, 2004.

19
Action ou discrimination positive ?

1. Taylor C., « Politics of "recognition" », *in* Gutman A. (dir.), *Multiculturalism. Examining the Politics of Recognition*, Princeton, Princeton University Press, 1994.
2. Calvès G., *La Discrimination positive*, Paris, PUF, 2004 ; Deschavanne É., « La discrimination positive face à l'idéal républicain : définition, typologie, historique, arguments », *in Pour une société de la nouvelle chance. Une approche républicaine de la discrimination positive*, Paris, La Documentation française, 2005.
3. Aron R., *L'Opium des intellectuels*, Paris, Le Livre de poche, « Pluriel », 2002 (1955), p. 49.
4. Ferry L., « Introduction » à *Pour une société de la nouvelle chance, op. cit.*, p. 226.
5. Kancha I., « Discrimination positive pour les intouchables », *Courrier international*, 24 mai 2006, n° 812.
6. On parle ainsi de *outreach* (encouragement des candidats « minoritaires » à postuler), de *monitoring* (veille statistique qui permet de mesurer les disparités de traitement même en l'absence d'intention discriminatoire et donc d'attirer l'attention des responsables sur le sujet).
7. Cité par Gauchet M., *La Révolution des droits de l'homme*, Paris, Gallimard, « Bibliothèque des histoires », 1989, p. 212.

20
Les enjeux de la statistique ethnique

1. Le fait même qu'elles fussent utilisées pour distinguer les « indigènes » des « colons » montre bien que la société et la situation coloniales étaient contraires à la raison républicaine.
2. Cusset P.-Y., « Les statistiques "ethniques" : état des lieux, état des problèmes », *in Centre d'analyse stratégique. Statistiques « ethniques ». Éléments de cadrage*, Paris, La Documentation française, 2006 (voir en particulier le tableau récapitulatif, p. 16-19).
3. Tribalat M., *Faire France. Une grande enquête sur les immigrés et leurs enfants*, Paris, La Découverte. 1995.
4. Felouzis G., « La ségrégation ethnique au collège et ses conséquences », article cité. Les enquêtes menées sur les juifs se fondent en général également sur les patronymes. Pour un exemple récent, voir Cohen E. H., *Les Juifs de France. Valeurs et identité*, Paris, Rapport au Fonds social juif unifié, 2002.
5. Silberman R., Fournier I., « Les secondes générations sur le marché du travail en France : une pénalité ancrée dans le temps. Contribution à la théorie de l'assimilation segmentée », *Revue française de sociologie*, 2006, 47 (2), p. 243-292.
6. Richard J.-L., *Partir ou rester ? Destinées des jeunes issus de l'émigration*, Paris, PUF, « Le lien social », 2004.
7. Aron R., *Les Désillusions du progrès, op. cit.*, p. 90.
8. Desrosières A., Thévenot L., *Les Catégories socioprofessionnelles*, Paris, La Découverte, « Repères », 2000.

21
Le voile intégral : une épreuve pour l'ordre démocratique

1. L'Assemblée nationale a voté la constitution d'une commission d'enquête sur la pratique de la *burqa* ou du *niqab* sur le territoire national qui s'est réunie entre juin 2009 et janvier 2010 et a procédé à l'audition de nombreuses personnalités pour éclairer le débat parlementaire. Les comptes rendus de ces auditions ont été publiés sur le site Internet de l'Assemblée nationale : www.assemblée-nationale.fr.

2. Conseil d'État, 27 novembre 1989, *Avis portant sur la question de savoir si le port de signes d'appartenance à une communauté religieuse est ou non compatible avec le principe de laïcité*, Assemblée générale (section de l'intérieur), n° 346893.
3. Loi n° 2004-228 du 15 mars 2004, encadrant, en application du principe de laïcité, le port de signes ou de tenues manifestant une appartenance religieuse dans les écoles, collèges et lycées publics, *JO* n° 65 du 17 mars 2004, p. 5190.
4. Loi n° 2010-1192 du 11 octobre 2010 interdisant la dissimulation du visage dans l'espace public, *JORF* n° 0237 du 12 octobre 2010, p. 18344.
5. Je m'inspire dans ce développement d'un texte que Jean-Éric Schoettl, conseiller d'État et ancien secrétaire général du Conseil constitutionnel, m'a transmis. Qu'il en soit ici remercié.
6. Selon Chapus R., *Droit administratif général*, vol. 1, Paris, Montchrestien, 2001 (15e éd.), la moralité publique serait la quatrième composante de la notion d'ordre public.
7. Levinas E., *Difficile Liberté*, Paris, Albin Michel, 1994 (4e éd.), p. 20.
8. Breton D., « De la défiguration à la greffe du visage », *Études*, juin 2010, 4126, p. 768.
9. *Ibid.*, p. 763.

22
Quelle politique multiculturelle ?

1. Shirali M., *Entre islam et démocratie. Parcours de jeunes Français d'aujourd'hui*, Paris, Armand Colin, 2007.
2. Doytcheva M., *Une discrimination positive à la française ? Ethnicité et territoire dans les politiques de la ville*, Paris, La Découverte, 2007.
3. Taylor C., « Politics of "recognition" », *in* Gutman A. (dir.), *Multiculturalism, op. cit.*
4. Mesure S., Renaut A., *Alter ego. Les paradoxes de l'identité démocratique*, Paris, Aubier, 1999. Leur ouvrage est plus utile pour comprendre les termes du problème que ceux de Will Kymlicka dont les analyses sont trop étroitement liées à la situation canadienne.

Références des articles

« La nation et l'universel », *Raison présente*, 1997, n° 122, p. 9-21.

« La nation et l'étranger », *Philosophie politique*, juin 1993, 3, p. 89-96.

« Le sens de l'ethnico-religieux », *Archives des sciences sociales des religions*, 1993, 81 (janvier-mars), p. 149-163. Trad. en anglais : « The significance of the ethnoreligious field in nation-building », *International Journal of Sociology*, 1994, 24 (2-3), p. 61-80.

« Intégration et exclusion dans les sociétés modernes », *in* Serge Paugam (dir.), *L'Exclusion. L'État des savoirs*, Paris, La Découverte, 1996, p. 23-31.

Extraits de « Racisme », article dans Monique Canto-Sperber (dir.), *Dictionnaire de philosophie morale*, Paris, PUF, 1996, p. 1247-1252.

« L'originalité du projet sociologique. À propos du racisme », *Revue des sciences sociales*, Université Marc-Bloch, Strasbourg, 2003, n° 3, p. 90-95.

« L'irrésistible mariage homosexuel ? », *Commentaire*, automne 2004, n° 107, p. 765-771.

« Le Louvre à Abou Dhabi ? Les musées dans la démocratie marchande », *Commentaire*, été 2007, n° 118, p. 481-485.

« En qui peut-on avoir confiance ? », *Commentaire*, hiver 2010, n° 132, p. 977-984.

« L'engagement », note de la Fondation pour l'innovation politique, juin 2011, *in* Dominique Reynié (dir.), *Valeurs partagées. Face au bouleversement des valeurs la recherche d'un nouveau consensus*, Paris, PUF/Fondapol, 2012, p. 265-294.

« The European debate on citizenship », *Daedalus*, été 1997, 1236 (3), p. 199-222 et *in* Stephen R. Graubard (dir.), *A New Europe for the Old ?*, New Brunswick, Londres, Routledge, 1999, p. 199-222. Trad. en catalan.

« La guerre et la "démocratie providentielle" », *in* Anne-Marie Le Gloannec et Aleksander Smolar (dir.), *Entre Kant et Kosovo. Études offertes à Pierre Hassner*, Paris, Presses de Sciences Po, 2003, p. 47-60.

« Juifs et musulmans maghrébins en France », *Revue française de science politique*, décembre 1987, 37 (6), p. 855-890 et *in* Rémy Leveau et Gilles Kepel (dir.), *Les Musulmans dans la société française*, Paris, Presses de la Fondation Nationale des Sciences Politiques, 1988, p. 99-140 (avec Rémy Leveau).

« La citoyenneté à l'épreuve : les musulmans pendant la guerre du Golfe », *Revue française de science politique*, avril 1993, 43 (2), p. 187-209.

« Valeurs et limites du pluralisme », *in* Marceau Long et François Monnier (dir.), *La France, l'Église : quinze siècles déjà*, Paris, Droz, « Hautes Études médiévales et modernes » n° 77, 1997, p. 93-103.

« Modèle des "israélites" ou modèle démocratique ? », *in* Patrick Cabanel et Chantal Bordes-Benayoun (dir.), *Un modèle d'intégration. Juifs et israélites en France et en Europe, XIXe-XXe siècle*, Paris, Berg international, 2004, p. 19-29.

« Idéal et limites de la mixité sociale », *Informations sociales*, juillet 2005, 125, p. 6-15.

« L'échec du "modèle républicain" ? Réflexion d'une sociologue », *Annales. Histoire, Sciences sociales*, juillet-août 2006, p. 759-776.

« Lutte contre les discriminations et lien social », *in* Serge Paugam (dir.), *Repenser la solidarité. L'apport des sciences sociales*, Paris, PUF, « Le lien social », 2007, p. 515-530.

« Les enjeux démocratiques de la statistique ethnique », *Revue française de sociologie*, janvier-mars 2008, 49 (1), p. 133-139. Traduction en langue anglaise : « Ethnic statistics, democratic issues and democratic aspirations », *Revue française de sociologie*, 2010, 51 (1), p. 151-157.

« Le port du voile intégral. Une épreuve pour l'ordre démocratique », *in* David Koussens et Olivier Roy (dir.), *Quand la burka passe à l'ouest*, Rennes, Presses universitaires de Rennes, 2013, p. 79-87.

« Quelle politique multiculturelle ? », *Le Débat*, septembre-octobre 2015, 186, p. 111-121.

Table

Présentation par Perrine Simon-Nahum 9
Le sentiment démocratique et le rapport aux institutions 15
La sociologie, nouveau récit du politique 20

PREMIÈRE PARTIE

Le lien démocratique

1 – La nation et l'universel (1997) 29
Potentiellement ouverte aux non-citoyens 30
Droits des non-citoyens 34
Vrai et faux universalisme 36

2 – La nation et l'étranger (1993) 39
Le national et l'étranger 40
Marges et frontières 42

3 – Le sens de l'ethnico-religieux (1993) 47
Survivances 48
Contradictions et compensation 52
Europe de l'Ouest et Europe de l'Est 54
Contradictions et insatisfactions 57
Convergence : un « champ » ethnico-religieux 59
Le moralisme 61

4 – Intégration et exclusion (1996) 65
L'interrogation sociologique 65
L'intégration/exclusion politique 68
L'intégration/exclusion économique et sociale 70
Les apories de la politique sociale 72

5 – Démocratie et racisme (1996) 75
De l'égalité formelle au racisme ? 75
De l'esclavage à la ségrégation 77
Racisme inévitable ? 79

6 – L'originalité du projet sociologique. À propos du racisme (2003) 83
L'opposition 83
Identité et égalité 88
Le fait et la valeur 90
Une relation critique 90

7 – L'irrésistible mariage homosexuel ? (2004) 94
L'aspiration à l'égalité 94
La mobilisation de l'anthropologie et de la sociologie 96
Une égalité parmi d'autres ? 99
Les institutions dans la société démocratique 101

8 – Le musée démocratique (2007) 105
La tradition 106
Différence de degré et différence de nature 108
Abou Dhabi 111

9 – En qui peut-on avoir confiance ? (2010) 114
La confiance objective 115
De la confiance objective au sentiment de confiance 118
Raison critique et morale démocratique 122
Dépendance objective et défiance 125

10 – L'engagement (2011) 127
La promesse 128
L'individualisme 129
De l'autonomie à l'indépendance ? 133

Individualisme et intégration sociale 136
Indépendance et interdépendance 139

11 – Le débat européen sur la citoyenneté (1997) 141
La citoyenneté politique nationale 143
Le débat 145
La « nouvelle citoyenneté » 146
La multiplicité des citoyennetés du citoyen européen 146
La citoyenneté-résidence 148
La citoyenneté politique postnationale 151
Repenser la citoyenneté politique 154

12 – La guerre et la « démocratie providentielle » (2003) 161
Les horreurs de la guerre 162
Fragilité de la paix démocratique 165
Fin de la guerre ? 169
Affaiblissement de la volonté politique ? 171

SECONDE PARTIE

Citoyenneté et pluralismes

13 – Juifs et musulmans maghrébins
(1987, avec Rémy Leveau) 179
Histoire 180
Musulmans en France et musulmans de France 184
Pratiquants de passage 186
Les ouvriers 186
Les intellectuels 187
Militants antioccidentaux 189
Pratiquants installés 191
Militants de France 196
Français d'origine musulmane 200

14 – La citoyenneté à l'épreuve.
Les musulmans pendant la guerre du Golfe (1993) 211
Sondages 213
Minorité hostile à la position occidentale 217

Minorité favorable à la position occidentale 221
Une majorité divisée 224

15 – Pluralisme et monde commun (1997) 229
Une valeur démocratique 230
L'espace public et ses exigences 233

16 – Modèle des « israélites »
ou modèle démocratique ? (2004) 239
L'Épreuve 240
Israélites français et israélites hongrois 243
Juifs et israélites dans les démocraties 247
Le modèle démocratique 250

17 – De la mixité démocratique (2005) 252
Limites 253
Inévitables 255
Scandaleuses ? 256

18 – L'échec du « modèle républicain » ? (2006) 260
L'apport des sciences humaines 261
Intégration culturelle et intégration structurelle 263
La situation dans les banlieues 267
Du « problème des immigrés »
à la crise de la société française 269
L'affaiblissement du sentiment national 277
Sur la réception des sciences humaines 279

19 – Action ou discrimination positive ? (2007) 281
Les apories démocratiques 282
Deux politiques 284
La dynamique démocratique 287
Limites et ambiguïtés 290

20 – Les enjeux de la statistique ethnique (2008) 294
Un débat politique 294
Comment nommer, comment classer ? 297
Une connaissance « performative » 299

21 – Le voile intégral :
une épreuve pour l'ordre démocratique (2013) 302

Le droit et l'ordre public 303

La mixité 305

Le visage 306

Limites de la diversité 308

22 – Quelle politique multiculturelle ? (2015) 312

« Ethnicisation » ? 313

La tradition 314

Politiques d'intégration 317

Un multiculturalisme « modéré » ? 319

Institutionnaliser ? 321

Notes et références bibliographiques 327

Références des articles 339

DU MÊME AUTEUR

Chez Odile Jacob

Au fur et à mesure. Chroniques 2000-2002, 2003.

Diasporas et nations, avec Chantal Bordes-Benayoun, 2006.

Travailler et aimer. Entretiens avec Giovanni Busino et Sylvie Mesure, 2013.

Réflexions sur l'antisémitisme, codirection avec Paul Salmona et Perrine Simon-Nahum, 2016.

Chez Gallimard

L'Italie Rouge et Noire, 1971.

Juifs et israélites, « Idées », 1980 (trad. en anglais).

L'Épreuve du chômage, « Idées », 1981 ; « Folio-Actuel », 1994.

Six Manières d'être Européen, ouvrage collectif sous sa direction et celle d'Henri Mendras, « Bibliothèque des sciences humaines », 1990.

La France de l'intégration. Sociologie de la nation en 1990, « Bibliothèque des sciences humaines », Prix de l'Académie de Dijon, 1991.

La Communauté des citoyens. Sur l'idée moderne de nation, « NRF/essais », 1994 ; « Folio-Actuel », 2003. Prix de l'Assemblée nationale (trad. en anglais, espagnol, grec, turc, serbo-crate, macédonien, roumain, bulgare, ukrainien, japonais, albanais).

La Relation à l'autre. Au cœur de la pensée sociologique, « NRF/essais », 1998 (trad. en turc et en bulgare).

Qu'est-ce que la citoyenneté ?, avec Christian Bachelier, « Folio-Actuel », 2000 (trad. en catalan et en roumain).

Questionner le racisme, avec Sylvain Allemand, « Le Forum », 2000 (trad. en grec).

La Démocratie providentielle. Essai sur l'égalité contemporaine, « NRF/essais », 2002 ; « Folio », 2010 (trad. en italien, anglais, espagnol, turc).

Qu'est-ce que l'intégration ?, « Folio-Actuel », 2007. Prix du livre politique (trad. en grec et en coréen).

Une sociologue au Conseil constitutionnel, « NRF/essais », 2010.

L'Esprit démocratique des lois, « NRF/essais », 2013 (trad. en anglais).

Chez d'autres éditeurs

Morphologie de la haute administration, 1 : *Les Agents du système administratif*, 2 : *Le Système administratif*, avec Alain Darbel, Paris, Mouton, 1969 et 1972.

Sociologie de l'Italie, PUF, « Que sais-je ? », 1974 (trad. en italien).

Histoire orale ou archives orales ?, avec Danièle Hanet et *al.*, Paris, Association pour l'histoire de la Sécurité sociale, 1980.

La Révolution invisible. Recherches sur la diffusion de la connaissance en matière de Sécurité sociale, Paris, Association pour l'histoire de la Sécurité sociale, 1989.

L'Europe des immigrés. Essai sur les politiques d'immigration, Paris, François Bourin, 1992.

Musulmans en Europe, ouvrage collectif sous sa direction et celle de Bernard Lewis, Arles, Actes Sud, Observatoire du Changement Social, 1992 (trad. en anglais).

Contre la fin du travail, Paris, Textuel, 1997 (trad. en portugais).

La Compréhension sociologique. Démarche de l'analyse typologique, Paris, PUF, « Le lien social », 2000 ; « Quadrige », 2005 ; « Quadrige », 2012 (trad. en portugais).

Exclusions au cœur de la cité, ouvrage collectif sous sa direction, Paris, Anthropos, « Sociologiques », 2001.

The Integration of Immigrants in European Societies. National Differences and Trends of Convergence, ouvrage collectif sous sa direction et celle de Friedrich Heckmann, Stuttgart, Lucius & Lucius, 2003.

Les Mots des diasporas, avec Chantal Bordes-Benayoun, Toulouse, Éditions de l'université Toulouse-Le-Mirail, 2008.

La Condition juive en France. La tentation de l'entre-soi, avec Chantal Bordes-Benayoun et Freddy Raphaël, Paris, PUF, « Le lien social », 2009 (trad. en anglais).

Ouvrage publié sous la responsabilité éditoriale
de Perrine Simon-Nahoun

Cet ouvrage a été composé
en Adobe Garamond Pro
par FACOMPO
à Lisieux

Achevé d'imprimer par Dupli-Print
à Domont (95) en décembre 2017

N° d'éditeur : 7381-3524-1 – N° d'impression : 2017114360
Dépôt légal : novembre 2017

Imprimé en France